PENSANDO OS PAPÉIS E SIGNIFICADOS DAS PEQUENAS CIDADES

ÂNGELA MARIA ENDLICH

Pensando os papéis e significados das pequenas cidades

editora
unesp

© 2009 Editora UNESP

Direitos de publicação reservados à:
Fundação Editora da UNESP (FEU)
Praça da Sé, 108
01001-900 – São Paulo – SP
Tel.: (0xx11) 3242-7171
Fax: (0xx11) 3242-7172
www.editoraunesp.com.br
feu@editora.unesp.br

CIP – Brasil. Catalogação na fonte
Sindicato Nacional dos Editores de Livros, RJ

E46p

   Endlich, Ângela Maria
      Pensando os papéis e significados das pequenas cidades
/ Ângela Maria Endlich. - São Paulo : Ed. UNESP, 2009.

   Inclui bibliografia
   ISBN 978-85-7139-914-3

   1. Cidades e vilas - Paraná. 2. Cidades pequenas - Paraná - Aspectos sociais. 3. Mobilidade residencial - Paraná. 4. Comunidades urbanas - Paraná. 5. Urbanização - Paraná. 6. Geografia humana - Paraná. I. Título.

09-1446   CDD: 307.2
                                    CDU: 316.334.52

Este livro é publicado pelo projeto Edição de Textos de Docentes e Pós-Graduados da UNESP – Pró-Reitoria de Pós-Graduação da UNESP (PROPG) / Fundação Editora da UNESP (FEU)

Editora afiliada:

Asociación de Editoriales Universitarias
de América Latina y el Caribe

Associação Brasileira de
Editoras Universitárias

Para Raíssa e Augusto,
que motivam e tornam imprescindível
a constante busca de uma expectativa
positiva da vida.

De tudo ficaram três coisas:
A certeza de que estamos sempre começando.
A certeza de que precisamos continuar.
A certeza de que seremos interrompidos antes
de terminar.
Portanto, devemos
fazer da interrupção
 um caminho novo...
Do medo, uma escada...
Do sonho, uma ponte...
Da procura, um encontro.

AGRADECIMENTOS

Agradeço a minha família, meus amigos, meus colegas e professores pela convivência, compreensão, contribuições e trocas de ideias.

À Carminha, pela disposição, responsabilidade e companheirismo com que acompanhou e orientou este trabalho.

Ao Professor Capel, pela atenciosa acolhida e orientação na Universidade de Barcelona.

À Tânia Regina Machado pela criação artística da capa que expressa ideias extraídas dos questionários aplicados: a tranquilidade e a lentidão contrapostos ao tempo imposto (relógio), a sociabilidade (as duas cadeiras), a simplicidade, a confiança e a segurança (portas e janelas abertas) e alguns elementos que remetem a escalas mais amplas (o jornal, a literatura, além do relógio já mencionado).

A todos que me auxiliaram na tramitação de documentos, obtenção de dados/informações e auxílio técnico nos diversos momentos do curso de doutorado.

Àqueles que, com seu trabalho, dão vida às instituições que viabilizaram as condições para o desenvolvimento da pesquisa: à Universidade Estadual de Maringá pelo afastamento; à Faculdade de Ciência e Tecnologia da Universidade Estadual Paulista de Presidente Prudente pela acolhida; à Capes pelo apoio financeiro no Brasil e durante o estágio de doutorado na Universidade de Barcelona (Espanha).

Por fim, com pesar, transformo em homenagem póstuma a gratidão que devo ao professor, colega e amigo Dalton Áureo Moro, lealdade em pessoa.

Sumário

PREFÁCIO

O movimento *slow food*, que reúne cerca de oitenta mil pessoas em 120 países do mundo, é uma das iniciativas que vem valorizando o potencial que teriam as cidades pequenas como ambientes favoráveis a uma vida de melhor qualidade.

Esse movimento, que é bastante forte na Europa, tem interfaces com as iniciativas de valorização do patrimônio histórico justamente porque, em cidades desse porte, a manutenção do conjunto arquitetônico resulta do próprio fato de que são menores os ritmos de crescimento demográfico, desenvolvimento econômico ou de mudança de papéis urbanos.

O próprio interesse, nas últimas décadas, pela ideia de que devemos atuar para promover um desenvolvimento sustentável tem contribuído para valorizar as cidades pequenas, na medida em que as grandes e médias constituem-se em ambientes que não favorecem esse ideal.

Dois aspectos chamam atenção em relação a esse conjunto de movimentos ou visões de mundo que se associam, de algum modo, às cidades pequenas.

O primeiro deles é o quão polêmico eles são, seja pelo fato de que nem sempre tratam da crítica às determinantes das dinâmicas e processos que se propõem a alterar, seja porque, por se constituírem em perspectivas parciais, podem gerar atuações radicais ou menos consequentes.

O segundo aspecto associa-se ao pequeno eco que essas iniciativas têm em uma formação socioespacial como a brasileira, em que as ideias de crescimento urbano associado a desenvolvimento, de patrimônio ambiental inesgotável e de País do futuro não geram contextos favoráveis a esses movimentos e, tampouco, percebe-se, ainda, uma valorização ou revalorização das cidades pequenas.

É nesse quadro de contradições que muitas publicações, científicas ou não, nacionais ou estrangeiras, tratam, muitas vezes, as cidades pequenas de modo pouco abrangente, pelas visões parciais que se têm relativamente a essas cidades, bem como pelas posições apaixonadas que o tema enseja.

O mérito da tese de Ângela Maria Endlich, que agora vem a público como livro, é justamente o de não cair em posições nostálgicas ou românticas em relação ao que seriam ou poderiam ser as cidades pequenas, de um lado, e de outro lado, não simplesmente importar os esquemas interpretativos europeus, bastante calcados na associação entre cidades pequenas e desenvolvimento local, ainda que os tenha considerado.

O leitor encontrará, no texto, uma autora comprometida com o desvelar dos processos e dinâmicas que envolvem o esvaziamento ou a redefinição dos papéis das cidades pequenas, a partir de uma perspectiva plural, não do ponto de vista de um trabalho eclético, mas no que se refere ao tratamento de várias dimensões da realidade dessas cidades.

A referência empírica que é o objeto da pesquisa, tanto quanto a base a partir da qual o tema é trabalhado, é o noroeste do estado do Paraná. Essa referência é singular para a análise das cidades pequenas brasileiras. Trata-se de uma região cujo processo de ocupação foi pautado na conformação de uma rede de cidades, em que o planejamento com vistas à incorporação desse território à economia capitalista, sobretudo, com base na expansão cafeeira, previa a fundação de várias cidades pequenas que pudessem dar apoio a uma estrutura fundiária, na qual a presença das pequenas propriedades era parte essencial do próprio processo.

Se, na primeira metade do século XX, quando se dava a ocupação nesses moldes, o papel dessas cidades era essencial, o quadro alterou-se substancialmente a partir dos anos de 1970, quando houve diminuição da produção cafeeira, sua substituição por agriculturas mecanizadas e concentração da propriedade fundiária. Eram dinâmicas que geraram o declínio intenso da população rural e o consequente esvaziamento das cidades pequenas, expresso pelas migrações em direção a cidades médias, como Londrina e Maringá, ou a outras cidades brasileiras de maior parte.

Tendo em vista esse contexto histórico, Ângela Maria Endlich inicia seu estudo com base em tratamento estatístico e cartográfico das informações demográficas de modo a oferecer ao leitor um painel geral da evolução populacional das últimas décadas nessas cidades, não antes de analisar a formação socioespacial dessa região, para compreender porque essa evolução ocorreu.

Assim, a partir desse estudo, ela mostra as cidades que mais perderam população absoluta e relativamente, bem como oferece elementos para verificar que a realidade demográfica e econômica que caracteriza esse conjunto de cidades está longe de ser homogênea, exigindo do pesquisador perspicácia para avaliar o que são características particulares desse conjunto, no âmbito de uma rede urbana que não é integrada por cidades de diferentes portes e, sobretudo, quais são as diferenças entre elas, de modo a apreender suas singularidades.

A mundialização da economia e os impactos decorrentes da ampliação das formas de consumo, dos meios de transporte e comunicação e, consequentemente, da circulação de pessoas, bens e informações entre as cidades da rede urbana e entre elas e o campo são estudados nesta obra, de modo que o leitor perceba que a chamada "decadência" da economia cafeeira, na região, é parte de um processo mais amplo e acompanha o movimento maior de redefinição da agricultura brasileira e de sua articulação à economia mundial, gerando uma nova divisão regional do trabalho, ela mesma parte da nova divisão internacional do trabalho.

É esse o conjunto de dinâmicas que a autora destaca para compreender melhor como se conformam novos papéis e novos significados – entre luminosos e letárgicos – para as cidades pequenas.

Estudar esses novos papéis e esses novos significados exigiu-lhe combinar, aos procedimentos metodológicos de natureza quantitativa utilizados na primeira metade da pesquisa realizada, outros de perfil qualitativo, escolhendo algumas cidades para, sobre elas, jogar a lente e avaliar, caso a caso, como diferentes dinâmicas, agentes econômicos e políticos e sociedades locais combinam-se nessas cidades, articulando-as a diferentes escalas e gerando melhores ou piores condições, bem como perspectivas de vida para seus moradores.

Foi desse ponto de vista que a possibilidade do vir a ser foi enfocada pela autora, superando, por um lado, a simples constatação do declínio da importância dessas cidades e evitando, por outro lado, a perspectiva nostálgica que caracteriza abordagens que tratam de como poderiam ainda ser essas cidades, à luz do que elas foram em períodos em que a estrutura fundiária, os modos de vida e as formas de mobilidade estabeleciam-se em outras bases.

O tempo não para, já disseram Cazuza e Arnaldo Brandão, para indicar-nos, como bem percebeu a autora deste livro, que é preciso a historicidade para construir uma práxis que, para Lefebvre, está fundamentada nesse movimento que enseja o presente e prepara o futuro. O vir a ser como possibilidade de apropriação do espaço nas cidades pequenas é o enfoque valorizado para encerrar a análise, abrindo muitas portas para reiniciá-la, porque essa é a perspectiva que a pesquisa sempre nos enseja.

MARIA ENCARNAÇÃO BELTRÃO SPOSITO

INTRODUÇÃO

*Pretendo que en el análisis profundo de todo
hecho de la geografía humana esté incluido,
en primer lugar, un problema no sólo de
orden económico, sino de orden social.*

Jean Brunhes

Pensar a espacialidade social é o intento deste trabalho, como um trabalho que se filia à Geografia, compreendida no âmbito das Ciências Humanas e Sociais. Buscar os meandros da produção do espaço tendo como foco a condição humana e social, nisso reside a motivação que conduziu a elaboração deste texto. O espaço geográfico é parte condicionante e expressão de dinâmicas econômicas, políticas, enfim, de processos sociais, ou seja, enquanto por um lado a sociedade define-se econômica e politicamente, estabelecendo condições sociais, produz também o espaço em que vive com atributos que só podem ser compreendidos neste contexto geral. Por outro lado, o espaço produzido é também mediação desse processo. Nestas páginas introdutórias, procura-se explicitar a partir de quais olhares e recortes analíticos foi formulada a pesquisa.

A atenção às dinâmicas econômicas está orientada pelo entendimento dessas como condições materiais para a leitura do espaço

enquanto dimensão social. Os processos observados recentemente
na esfera da economia demonstram o espaço como fator primordial
para a compreensão da racionalidade econômica, operante em ampla
escala geográfica nestes tempos ditos de globalização, tempos em que
a economia articula o espaço geográfico, comandada por interesses de
poucos, subordinando a vida de muitos. Assim, refuta-se a leitura do
espaço pelo viés econômico como mera constatação da espacialidade
adquirida ou espacialização de interesses e tendências econômicas.
Por mais que as novas dinâmicas possam ser deslumbrantes, munidas
de instrumentos, ou de objetos e ações densos de tecnologia e intencionalidades, esses qualificativos não podem ofuscar os significados
sociais do processo. Portanto, o olhar para a economia tem a duração
e a profundidade consideradas necessárias para estes propósitos.
    Diversos autores têm tratado desta relação entre o espaço e a econo-
mia. Quando os geógrafos procuraram formular uma teoria geográfica
de fundamentação marxista, marcando o surgimento da geografia radical nos Estados Unidos, de acordo com Peet (1982), esclareceu-se como
o processo social de extração da mais-valia, ocorrido, inicialmente,
entre classes sociais, amplia-se e converte-se em um processo espacial.
Neste sentido, Santos (1996a) expõe sobre a produção da mais-valia no
âmbito mundial. As riquezas tendem a concentrar-se espacialmente
por meio do processo de drenagem de renda. Esse processo não deve
ser visto só sob o aspecto dos mecanismos de concentração do capital,
mas da condição social e política dele resultante nos espaços de onde
procedem as riquezas geradas e expropriadas.
    As formações socioespaciais delineiam-se de acordo com a organiza-
ção da produção, constituindo referências concretas de como as relações
sociais realizam-se. A produção social de riquezas, da qual deriva a produção das condições sociais, materializam-se, conferindo qualificativos
à espacialidade. Portanto, o espaço geográfico talvez seja a dimensão
da realidade em que os preceitos e objetos técnicos da materialidade
produzida pelo homem ganhem expressão mais concreta. Na teoria
de Santos (1996a), essa materialidade é parte da ontologia do espaço,
que vai do meio pré-técnico ao meio técnico-científico-informacional.
Este último refere-se à condição geográfica necessária para a economia

articulada mundialmente e à produção da mais-valia em escala espacialmente ampliada. O espaço foi racionalizado por meio da produção social, traduzida em objetos ou ações que lhe conferem a possibilidade de ser comandado de acordo com interesses longínquos.

Se o espaço geográfico é fator preponderante para desvendar os suportes da realidade estabelecida, então a Geografia possui papel primordial no campo das Ciências Sociais e Humanas. A análise da espacialidade humana, como produto e condição social, conforma a contribuição da Geografia no domínio das Ciências Sociais. Assim, a Geografia compartilha com as demais ciências a tarefa de trabalhar pelo esclarecimento[1] e emancipação humana[2] como parte da teoria social crítica[3] cujas proposições devem superar o estabelecido, mantendo a expectativa de uma sociedade futura.

---

1   Esse termo tem origem na publicação *Dialética do esclarecimento: fragmentos filosóficos*, de Adorno e Horkheimer (1985), cujo título original em alemão é *Dialektick der Aufklärung: philosophische fragmente*. Obra considerada como parte da conhecida Escola de Frankfurt que, de maneira geral, defendeu a renovação do crédito à razão. Entretanto, isto não ocorre sem críticas aos limites dos conhecimentos produzidos. A *Dialética do esclarecimento* debate como o conhecimento produzido sob o marco do positivismo perde a trilha da emancipação e sob o controle do poder recria condições de opressão.

2   A noção de emancipação humana está relacionada à concepção de liberdade. Contra a perspectiva liberal clássica que expõe a liberdade como mera ausência de restrições às opções disponíveis, o marxismo traz uma noção de liberdade maior que compreende a eliminação dos obstáculos à referida emancipação, ou seja, ao múltiplo desenvolvimento das possibilidades humanas (Bottomore, 2001, p.123-4).

3   É assim denominada a produção acadêmica formulada em meio à crise ocidental (década de 1920), quando ocorreram transformações na perspectiva política marcadas pela opressão e autoritarismo advindos de posturas ortodoxas. Dentre as alternativas, delineou-se o caminho de uma nova reflexão, assentada na tentativa de sem abandonar os fundamentos marxistas refletir sobre o novo contexto histórico. Conformou-se uma ciência que continuava tendo como objetivo denunciar o caráter autoritário e exploratório do capitalismo e contribuir para a libertação do ser humano. Contudo, é uma ciência que reconhece seus limites, consciente de que não há uma grande engrenagem explicativa de tudo. Nas palavras de Geuss: "espera-se que o efeito de uma teoria crítica bem-sucedida seja a emancipação e o esclarecimento. Para ser mais preciso, uma teoria crítica tem como propósito inerente ser autoconsciência de um processo satisfatório de esclarecimento e emancipação" (1988, p.96).

Geógrafos como Santos (1996a) e Gomes (2002), por exemplo, contribuem com a Geografia assim situada no âmbito científico. Eles procuraram estabelecer teorias geográficas que cooperam com as Ciências Sociais, desvendando os mecanismos de poder e anunciando possibilidades. São posturas científicas modestamente compartilhadas na proposição desta pesquisa, na condição de aprendiz.

Este trabalho foi formulado acerca da realidade de espaços cujas dinâmicas demográficas e econômicas tornam aparentemente questionáveis seus papéis no atual período: os municípios com pequenas cidades do noroeste do Paraná. Refere-se à parte da região conhecida como norte do Paraná, que possui uma história de (re)ocupação mais ou menos comum, há pouco mais de cinco décadas, com a efetiva inserção da região no circuito da economia capitalista, nas escalas nacional e internacional, por meio da economia cafeeira.

Por que estudar essas pequenas cidades? Várias foram as reflexões que permearam a condução da pesquisa, mas a eleição deste tema está relacionada, inicialmente, à intensa mobilidade espacial da população procedente de municípios com pequenos centros urbanos, especialmente na década de 1970, quadro que persiste nas décadas seguintes na maioria dos municípios. Este foi o fenômeno visível que despertou a atenção para uma série de questionamentos. É um fenômeno facilmente apreensível, dada sua proporção, uma vez que os dados estatísticos mostram-no e a população local percebe-o cotidianamente. O declínio demográfico nesses municípios pode ser considerado como a aparência de um processo social mais amplo. Qual é a essência desse processo? O que ele significa para a sociedade?

A presença dessas pequenas cidades é explicada pelo processo de formação socioespacial, ocorrido no contexto da economia cafeeira. O Paraná tornou-se área de intensa produção de café, após diversos momentos de crise dessa economia junto ao mercado internacional. A produção do espaço estudado apresentou algumas características diferenciadas, como empreendimentos privados de colonização; estrutura fundiária inicialmente baseada em pequenas propriedades; acentuada demanda de força de trabalho; implementação de uma densa rede urbana com muitos pequenos núcleos, cuja centralidade estava relacionada ao contingente populacional formado pela presença intensa de pequenos produtores e trabalhadores rurais. Posteriormente, o declínio populacional no campo foi afetando, também, os numerosos e pequenos núcleos urbanos sob o aspecto funcional, promovendo outra mobilidade oriunda das pequenas cidades estagnadas em direção, sobretudo, a centros maiores.

Portanto, a centralidade dos pequenos núcleos urbanos tem sido subtraída a partir da crise da economia cafeeira que provocou uma série de transformações no espaço regional, com marcante migração da população do campo e das pequenas cidades. As transformações econômicas resultaram numa série de transformações socioespaciais. Há um processo de redefinição da rede urbana regional. Este processo mostra que uma forma espacial produzida num dado momento econômico pode não ser adequada quando novos arranjos econômicos são compostos. Para significativa parte da sociedade, esse processo inviabiliza a possibilidade de prosseguir vivendo no mesmo espaço, ante as dificuldades de reprodução da vida nestes locais. A condição social dos trabalhadores não os aliena apenas do produto de seu trabalho, mas também da espacialidade produzida juntamente com a produção de riquezas. As pequenas cidades da região tornaram-se, especialmente após a cafeicultura, espaços instáveis de vida para a sociedade local.

O que se denomina região noroeste consiste em uma área marcada pelo investimento capitalista, cujo empreendimento teve apoio do Estado e adesão de muitos pequenos proprietários e trabalhadores rurais, estes últimos reais produtores da riqueza gerada na região. Com a reestruturação da economia, após a crise da cafeicultura, desconsideraram-se os trabalhadores e pequenos produtores rurais, até então agentes primordiais. A região possui uma elite que procura se articular para promover o desenvolvimento regional. Entretanto, sob o rótulo de desenvolvimento regional, na realidade, frequentemente se discute a projeção dos próprios negócios. As constantes modernizações não incluem os demais agentes produtores das riquezas regionais.

Estes fatos mostram a relevância de estudar as pequenas cidades neste novo contexto econômico, seus papéis, possibilidades e significados.[4] A realidade regional instiga a reflexão sobre as pequenas cidades. Não se trata, destarte, de fazer apologias a esse tipo de localidade, tampouco de incorporar gritos amargos sobre a grande cidade,[5] mas de respeitar e reconhecer espaços concretos, frequentemente ignorados no cenário político e acadêmico. Assim, conforma-se o recorte temático deste estudo.

Para pensar a espacialidade social, contrapondo o ritmo exigido pela economia e o ritmo humano, é preciso considerar que prevalecem atributos resultantes das exigências do modo capitalista de produção. O estudo dessas áreas em esvaziamento evidencia a inviabilidade da efetiva apropriação social do espaço diante da realidade social, econômica e política estabelecida. É preciso pensar na relevância desse fato para a leitura das dinâmicas da sociedade e em que medida isso é significativo enquanto obstáculo para a emancipação humana.

Compreende-se, aqui, como num trabalho que se filia às Ciências Sociais, o pesquisador enquanto sujeito e objeto de estudo, já que neste domínio o conhecimento produzido é também autoconhecimento. Desse modo, traços de subjetividade marcam a produção do conhecimento neste segmento científico.

O que são as Ciências Humanas e Sociais senão a sistematização de reflexões a partir dos elementos presentes cotidianamente na própria existência de quem pesquisa? É isso que Castoriadis (1999, p.136) explicita, mencionando Sócrates, que em julgamento afirmara que não aceitaria uma proposta de liberdade sob a condição de que abandonasse a pesquisa e a filosofia: "[...] não deixarei de filosofar... a vida sem exame não é vivível [...]".[6] O exame e a interrogação

---

4   O uso do termo *significado* neste trabalho está relacionado à relevância. Não se pretende um estudo da dimensão simbólica, relacionado à construção de signos e representações sociais, que poderia trazer outras contribuições ao tema, mas que por causa da necessidade de recortes não fará parte do mesmo.

5   Conforme Capel (2001), há uma forte corrente antiurbana, expressa em trabalhos que problematizam a grande cidade e valorizam espaços considerados como não urbanos, manifestações que o autor denomina "gritos amargos sobre a cidade".

6   Termos apresentados por Castoriadis (1999). Ele se refere a excerto que se encontra no texto *A defesa de Sócrates*.

tornaram-se objetos de sua paixão. É o que se passa com a maioria dos cientistas sociais e humanistas. Da mesma forma, esta postura permeia também esta pesquisa.

Sendo o pesquisador nas Ciências Sociais e Humanas sujeito e objeto de análise, é necessário falar de outras proposições decorrentes desse fato. Reconhece-se na pesquisa um processo que consiste na constante busca de elementos que possam contribuir para o entendimento da realidade que se quer desvendar. Conforme Lefebvre (1983, p.90), todo pensamento é movimento e os textos são apenas registros construídos momentaneamente, como este que aqui se inicia. Nesta concepção, o pesquisador é alguém que está sempre em processo de aprendizagem (Freitas, 2002, p.26).

Assim, além das condições materiais verificadas na região, foi basilar para a formulação da problemática desta pesquisa a trajetória pessoal. Desta trajetória, destaca-se que foi fundamental viver em alguns locais, como a permanência por vinte anos na pequena cidade de Ubiratã, no Paraná, desde o nascimento. Da mesma forma, foi significativo viver numa cidade média como Maringá, uma das capitais regionais do Paraná. Já o cotidiano da região metropolitana de Curitiba suscitou sensibilidade pela condição de vida que este tipo de espaço oferece, em especial, para a população trabalhadora. Estas experiências trouxeram uma visão mais concreta do conjunto da rede urbana, concebida como espaços de vida da sociedade. A transferência da pequena cidade para a cidade média (Maringá) permitiu compreender melhor o que se quer dizer com rompimento ou afastamento de laços familiares e de amizade, além dos laços afetivos com o espaço, neste caso, o lugar.

A experiência pessoal ajuda a entender o sentimento de ser estranho a uma terra. Por mais cosmopolita que se possa ser, sentir-se estranho é algo comum na vida de todo migrante. Martins, em estudo sobre as migrações internas no Brasil, alerta sobre o efeito devastador que tem o desenraizamento sobre a vida do migrante, já que "[...] rompe laços com familiares, expressa a miséria e a impossibilidade de sobrevivência econômica no local de origem, denunciando a exploração que inviabiliza a vida sedentária e lhe impõe a vida nômade que [...] empobrece sua vida social" (1997, p.42). Evidentemente, sentir-se estranho é tanto mais difícil com restrições financeiras para resolver questões de moradia, alimentação etc., situação social em que se encontra a grande maioria dos migrantes. Todavia, existem as oportunidades que motivam a superação desses obstáculos por parte de alguns, mas que trazem a frustração para outros.

As proposições abarcadas nesta pesquisa resultam de um olhar simultâneo sobre alguns elementos, conforme se procura sistematizar na sequência.

O declínio demográfico dos municípios da região

Embora o uso de dados tornasse a pesquisa quantitativa demais em seu início, a utilização da estatística foi uma forma de apreender o fenômeno do declínio demográfico em sua amplitude regional, com a finalidade de problematizar os processos sociais que os mesmos representam.[7] Utiliza-se o dado demográfico como indicador de processos sociais decorrentes das transformações econômicas na região, explicitando uma realidade social. Há muitas vidas envolvidas, fluxos humanos cujo trânsito pela rede urbana é motivado pela busca de sobrevivência, fatos que não podem ser transformados apenas em números.

Foram utilizados dados da população total de cada município no levantamento elaborado para a área aqui denominada noroeste do Paraná, recorte inicial deste trabalho. A maioria dos 165 municípios que compõem a região tem como sedes pequenos centros

---

7   A apreensão de um fenômeno de maneira mais geral por meio da estatística já fora reconhecida por Brunhes: "[...] *una sabia y racional medida estadística de los hechos observados en singular debe conferirles la importancia complementaria e indispensable de su exacto carácter general.* [...]" (1988, p.261). É com o intuito de poder mensurar esse fenômeno em sua expressão mais regional que se utilizam os dados estatísticos. Não se adota uma metodologia quantitativa, que busca nos números as explicações dos processos a serem analisados, mas o uso desses números serve para mostrar uma realidade que dificilmente seria apreendida sem os mesmos.

urbanos, dos quais apenas nove núcleos podem ser considerados demograficamente como de porte médio,[8] ou seja, com mais de cinquenta mil habitantes. Todos os municípios com pequenos núcleos urbanos apresentaram diminuição da população em pelo menos um dos períodos analisados desde 1960 até 2000. Só não apresentaram perda os municípios com núcleos urbanos maiores que, ao contrário, cresceram demograficamente, absorvendo parte dos fluxos oriundos da mobilidade espacial verificada na região. Isso faz desse fenômeno uma questão da Geografia Urbana, não a Geografia Urbana produzida acerca de realidades metropolitanas, mas a que procura refletir sobre outras manifestações do urbano.

É preciso ressalvar que a adoção de um recorte territorial inicialmente amplo justifica-se pela extensão da dinâmica demográfica observada, ainda mais ampla, abrangendo outros municípios. Não se trata de pretensão ou ambição desmedida. Na realidade, o trabalho com a dinâmica interurbana e regional, envolvendo um número grande de municípios, gera tamanha perplexidade e demanda diversos procedimentos metodológicos, diante dos quais há que se reconhecer limites. Tal recorte foi estabelecido com base em mesorregiões do Instituto Brasileiro de Geografia e Estatística (IBGE), que reunissem municípios com uma história de formação semelhante.[9] Então, este amplo recorte faz parte da formulação inicial da problemática da pesquisa que é entender esta dinâmica

8 Utiliza-se como referência preliminar para tanto a publicação de Motta et al. (1997). Essa publicação, embora não apresente debate conceitual ou justificativa quanto à adoção da classificação, tem sido utilizada como referência para organizar a sistematização dos dados referentes à rede urbana de acordo com o seguinte: regiões metropolitanas de primeira ordem (São Paulo e Rio de Janeiro); regiões metropolitanas de segunda ordem e cidades com mais de quinhentos mil habitantes; centros grandes (de 250 a cinquenta mil habitantes); centros médios (de cem a 250 mil habitantes); centros médios-pequenos (de cinquenta a cem mil habitantes); centros pequenos (com até cinquenta mil habitantes).

9 Ainda assim, o recorte possui municípios com realidades diferenciadas reunidos nos recortes de mesorregiões do IBGE, como o município de Cândido de Abreu, que se diferencia dos demais no que se refere aos aspectos tanto da Geografia Física como de sua história.

da subtração demográfica como uma questão da região, formada no contexto da economia cafeeira e com peculiaridades que permitem identificar uma coerência regional.

É relevante mostrar que não são municípios isolados que apresentam declínio demográfico. Não se trata de excepcionalismos, há um processo amplo que inclui uma escala geográfica maior. Sobre a abordagem dos espaços geográficos como excepcionais, Bunge (1988, p.408) já advertira que

> la ciencia se opone diametralmente a la doctrina de la unicidad. Está dispuesta a sacrificar la extremada exactitud obtenible bajo el punto de vista de lo único a fin de ganar la eficiencia que confiere la generalización. [...] La ciencia se ve estimulada por el hecho de que asume que cada vez puede hacerse más general y estar próxima a la exactitud a través de sus esfuerzos de inventiva, aunque es consciente de que nunca puede lograr la total exactitud [...].

Mais recentemente, Gomes (2002, p.206) referenda esta postura afirmando que

> Não é recomendável voltar ao singularismo de uma geografia que pretendia simplesmente alinhar estudos de casos únicos. A observação local não pode ficar restrita a uma descrição das diferenças e propriedades singulares. É necessário dispor de condições para proceder a comparações e a reconstituições possíveis dos problemas, em outras escalas.

Tendo em vista essas reflexões, compreende-se como fundamental não considerar os municípios de maneira isolada, mas a necessidade de estudar tais espaços e suas pequenas cidades articuladas a contextos amplos.

Mais do que regional, é uma questão, conforme já se assinalou anteriormente, dos municípios com pequenos centros urbanos. A configuração espacial e a intensidade adquirida pelo processo de declínio demográfico na região poderão ser verificadas por meio de representações cartográficas.

A realidade urbana como totalidade

O olhar para as pequenas cidades não está isolado do restante da rede urbana. Ao contrário, procura-se compreender as dinâmicas dessas localidades em interação, em movimento, consoante à apreensão de uma realidade que considere os demais centros urbanos e os fluxos humanos existentes entre eles. Dessa maneira, é preciso observar o que ocorre em diversos núcleos, ou seja, no conjunto da rede urbana brasileira, mais especificamente na paranaense e em suas recentes dinâmicas.

Cotidianamente, diversos fatos expressam problemas das grandes cidades brasileiras, expondo a falência do trânsito, violência, pobreza e poluição, entre outros tantos. Da mesma forma, é frequente a mídia responsável por notícias locais e regionais mostrar precariedades nos centros urbanos menores, onde faltam hospitais, delegacias, articulações rodoviárias adequadas etc. Não é novidade que o Brasil urbano compõe-se de realidades bastante díspares. As cidades brasileiras, de maneira geral, expressam as contradições presentes no processo de urbanização do País, que produziu uma espacialidade adequada ao desenvolvimento econômico, mas descompassada de um ritmo e de uma condição humana e social apropriados.

Após algumas décadas de extrema concentração demográfica, os últimos censos vêm demonstrando novas tendências no comportamento da população. De maneira geral no Brasil, embora não seja o caso do Paraná,[10] as regiões metropolitanas vêm apresentando taxas de crescimento menores que em décadas anteriores e inferiores aos centros ou aglomerações urbanas considerados médios. Apesar dessas taxas serem mais baixas, como elas incidem sobre um grande contingente pode-se considerar, ainda, a persistência de um fluxo relevante de migrantes para os grandes centros urbanos brasileiros.

---

10   Estudo sobre a realidade das áreas metropolitanas brasileiras mostra que as metrópoles nacionais que apresentaram maiores taxas de crescimento demográfico foram Brasília e Curitiba, entre 1991-2000 (mais de 3% a.a.), seguidas por Fortaleza e Salvador (Moura et al., 2004).

E, quando se fala do crescimento das grandes cidades brasileiras, trata-se de um crescimento que ocorre especialmente em periferias pobres, nas áreas consideradas como da cidade ilegal, onde impera o urbanismo possível. O acesso aos meios de consumo coletivo é sempre insuficiente, ou mesmo ausente. Esta realidade representa, de fato, uma negação a uma série de direitos e, sobretudo, nega o direito à cidade.

O crescimento demográfico dos centros urbanos intermediários compõe-se de fluxos, ora procedentes de cidades maiores, constituindo um contingente em busca de tranquilidade e qualidade de vida, ora procedentes de municípios com pequenos núcleos urbanos, formando um grupo, em geral mais numeroso que o primeiro, constituído essencialmente por migrantes pobres. Os migrantes da classe média e alta são disputados. Vários empreendimentos procuram adequar as cidades com o objetivo de prepará-las para atender às necessidades deles, como a construção de *shopping centers,* aeroportos, condomínios fechados e outros investimentos. Já os migrantes pobres têm provocado, por todo o Brasil, reações negativas por parte da população que já reside nessas cidades. Moradores antigos velam pela manutenção da boa condição de vida que consideram existir em tais localidades, julgada ameaçada com a chegada de novos moradores pobres.

É nesse contexto de produção de novos espaços de adensamento que se observa o processo de esvaziamento demográfico de muitos municípios com pequenos centros urbanos. Conforme já se assinalou antes, esta é uma característica da região a ser analisada neste trabalho, mas não se trata de uma excepcionalidade da mesma. Pelo contrário, diversas outras dinâmicas de esvaziamento demográfico podem ser encontradas em outras áreas do Paraná e do Brasil.

São expressões de uma realidade articulada, reveladora de transformações econômicas e, por conseguinte, socioespaciais. Portanto, embora este trabalho se volte ao estudo da redefinição da rede urbana, enfocando nesse processo os centros urbanos menores, em seus papéis e significados atuais, procura-se uma compreensão sincrônica e inserida no conjunto das demais dinâmicas. Respalda essa postura a lei da interação universal, parte da lógica dialética sistematizada por Lefebvre (1983, p.237-40). Essa lei refere-se à conexão e mediação recíproca de tudo o que existe: "Nada é isolado. Isolar um fato, um fenômeno, e depois conservá-lo pelo entendimento nesse isolamento, é privá-lo de sentido, de explicação, de conteúdo" (idem, p.238). Conforme o autor, a pesquisa dialética deve considerar cada fenômeno no conjunto de suas relações com os demais fenômenos. Esta é uma proposição fundamental para este trabalho, situando a dinâmica das pequenas cidades no âmbito da rede urbana.

A formulação do trabalho concebe, além das múltiplas expressões da realidade urbana, os fluxos humanos, ou seja, a mobilidade espacial que se observa no interior da rede urbana, como parte do movimento que configurou e reconfigura esta realidade. Consideram-se as localidades inseridas no amplo processo de urbanização e em meio à mobilidade espacial da população, tendo em vista o que esses processos representam enquanto condição social e humana. Trata-se de uma realidade dinâmica, sincrônica e articulada.

A pauta acadêmica da Geografia Urbana

Além das condições materiais que levaram à problematização da temática da pesquisa, sua relevância está no relativo silêncio acadêmico até então existente sobre a mesma. Poucos elegem as pequenas cidades como objeto de pesquisa. As iniciativas existentes permaneceram isoladas, o que dificulta um avanço teórico em relação à compreensão desses espaços. Observa-se muito recentemente um maior número de pesquisadores propondo trabalhos, o que tem ficado registrado em alguns eventos. Assim, a pesquisa foi construída com base nos elementos considerados anteriormente e o tratamento do tema no âmbito acadêmico, mais especificamente, na Geografia Urbana, buscando o que se diz e o que não se diz, ou o que se entende como lacunas existentes.

A pauta da Geografia Urbana compõe-se com bastante frequência de temas voltados à produção territorial marcada pela segregação e autossegregação socioespacial, ao estudo da centralidade renovada pelos novos fluxos e novos equipamentos coletivos, à questão do espaço público e privado, à metropolização e ao crescimento urbano, enfim, temas relevantes e que expressam dinâmicas concretas observadas nas cidades brasileiras. Todavia, são questões expostas pela realidade da grande cidade ou, mais recentemente, em decorrência dos novos ritmos impostos pelo crescimento demográfico e novos papéis econômicos também das cidades médias. As pequenas cidades constituem espacialidades menos estudadas, e às vezes negligenciadas no âmbito acadêmico.

Não contemplar as pequenas cidades é esquecer uma parte da realidade urbana. Não se deixa apenas de estudar uma parte concreta da espacialidade brasileira; esta falta de estudo também compromete uma compreensão mais ampla da rede urbana, até mesmo das questões tratadas no domínio dos centros urbanos maiores, bem como das possibilidades de intervenção. Portanto, problematiza-se a realidade em análise desde o mirante da Geografia Urbana.

Trata-se, então, de reconhecer a existência das cidades menores. Essas localidades compõem expressiva parte do território do Brasil e demograficamente são ainda espaços de significativa parte da sociedade. Conforme Bellet & Llop (2003), as grandes cidades são as mais estudadas, admiradas, e também as mais repudiadas, constituindo metáfora e metonímia do que é urbano. Esses centros, contudo, representam apenas uma parte do mundo urbano. Lembram os mesmos autores que paralela às metrópoles está a mais discreta e silenciosa presença de outros tipos de cidades, as cidades tranquilas, *slow cities*,[11] que contrastam vivamente com a imagem dos ritmos frenéticos das grandes aglomerações urbanas. Portanto, deve-se estar atento a estes diferentes níveis do que se tem chamado genericamente de urbano, reconhecendo diferentes graus de centralidade e complexidade (Capel, 2003a).

Ademais, procura-se evitar o foco tradicional da rede urbana, vendo nesta a possibilidade de estudar, com uma perspectiva mais ampla, as contradições sociais existentes no âmbito das cidades brasileiras. Se o

---

11   Termo utilizado pelo *Cittaslow – progetto per una cittá del buon vivere*. Trata-se da criação na Itália de um certificado que pode ser obtido por cidades com menos de cinquenta mil habitantes e que não são capitais de províncias ou regiões, além de atender a outros requisitos de avaliação para a concessão da certificação. Esse tema será retomado no último capítulo.

capital opera em escala ampla, a tarefa de decifrar seus mecanismos de reprodução e controle social também deve envolver problematizações desde escalas geográficas maiores, ainda que reconhecendo as dificuldades deste tipo de estudo.

O referencial teórico e o horizonte utópico

Este trabalho procurou pautar-se, inicialmente, por pressupostos do materialismo histórico. Com o objetivo de abranger a produção das condições materiais da região analisada, procurou-se ressaltar elementos significativos para a compreensão da dinâmica social da mesma advinda de sua formação. Assim, adota-se a leitura da produção do espaço numa perspectiva histórica, uma vez que cada período expressa uma condição social e política diferenciada. Por isso, questões relevantes para um período podem não ter a mesma expressão em outro. Thompson (1981) defende a lógica histórica, que deve ser adequada ao material histórico e aos fenômenos, sempre em movimento e com manifestações contraditórias.

Nesse sentido, é preciso considerar, de acordo com Castoriadis (1982, p.20), que manter intacta a teoria marxista viola os princípios essenciais apregoados pelo próprio Marx: "Em verdade, Marx foi o primeiro a mostrar que a significação de uma teoria não pode ser compreendida independentemente da prática histórica e social à qual ela corresponde [...]". Tal consideração valoriza a história, sem atitudes dogmáticas. Essa postura encontra respaldo em Lefebvre (1979), que reconhece no marxismo a mais avançada concepção de mundo. Contudo, ponderadamente afirma que obviamente o marxismo deve ser procurado, primeiramente em Marx, mas "[...] importa não tomar os textos de Marx ao pé da letra, como textos mortos; importa não procurar neles um sistema fechado, acabado. A concepção do mundo a que Marx ligou o seu nome encontra-se ela própria, em devir, em curso de perpétuo enriquecimento e aprofundamento" (idem, p.107).

É por isso que, para Lefebvre, não faz sentido falar em superação do marxismo, pois como ultrapassar uma concepção de mundo que inclui uma teoria de superação e que se considera expressamente mutável por ser teoria do movimento? Ele reconhece que Marx não falou de tudo, já que novos fenômenos exigem novas análises. Entretanto, não entende como superada a concepção de mundo marxista. Convergindo, Peet (1982, p.247) afirmou que o avanço teórico deve prover uma teoria mais poderosa que, então, interaja com as novas possibilidades revolucionárias. Como a revolução social nunca está terminada, também nunca estará a sua teoria.

Compreende-se como parte da tarefa científica pensar possibilidades para o futuro. De acordo com o materialismo histórico e dialético, o vir a ser encontra-se em meio às contradições presentes nas condições materiais estabelecidas. Procura-se o conflito, o movimento, o que é e está deixando de ser. Enfim, procura-se captar o processo que conduz à transformação, uma vez que a forma da matéria é ser em movimento. O movimento envolve a continuidade e a descontinuidade. A realidade não traz só o problema, traz também a solução. Esta pode ser encontrada nas descontinuidades verificadas no movimento, produzidas pelas contradições existentes na sociedade. Nesta argumentação, encontra-se a justificativa para apostar num devir promissor. A ruptura na sociedade pode não se dar pelos mesmos elementos e caminhos apontados por Marx, mas é preciso estar atento a outras possibilidades de ruptura, por meio das negações que se formulam desta sociedade no âmbito da mesma. Trata-se de manter um raciocínio dialético.

Pensando na realidade das pequenas cidades, sinaliza-se a reestruturação promovida pelo capitalismo, para o qual agora interessa a desconcentração espacial das atividades. Este processo tem sido destacado como forma de impulsionar e viabilizar a instalação de atividades industriais e de serviços em pequenas cidades, quiçá trazendo novas possibilidades econômicas. Destaca-se aqui esse fato menos por essa possibilidade e mais porque traz ao debate questões relativas à descentralização e, portanto, relacionadas às áreas designadas como não metropolitanas.

Como parte dessa reestruturação, tem-se estimulado o uso de estratégias de desenvolvimento local, a partir da convergência de forças políticas para a gestão dos municípios e regiões, valorizando-se elementos endógenos e impulsionando a participação da sociedade local. Fatores que compunham bandeiras da esquerda política são agora convenientes para o novo momento econômico, já que a dinâmica do mercado global exige constante readaptação quanto ao quê e com que qualidade produzir. Essa readaptação dificilmente seria obtida sem a mobilização de forças locais, além de outros fatores que podem tornar esse tipo de desenvolvimento adequado ao capital. Todavia, ainda que de interesse do capitalismo, o processo poderá não permanecer restrito a esse limite. Poderá haver um alcance maior por meio do envolvimento da sociedade com os rumos do espaço em que vive. Afinal, há um estímulo para o envolvimento político, que poderá trazer novos agentes sociais, bem como a composição de novos cenários.

O horizonte intelectual do materialismo histórico inclui um horizonte utópico, vislumbrando uma sociedade qualitativamente superior à que existe. Conforme Lowi, "o pensamento utópico é o que aspira a um estado não-existente das relações sociais, o que lhe dá, ao menos potencialmente, um caráter crítico, subversivo, ou mesmo explosivo" (1994, p.12). O trabalho científico torna-se bem mais significativo com este horizonte utópico. Conforme Bloch (apud Freitag & Rouanet): "[...] toda forma de pensamento que não se deixe guiar pela perspectiva do futuro utópico está condenada à opacidade [...]. O pensamento verdadeiramente dialético é vinculado ao desejo, à esperança, ao sonho para a frente [...]" (1980, p.46).

No domínio da Geografia, Santos (1982, p.13) refere-se à necessidade de uma contribuição desse segmento científico na construção de uma interpretação do mundo por meio do materialismo histórico. Ele afirma que temos de partir do espaço e a ele voltar. Em sua teoria, ele propõe a compreensão do espaço geográfico como conjunto indissociável e articulado de um sistema de objetos e um sistema de ações, reconhecido no âmbito de suas intencionalidades. As técnicas possibilitam a empiricização do tempo e a qualificação precisa da materialidade sobre a qual as sociedades humanas trabalham (Santos, 1996a, p.44). A teoria do espaço é concebida como uma teoria menor, inserida em uma teoria maior, que é a teoria social. Complementa que uma ciência do espaço que não quer se contentar apenas com a constatação do presente e almeja contribuir para a reconstrução social deve buscar instrumentos que contribuam para a codificação de possibilidades (Santos, 1982, p.17).

A perspectiva deste trabalho é o da persistência na teoria marxista quanto à concepção materialista e dialética da produção e reprodução social e no que se refere a uma perspectiva científica não apenas constatatória, mas transformadora do mundo. Reconhece-se, todavia, a verdade presente em algumas críticas que se fazem aos resultados obtidos ou inspirados pelo marxismo. A transformação do marxismo em ideologia, o autoritarismo presente na prescrição de condutas para uma nova sociedade e a ênfase exagerada à dimensão econômica constituem alguns pontos que devem ser debatidos.

Por essas razões, buscam-se referenciais complementares, como as proposições elaboradas pela teoria crítica da Escola de Frankfurt, as reflexões sobre autonomia presentes no trabalho de Castoriadis (1982; 1999), bem como o trabalho de Lefebvre sobre o urbano.

Os trabalhos compreendidos como da Escola de Frankfurt possuem claro enfoque na emancipação humana, norte esquecido por muitas vezes, mas já proposto por Marx. Para autores vinculados a essa tendência teórica, essa emancipação sintetiza os esforços humanos por toda a história. O entendimento de emancipação relaciona-se à noção de liberdade e autonomia. Assim, uma consciência autônoma só pode ser formada em condição completa de liberdade e de superação das instituições coercitivas. A conquista de um estado maior de liberdade permite o conhecimento e a defesa dos interesses autênticos de um grupo. Essa concepção pode enriquecer significativamente o debate sobre a gestão coletiva do espaço, parte da perspectiva utópica deste trabalho.

As ideias relativas à autonomia presentes no trabalho de Castoriadis também convergem para este propósito. Castoriadis (1982, p.45) posiciona-se de maneira crítica ao marxismo, para o qual a ideia de autonomia – ainda que aceita – será sempre secundária, visto que alguns marxistas têm uma prescrição precisa de para onde deve ir a história, oferecendo antecipadamente a solução dos problemas que apresenta. Assim, há uma dose de cegueira para com a realidade e para outras perspectivas. Castoriadis discorda de qualquer fim previsto para a história, que ele concebe como o domínio da criação. Esse domínio baseia-se na autonomia individual e social. No trabalho de Castoriadis (idem, p.116), há a defesa de um projeto revolucionário, também socialista. Para esse autor, o devir trata-se de um projeto, não vinculado a um fim previsto. A construção do devir baseia-se na conquista da autonomia. Conforme Souza (2002, p.174), etimologicamente, autonomia deriva do grego *autosnomos* e significa dar a si próprio a sua lei. De acordo com o referido autor, a ideia de autonomia engloba dois sentidos inter-relacionados: a autonomia coletiva (ou o consciente e explícito autogoverno de uma determinada coletividade) e a autonomia individual (capacidade de indivíduos particulares de realizarem escolhas de liberdade, com responsabilidade e conhecimento de causa).

O devir marcado pela perspectiva da autonomia não se caracteriza pela promessa de uma sociedade perfeita. Ela apenas contém a possibilidade da abolição da separação institucionalizada entre dirigentes e dirigidos. Assinala Souza que assim se pode promover "[...] o surgimento de uma esfera pública dotada de vitalidade e animada por cidadãos conscientes, responsáveis e participantes" (idem, p.175).

Há aqui uma perspectiva de recuperação da dimensão política do homem, tolhida na sociedade capitalista. Com base em expectativas como essa, compartilha-se da postura de Castoriadis (1982, p.122): "[...] a história fez nascer um projeto, esse projeto nós o fazemos nosso, pois nele reconhecemos nossas mais profundas aspirações e pensamos que sua realização é possível. Estamos aqui, neste exato lugar do espaço e do tempo, entre estes homens, neste horizonte". A autonomia é requisito para ações conscientes sobre os fatos que se colocam no cotidiano e que poderão conduzir à produção de um espaço mais humanizado.

Homens que compartilham um mesmo espaço e um mesmo momento histórico, não satisfeitos com a condição humana e social de vida, poderão palmilhar juntos a construção de uma nova dimensão de relações sociais, e quiçá poderão compartilhar de uma mesma dimensão social da autonomia. A sociedade resultante desse processo não possui qualificativos definidos *a priori*. Não há nenhum esquema preparado e nenhuma arquitetura definida. Há, apenas, a expectativa de que uma sociedade que avança politicamente em suas relações poderá produzir um mundo com atributos humanos que superam os limites compartilhados neste momento histórico.

Com este referencial, vislumbra-se uma espacialidade produzida por preceitos humanistas e com justiça social, elegendo prioridades e valores coletivos, e mais do que isso, possibilitando à sociedade sua autoinstituição. É possível que o espaço importe, então, mais como lugar do que como território econômico. É certo que este devir não se concretizará no âmbito da sociedade capitalista. Entretanto, conforme assinalado anteriormente, é possível vislumbrar nas tendências do presente elementos que poderão conduzir para esta trilha.

Por fim, para completar este horizonte utópico, considera-se a obra de Lefebvre basilar para quem trabalha com o urbano, já que esse autor manteve uma admirável e positiva atitude em relação às cidades e uma expectativa promissora da vida urbana. Essa perspectiva é significativa, porque, diante da intensa urbanização, observa-se que o referencial positivo de vida, que a cidade já significou, encontra-se cada vez mais comprometido. O desafio para a sociedade é conquistar urbanidade[12] em meio a esse intenso e contraditório processo de urbanização, urbanidade compreendida como resultado de conquistas políticas advindas da vida urbana, bem como o acesso e intercâmbio de manifestações culturais diversas.

Para Lefebvre (2002), a sociedade urbana deveria representar a apropriação do tempo e do espaço para o ser humano, modalidade

---

12   Sobre urbanidade: embora essa seja uma discussão premente, poucos trabalhos dedicam-se a essa tarefa. Ribeiro contribui no desenvolvimento do conceito atribuindo a ele o significado de "[...] amadurecimento das relações políticas e socioculturais no urbano, compatível com o agudo grau de urbanização alcançado pelo País nas últimas décadas". Relaciona, ainda, a qualidade de vida urbana e suas condições materiais e sociais: "[...] tendo em vista o *déficit* de urbanidade que marca as relações sociais na cena urbana do País, necessitariam ser criteriosamente reconhecidos e estimulados aqueles processos de organização coletiva que contribuam para a concepção de um novo ideário para a vida coletiva e para o compartilhamento da materialidade historicamente construída" (1996, p.80-7).

superior de liberdade.[13] Essa frase encerra a utopia em relação ao urbano, compartilhada na proposição deste trabalho. A ideia de utopia aqui presente ampara-se no marxismo, porque considera a conquista de melhores condições materiais decorrentes do trabalho humano. Por isso, o espaço e o tempo podem ser apropriados pelo e para o ser humano. Mas essa apropriação ainda não é concreta, conformando o referencial utópico.

Estabelecer os referenciais foi significativo, uma vez que direcionou o enfoque, a busca e a interpretação dos interlocutores, figurando como um guia para a leitura de fatos e autores diversos. Estas considerações são como lentes, por meio das quais se compreende a temática trabalhada, dando o tom do diálogo e da interpretação da mesma. Por isso, o fato de estar na introdução e sua pouca presença em outras partes não significa que o referencial tenha sido abandonado, já que ele permaneceu, ainda que implicitamente, orientando o desenvolvimento do trabalho. É certo, entretanto, que os resultados não passam de exercícios e tentativas, aquém das possibilidades de entendimento que podem ser alcançadas pelos mesmos.

A questão principal que permeia o trabalho refere-se aos papéis e significados das pequenas cidades como espaços econômicos, políticos e sociais no contexto atual. O estudo foi construído em torno desse objeto, como o resultado de um trabalho de pesquisa, orientado a partir desse questionamento e dos recortes analíticos mencionados. As pequenas cidades da região noroeste do Paraná expressam a vulnerabilidade e a efemeridade das formações socioespaciais no modo capitalista de produção. As transformações econômicas e socioespaciais, que

---

13   O conceito de apropriação é fundamental para este trabalho. Lefebvre (1992, p.165) afirma que em Marx o conceito de apropriação é radicalmente oposto ao de propriedade. A contraposição entre a apropriação e a dominação foi efetuada por Lefebvre, que também afirma que somente um estudo crítico do espaço permite esclarecer o conceito de apropriação. A apropriação, assim compreendida, significa tornar próprio e adequado pelo uso, sem que isso represente posse e sem que se paute pela ideia de propriedade. Esse conceito será retomado de maneira mais detalhada no final do quarto capítulo.

podem ser apreendidas pelo declínio demográfico, significam que esses espaços não são relevantes ao funcionamento do capitalismo atual? Ou são locais com atividades e dinâmicas significativas para a compreensão dos processos econômicos e sociais recentes? Se existem novos papéis econômicos, o que isso representa enquanto condição social e política para os habitantes dessas pequenas cidades? Outros questionamentos desdobraram-se, tomando por referência essas indagações principais, delineando o desenrolar da pesquisa.

Procuram-se na história elementos explicativos para o surgimento de uma densa rede urbana, com a presença de várias pequenas cidades, procurando compreender que interesses, e em meio a que circunstâncias sociais, produziu-se tal configuração da região, bem como que papéis tinham os pequenos núcleos urbanos naquele contexto. Considera-se a referência econômica amparada na cafeicultura como parte de um complexo econômico capitalista, constituído em determinado momento da história brasileira e com particularidades que dão coerência à região, tendo em vista, também, outras condições peculiares reunidas no noroeste do Paraná, configurando, portanto, uma realidade datada e territorializada. Esses elementos estão no primeiro capítulo.

No segundo capítulo, procurou-se sistematizar a natureza das transformações econômicas que ocorreram na região e as implicações socioespaciais delas decorrentes. Essas mudanças foram inicialmente provenientes de alterações na agricultura, seguidas e somadas ao processo econômico mais recente que indica um novo perfil industrial para o estado do Paraná. Procura-se analisar esses processos econômicos articulados à dinâmica demográfica, verificada entre 1960 e 2000, marcada por persistente declínio na maioria dos municípios com pequenos centros urbanos, conforme já se mencionou, como expressão aparente e parcial da dinâmica social provocada pelos referidos processos. Ambos os momentos trazem decorrências diretas e indiretas no espaço produzido, visíveis pelas redefinições ocorridas na rede urbana. Além dessas transformações, assinalam-se outras de caráter mais geral, como as transformações culturais, as alterações no consumo e na acessibilidade, que também trazem implicações na leitura da redefinição da rede urbana e mais especificamente, nos papéis e significados que se desenham para as pequenas cidades desde então.

O terceiro capítulo baseia-se em uma análise comparativa de quatro municípios: Colorado, Querência do Norte, Rondon e Terra Rica. Esse capítulo tem duplo objetivo. Inicialmente, havia a necessidade de eleger alguns municípios para que a análise não permanecesse em âmbito tão geral. Portanto, há nesse ponto do trabalho um foco mais aproximado e específico quanto à dinâmica das pequenas cidades da região. A problematização do trabalho indicava o insistente processo de declínio demográfico em municípios com pequenos núcleos urbanos. Contudo, ao mesmo tempo, foi possível observar que alguns municípios escapavam a essa dinâmica. Por que em meio ao processo de declínio demográfico de diversos municípios com pequenos centros urbanos alguns apresentam crescimento? E quais seriam as diferenças entre esses municípios? Dessa maneira, foram selecionados municípios com dinâmicas diferenciadas, tomando por base principal os dados demográficos levantados e representados cartograficamente, estabelecendo comparações, com o objetivo de buscar elementos explicativos para tais diversidades. Com esse exercício, atendeu-se, então, a um segundo objetivo no capítulo, que consistia em procurar referências concretas no interior da própria região para compreender o desenvolvimento diferenciado desses municípios com pequenas cidades.

Por fim, no último capítulo complementa-se a análise dos papéis e significados relativos às pequenas cidades, no contexto atual, procurando focalizar a condição social e política nos referidos espaços para a sociedade local. Esse capítulo começa com uma abertura para a manifestação das pessoas que vivem nas pequenas cidades e que características elas destacam acerca das mesmas. Em seguida, assinalam-se as especificidades políticas que ocorrem em cidades menores, bem como as novas perspectivas que se desenham. Para finalizar, procura-se contrapor questões relativas ao vir a ser e as pequenas cidades concretas como parte de uma perspectiva urbana.

Em síntese, a formulação da pesquisa decorre de alguns olhares que articulam questões simultâneas. Além das condições materiais da região, procura-se compreender as dinâmicas das pequenas cidades de maneira articulada à condição urbana mais ampla, no contexto da rede. É preciso, então, lembrar que os núcleos da rede urbana articulam-se por meio de fluxos e dinâmicas que compõem um todo em movimento, com implicações compartilhadas. Dessa realidade em movimento, destacam-se os fluxos humanos, a mobilidade espacial que deixa exposta a questão da espacialidade e da condição humana e social de vida perante os processos econômicos. Considera-se a simultaneidade dos eventos, bem como o tratamento político e acadêmico dos mesmos.

1
FORMAÇÃO SOCIOESPACIAL DA REGIÃO NOROESTE DO PARANÁ E AS PEQUENAS CIDADES

A geografia familiariza-nos com os ocupantes da terra e dos oceanos, com a vegetação, os frutos e peculiaridades dos vários quadrantes da terra; e o homem que a cultiva é um homem profundamente interessado no grande problema da vida e da felicidade.

Estrabão

O todo não é apenas a soma das partes, mas também a articulação entre elas.

Sposito

As cidades que compõem a rede urbana constituem heranças de contextos econômicos e momentos históricos diferenciados, compondo um conjunto de centros funcionalmente articulados, resultado de complexos e mutáveis processos engendrados por diversos agentes sociais. Considerada como reflexo social, a rede urbana é, também, materialidade e, portanto, condição para a reprodução social (Corrêa, 2001). As dinâmicas existentes e os fluxos que marcaram os diversos momentos explicam a conformação dessa rede.

Este primeiro capítulo tem como objetivo trazer elementos que contribuam para a compreensão do processo de formação da rede urbana regional, marcada pela intensa presença de pequenas cidades, verificando interesses e agentes que nele estiveram envolvidos.

Configuração da rede urbana do noroeste do Paraná

A área estudada é parte do território paranaense, atualmente dividido em 399 municípios, com seus respectivos núcleos urbanos, originados em diversos períodos históricos, desde Paranaguá no século XVII e Antonina, Morretes e Guaratuba no século XVIII, do momento das incursões em busca de ouro até dinâmicas mais recentes que promoveram os últimos desmembramentos na década de 1990.

Ainda no século XVII, os mineradores transpuseram a Serra do Mar dando origem a São José dos Pinhais e Curitiba, embora o surgimento dessa última não se explique só pela mineração, mas também pela fixação da atividade pecuária (Padis, 1981, p.19-20). Enquanto as ferrovias e rodovias eram escassas, os principais rios do estado, em especial o Rio Iguaçu, funcionou como significativa via de circulação e escoamento basicamente de erva-mate e madeira, e algumas localidades surgiram às suas margens.

Durante o tropeirismo, entre os séculos XVIII e XIX, a formação de caminhos que articulavam o Rio Grande do Sul a centros consumidores paulistas, notadamente Sorocaba, marcou a origem no território paranaense de várias cidades como Jaguariaíva, Castro, Ponta Grossa e Lapa. A atividade pecuária e os fluxos dela decorrentes tiveram papel considerável na articulação geográfica brasileira, conformando fatores pioneiros no impulso de interiorização humana e econômica do território, fornecendo-lhe alguma coesão (Andrade, 1995, p.46 e Prado Júnior, 1998, p.117).

Empreendimentos imobiliários e a economia cafeeira na área setentrional do Paraná, com um modo peculiar de implantação, explicam a rede urbana formada no noroeste do estado, tema que será desenvolvido adiante.

As primeiras cidades do sudoeste paranaense surgiram por razões de segurança militar, nos fins do século XVIII e início do século XIX, como Foz do Iguaçu, Laranjeiras e, posteriormente, Pato Branco. Na década de 1920, houve a chegada de imigrantes do Sul que se estabeleceram nessa área e, na década de 1930, foram criados núcleos por iniciativas estatais ou privadas, como Toledo e Cascavel, dentre outras (Padis, 1981, p.149-51).

Essa região, juntamente com o noroeste do Paraná, destaca-se pela densidade da rede urbana, como pode verificar-se no cartograma 1. Ele representa o conjunto de cidades paranaenses, com as dimensões demográficas dos núcleos segundo as respectivas populações urbanas.

Esse breve relato sobre o surgimento de algumas cidades nas diversas regiões paranaenses serve para indicar que a arquitetura da rede urbana decorre de uma soma de tempos e processos. Embora as cidades sejam marcas de momentos passados, o presente as situa numa dinâmica sincrônica e articulada, referendando posições anteriores ou redefinindo papéis e conteúdos.

Enquanto o conjunto de cidades do estado inteiro possui variadas referências temporais quanto a seu surgimento, a gênese da maioria dos núcleos urbanos existentes na região noroeste ocorreu entre as décadas de 1940 e 1960, resultando, de maneira geral, de empreendimentos imobiliários privados e estatais associados à instalação da economia cafeeira.

A formação dessa área pode ser considerada uma etapa da nova urbanização brasileira (Santos, 1996b, p.26), quando começa a aparecer uma rede urbana qualitativamente diferente, mais dispersa e articulada.

O cartograma 1 expressa a disposição dos núcleos urbanos, que são oficialmente as 399 sedes municipais existentes no Paraná, de acordo com suas dimensões demográficas, sendo

- 305 municípios com população igual ou menor que vinte mil habitantes;
- 47 municípios com população entre vinte e cinquenta mil habitantes;

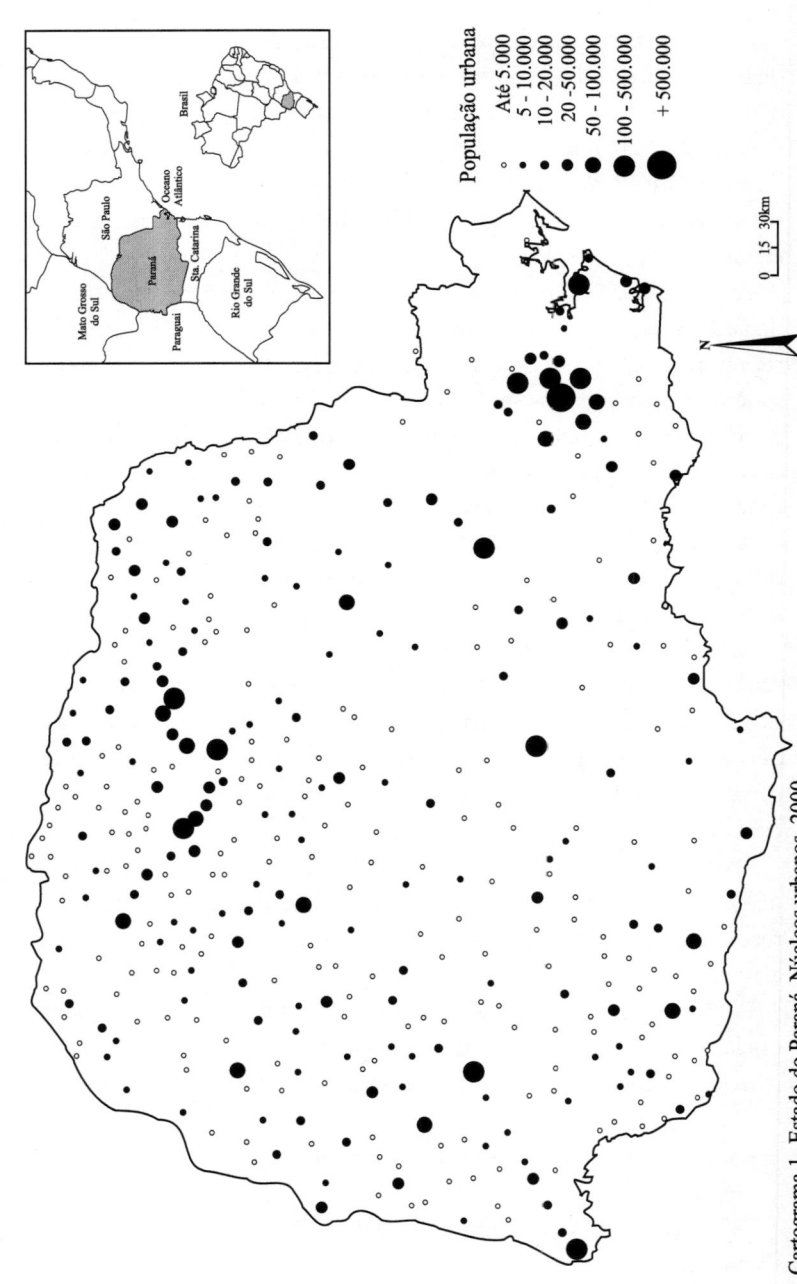

Cartograma 1- Estado do Paraná. Núcleos urbanos, 2000
Fonte: IBGE, 2000

- 13 municípios com população entre cinquenta e cem mil habitantes;
- oito municípios com população entre cem e quinhentos mil habitantes;
- região metropolitana de Curitiba – composta por 26 municípios[1] com tamanhos demográficos bastante diferenciados (o menor é Tunas do Paraná com 3.615 habitantes e o maior é Curitiba com 1.586.898 habitantes).

As configurações apresentadas pela rede urbana estão relacionadas com as dinâmicas econômicas, bem como as possibilidades técnicas de interação espacial, tanto aquelas presentes no momento da constituição das cidades, como os fluxos que se estabeleceram posteriormente. De acordo com Corrêa (2004, p.317), o conjunto com variados tipos de localizações das cidades sugere aleatoriedade, porém é explicável pela reunião de diversas lógicas. Na realidade, o desenho da rede urbana frequentemente reúne vários formatos que, também, resultam da soma de dinâmicas de diferentes períodos, ou seja, as cidades são heranças das vicissitudes da história (Bourgey, 1986, p.645). Por isso, Silveira destaca as cidades como mecanismo de interpretação da racionalidade hegemônica em cada momento histórico, pois como "[...]os pergaminhos de um códice, retrata os conteúdos da urbanização em cada período" (1996, p.322).

Considerando os núcleos urbanos de todas as dimensões representados no cartograma 1, observa-se que há uma distribuição relativamente equilibrada e regular dos mesmos no referido território, com maior dispersão ao norte e oeste do Paraná pela presença das

---

1   Compõem a região metropolitana de Curitiba os seguintes municípios e respectivos números de habitantes: Adrianópolis (7.006), Agudos do Sul (7.217), Almirante Tamandaré (88.139), Araucária (94.137), Balsa Nova (10.155), Bocaiúva do Sul (9.047), Campina Grande do Sul (35.107), Campo Largo (92.713), Campo Magro (20.364), Cerro Azul (16.345), Colombo (183.353), Contenda (13.248), Curitiba (1.586.898), Doutor Ulysses (5.984), Fazenda Rio Grande (62.618), Itaperuçu (19.134), Lapa (41.777), Mandirituba (17.555), Pinhais (102.871), Piraquara (72.806), Quatro Barras (16.149), Quitandinha (15.267), Rio Branco do Sul (29.321), São José dos Pinhais (204.198), Tijucas do Sul (12.258) e Tunas do Paraná (3.615).

pequenas cidades, concentradas nessas áreas. Entretanto, levando em conta apenas cidades maiores – acima de cinquenta mil habitantes – constata-se que o extremo noroeste possui apenas núcleos urbanos extremamente pequenos, a maioria com menos de cinco mil habitantes. São pouquíssimos os que possuem entre vinte e cinquenta mil habitantes e apenas um (Paranavaí) apresenta população entre cinquenta e cem mil habitantes.

Ao considerar localidades maiores demograficamente, a disposição é um pouco menos dispersa em áreas próximas às aglomerações urbanas de Maringá e Londrina que conformam eixos, acompanhando as rodovias principais. Na região metropolitana, a rede apresenta-se concentrada, esboçando uma configuração mais ou menos radiocêntrica em relação à Curitiba, compondo uma disposição em área e não em eixo. No litoral, igualmente aparecem localidades com disposição em eixo que acompanham a curta extensão do mesmo. A área central do Paraná é a mais esvaziada de localidades urbanas, especialmente em áreas que correspondem ao denominado Segundo Planalto, cujas formações rochosas, solos e altitudes dificultam o uso agrícola mecanizado.

A área designada como noroeste do Paraná, tomando por referência a divisão regional do IBGE, engloba três mesorregiões, subdividida em treze microrregiões (quadro 1).[2] Ao todo são 165 municípios representados no cartograma 2.

---

2   A ordenação de tabelas e quadros levou em consideração a orientação do Instituto Brasileiro de Geografia e Estatística (IBGE), nas *Normas de apresentação tabular*. Essa é a referência para a qual as normas da Universidade Estadual Paulista e de outras instituições remetem quando se trata de tabelas. Nelas, a tabela é definida como "forma não-discursiva de apresentar informações, das quais o dado numérico se destaca como informação central". E o dado numérico é definido como "quantificação de um fato específico observado" (IBGE, 1993, p.9-11). Reservou-se a denominação quadros para informações textuais não discursivas.

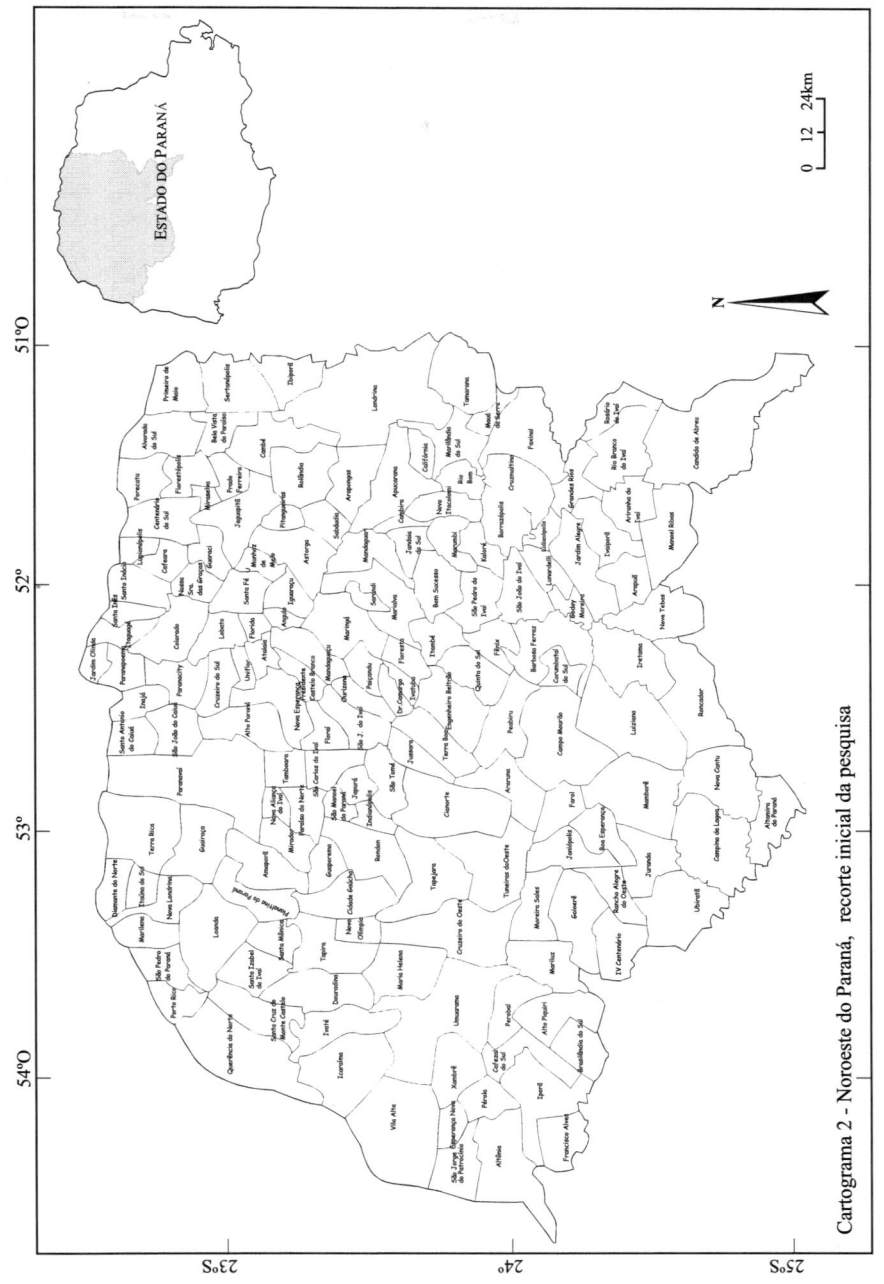

Cartograma 2 - Noroeste do Paraná, recorte inicial da pesquisa

Quadro 1 – Noroeste do Paraná (meso e microrregiões)

MESORREGIÕES	MICRORREGIÕES
Noroeste	Paranavaí, Umuarama e Cianorte
Centro ocidental paranaense	Goioerê e Campo Mourão
Norte central paranaense	Astorga, Porecatu, Floraí, Maringá, Apucarana, Londrina, Faxinal e Ivaiporã

Fonte: IBGE

A maioria das sedes municipais são demograficamente pequenas, das quais mais da metade possui até cinco mil habitantes, considerando apenas a população urbana (Tabela 1).

Tabela 1 – Noroeste do Paraná (número de cidades por classes demográficas, 2000)

CLASSES DE CIDADES	NÚMERO DE CIDADES
Até 5 mil habitantes;	88
De 5 mil a menos de 10 mil habitantes	37
De 10 mil a menos de 20 mil habitantes	21
De 20 mil a menos de 50 mil habitantes	10
De 50 mil a menos de 100 mil habitantes	6
De 100 mil a menos de 500 mil habitantes	3
TOTAL	165

Fonte: IBGE, Censo demográfico 2000

Por esses números, é possível verificar a intensa presença das pequenas cidades na região. São 156 centros urbanos com população inferior a cinquenta mil habitantes, e apenas nove com população superior a esse limite. Esses dados denotam a relevância dessas pequenas cidades na estruturação territorial, em especial do noroeste do Paraná.[3]

Poucas cidades podem ser consideradas de porte médio, já que apenas três centros urbanos atendem aos critérios do IBGE, com po-

---

3   Analisando os dados para o território brasileiro, observa-se que das 5.507 sedes municipais existentes em 2000, 5.119 possuíam menos de cinquenta mil habitantes. São 388 cidades acima desse patamar demográfico, que no conjunto dos dados absolutos abrigam quase 70% da população urbana brasileira, o que mostra uma espacialidade humana de tendência concentradora. Contudo, o Brasil, embora mais conhecido por essas grandes cidades, também tem um grande número de pequenas cidades.

pulação entre cem e quinhentos mil habitantes (Londrina, Maringá e Apucarana). Contudo, no estado do Paraná, centros urbanos com população entre cinquenta mil e cem mil habitantes são considerados centros regionais, casos de Paranavaí, Campo Mourão e Umuarama. Cianorte está em processo de consolidação de sua posição como centro regional. Outros municípios com esse patamar demográfico compõem as aglomerações urbanas de Maringá (caso de Sarandi) e Londrina (casos de Cambé e Arapongas), oficializadas como regiões metropolitanas desde 1998.

Portanto, sob o aspecto da estruturação territorial e da rede urbana, as pequenas cidades predominam nessa área. Os pequenos centros urbanos não são iguais entre si, pois possuem conteúdos diferentes que, em alguns casos, geram relações hierárquicas entre eles. Cidades com atividades comerciais e equipamentos de serviços públicos e privados um pouco mais diversificados funcionam como polos microrregionais. Ainda que estas atividades não estejam diretamente vinculadas ao patamar demográfico, observou-se que, de maneira geral, as pequenas cidades com centralidade maior são aquelas que possuem esse patamar mais ou menos definido entre vinte mil e cinquenta mil habitantes.

Sob o aspecto da distribuição demográfica, 39% dos habitantes da região vivem em núcleos urbanos com até cinquenta mil habitantes. Embora com papéis econômicos e urbanos restritos, as pequenas cidades ainda constituem espaços de vida de significativa parte da população. As cidades com mais de cinquenta mil habitantes (nove no total da região) abrigam 45% da população. Já a população rural equivale a 16% da população total. Há, portanto, uma taxa alta (84%) de urbanização nessa região. A média brasileira em 2000 foi de 81,23% e os dados correspondentes ao Paraná (81,41%) acompanham as referências nacionais. Embora alta, a distribuição regional desse indicador é bastante desigual, pois 27 municípios possuem população urbana inferior à rural.[4] Deve-se registrar também que apesar do insistente

---

4   Seguem os nomes desses municípios com as respectivas taxas de urbanização: Altamira do Paraná (30,29%), Arapuá (28,93%), Ariranha do Ivaí (24,18%), Boa Esperança (49,92%), Cândido Abreu (24,92%), Corumbataí do Sul (40,30%),

processo de êxodo rural nas últimas décadas, dez municípios da região apresentaram, entre 1991 e 2000, crescimento da população rural.[5] Estas observações mostram que esses dados apresentados de forma geral são relativos, lembrando sempre que as médias consistem em simplificações, que podem omitir uma realidade diferenciada.

A presença das pequenas cidades pode ser facilmente comprovada ao percorrer a região. A cada dez, vinte ou trinta quilômetros encontra-se um pequeno centro urbano, silencioso, aparentemente pacato, quase sempre bem arborizado. Os menores possuem, em geral, uma longa avenida (muitas vezes a própria rodovia), em torno da qual as ruas se prolongam por dois ou três quarteirões, de um lado e de outro, avistando-se facilmente o limite entre as áreas consideradas urbana e rural.

É comum ao forasteiro, que não possui vínculos com esses pequenos centros urbanos, questionar sua existência, seus papéis e significados. O padrão de algumas construções, o perfil de alguns estabelecimentos comerciais, bem como o ritmo das pessoas, por vezes, sugerem que essas pequenas cidades parecem explicar-se melhor por um tempo passado. Tempo frequentemente expresso na paisagem das pequenas cidades da região, cujo aspecto mantém parcialmente a efemeridade característica das cidades recém-criadas em frentes de expansão no Brasil. Tal aspecto é a expressão de como parte do que seria provisório converteu-se em permanente em virtude do repentino processo de mudança econômica.

Não se trata de um pretérito longínquo. Ao contrário, a formação da região ocorreu em ritmo acelerado há pouco mais de cinquenta

---

Cruzmaltina (34,11%), Esperança Nova (32,63%), Farol (49,07%), Godoy Moreira (38,34%), Grandes Rios (48,27%), Guaporema (43,23%), Lidianópolis (47,69%), Maria Helena (42,61%), Nova Cantu (39,52%), Nova Tebas (43,89%), Novo Itacolomi (43,89%), Perobal (49,64%), Rio Branco do Ivaí (24,64%), Rosário do Ivaí (34,46%), Santa Mônica (41,81%), São Jorge do Patrocínio (44,12%), São Manoel do Paraná (48,41%), Tamarana (48,57%), Vila Alta (48,56%) e Xambrê (28,83%).

5   Os seguintes municípios têm apresentado crescimento da população rural no último período estudado (1991-2000): Amaporã (2,72%), Guaporema (0,95%), Itaúna do Sul (1,13%), Ivatuba (2,15%), Jardim Olinda (5,01%), Marialva (0,32%), Mirador (0,08%), Querência do Norte (2,71%), Quinta do Sol (0,36%) e Sarandi (0,95%).

anos. No entanto, nas últimas décadas houve um ritmo, também acentuado, de declínio demográfico. A constante emigração da população dos municípios com pequenos núcleos urbanos expressa a dificuldade, sobretudo dos trabalhadores, em reproduzir suas vidas nesses espaços.

As características atuais da rede urbana regional remetem a esse recente passado. A gênese dessa rede com suas particularidades só pode ser compreendida com base em sua historicidade. Para tanto, não se propõe uma nova versão para a história, já contada e recontada por outros pesquisadores que se dedicaram à pesquisa regional. Por isso, esta parte consiste num estudo dessa história, buscando pontos relevantes para compreender o espaço produzido. Assim, apesar de várias referências à história, o texto não se organiza, necessariamente, segundo uma sequência cronológica.

A presença humana na região estudada é bastante anterior aos processos que vão caracterizar a espacialidade recente. Portanto, as áreas transformadas, de maneira geral, em cidades e cafezais não eram espaços vazios,[6] disponíveis para serem incorporados ao capitalismo: eram espaços ocupados por povos indígenas que foram dizimados ou expulsos. A parte que permaneceu foi subordinada e tornada obediente. Tal obediência não foi espontânea, mas forçada.[7] Esse processo consistiu numa imposição técnica, cultural e econômica.

6   A referência ao espaço vazio é contestada já que, diferentemente da visão dos *conquistadores*, os espaços não eram vazios e nem desabitados. Mota (1994, p.4) discute amplamente a questão, demonstrando que nos discursos oficiais, nos livros didáticos e em obras sobre o pioneirismo da região persiste a ideia de espaços vazios (terras devolutas, selvagens, desabitadas, abandonadas, virgens e outras expressões sugerem essa ideia). O autor, ao contar a história, mostra que a referida *conquista* não foi nada pacífica, mas permeada por forte resistência. Ele expõe a existência anterior de outra espacialidade humana, não capitalista, protagonizada por sujeitos constantemente esquecidos e permeada por outros valores. Por isso, utiliza-se o termo (re)ocupação para os processos socioespaciais ocorridos posteriormente.

7   Nas palavras de pesquisadores sobre esse período, não é possível falar de uma continuidade étnica e cultural entre a população anterior e a atual: "[...] Para existir Maringá e o 'norte do Paraná', foi necessário expulsar, destruir e confinar as populações indígenas que viviam nessas regiões." (Noelli, F. S & Mota, L. T., 1999, p.6-7).

A teoria do espaço geográfico desenvolvida por Santos (1996a) permite a interpretação de que a uma configuração territorial composta por elementos naturais e pré-técnicos, ao longo da história, sucede outra marcada por objetos fabricados e com conteúdos técnicos, que alteram a composição espacial e o poder de imposição dos agentes detentores desses elementos. Isso faz do espaço hoje "[...] um sistema de objetos cada vez mais artificiais, povoado por sistemas de ações, igualmente imbuídos de artificialidade, e cada vez mais tendentes a fins estranhos ao lugar e a seus habitantes" (Santos, 1996a, p.51). A história da espacialidade da região está atada ao poder de imposição e interesses de agentes articulados a outras escalas espaciais, tanto no momento de sua formação como nos processos ocorridos mais recentemente.

Essa região foi parte do processo de disputa entre hispânicos e portugueses no século XVI. Registraram-se várias incursões pelo interior, por caminhos fluviais, picadas e vias primitivas, como o conhecido Caminho de Peabiru (São Tomé para os jesuítas), por onde transitaram diversas personalidades (Cabeza de Vaca e Hans Staden, entre outros), cujos nomes constam da história oficial.

Os espanhóis estabeleceram, na segunda metade do século XVI, as povoações de Ciudad Real del Guayrá (anteriormente Ontiveros) e Villa Rica del Espíritu Santo. As dificuldades em submeter os indígenas originaram as reduções jesuítas,[8] a maioria localizada às margens dos rios (Paranapanema, Pirapó, Ivaí, Piquiri e Iguaçu, entre outros). Esses *pueblos* foram destruídos por bandeirantes paulistas. Deles pouco restou, além de uma herança na toponímia de alguns municípios.

Séculos passaram-se sem que a região apresentasse dinâmica de (re) ocupação efetiva, promovida pela incorporação da área ao modo capitalista de produção. O estudo de Fresca (2000), ao demonstrar como ocorreu a estruturação da rede urbana do norte do Paraná, especialmente em sua porção leste (área correspondente ao denominado norte pioneiro), conta detalhes do surgimento de alguns núcleos urbanos

---

8 Como Loreto, Santo Ignacio, San José; San Francisco Javier, Encarnación, San Miguel, Santo Antonio, San Pedro, San Tomás, Siete Arcángeles, Concepción, Santa Maria, San Pablo e Jesus Maria (Paraná, 1987, p.31-2).

precedentes ao período cafeeiro, bem como registra outras atividades econômicas. Embora a cafeicultura esteja estreitamente associada à história da região, alguns núcleos urbanos, notadamente na parte ocidental, possuem outras explicações para a sua origem.

Os primeiros registros de fundação de localidades, nesse processo de (re)ocupação efetiva no setentrião paranaense, consta do período imediatamente posterior à emancipação política do Paraná, na segunda metade do século XIX, com a colônia militar de Jataí e os aldeamentos de São Pedro de Alcântara e de São Jerônimo, com a finalidade de fiscalizar o trânsito de tropas e mercadorias para o Mato Grosso e Paraguai.

Até o início do século XX, era escassa a articulação entre o estado de São Paulo e o Paraná, o que dificultava o escoamento da produção. No nordeste do estado, desde 1840, mineiros apossavam-se de terras, onde mantinham uma economia basicamente de subsistência e pequena produção comercializada com os municípios paulistas mais próximos. Embora houvesse tentativas de produzir o café, faltava infraestrutura, impedindo o desenvolvimento dessa atividade econômica até 1910, quando as condições necessárias para a produção e circulação fizeram-se presentes.

No final do século XIX e início do século XX, essa área teve outra dinâmica decorrente do avanço da "frente pioneira",[9] promovendo uma integração econômica mais efetiva, inicialmente pela criação de suínos que já podia contar com um sistema de transporte e mercado. Monbeig (1984, p.207) mencionou o encontro ocorrido entre o avanço pioneiro, baseado tradicionalmente na cultura do café, com outras correntes de povoamento, especificamente com os safristas.[10] Entretanto, conforme Monbeig, eles não se fixavam à terra, diferenciando-se dos produtores de café e algodão.

---

9   Martins (1982) diferencia frente pioneira de frente de expansão. São dinâmicas distintas, mas combinadas de ocupação territorial e conflituosas entre si. O deslocamento de posseiros é o primeiro movimento: a frente de expansão. O segundo movimento seria a frente pioneira: tem forma empresarial e capitalista de ocupação do território e é expropriadora.

10 Criadores de porcos que, depois de fazer queimadas e semear o milho, soltavam os animais no campo até a engorda.

Com o desenvolvimento das condições materiais necessárias para produzir e escoar café, este foi tornando-se o produto em torno do qual se baseava a atividade econômica principal da região, atraindo intenso fluxo migratório, predominantemente de cafeicultores do estado de São Paulo.

A história da cafeicultura no Paraná foi, inicialmente, marcada por um ritmo de produção lento em razão das referidas dificuldades de escoamento e as crises que o produto vinha encontrando no mercado mundial. Com a recuperação dos preços e os estímulos do governo paranaense, além da chegada da ferrovia e de companhias colonizadoras, o ritmo de desenvolvimento tornou-se inédito[11] na formação da região.

A década de 1930 constituiu o marco temporal a partir do qual se imprimiu outro ritmo à dinâmica econômica e demográfica do Paraná. Conforme Padis, "poucas notícias existem de acontecimentos processados de forma tão rápida e de feitos tão surpreendentes que lhe sejam similares" (1981, p.83). É certo que esse ritmo inédito é datado, ou seja, era inédito para aquele período. Atualmente, áreas do norte e centro-oeste do País, bem como outras do mundo, foram incorporadas ao capitalismo e urbanizadas com ritmos ainda mais acelerados. Esse é um atributo que pertence ao período técnico, do conjunto de objetos e ações disponíveis e que imprimem seus predicados, incorporando e sendo incorporados ao espaço produzido.

A obra de Maack (1968, p.82-124) sobre a Geografia Física do Paraná, ao analisar a região, documenta a transformação ocorrida na paisagem e na composição desse espaço geográfico. Lembrando a imponente mata pluvial-tropical, destaca que viajantes do final da década de 1930 não reconheceriam mais os locais antes palmilhados.

Em menos de quarenta anos, a frente pioneira abrangeu uma área de aproximadamente 71.637 quilômetros quadrados, correspondente a 36% do território paranaense. O café, na década de 1940, era o principal produto de exportação brasileira, e o Paraná era seu principal

---

11 Nicholls (1971, p.26) demonstra como a densidade demográfica da região aumentou de 8,9 para 75,9 em 45 anos (1920-1965). Conforme o autor, no estado de São Paulo, foram necessários 72 anos para o mesmo aumento.

produtor (Padis, 1981, p.83). Essa atividade econômica articulou o espaço em questão ao circuito capitalista mundial, instalando o tempo do mundo na região.

Desde então, os relatos históricos regionais têm em comum a celeridade, o crescimento do número de cidades e da população incorporada rapidamente aos novos municípios. Trata-se de um espaço marcado por seus números superlativos (Gonçalves, 1999, p.93). A densidade demográfica explicava a centralidade exercida pelos diversos núcleos urbanos. A produção da rede urbana regional encontra explicações a partir desse momento histórico. A história da formação desse espaço é a história da incorporação da respectiva área de maneira mais efetiva ao capitalismo. Como ocorre esse processo na região?

O referencial teórico que ampara a busca dessa resposta é o da formação socioespacial (Santos, 1977 e 1979b). Em sua formulação, Santos considera que se a Geografia deseja interpretar o espaço humano como fato histórico, é a partir da história da sociedade mundial, aliada à da sociedade local, que se encontra o fundamento à compreensão da realidade espacial e de sua transformação a serviço do homem. Ele propõe uma análise geograficamente articulada entre as diversas escalas. Santos deriva essa categoria da formação econômica e social da teoria marxista, expondo que ela trata da evolução diferencial das sociedades.

De acordo com esse autor (1977, p.84), o estudo das formações econômicas e sociais possibilita conhecer uma sociedade em sua totalidade, bem como em suas frações, reconhecendo similaridades entre as diversas formações, mas também, o que as distingue entre si. O movimento totalizador é regido pelo modo capitalista de produção, cujos desdobramentos e arranjos diversos constituem formações socioespaciais diferenciadas, expressões das possibilidades de realização e acumulação, incluindo as especificidades com que cada área é incorporada à lógica do capital.

Originariamente Santos (1977) relacionava a formação socioespacial ao espaço nacional. Entretanto, o desenvolvimento desse conceito por outros pesquisadores (Sposito, 2004) aponta que ele pode ser reconhecido em áreas internas aos espaços nacionais, ao menos no caso do território brasileiro. A argumentação fundamental é que é possível identificar peculiaridades na incorporação de tais espaços à dinâmica econômica capitalista. Então, pode-se considerar que não há uma correspondência territorial específica e automática que possa ser atribuída ao conceito de formação socioespacial, pois dependerá dos processos registrados historicamente nos espaços. Assim, neste trabalho estabelece-se uma relação entre a região e as peculiaridades do processo de formação, com atributos que oferecem considerável homogeneidade à mesma.

Essa leitura ajuda a entender a rede urbana do noroeste do Paraná caracterizada pela quantidade significativa de pequenas localidades. Ainda que isso não seja singular a essa região, há particularidades quanto ao contexto de sua inserção no circuito capitalista, ou seja, desta fração geográfica no movimento totalizador.

Formação econômica brasileira e formação socioespacial

A história da formação do noroeste do Paraná pode ser vista como um capítulo da história do Brasil como grande produtor mundial de café e, por conseguinte, do papel desempenhado pelo País na divisão internacional do trabalho. A economia cafeeira articulou a região com a história da sociedade brasileira e mundial. Conforme Santos (1979b), o Estado Nação constitui uma formação socioeconômica, uma totalidade da qual a região é uma subunidade. Embora o Brasil possua um território bastante amplo, com áreas bastante diferenciadas em vários aspectos, é possível reconhecer algumas características na região que decorrem de determinações contidas nesta escala geográfica mais ampla. O que se pode considerar como universal para o território brasileiro? Que fatores significativos decorrem dessa escala na dinâmica econômica e social da região?

O primeiro fator decorrente da escala nacional e que ajuda a explicar a dinâmica ocorrida na região é a dependência econômica brasileira que determina a pauta de produtos para exportação. Por que a região noroeste do Paraná foi incorporada tão rapidamente à produção de café? Esse fato só pode ser compreendido no contexto da dependência brasileira em relação à economia internacional, aqui sinalizado como um primeiro fator e condicionante de outros.

Como esse primeiro, os outros fatores considerados não anunciam nenhuma nova descoberta. São elementos bem conhecidos, o que inclusive dispensa um tratamento exaustivo deles. Todavia, é impossível ler a realidade regional como parte da formação econômica brasileira sem considerá-los, já que continuam notoriamente atuais. E por serem tão atuais, indicam que alguns problemas locais e regionais decorrem da escala nacional e da qualidade dos vínculos desta com a escala mundial, ou seja, de um País e de uma região inscritos de modo peculiar na "economia-mundo" (Becker & Egler, 1998, p.24).

Para compreender a formação econômica brasileira é imprescindível um recuo no tempo em busca de circunstâncias que a determinaram, especialmente como resultante de empreendimentos europeus (Prado Júnior, 1998, p.13). Nesse contexto, o papel do Brasil como fornecedor de produtos primários obedecia a padrões baseados na produção em larga escala, fundada na propriedade monocultora e com mão-de-obra escrava. Resta saber o que há de novo em relação a esse padrão característico.

O Brasil passou por várias mudanças políticas e econômicas. A economia tornou-se muito mais complexa com o processo de industrialização e terceirização. Mais do que a mera produção agrícola, constituiu-se um complexo agroindustrial. A transição econômica é reconhecida como a passagem de um modelo agrário-exportador para outro urbano-industrial. Entretanto, os produtos agropecuários brasileiros, incorporando ou não processos industriais, continuam com a pauta de produção oscilando de acordo com as conveniências do mercado mundial. Para estar nesse mercado, a concorrência exige produzir com custos baixos.

Dessa perspectiva, as mudanças não foram tantas. Os cultivos agrícolas de produtos para exportação continuam ocupando grandes áreas monocultoras no País. A mão-de-obra deixou oficialmente de ser escrava, mas procura-se reduzir custos sempre de maneira a penalizar os trabalhadores.

A situação econômica de um País tornado devedor, dependente da produção de divisas financeiras internacionais, explica parcialmente a persistente vulnerabilidade diante do mercado mundial. A história da produção do café no Paraná é parte de um momento específico desse processo, pois ocorreu em um momento de crise internacional, provocando um desdobramento diferenciado da economia cafeeira, com atributos por meio dos quais se estabelece a coerência da escala regional.

A dependência econômica explica não somente a produção do café, suas características específicas na região em estudo, mas também a crise ocorrida no âmbito dessa economia e períodos posteriores. A concorrência internacional, no caso do café com países latino-americanos e africanos,[12] gerou diversas crises, e associada a outros fatores, acabou por promover a erradicação de significativa parte dos cafeeiros paranaenses. Os agentes do capitalismo operam em amplas escalas espaciais, buscando os menores custos e provocando concorrências, deixando imensas áreas vulneráveis às oscilações de seus interesses.

Nesse sentido, permanece substancial a assertiva de Prado Júnior (idem, p.281):

> Qualquer atividade brasileira, embora aparentemente sólida e de perspectivas brilhantes, pode ser gravemente afetada, mesmo paralisada de um momento para outro em virtude de ocorrências longínquas nos grandes centros financeiros do mundo. [...] As contradições do capitalismo, o seu funcionamento inorgânico e caótico, assumem nos países de economia colonial ou semicolonial, como o Brasil, um máximo de intensidade. Isto sem contar as manobras artificiosas, as especulações de câmbio em que o capital financeiro força situações anormais e oportunistas apenas para tirar delas partido momentâneo, embora com o mais grave dano para a economia geral do País.

---

12 De acordo com Delfim Netto, "[...] com o término da guerra, a agricultura cafeeira tem tido um desenvolvimento muito mais favorável de preços do que a dos demais produtos. Dessa maneira, a melhor aplicação alternativa possível dos recursos dos países latino-americanos e das colônias africanas seria na expansão das lavouras de café" (1981, p.183). O autor explica em páginas seguintes que a África passa de uma produção insignificante para uma produção expressiva entre as décadas de 1920 e 1950.

Tanto a formação histórica das regiões brasileiras, bem como suas posteriores reestruturações, como é o caso da região enfocada neste trabalho, têm explicações atreladas a esse fator. A pauta da produção econômica brasileira, o padrão técnico utilizado, enfim outros aspectos definidores da estrutura econômica possuem nexos entre contingências e resoluções alhures.

O segundo fator que caracteriza a produção do espaço geográfico brasileiro é a concentração fundiária. O Brasil sempre se caracterizou por imensos latifúndios. Esse atributo que persiste por séculos na formação econômica brasileira explica-se pelas circunstâncias que determinaram o tipo de exploração agrária adotada no Brasil, baseada na grande propriedade. A povoação do Brasil por portugueses, tendo como referência econômica a agricultura, foi dificultada, pois não havia população portuguesa disponível para habitar as novas terras. Por isso, dentre outras vantagens foram oferecidas grandes áreas de terras, utilizadas nas monoculturas de produtos tropicais, com grande valor comercial (idem, p.33). Durante séculos, assegurou-se esse padrão produtivo no País. A Lei de Terras de 1850 foi mais um instrumento para assegurar o latifúndio, ao dificultar aos imigrantes o acesso à terra e garantir mão-de-obra para as extensas áreas de agricultura comercial. É substancial lembrar que o significado da concentração fundiária, no caso brasileiro, extrapola seu significado imediato, pois funciona para a classe dominante como instrumento de manutenção da condição social precária dos trabalhadores próxima à sobrevivência, com o objetivo de manter baixos os níveis salariais (Becker & Egler, 1998, p.33).

Embora seja um paradoxo a dificuldade de acesso à terra em um País tão extenso (Soares, 2003, p.89), tornou-se característico da elite brasileira manter a propriedade das terras concentrada, o que tem como objetivo assegurar o controle social e o poder político.

Essa característica, embora não tenha se reproduzido em toda a região estudada, ajuda a explicar por que ela se tornou um empreendimento propagado como bem-sucedido. O loteamento em pequenas propriedades fez com que a região fosse considerada "terra da esperança", inclusive por intelectuais como Orlando Valverde (apud Alegre & Moro, 1986). Segundo ele, pode-se afirmar que a sociedade rural do norte paranaense é mais democrática que o planalto paulista, ainda que com economias baseadas no mesmo produto, o café. Ele acrescenta que a riqueza está mais bem distribuída e a classe mais pobre tem oportunidade de ascender econômica e socialmente: "Esse é um fenômeno social raro no Brasil. O norte do Paraná é, por isso, a terra da esperança" (idem, p.59).

Mesmo que a região seja conhecida pela *colonização* baseada em pequenas propriedades, essa não corresponde a sua totalidade. Concessões de grandes áreas de terra somadas ao processo de grilagem geraram uma oligarquia agrária. Essa oligarquia, desafiada por movimentos sociais e pelo processo de ocupação efetiva, desencadeou violentos conflitos fundiários, que, em algumas áreas da região, conviveram com a colonização privada e estatal (Westphalen et al., 1968).

A formação baseada em pequenas propriedades, ainda que uma particularidade da região, em parte tornou-se um mito. Essa qualidade da formação socioespacial passou a ser ainda menos verdadeira com as mudanças na agricultura, provocadoras de forte concentração fundiária. Assim, apesar das dimensões menores dos estabelecimentos rurais na região, isso não implica ausência de concentração de terras e conflitos fundiários.

Outro fator decorrente do comando e das políticas presentes em escalas mais amplas (nacional e mundial) é o processo de modernização conservadora.[13] O processo de avanço econômico e de modernização melhorou alguns indicadores sociais no Brasil, mas conservou a assimetria, mantendo e criando novos níveis de desigualdade. Sobre o parco resultado social dessa modernização, argumenta Andrade (1995) que ela não deve significar apenas opção para ampliar o uso tecnológico em benefício de determinados grupos econômicos e sociais, mas deveria representar o caminho para oferecer à população melhores condições

---

13 Conforme Brum (1987, p.55), a modernização agrícola conservadora "[...] tem por objetivo o aumento da produção e da produtividade agropecuária mediante a renovação tecnológica, isto é, a utilização de métodos, técnicas, equipamentos e insumos modernos, sem que seja tocada ou grandemente alterada a estrutura agrária. Essa orientação está voltada para a viabilização e implantação da empresa rural capitalista no campo".

de vida. Entretanto, repetidamente, a adoção de tecnologia tem provocado a necessidade, pela maioria da sociedade, de buscar nova inserção social, o que em geral implica mobilidade espacial.

Com o processo de modernização, ocorreram novos arranjos de objetos e de ações alterando a composição espacial, sua capacidade de produção e de articulação interescalar, sem, contudo, alterar determinações oriundas da situação de comando alheio e a severa condição humana imposta a significativa parcela da sociedade. São fragmentos da mesma dinâmica.

Há uma nova etapa na história da modernização agrícola regional, com projetos referentes à constituição de polos agrícolas estimulados pelo governo paranaense, incentivadores da diversificação, produtividade, redução de custos e qualidade produtiva mediante previsão da abertura de novos mercados. Entre o rol de possibilidades, estão produtos viáveis para áreas pequenas. Contudo, as exigências de adaptações, investimentos e certificações dificultam a consolidação dessas alternativas como oportunidades para pequenos produtores. Estes últimos dificilmente conseguem acompanhar o desenvolvimento tecnológico e obedecer a novas normas; destarte, suas atividades tendem a ser incorporadas por produtores mais capitalizados.

O processo de modernização no Brasil decorre da manutenção do precário equilíbrio de forças do mercado mundial e de interesses dominantes nacionais. Para manter esse quadro, o Estado assumiu, nesse contexto, o controle político sobre a sociedade civil, mantida sem canais de representação. A modernização conservadora pauta-se por negociações e barganhas entre grupos privados e o Estado no sentido de manter privilégios em troca de apoio ao projeto de modernização imposto (Becker & Egler, 1998, p.33).

A sociedade, sobretudo no que se refere à classe trabalhadora, é constantemente ignorada. É como uma matemática que deixa elementos fora da equação. E o erro nessa equação manifesta-se reforçando as mazelas sociais, presentes no cotidiano do País. Esse fator ajuda a elucidar o período posterior à economia cafeeira, cadenciado por transformações econômicas e sociais na região, decorrentes não só de interesses da elite nacional mas, também, de empenhos industriais que compõem o complexo agroindustrial, conforme já exposto por outros autores que estudaram o processo de modernização da agricultura na região.

A acentuada desigualdade na distribuição da renda é outro fator da sociedade brasileira, que também se revela com intensidade na região estudada. A imensa maioria é considerada mão-de-obra barata e excedente, sujeita a condições precárias de trabalho e mantida sem a formação educacional adequada. Afirmara Prado Júnior (1998, p.279) que essa sociedade, como as demais em idêntico estado, não conta senão como "massa inerte de manobra", vista apenas como "braços" que podem ser mobilizados para o trabalho e como prováveis consumidores.

Esse traço da formação socioeconômica brasileira explica a realidade atual, em diversos pontos do território e, especificamente, nos municípios com pequenos centros urbanos, onde os índices de emprego formal são baixíssimos. A manutenção da desigualdade reitera todo esse processo, forçando a contínua submissão a condições precárias de trabalho.

Os quatro fatores mencionados estão intimamente vinculados entre si e constituem traços gerais da sociedade brasileira, explicativos da realidade regional pretérita e presente, não obstante suas particularidades. Essa formação econômica, com as características assinaladas, expõe grande parte da sociedade a condições de vida, além de precárias, instáveis.

Particularidades da formação socioespacial da região

Após o exercício de buscar fatores que identificam a sociedade regional como parte da formação econômica brasileira, passa-se à reflexão sobre elementos que permitem reconhecer particularidades da formação socioespacial da qual faz parte a região noroeste do Paraná.

Os mesmos elementos que justificam a existência de uma formação socioespacial revelam a produção da coerência, ou seja, de características comuns que permitem reconhecer uma escala geográfica.

Constatar ou não constatar a existência de uma região dependerá certamente da perspectiva teórica considerada quanto a esse conceito.

Como bem se sabe, esse é um dos conceitos mais tradicionais da Geografia e possui diversas acepções no interior desta ciência e de outras. As constantes referências ao setentrião do Paraná indicam a existência de atributos que abarcam uma escala geográfica de amplitude regional. Na sequência deste texto, procura-se seguir essa trilha, destacando peculiaridades que explicam a produção da região em estudo, com os predicados nela existentes, em específico, a densa rede urbana baseada em pequenas cidades.

O domínio[14] do café no Brasil compreendeu ampla área, ultrapassando os limites de alguns estados brasileiros. Foi no estado do Rio de Janeiro que esse cultivo começou a ganhar relevância econômica, ao longo do século XIX, de onde se expandiu ao território paulista e, finalmente, alcançou o Paraná no início do século XX. Mais recentemente, após a erradicação do café no norte do Paraná, estimulou-se seu cultivo em áreas do cerrado brasileiro com base em novos padrões técnicos (Pessôa & Silva, 1999). Ainda que absorvendo áreas imensas e uniformizando a paisagem, a economia cafeeira foi apresentando significativas diferenças socioeconômicas.

Inicialmente, a produção de café no Brasil reproduziu o quadro deste País como fornecedor de produtos primários, obedecendo aos mencionados padrões tradicionais assinalados por Prado Júnior (1998, p.166): produção em larga escala, fundada na propriedade monocultora e com mão-de-obra escrava. O mesmo autor assinala que, sob o aspecto político e social, o café originou a última das três grandes aristocracias do País, após os senhores de engenho e os grandes mineradores: os fazendeiros de café (idem, p.167). Posteriormente, ocorreram transformações que explicam formações socioespaciais diferenciadas no âmbito do território brasileiro.

---

14   Termo proposto por Cholley para designar unidades físicas, estruturais, climáticas e morfológicas. Ele deve ser utilizado para designar atividades humanas quando se considera apenas sua extensão, como o domínio do trigo, domínio da soja e outros (Andrade, 1973, p.42-3).

A formação de um complexo cafeeiro capitalista e externalidades urbanas

Os primeiros registros cronológicos de produção de café no Paraná são do final do século XIX, marco inicial de uma nova organização econômica, política e social configurada na Primeira República. Desde então, a economia cafeeira ganhou novo arranjo produtivo, provocado pela crise no modelo anterior.

As rupturas ocorridas podem ser compreendidas com auxílio do trabalho de Cano (1998), que analisou minuciosamente as diferenças que marcaram a produção de café no Vale do Paraíba e, posteriormente, em novas áreas paulistas e paranaenses. No Vale do Paraíba, a escassez e a exaustão das terras, o alto custo para a manutenção dos escravos, além da baixa produtividade de café resultaram na diminuição das margens de lucro, representando estagnação e decadência da economia conduzida nesses parâmetros.

Mesmo com o preço do café em ascensão e a redução dos custos dos fretes decorrentes da expansão ferroviária nas últimas três décadas do século XIX, os custos de produção dificultavam a manutenção da economia cafeeira ancorada na escravidão (Cano, 1998, p.41-7) e, ainda, descompassada de interesses industriais ingleses.

O referido autor estuda a economia cafeeira das novas áreas enquanto um complexo econômico capitalista, argumentando que essa ideia possibilita uma análise mais integrada da dinâmica regional. Mesmo quando fundamentada no trabalho escravo, a economia cafeeira também não era constituída apenas por lavouras. Conforme Prado Júnior, as grandes fazendas já representavam um conjunto complexo, configurando "[...] um mundo em miniatura quase independente e isolado do exterior" (1998, p.166-7). As fazendas de café possuíam instalações para o preparo e beneficiamento do produto, residência do proprietário, senzala dos escravos ou colônias de trabalhadores, oficinas etc. A ideia de complexo e a externalização de atividades ampliam-se sob os marcos capitalistas.

A formação do complexo cafeeiro capitalista foi possível por causa de uma série de fatores, dentre os quais se destaca a disponibilidade de terras férteis, como as do setentrião paranaense, consideradas fronteiras para o avanço do café. A manutenção da produção brasileira de café esteve atrelada à possibilidade de sua expansão geográfica para terras novas e férteis que asseguravam altos índices de produtividade. Assim, as modificações na estrutura de produção podem ser apreendidas no percurso de sua trilha geográfica e lidas por meio do espaço produzido.

Com o trabalho assalariado emergiu uma camada social com poder aquisitivo, que dinamizou o mercado de bens de consumo. Além da mão-de-obra para as atividades agrícolas houve, também, a migração de trabalhadores urbanos que disponibilizou a mão-de-obra para atividades industriais. O novo arranjo gerou externalidades à produção do café e diversificou o complexo. Essas são características de um Brasil que foi se adequando à nova divisão internacional do trabalho, decorrente da Segunda Revolução Industrial, quando a industrialização ultrapassou as fronteiras dos países que comandavam a economia.

Lembra Delfim Netto que a libertação dos escravos e o uso do trabalho livre implicaram a necessidade de investimentos em construções de casas para os novos colonos, "[...] habituados a um padrão de vida mais elevado que o do negro, como também uma grande necessidade de capital de movimento para pagamento dos salários" (1981, p.23), fatos que reiteram as afirmações anteriores sobre uma economia mais dinâmica e maior movimentação de capital.

A economia cafeeira baseada no trabalho livre compõe um complexo econômico diferenciado. Se mesmo a cafeicultura baseada na mão-de-obra escrava compunha um complexo, a cafeicultura produzida com novas relações de produção ampliava essa tendência. De acordo com a sistematização de Cano (1998, p.31 passim), o complexo abrangia as seguintes atividades:

• produção agrícola de alimentos e outras matérias-primas, organizadas de duas maneiras: a produção de subsistência (desenvolvida dentro da área da propriedade cafeeira) e a produção comercial (em outros estabelecimentos agrícolas);

- atividade industrial, compreendendo produção de equipamentos para o beneficiamento do café, sacarias de juta para embalar o produto e outros ramos manufatureiros, em especial, o têxtil;
- implantação e desenvolvimento do sistema ferroviário com demanda de atividades industriais, bem como atividades de manutenção com habilitação da mão-de-obra;
- expansão do sistema bancário e das atividades de comércio de exportação e importação;
- desenvolvimento de infraestrutura: portos, armazéns, transportes e comunicações.

A ampliação da atividade nuclear do complexo (produção de café) induzia o crescimento de uma série de atividades tipicamente urbanas, como a industrial, bancária, armazenagem, somadas a oficinas de estradas de ferro, comércio atacadista, exportação e importação, além da expansão do aparelho estatal. No compasso do desenvolvimento dessas atividades, outras tantas eram reforçadas, como o comércio varejista, transportes, comunicações, energia elétrica e construção civil. Então, o complexo cafeeiro envolvia bem mais do que a produção do café, pois implicava uma série de atividades comerciais, industriais e financeiras que compunham um dinâmico arranjo econômico e espacial.

Se, inicialmente, as atividades industriais foram estimuladas e financiadas pela economia cafeeira, posteriormente emergiram disputas quanto à situação fiscal e de apoio estatal entre os dois segmentos. Na década de 1920, houve uma crise política causada pela rejeição do sistema oligárquico cafeeiro e a imposição dos novos interesses industriais que sinalizaram o início da mudança no perfil econômico brasileiro.

Para compreender a geografia e a história do estado de São Paulo, é relevante mostrar os vínculos entre o complexo cafeeiro e a formação do capital industrial, no qual ganha destaque a indústria manufatureira, com fabricação de máquinas e implementos agrícolas, além de produção de sacarias de juta para a embalagem, entre outros. O café liberava recursos para a diversificação do investimento no complexo e os próprios fazendeiros buscavam atividades mais rentáveis. Portanto, o capital cafeeiro promoveu a diversificação e expansão de segmentos urbanos (idem, p.91 e 97).

A dinâmica do complexo cafeeiro, com mão-de-obra livre e demais características, explica também a espacialidade constituída na região noroeste do Paraná. O intenso uso do trabalho livre gerava notável demanda de consumo, cuja acessibilidade para os trabalhadores tornava-se possível com a rede de localidades centrais.

Para a região noroeste do Paraná, é importante destacar que a produção de café ocorria no âmbito de um complexo que se desdobrava numa série de outras atividades econômicas.[15] Não se tratava apenas do cultivo de um produto agrícola, uma atividade do campo, mas de uma economia que apresentava significativa divisão de trabalho e atividades que se realizavam nos espaços urbanos. Tal dinâmica constitui-se em elemento explicativo da urbanização da região. As pequenas cidades eram espaços dinâmicos onde se desenrolavam atividades articuladas com a economia cafeeira.

Em convergência, Gusso (1996) explica essa dinâmica por seus atributos capitalistas que caracterizavam a aquisição da terra e as relações de trabalho assalariadas, ainda que com pagamento em espécie. Foi parte desse processo a instalação de uma extensa e ampla infraestrutura de comércio e serviços distribuída nos pequenos centros urbanos da região.

O adensamento populacional garantia o dinamismo comercial dos pequenos núcleos urbanos. O mercado consumidor associado à comercialização dos produtos agrícolas constituía as bases da urbanização na região (Leão, 1989, p.54). O aumento do consumo decorrente das relações assalariadas de trabalho, em um período em que as vias de comunicação e transportes ainda eram precárias, promoveu o surgi-

---

15 As várias atividades envolvidas na economia cafeeira encontram-se expressas na distribuição do valor que compõe uma saca de café beneficiado, conforme apresenta Cano (1998, p.93): mão-de-obra na fazenda – 19,1%; custo de beneficiamento e ensaque – 5,1%; carretos, embarques e reensaque – 4,6%; frete ferroviário – 3,4%; comissões, corretagens e despesas cambiais – 5,5%; sacaria nova para exportação – 2,3%; tributos estaduais - 13,5%; transportes e outras despesas entre Santos e Nova Iorque – 7,7%; subtotal – 61,2%; resultado bruto para o fazendeiro – 38,8%.

mento de pequenas empresas industriais voltadas para o mercado de consumo local (Ipardes, 1983, p.40).[16]

Levantamentos de atividades industriais nos pequenos centros urbanos do noroeste do Paraná[17] indicaram a existência de produção de telhas e tijolos; materiais de transporte mais difundidos no período (carroças, carroções e charretes); beneficiamento de madeira para construção e indústria moveleira; colchões e travesseiros de mola, capim, paina e outros; vestuários, calçados e demais artefatos de tecido; beneficiamento de cereais em geral, com destaque para o café; processamento químico de óleos essenciais (eucalipto, frutas cítricas, gerânio, hortelã e outros); fabricação de bebidas (refrigerantes e aguardente) e outras indústrias alimentícias (conservas e doces de frutas, pão e produtos similares); indústria gráfica etc. Essas atividades industriais estavam presentes em quase todas as pequenas cidades.

A maior parte das atividades industriais da época, nos pequenos núcleos urbanos, voltava-se ao atendimento local, com exceção do processamento do café, óleos vegetais e outros cereais que eram exportados para as demais áreas do País e do exterior. Essa industrialização era substancialmente diferente daquela decorrente da mais recente divisão territorial do trabalho que resulta em locais especializados e inseridos num maior intercâmbio comercial.

Além dos estabelecimentos industriais, a dinâmica econômica e social das pequenas cidades foi constatada com a presença de estabelecimentos comerciais, bancários, serviços de saúde e com o alto número de escolas implantadas na região, nas mais diversas localidades, emancipadas politicamente ou não.

---

16 Essas atividades são aqui consideradas como parte do complexo cafeeiro capitalista. Entretanto, Prado Júnior (1998, p.106), quando tratou dos primórdios da formação socioeconômica brasileira, expôs que, enquanto nos centros maiores a maior parte dos produtos manufaturados consumidos eram provenientes do exterior, nos pequenos centros urbanos longínquos registrava-se a existência de uma pequena indústria composta por carpinteiros, ferreiros, manufatura de tecidos e vestuário e, por vezes, de pequenas metalúrgicas, ou seja, a dificuldade de acesso fazia que esses centros procurassem suprir localmente suas necessidades, tornando-os menos dependentes do que os grandes centros urbanos.

17 Refere-se aqui ao Cadastro Industrial por município, realizado pelo IBGE em 1965.

O consumo era qualitativa e quantitativamente diferente, constituindo-se por parcos produtos. Os pequenos proprietários e trabalhadores rurais produziam quase tudo o que precisavam, além da produção agrícola com finalidades comerciais. Eles só compravam o que não conseguiam produzir. Ainda assim, a demanda era grande em razão da densidade demográfica. Essa dinâmica persistiu enquanto se mantiveram na região os mesmos parâmetros para a produção cafeeira, cujo limite temporal alcançou meados da década de 1960. Esse período explica-se, também, pela ínfima oferta de produtos industrializados tendo em vista os parâmetros atuais. Essa afirmação tem no ramo de confecções um bom exemplo. Em vez de confecções prontas, comercializavam-se tecidos e aviamentos de costura em geral. A confecção exigia o trabalho de alfaiates e costureiras, o que constituía fontes de renda para a população local. Como os produtos industrializados eram mais caros, em vez de serem descartados quando avariados procurava-se consertá-los, o que também representava trabalho para outros profissionais.

É possível considerar que a transformação no consumo foi universal, tema a ser retomado no segundo capítulo. Contudo, isso traz um resultado diferente para as pequenas cidades, já que a adoção do consumo maior de bens industrializados elimina alguns ramos comerciais e, em especial, atividades de prestação de serviços. Isso ocorreu sem uma correspondente contrapartida de instalação de atividades industriais, pois as pequenas cidades da região ainda participam de maneira inaugural das atividades industriais nos novos padrões de concorrência.

As atividades industriais anteriormente existentes para suprir as necessidades locais foram bastante reduzidas. Algumas pelo esgotamento da matéria-prima, como é o caso das madeireiras e algumas olarias em consequência da submersão da argila pela construção de usinas hidroelétricas. Outros produtos foram substituídos ou entraram em decadência. Além disso, devem assinalar-se as transformações econômicas e a alteração da pauta de produção agrícola. Por fim, a concorrência com a produção industrial exógena reduziu o significado da industrialização existente naquele período de menor facilidade para a circulação e troca.

Em resumo, o espaço produzido no noroeste paranaense, no contexto da economia cafeeira, explica-se pela articulação com a economia capitalista, com mão-de-obra livre e assalariada, elementos fundamentais para explicar o dinamismo e o ritmo impresso à região.

Novas condições de produção do café

A definição da pauta de produtos agropecuários, diante da dependência econômica brasileira, foi e é cada vez mais regulada em um contexto de incertezas geradas no âmbito do mercado. Assim já era quando a economia nacional fundamentava-se na economia cafeeira.

As variações nos preços do café são explicadas por diversos fatores. O declínio foi motivado por eventos, como as guerras mundiais e a crise de 1929, que tiveram amplas implicações em todo o planeta, provocando desemprego e retração nas trocas comerciais em âmbito mundial, diminuindo a demanda de produtos e a circulação de capital. A superprodução e a concorrência internacional também foram fatores significativos na redução dos preços. Já o aumento dos mesmos ocorria com a diminuição ou insuficiência de estoques por diversos motivos – crescimento da demanda, ocorrência de geadas e, no caso brasileiro, mecanismos de controle estatal com a compra e armazenamento do produto. O controle estatal no Brasil chegou ao extremo de destruir estoques.

O comportamento do mercado e o controle estatal foram elementos que possibilitaram a Delfim Netto (1981) distinguir fases da economia cafeeira. A primeira fase foi caracterizada pela ausência da intervenção estatal (da metade do século XIX ao início do século XX). Na segunda fase, o mercado cafeeiro já contava com defesa eventual (1906 a 1914), com destaque para três operações valorizadoras baseadas em acordos, preços e compras asseguradas pelo governo. Na terceira fase, há uma defesa permanente e institucionalizada (ora do governo federal, ora do governo do estado de São Paulo) do mercado cafeeiro, a partir de meados da década de 1920.

A produção do café no estado do Paraná é inaugurada num contexto em que a prática do controle do mercado já se tornara usual. Dificuldades marcaram o final do século XIX, com queda dos preços do café, provocando longa crise, que só terminaria por volta de 1910. Nesses 13 anos, foi diminuto o acréscimo de plantações, em razão dos baixos preços e sob os efeitos de uma política deflacionista que vai de 1898 até 1906. E, ainda, conforme Cano: "A instituição, por um quinquênio, de um imposto de dois contos de réis sobre cada novo alqueire plantado com café, a partir de 1902, prorrogado por mais cinco anos, e as demais restrições decorrentes das normas estabelecidas pelo Convênio de Taubaté, em 1906, tornava praticamente proibitivo qualquer plantio" (1998, p.55).

As medidas restritivas paulistas (proibição e cobrança de tributos no caso de implantação de novos cafeeiros) persistiram e conviveram com o apoio e estímulo do governo paranaense ao plantio de novas áreas no estado, com redução de impostos e de taxas de exportação. Portanto, a incorporação do Paraná setentrional como área produtora de café não foi uma simples expansão da cafeicultura paulista, mas decorreu da defesa política de interesses econômicos combinados de grupos externos e paranaenses. A economia cafeeira paranaense desenvolveu-se de maneira diferenciada em razão do momento econômico de crise mundial.

A articulação econômica da região a qualquer circuito produtivo dependia de vias para a circulação da produção. Assim, é consensual que a expansão do café no Paraná esteve condicionada à articulação ferroviária que chegara à região fronteiriça de Ourinhos (São Paulo). Conforme Cancian (1981), os trilhos da Sorocabana não representaram apenas nexo logístico, mas despertaram áreas produtivas. Monbeig (1984, p.207) expõe que a estrada de ferro que parte de Ourinhos atingiu, no estado do Paraná, o Rio Tibagi em 1931, Londrina em 1935 e Apucarana em 1937.

Esse fator fundamental foi conjugado a outros, e como explicita Cancian (1981, p.14)

[...] deve-se considerar que, desde o início do século XX, a procura de terras roxas, novas, devido a sua alta rentabilidade na produção cafeeira, os programas de defesa do café, paralelamente à deliberação do governo estadual de incentivar o plantio, motivaram a progressiva extensão dos cafezais. Ao mesmo tempo a proibição do plantio em São Paulo e outros estados, bem como o declínio da produção dos cafeeiros nas regiões velhas, agiram no sentido de atrair numerosos fazendeiros em busca das terras paranaenses, de boa qualidade para o café, e onde não havia proibição de plantio.

A mesma autora destaca a intervenção do governo paranaense no processo, respaldado pela defesa de preços do governo nacional, poderosos estímulos à expansão cafeeira no Paraná. Outras ações do governo paranaense, voltadas à preparação de infraestrutura, foram igualmente relevantes, como a construção ferroviária, articulando a região ao porto de Paranaguá na década de 1920, além do investimento em armazenagem. Nem mesmo a crise de 1929 abalara a decisão do governo paranaense de proteger e estimular a economia cafeeira no Paraná.

Enquanto no estado de São Paulo observava-se o abandono dos cafezais, no Paraná a tendência era inversa, registrando os maiores índices de produção. Como resultado de suas gestões, o governo do estado obteve concessão para plantar até cinquenta milhões de cafeeiros. Assim,

O governo paranaense mantinha os esforços para continuar a proteção à cafeicultura no estado, pois em maio de 1935, antes do novo convênio, Manoel Ribas comunicava ao ministro da Fazenda, sem que isso importasse em qualquer "propósito inamistoso para com os estados cafeeiros do governo federal", que considerava extintas as cláusulas dispostas no convênio até então em vigor. Desejava expandir as plantações sem limite determinado e a abolição das taxas em vigor era considerada o meio de promover o plantio. (idem, p.32)

São evidentes os interesses do governo paranaense. Na realidade, tais interesses não estavam na economia cafeeira, mas nas promissoras fontes de rendas decorrentes de transações imobiliárias e nos tributos. Caso imperasse no Paraná a proibição do plantio de café, a maioria dos pequenos produtores teria deixado de adquirir terras nesse estado.

Revela-se, assim, o interesse das elites do Paraná tradicional em articular a área setentrional a seu domínio e elevar os índices de arrecadação (Gonçalves, 1999, p.104). Para viabilizar os empreendimentos imobiliários, era preciso sinalizar para um aproveitamento econômico atrativo. Esse aproveitamento não precisava ser necessariamente a cafeicultura, mas o governo do estado amparou-se na tradição do cultivo do café e estimulou seu plantio no Paraná, mesmo quando o produto encontrava-se num cenário econômico internacional marcado por adversidades.[18]

Somavam-se interesses das elites tradicionais do Paraná e das empresas colonizadoras de capital externo ou nacional. O êxito econômico dos empreendimentos privados não teria sido o mesmo não fosse a conivência e apoio estatal, obtidos inclusive com vínculos diretos entre elementos da elite regional e a política de âmbito estadual e nacional, conforme pode conferir-se em trabalho de Gonçalves (idem).

A expansão da cafeicultura não significava mais simplesmente aumentar superfície plantada; tratava-se de buscar alternativas para continuar produzindo mesmo que em outro contexto. Portanto, a continuidade geográfica não escondia a transformação radical do processo (Monbeig, 1984, p.261).

Sobre a economia cafeeira no Paraná, Cancian (1981, p.76) destacou o planejamento e a colonização baseada em lotes pequenos e médios, com pagamento facilitado, viabilizando, assim, sua aquisição por antigos colonos e pequenos lavradores paulistas. Monbeig (1984) referenda que a década de 1920 foi marcada pela saída de cafeicultores de áreas tradicionais do estado de São Paulo (Ribeirão Preto, Araraquara, Jaú) em busca de terras virgens pretendendo diminuir despesas com a produção e alcançar rendimentos melhores.

Novas áreas dos estados de São Paulo e do Paraná incorporadas ao café foram caracterizadas pela coexistência do *sítio*[19] com a tradicional

---

18 Gonçalves (1999) demonstra como a própria CMNP procurou divulgar que as terras do norte do Paraná eram adequadas a diversas culturas, pois se a divulgação ocorresse só em torno do café, o referido cenário de crise poderia comprometer os empreendimentos imobiliários.

19 O uso do termo não é comum no Brasil, sendo mais utilizado nos estados de São Paulo e Paraná para designar pequenas propriedades agrárias. Foi utilizado por Monbeig em contraposição às fazendas, que seriam grandes propriedades de terras.

fazenda, o que traz outra dinâmica socioespacial. O mesmo autor compara, no estado de São Paulo, duas localidades com estações ferroviárias vizinhas: Aguapeí e Lavínia. A primeira era contornada por grandes propriedades e possuía, além da estação, uma só grande construção que era uma máquina de descaroçar algodão e algumas pequenas lojas, frequentadas ocasionalmente pelos colonos das fazendas. A segunda era uma pequena cidade dinâmica, com pequenas propriedades e pioneiros simples que precisavam das atividades comerciais, tanto para vender sua produção como para obter bens necessários para seu consumo (Monbeig, 1984, p.235).

As características presentes em Lavínia repetiram-se com o avanço da frente pioneira em São Paulo e, posteriormente, no Paraná. A fundação de núcleos urbanos passou a preceder a venda de lotes rurais e urbanos. Mesmo que a maioria das pessoas fosse morar nos estabelecimentos agrícolas, era fundamental a existência das pequenas localidades.

Segundo Monbeig (idem, p.212), formavam-se multidões compostas de pessoas simples, dispostas a comprar terras e plantar. No Paraná, o governo vendeu glebas para empresas colonizadoras e o próprio estado atuou como agente imobiliário.

A produção cafeeira baseada em pequenas propriedades não se caracterizava pela monocultura. Ao contrário, o pequeno produtor a evitava pela demanda de recursos e despesas com mão-de-obra. Isso a diferenciava fundamentalmente da produção em grandes fazendas. Embora não pudesse produzir café em toda a área, o colono não podia se dar ao luxo de ter terras improdutivas. As áreas restantes da cafeicultura eram aproveitadas com agricultura de subsistência. O pequeno produtor utilizava a mão-de-obra familiar e vivia em casas bastante simples. Era assim que conseguia poupar para pagar a terra. Segundo Cancian (1981, p.135), a economia cafeeira não dependia mais da grande propriedade; ao contrário, já não suportava seus custos. Dessa maneira, a cafeicultura conseguiu manter-se num período de crise econômica mundial.

Em 1939, registrou-se uma queda brusca de preços em consequência da retração da demanda provocada pela guerra. Logo após, em 1942, a redução de estoques por causa das geadas levaram à retirada da proibição de plantio. Nesse período, o governo instituiu prêmios para incentivar as exportações, pois os produtores retinham estoques como estratégia para forçar a alta dos preços. A volta de uma perspectiva positiva em relação à economia cafeeira trouxe de volta o interesse por terras. Assim, o Paraná começou a atrair muitos compradores de terras e o plantio de cafeeiros foi acelerado (idem, p.38).

Geadas ocorridas em 1953 foram utilizadas para forçar novas altas de preços e, em 1954, o preço médio absoluto do período alcançou as melhores marcas. Nessa conjuntura, surgiram novos cafeeiros, o que gerou uma tendência à monocultura em alguns municípios paranaenses, transformando a região num mar de cafezais. Ela assim se manteve até que novas oscilações negativas de preços desencadearam políticas estatais combinadas de estímulo à diversificação agropecuária e industrial com a erradicação dos cafeeiros.

Apesar de todo o impulso urbano e econômico, a incerteza permeava a sociedade regional, conforme destacara Monbeig (1984, p.390): "Os colonos antes, os sitiantes depois, viveram e vivem na mediocridade e na incerteza. Infatigavelmente confiantes, levando a vida dura que eles certamente esperavam, mas cujos frutos raramente colhem, na maioria ficam sem apoio e sem recursos". Prado Júnior (1998, p.230) também destacou a falta de apoio aos pequenos produtores por meio de um sistema de crédito que não os deixasse na contingência de venderem precipitadamente sua produção. Entretanto, pondera ele, não foi essa a solução escolhida. O governo adotara a intervenção no mercado com compras maciças para forçar o aumento dos preços, saída considerada precária e especulativa.

Sintetizando, a cafeicultura no Paraná, notadamente no noroeste, resulta de uma política de incentivo do governo paranaense que se manteve mesmo durante intensas crises de comercialização do produto. Essa nova conjuntura traduziu-se em novos arranjos produtivos. Portanto, a história da cafeicultura no estado foi marcada pela expansão dessa cultura numa conjuntura recessiva, realizada pelas pequenas e médias propriedades.

Como era perfeitamente previsível, quando a vulnerabilidade econômica diante de determinantes exógenas atingiu a cafeicultura no Paraná, organizada em pequenas propriedades, abalou grande contingente de pessoas e trouxe arrebatadoras modificações socioespaciais.

Atuação planejada de empresas colonizadoras

O cultivo de café já existia na área conhecida como norte pioneiro quando surgiram empresas colonizadoras, caracterizando a ocupação da porção mais ocidental do setentrião parananense.

Várias empresas colonizadoras[20] atuaram em toda região, loteando áreas rurais e criando assentamentos que, em poucos anos, se tornaram municípios. A colonizadora mais conhecida é a Companhia de Terras Norte do Paraná (CTNP), de capital inglês, responsável pela criação direta de mais de sessenta núcleos urbanos. Além das localidades criadas pelas empresas, desmembramentos posteriores tornaram ainda mais densa a rede urbana regional.

A CTNP tem origem inglesa como outros grupos econômicos[21] que investiam no Brasil nesse período. A história registra que, inicialmente,

---

20   Seguem os nomes de algumas colonizadoras que operaram na região: Companhia Melhoramentos Norte do Paraná (Companhia de Terras Norte do Paraná); Imobiliária Ypiranga, de Boralli & Held; Sociedade Técnica e Colonizadora Engenheiro Beltrão Lima; Sociedade Imobiliária Noroeste do Paraná (Sinop); Nogueira, Comercial e Exportadora de Santos-SP; Colonizadora Rio Bom; Colonizadora Imobiliária Agrícola de Catanduva; Sociedade Goio-Erê; Empresa Colonizadora Norte do Paraná Ltda. (pertencente a Irio Spinardi, fundador de Dracena-SP e outros sócios); Aniz Abud & Cia. Ltda.; Empresa Colonizadora Marilena, de José Volpato; Terras e Colonização Paranapanema Ltda., dirigida por Antenor Borba e José Nite; Imobiliária Progresso Ltda; Companhia Colonizadora Brasil-Paraná Loteamentos S. A.; Companhia Brasileira de Imigração e Colonização (Cobrinco); Imobiliária Coressato & França; Companhia Imobiliária e Colonizadora Santa Isabel do Ivaí; A. Junqueira & Cia. e outras tantas. Registram-se, ainda, iniciativas de engenheiros civis, ou outros profissionais, que se tornaram empreendedores. Algumas localidades foram criadas diretamente pelo governo do estado do Paraná (Ferreira, 1959).

21   Além do grupo que deu origem à Companhia Melhoramentos Norte do Paraná, havia muitos outros grupos estrangeiros de investimento no Brasil, dentre os quais se destacavam os ingleses pelo maior número de companhias. Sampaio (1980) relaciona 45 empresas estrangeiras ligadas à agricultura, entre os anos 1882-1910, sendo 21 inglesas.

os ingleses tinham intenção de comprar terras no Brasil para produzir algodão, em concorrência à produção do Sudão. Posteriormente, decidiram que seria mais vantajoso realizar empreendimentos imobiliários, até porque os pequenos proprietários que adquirissem terras poderiam tornar-se produtores de algodão.

Essa companhia diferenciou-se das demais colonizadoras porque não se restringiu a criar cidades isoladas, mas planejou um conjunto de cidades, bem como as devidas articulações entre os diversos núcleos urbanos e estabelecimentos rurais. Por isso, considera-se que a região decorre de um planejamento.

Embora planejada, a atuação das empresas colonizadoras ocorreu em meio a conflitos fundiários com posseiros, grileiros e fazendeiros que haviam recebido doações de terras do governo do estado, conforme assinalou-se antes. Discursos produzidos pelas próprias companhias procuraram silenciar sobre esses fatos, mas a propriedade da terra na região foi mantida a ferro e fogo, conforme registros de "saneamento" de áreas (Tomazi, 1999, p.67). Não foi, destarte, um processo pacífico como se faz acreditar.

A colonização avançava no compasso da rede ferroviária. Na realidade, conforme registra Tomazi (idem), o controle de um mesmo grupo sobre essas atividades no norte do Paraná é um fator a mais para compreender a repartição em pequenas propriedades. Segundo ele, a CTNP pretendia vender grandes áreas de terras e teria mudado de ideia porque, se assim fosse, a ferrovia não obteria lucros.[22]

---

22 Tomazi (1999) apresenta parte de depoimento de Oswald Nixdorf que trabalhava com a empresa: "[...] consegui uma completa alteração da política de vendas da CTNP. Até agora ela era destinada a vender grandes áreas para fazendeiros, o que naturalmente seria bem mais fácil do que vendas em pequenas. Aleguei que, se fossem as terras da CTNP cobertas com fazendas, a EFSPP [Estrada de Ferro São Paulo-Paraná] nunca daria lucro, teria só carga para São Paulo para escoar as colheitas, porém não carga de volta porque o trabalhador das fazendas nunca teria necessidades. Mas com a venda em lotes pequenos criavam-se povoados com negócios, escolas, hospitais etc., em outras palavras surgiriam mercados e assim muita carga para a EFSPP de São Paulo para cá e também passageiros" (Tomazi, 1999, p.79). Na realidade, o mesmo grupo inglês Paraná Plantation Ltda. controlava tanto a CTNP como a Companhia Ferroviária São Paulo-Paraná.

Por causa do período instável da Segunda Guerra Mundial, o governo brasileiro assumiu o controle da estrada de ferro e de remessas de capital, dificultando a atuação das empresas estrangeiras. Além disso, os impostos sobre ganhos estrangeiros inviabilizaram a manutenção desses investimentos no Brasil. A CTNP, cuja atuação abrangeu uma área total de 545 mil alqueires paulistas, foi vendida a banqueiros paulistas, tornando-se a Companhia Melhoramentos Norte do Paraná (CMNP) (Monbeig, 1984, p.238-40).

Houve muita concorrência entre as diversas empresas colonizadoras, com muita propaganda desses empreendimentos imobiliários utilizando-se de diversos meios: rádio, cartazes e corretores. Era comum, conforme Monbeig (idem, p.227 e 237), encontrar em trens paulistas cartazes anunciando as terras do Paraná. Enfim, eram diversos os esforços publicitários. Criar cidades tornou-se um lucrativo negócio:

Nos trens, nos bares, cartazes com *slogans* enfáticos proclamam belezas e riquezas da nova cidade. Lança-se uma cidade, como se lançaria uma moda, com grandes golpes de propaganda. Os primeiros compradores de terrenos eram comerciantes que tinham sido atraídos. Os que os seguiram vinham em busca de bons negócios. E, por fim, exatamente como se torna popular a moda, depois de adotada por uma minoria, afluíam então, para o jovem centro urbano, pessoas de todas as classes sociais e de todas as regiões, novas ou velhas [...]. (idem, p.357)

Nesse caso, o espaço produzido não decorre apenas de um resultado indireto da atividade agrícola, visto que a própria atividade de criação e implementação de núcleos urbanos era uma atividade econômica lucrativa.

Foram diversas as estratégias de publicidade. Conforme o referido autor, até mesmo recrutadores percorriam antigas áreas produtoras, anunciando os progressos da urbanização e a valorização das terras. Ademais, exaltava-se a qualidade dos solos, a densidade de estradas, o equipamento das localidades urbanas, a segurança dos títulos de propriedade, além das vantagens financeiras do sistema de pagamento. Foi assim que se produziu a densa rede urbana da região, outro ponto peculiar dessa formação socioespacial.

A constituição da rede urbana
e as pequenas cidades

A formação de uma rede urbana constituía parte da estratégia da Companhia de Terras Norte do Paraná. De acordo com os planos dessa empresa, o espaço deveria estar organizado de maneira que os núcleos urbanos pudessem atender às necessidades de uma densa população rural, já que o loteamento ocorreu em pequenas propriedades e havia intenso uso de mão-de-obra. A rede urbana baseou-se na instalação de pequenos núcleos a aproximadamente cada quinze quilômetros. Numa distância maior, no máximo cem quilômetros, estariam cidades de porte maior, cujo objetivo era oferecer serviços e produtos de demanda menor (Londrina, Maringá, Cianorte e Umuarama). Tais núcleos ganharam uma localização privilegiada, no denominado "espigão" topográfico da região, junto à ferrovia e à estrada principal (Muller, 1956, p.86-7).

Ao todo, foram 62 localidades fundadas pela referida companhia. Entretanto, outras 48 localidades tiveram sua fundação atrelada a outras iniciativas nas terras pertencentes à referida empresa. Atualmente, são 54 sedes de municípios localizados em áreas que pertenceram à CMNP. Essas informações encontram-se sintetizadas no quadro 2. As localidades fundadas e atualmente emancipadas estão em itálico e aquelas que, além de emancipadas, prosseguem com população inferior a cinquenta mil habitantes, consideradas como pequenas cidades, estão em itálico e negrito.

A essas localidades criadas pela empresa, ou por terceiros em suas terras, somam-se muitas outras no setentrião paranaense. E a rede urbana regional possuía, além daquelas localidades que conseguiram se emancipar (cuja sede é considerada uma cidade para os parâmetros legais brasileiros), uma série de outros núcleos menores: os numerosos *patrimônios*, que em geral contavam com capelas, escolas, estabelecimentos comerciais de secos e molhados – as vendas. Na realidade, municípios recentemente desmembrados já existiam enquanto distritos, compondo a rede de localidades existentes no âmbito intramunicipal.

Quadro 2 – Localidades fundadas pela CTNP/CMNP ou terceiros em áreas da empresa

LOCALIDADES FUNDADAS PELA CTNP/CMNP	LOCALIDADES FUNDADAS POR TERCEIROS EM ÁREAS DA CTNP/CMNP
Água Boa, *Apucarana*, Aquidaban, *Arapongas*, Aricanduva, **Astorga**, **Atalaia**, Barão de Lucena, Belém, **Bom Sucesso**, *Cambé*, Cambuí, Cedro, *Cianorte*, **Cruzeiro do Sul**, **Doutor Camargo**, **Floraí**, **Flórida**, Guadiana, Heimtal, Igaritá, Iguatemi, **Inajá**, **Indianópolis**, **Itacolomi**, Ivaitinga, **Jandaia do Sul**, **Japurá**, **Jussara**, **Lobato**, *Londrina*, Lovat, Malu, **Mandaguari**, Marabá, **Marialva**, *Maringá*, Maristela, **Marumbi**, **Nova Esperança**, **Paissandu**, **Perobal**, Pirapó, **Presidente Castelo Branco**, *Rolândia*, **Sabáudia**, **Santo Antonio do Caiuá**, **São João do Caiuá**, **São Jorge**, São Lourenço, São Manoel, São Pedro, **São Tomé**, **Sarandi**, Sumaré, **Terra Boa**, **Tuneiras D'Oeste**, *Umuarama*, **Uniflor**, Valência, Vidigal e Warta.	Altaneira, **Alto Paraná**, **Ângulo**, Aparecida, Aparecida D'Oeste, **Califórnia**, **Cambira**, Campinho, Ceboleiro, Colombo, Columbia, Copacabana, Cruzeiro, **Floresta**, Floriano, Granada, **Iguaraçu**, **Itambé**, **Ivatuba**, Jussara do Norte, **Kaloré**, Km 14, **Mandaguaçu**, Nossa Senhora Aparecida, Nova Bilac, **Ourizona**, Paraná Real, **Paranacity**, **Paranapoema**, Pinguim, **Pitangueiras**, Pombal, Progresso, Pulinópolis, Regina, Santa Fé, Santa Maria, Santo Antonio, São José, São Louis, São Martinho, **São Pedro do Ivaí**, São Rafael, Sete de Maio, Suissa, Tupinambá, Vera Cruz e Vitória.

Adaptado de: Carvalho, 2000, p.69 e 71.

Essa rede urbana na região, resultante das estratégias da CMNP, além da disposição dos núcleos, já previa um comportamento espacial das relações sociais interurbanas e campo-cidade, conforme encontra-se documentado pela própria empresa:

A Companhia de Terras Norte do Paraná adotou diretrizes bem definidas. As cidades destinadas a se tornarem núcleos econômicos de maior importância seriam demarcadas de cem em cem quilômetros, aproximadamente. Entre estas, distanciados de 10 a 15 quilômetros um do outro, seriam fundados os patrimônios, centros comerciais e abastecedores intermediários. Tanto nas cidades como nos patrimônios a área urbana apresentaria uma divisão em datas residenciais e comerciais. Ao redor das áreas urbanas se situariam cinturões verdes, isto é, uma faixa dividida em chácaras que pudessem servir para a produção de gêneros alimentícios de consumo local, como aves, ovos, frutas, hortaliças e legumes. A área rural seria cortada de estradas vicinais, abertas de preferência ao longo dos espigões, de maneira a permitir a divisão da terra da seguinte maneira: pequenos lotes de 10, 15 ou 20 alqueires, com frente para a estrada [...]. Esse pequeno proprietário não agiria como o grande fazendeiro de café, que produzia grandes safras e as comercializava nos grandes centros, diretamente em São Paulo ou em Santos. Ele venderia seu pequeno lote de sacas de café nos patrimônios, aos pequenos maquinistas, que por sua vez comercializavam a sua produção nas cidades maiores, já com representantes das casas exportadoras. Por outro lado, esse pequeno proprietário não gastaria o dinheiro recebido como o grande fazendeiro, nas grandes cidades. Ele o gastaria ali mesmo, no comércio estabelecido nos patrimônios, gerando assim uma distribuição de interesses e uma circulação local de dinheiro que constituíram um salutar fator de progresso local e regional. (Companhia Melhoramentos Norte do Paraná, 1977, p.77-8)

Desse modo, descreve-se a composição da rede urbana regional e as relações interurbanas previstas para o período da economia cafeeira, demonstrando que o acesso à rede urbana já dependia não só da acessibilidade física, mas também da acessibilidade social.

Conforme Monbeig (1984, p.337), a fundação das pequenas localidades explicava-se pela necessidade de fornecer à população rural e, especialmente, aos pequenos agricultores seus "quadros" urbanos. Essas localidades tornaram-se fundamentais. Se outrora o avanço da frente pioneira era marcado pela abertura de fazendas, naquele momento ele se caracterizava pela fundação de núcleos urbanos. Enfim, produziu-se, em poucas décadas, uma ampla rede urbana, com diversas localidades centrais nos padrões christallerianos. Entre as diversas localidades criadas algumas cresceram, enquanto outras praticamente desapareceram.

A acessibilidade física foi parte das preocupações dos agentes hegemônicos propensos a produzir um espaço bem-articulado no interior da região e desta com outras áreas, notadamente com as cidades de São Paulo e Paranaguá. Por isso, conforme já se assinalou antes, foram planejadas ferrovias e rodovias que pretendiam amparar uma economia orientada para o comércio, além de proteger os produtores rurais do isolamento. A CMNP envolveu-se na construção de 3.615 quilômetros de estradas (Muller, 1956, p.77).

Berry verifica esse mesmo caráter urbano e a necessidade da articulação no Oeste americano "[...] *primero, el ferrocarril; luego, las ciudades; y por último, las granjas. De este modo, la colonización es mucho más rápida, y la ciudad imprime su carácter al campo, en lugar de ser el campo el que dé carácter a la ciudad"* (1971, p.147) – palavras também explicativas da região em análise.

O aspecto inicial das diminutas localidades era composto por uma efêmera paisagem, com residências e estabelecimentos comerciais construídos com madeira. Quando os comerciantes sentiam-se estáveis, edificavam seus estabelecimentos com alvenaria, o que transformava o aspecto da cidade pioneira (Monbeig, 1984, p.360-1).

As pequenas cidades possuíam significativa estrutura bancária e comercial (varejista e atacadista). Quase todas dispunham de profissionais da área da saúde (médicos, dentistas e farmacêuticos) para o atendimento da população. Da mesma forma, havia uma estrutura de ensino primário e de ensino extraprimário (ginásio e curso normal). Algumas cidades já contavam, também, com um mínimo de instituições do poder judiciário. Essas atividades conferiam centralidade a esses núcleos urbanos. Conforme Berry (1971, p.3), embora as cidades pudessem dever sua existência a determinadas atividades de produção, muitas existiam exclusivamente graças a seu papel de centros de mercado. Nesse caso, elas agrupavam atividades comerciais e de serviços em local de fácil acessibilidade para os consumidores. Eram esses os conteúdos substanciais das localidades existentes no noroeste do Paraná. Indubitavelmente eram localidades centrais,[23] dispostas com regularidade quase matemática, prevista nos referenciais e modelos teóricos.

É notável o fato de que, em praticamente todas as pequenas cidades, existiam cinemas, alguns com uma capacidade significativa de acomodação de pessoas. Em várias, existiam emissoras de rádio e jornais locais

---

23 A clássica teoria dos lugares centrais, baseada em Christaller e Losch e, posteriormente, retomada por Berry, trata da distribuição espacial de atividades comerciais e de serviços pretendendo estruturar uma distribuição adequada a uma população dispersa: "[...] *los centros de mercado son una de las causas principales de la aparición de las ciudades* [...]" (Berry, 1971, p.142).

impressos, com periodicidade mensal ou quinzenal.[24] Atualmente, a maioria das pequenas cidades da região não possui mais cinemas, por causa da cultura televisiva somada à intensa perda de população. Portanto, além das transformações regionais, mudanças culturais explicam o fato de que hoje, basicamente, só existem cinemas nos centros regionais. A articulação rodoviária não contava com pavimentação. Várias cidades dispunham de transporte aéreo, com linhas regulares da Viação Aérea São Paulo (Vasp) em Loanda, Lupionópolis, Mandaguari e Nova Esperança; Real Aerovias Brasil em Alto Paraná, Loanda, Mandaguari e Nova Esperança; além da Viação Aérea Rio Grandense (Varig), Cruzeiro e táxis aéreos. Esse tipo de transporte era utilizado, em especial, pelas companhias imobiliárias para trazer pessoas interessadas em adquirir terras. No período atual, a rede de transporte aéreo não inclui mais essas pequenas cidades. A explicação para tanto está na articulação rodoviária mais facilitada, mas também no fato de que a região não está mais em foco no processo de incorporação capitalista. Apenas alguns fazendeiros absenteístas utilizam-se de aviões particulares.

A economia cafeeira baseada num complexo capitalista com múltiplos desdobramentos, e não restrita ao cultivo de um produto no campo, constitui importante fator explicativo da produção do espaço regional. Ademais, a conjuntura econômica que marca a inserção do estado do Paraná no circuito de produção do café, exigindo novos arranjos produtivos com base em pequenas propriedades e na redução de custos também é fundamental para compreender a região.

A coerência da escala regional é marcada, ainda, pelo planejamento verificado na produção do espaço decorrente de práticas centradas nas empresas e no Estado. Formou-se um espaço fluido e dinâmico, tendo

---

24 Seguem alguns dados referentes aos cinemas, rádios e jornais existentes no período. Destacam-se os seguintes cinemas: Cine Esperança de Nova Esperança, com 1.300 lugares; Cinemas Central, com 600 lugares, e o Guarany, com 400, ambos em Sertanópolis; Cine Teatro Brasil de Mandaguaçu, com 572 lugares; Cine Primeiro de Maio de Primeiro de Maio, com 350 lugares; Cine Avenida em São João do Caiuá, com 320 lugares, entre tantos outros. Sobre as rádios, registra-se a Rádio Astorga Brodcasting Limitada; Rádio Sociedade Nova Esperança e outras. Quanto aos jornais: *Jornal de Nova Esperança* e o *Tribuna* de Sertanópolis.

em vista o padrão técnico disponível no período. Portanto, a região envolvida no trabalho – noroeste do Paraná – é uma escala cuja produção orientou-se, basicamente, por ações estatais (estímulos do governo paranaense) e por interesses capitalistas (especialmente companhias colonizadoras). Esses fatos oferecem certa unidade escalar de amplitude regional. Conceitualmente, é possível compreender as características adquiridas pela referida região como expressão das relações sociais de produção, subordinadas ao capitalismo, decorrentes de uma forma especial de reprodução do capital (Oliveira, 1977).

A produção do espaço regional resultou da articulação efetiva dessa escala à dinâmica econômica internacional, com a imposição das prerrogativas do capital ao processo, por meio de seus agentes concretos. Os atributos que criam a coerência da escala regional são adaptações aos interesses e à conjuntura momentânea de acumulação do capital. As peculiaridades na produção do espaço regional demonstram a forma concreta do desenvolvimento do capitalismo nesse espaço e a produção das condições com que a sociedade regional enfrenta as simultaneidades do período atual.

Tais peculiaridades destoaram de algumas características da formação econômica brasileira, o que deu origem a uma formação socioespacial diferenciada. O olhar estrangeiro de Kohlhepp (1991) identificou uma estabilidade social nova que se formara no Brasil, baseada em pequenos e médios empreendimentos, estabilidade tornada rapidamente crepuscular com as transformações regionais.

A despeito das mudanças, permaneceram marcas. A presença das pequenas cidades constitui parte da herança dessa formação socioespacial. Produziu-se uma espacialidade que contava com alta densidade demográfica, constituída basicamente por pequenos proprietários e trabalhadores rurais, com muitas localidades centrais para atender as necessidades essenciais dessa população. A sustentação econômica para essa espacialidade durou muito pouco com a crise na cafeicultura. O espaço produzido a partir dos interesses do Estado e do capital comprometeu a vida de vários outros agentes produtores do espaço regional, anônimos, sobre os quais recaíram as implicações decorrentes das transformações econômicas na região.

A rede urbana, as pequenas cidades
e as reflexões teórico-conceituais

Tanto Harvey (1982) quanto Santos (1979b) expõem que o espaço
é produzido de acordo com um jogo dialético entre forças de concentração e dispersão geográfica das atividades econômicas. O desenvolvimento geográfico desigual decorre da oposição entre essas forças
simultâneas e contrárias sob o aspecto da configuração espacial que,
dependendo dos interesses e possibilidades técnicas momentâneos,
tendem a recair sobre a concentração ou dispersão. As forças de concentração do capital foram impulsionadas, sobretudo, por interesses industriais. Elas produziram a reserva de mão-
de-obra nas grandes cidades, condição para manutenção de relações
assimétricas de poder e reprodução do capital. A concentração de
riquezas ampliou simultânea e contraditoriamente a pobreza.

As forças de dispersão decorrem dos interesses do capitalismo
de (re)incorporação de áreas produtivas. A cada momento de ade-
quação tecnológica, as forças de dispersão ganham novos elementos,
constituindo períodos técnicos que geram meios geográficos com
conteúdos e arranjos diferenciados. As numerosas pequenas cidades
brasileiras fazem parte do urbano que se produz com as forças de
dispersão que, conforme Santos (idem), constituem um fenômeno
urbano assaz expressivo no País, paralelo àquele mais conhecido das
grandes metrópoles.

Inicialmente, as forças de dispersão no Brasil aconteceram com
atividades primárias, gerando cidades no interior e rompendo com a
ocupação até então quase exclusiva do litoral. A difusão de processos
de colonização considerados urbanos, ou seja, de incorporação de áreas
tendo como base de apoio a criação de núcleos urbanos, foi fundamental para o aumento do número de cidades e uma distribuição menos
seletiva do processo de urbanização, resultante, no âmbito do capitalismo, do desenvolvimento das mencionadas forças de dispersão.

A manutenção das fronteiras também contribuiu para promover
alguma dispersão do fenômeno urbano no território brasileiro. Se,
por um lado, afirma-se que o Brasil era desarticulado, por outro

não há como negar a existência de energias de coesão, pois o amplo território foi mantido, frequentemente apoiado em núcleos urbanos.

Assim, a rede urbana brasileira resultou das forças de dispersão e concentração, expressando amplamente as formas resultantes dos dois processos.

Sob o aspecto econômico, tanto a dispersão quanto a concentração trazem vantagens e restrições. A aglomeração encontra limites físicos e sociais como o congestionamento de infraestruturas físicas. Nesse caso, a dispersão é vista como atrativa – mas ela também encontra limites. O volume de capital investido em determinados locais, as infraestruturas sociais que possuem um importante papel na reprodução, tanto do capital como da força de trabalho, conformam restrições à mobilidade do capital. As vantagens e limites fazem que o capital opere tanto no sentido da concentração como no da dispersão.

Santos (1979b, p.73) explica o processo de surgimento de pequenas cidades nos países latino-americanos como resultante do processo de modernização tecnológica, com ou sem industrialização. Ele destaca a melhoria no sistema de transportes, fator de viabilização técnica da difusão, bem como o atendimento às novas exigências por parte da população quanto à prestação de serviços públicos, sobretudo de educação, saúde e generalização do consumo, cuja estruturação territorial apoia-se na rede urbana.

Convergem Deffontaines (2004), Santos (1979b) e Corrêa (1999) ao constatarem que a existência de pequenas cidades está relacionada com maior densidade demográfica, decorrente de estrutura fundiária menos concentradora e intensidade de uso da força de trabalho. O estudo de Geiger (1963) reitera essa constatação, fazendo referência a áreas situadas em regiões novas (que eram o norte do Paraná e oeste paulista), onde estavam médios e pequenos proprietários. As pequenas cidades refletem a evolução demográfica do entorno e estão relacionadas à economia de mercado, ainda que com uma mínima divisão territorial do trabalho.

Embora existam pequenas cidades dispersas por todo o território, a presença das mesmas é maior em áreas com os predicados mencionados, como a região noroeste do Paraná que reuniu tais atributos.

As referências conceituais

O conceito de pequenas cidades é daqueles de difícil elaboração. As localidades assim denominadas oferecem elementos para discutir não só o conceito de pequenas cidades como o próprio conceito de cidade, pois nelas são avaliados os qualificativos que devem compor o limiar entre a cidade e a não cidade. As pequenas cidades são localidades em que tais requisitos se apresentam, ainda que com patamares mínimos.

As dimensões alcançadas pelas grandes cidades fazem as pequenas cidades enquanto tais parecerem irrelevantes e questionáveis. Mas a cidade como fenômeno universal não surge grande. As primeiras cidades eram aglomerações viabilizadas pela produção de excedente alimentar, divisão espacial do trabalho (campo-cidade) e uma estrutura de controle que procurava manter a drenagem de excedentes (Singer, 1998).

Com o aprofundamento do processo de urbanização, essas condições foram generalizadas e ampliadas. Segundo Singer (idem, p.15), o limite territorial da divisão do trabalho é o tamanho do mercado. E o tamanho do mercado é redefinido pela acessibilidade promovida pelo transporte motorizado, articulando a rede urbana e estabelecendo uma divisão do trabalho no interior da mesma. Há uma disseminação de papéis na rede urbana. Esse desdobramento espacial das atividades amplia as forças produtivas, mas exige um domínio centralizado. É assim que os menores núcleos da rede urbana podem ter seus papéis reduzidos ou modificados. Tanto podem surgir atividades especializadas com um alcance de mercado espacialmente mais amplo, quanto a acessibilidade facilitada a centros urbanos maiores pode reduzir os papéis urbanos das pequenas cidades.

O estudo e a compreensão de pequenas e médias cidades não podem prescindir do entorno espacial, fundamental para entender a amplitude dos papéis urbanos e a dinâmica regional que realimentam os mesmos. As pequenas cidades e a relação com o campo compõem um primeiro patamar de localidades na rede urbana.

Além disso, neste mundo cada vez mais articulado, a realidade urbana deve ser compreendida em seu conjunto e com suas contradições. Na medida em que se generalizou o processo de urbanização, ele foi somando contradições, materializadas de diferentes maneiras. Assim, além do questionamento se são ou não cidades as pequenas aglomerações, interrogações da mesma natureza podem ser feitas quanto às imensas periferias, em geral parte não formal das grandes cidades, e quanto aos condomínios fechados e o encerramento que eles representam em relação à diversidade social que deveria caracterizar a vida urbana e os loteamentos urbanos dispersos nos entornos metropolitanos. Portanto, são várias as manifestações contraditórias do urbano, sendo as pequenas cidades parte do mesmo processo. Esse questionamento pode ser compreendido pela adoção, ainda que involuntária, de um parâmetro ideal de cidade, que não alcança as expressões concretas do processo de urbanização. A manutenção do pensamento utópico é outra fonte de indagações sobre as formas e condições humanas da produção do espaço urbano.

A conceituação das diferentes aglomerações no âmbito da rede urbana é uma tarefa comparativa. A referência a pequenas cidades implica estabelecer relações com outras. Ao mesmo tempo em que é uma atividade comparativa, deve-se considerar também o caráter variável do fenômeno, pois dimensões que podem caracterizar uma pequena cidade em determinado espaço podem ser consideradas de cidade média em outro contexto. Por isso, não é adequado adotar uma tipologia rígida, sendo aconselhável além da flexibilização na classificação, o estabelecimento de áreas comparáveis, ou nas quais é possível tomar por referência critérios comuns (Desmarais, 1984, p.357).

Para cada área comparável, pode-se buscar um patamar demográfico mínimo para considerar a existência de uma cidade. Apesar do número de habitantes não ser um elemento seguro para definir a existência de uma cidade, estabelecer um patamar demográfico mínimo serve como ponto de referência, desde que não seja um critério isolado e rígido. Desmarais (idem, p.356) mostra que, enquanto na França o limite mínimo é de cinco mil habitantes, no Quebec (Canadá) o limite proposto pelo autor é de 2.500 habitantes, em virtude da diferença de densidade demográfica. W. Santos (1989, p.23) também sugere o limite de 2.500 habitantes, que pareceu ser um número razoável para a região de Campinas por ele estudada.

Definir um número mínimo para a região em estudo exige levantamentos com essa finalidade específica. Pode-se adotar apenas como um indicativo as últimas cifras mencionadas, deixando esta como uma reflexão inconclusa e apenas sinalizada neste trabalho. Evidentemente, não basta um número, mas uma situação social em que seja possível consumir. Assim, a existência ou inexistência de uma cidade implica não só uma aglomeração espacial de pessoas, mas também o grau de acessibilidade e demanda destas últimas numa economia de mercado. A divisão do trabalho, a economia de mercado e a capacidade de consumo são indispensáveis nessas análises.

Outra maneira de conceituar os menores núcleos da rede urbana abrange uma classificação baseada no alcance de seus papéis, também comparativa, no âmbito do conjunto urbano. Assim, Santos (1979b) propunha o conceito de cidades locais, em vez de pequenas cidades. Essas cidades são compreendidas juntamente com outros núcleos da rede urbana: cidades regionais, metrópoles incompletas e metrópoles completas. Tal conceituação remete ao conteúdo das atividades existentes nas cidades e que lhes confere papéis na divisão espacial do trabalho. É um critério qualitativo e mais adequado para definir essas localidades. Tendo por referência Sorre, Santos (1979b) afirma que existe uma cidade quando há coalescência de funções numa aglomeração, isto é, quando há uma divisão do trabalho que garanta o mínimo de complexidade econômica e social.

Se esta complexidade mínima não está presente, de acordo com Santos (1979b, p.70), as localidades são "pseudocidades", ou "cidades de subsistência". São localidades que dependem inteiramente de um só tipo de atividade produtiva, em geral, de atividades primárias, mas também atividades secundárias ou terciárias, como as cidades religiosas, universitárias, balneárias, serranas etc. Ele considera também pseudocidades localidades que ficam em zonas de influência industrial, que, em geral, são cidades-dormitório. Enfim, são pequenas aglomerações que não possuem essa complexidade mínima advinda da divisão social do trabalho. Em suma, não há interdependência funcional suficiente entre atividades.

Nas palavras de Santos, a cidade local é a dimensão mínima a partir da qual as aglomerações deixam de servir aos imperativos da atividade primária para servir às necessidades inadiáveis da população. Elas devem responder às demandas mínimas da população (1979a, p.70-1). Essa dimensão mínima pode resultar de um critério demográfico, como o proposto por Desmarais (1984, p.359), em que uma cidade deve atender às demandas básicas de pelo menos o dobro da população residente em sua área intraurbana. Ela deixaria de ser considerada pequena se essa relação fosse de quatro ou cinco vezes superior à tal população. Por isso, uma cidade definida como pequena por seus dados demográficos intraurbanos pode não ser funcionalmente pequena. A definição da área de influência depende da densidade de núcleos urbanos na região de comparação e do desenvolvimento terciário, como a composição comercial e a animação da cidade. Dessa maneira, a área de influência de uma localidade é a medida de sua importância.

A densidade populacional, com um nível mínimo de renda que deve garantir um patamar mínimo de consumo, é fator relevante para atingir o referido limiar. Essa situação foi criada na região estudada pela economia cafeeira com a formação do complexo capitalista.

Embora a dimensão dos pequenos centros sugira facilidade no estudo dos mesmos, é preciso cautela, pois há diferenças consideráveis nesse patamar da rede urbana. Rochefort (1961) reconheceu essa complexidade e estabeleceu diferenças entre pequenos centros urbanos locais, considerados como aqueles de distribuição de produtos e serviços de uso corrente. Na análise da rede urbana francesa, ele menciona duas categorias: centros locais de primeira e de segunda ordem. No caso da rede urbana paulista, propôs três categorias: centros locais importantes (novas bocas de sertão que assumem importância cada vez maior), centros locais comuns, e pequenos centros locais.[25]

É notável a relevância das atividades terciárias na composição do papel das pequenas cidades. Estudioso dessas atividades e da rede urbana, Rochefort mostra que os papéis urbanos definem-se pelo grau

---

25   Para esses estudos, Rochefort utilizou dados do setor terciário (relação de atividades existentes), somadas à organização da rede de transportes.

de raridade dos serviços, atrelados ao poder aquisitivo da sociedade local. Mas tais atividades podem ser privadas ou públicas. Assim, ao tratar da rede urbana africana, ele fala de cidades "enquadrantes": pequenas cidades que pelos equipamentos de saúde e instrução são, antes de tudo, centros de enquadramento administrativo para o campo vizinho (1998, p.109; Desmarais, 1984, p.359).

Outra referência que destaca as atividades terciárias (administrativas, comerciais, escolares, saúde e outras) é a de Charrie et al. (1992). Eles consideram, ainda, como pequenas cidades, localidades que compensam certa fragilidade com a atividade industrial, papel turístico ou função militar.

Na leitura da rede urbana regional, também há que se considerar a complexidade e relevância do setor terciário para compreender as pequenas cidades que dela fazem parte. No período da economia cafeeira, as pequenas cidades da região correspondiam a localidades centrais, ou cidades locais, com níveis diferenciados de conteúdo e, portanto, de centralidade. Reuniam papéis de centros distributivos de serviços, incluindo o beneficiamento e a comercialização da produção agrícola, atendimento de alguns serviços básicos oficiais e não oficiais e diversão; enfim, garantiam o acesso ao consumo básico e organizavam a produção no município, além de funcionar como centros administrativos, proporcionando acesso a instituições essenciais. No transcurso da economia cafeeira, os papéis desempenhados pelas cidades locais estavam consoantes com a população dos espaços circundantes. O grau de urbanização da população era bem menor e a dinâmica urbana estava vinculada a atividades econômicas municipais e regionais que lhe asseguravam centralidade, ou seja, ainda que com pequena população intraurbana, essas localidades possuíam papéis bem definidos.

Eram numerosas localidades centrais, com vários níveis de complexidade. Algumas alcançavam o papel de cidades locais, enquanto outras mantinham um conjunto menor de atividades e centralidade mais reduzida. Há localidades que deixavam e ainda deixam dúvidas quanto a se alcançam ou deixam de alcançar o limiar mínimo necessário de complexidade para serem consideradas efetivamente cidades. Por isso, em alguns pontos do trabalho, evitou-se designar genericamente as localidades como cidades, utilizando termos como pequenos centros ou núcleos urbanos.

Em síntese, os papéis locais eram compostos por atividades como as comerciais, prestação de serviços, administrativas e de organização e recebimento da produção que atendiam uma população bem mais numerosa do que aquela residente na área considerada urbana. Existiam algumas atividades industriais, como mencionado anteriormente. Ademais, essas pequenas localidades possuíam papel extraeconômico, já que funcionavam como ponto de encontro e de convergência das relações sociais.

A acessibilidade física restrita do período é fator substancial para compreender os papéis desempenhados pelas localidades. As articulações eram decorrentes da lógica territorial (Camagni, 1993), mas essa compreensão só é possível de um olhar atual e que considera as mudanças materiais, assunto a ser retomado no próximo capítulo.

As referências conceituais aqui assinaladas correspondem apenas a um início das reflexões acerca das mesmas. Elas serão retomadas de acordo com o desenvolvimento do trabalho, pois as transformações ocorridas na região modificam significativamente as dinâmicas referentes às pequenas cidades e a relevância e significados das mesmas em cada momento.

2
TRANSFORMAÇÕES ECONÔMICAS, SOCIOESPACIAIS E A REDEFINIÇÃO DA REDE URBANA

O mundo não é só uma coleção de coisas, é também o arranjo das coisas, tocadas pelos projetos dos que nele habitam. O mundo está e não está pronto. [...] A celeridade das transformações e a imobilidade, ambas nocivas, situam-se nos extremos. Atuamos na guerra conflagrada entre forças opostas.

Heráclito

A burguesia não pode existir sem revolucionar, constantemente, os instrumentos de produção e, desse modo, as relações de produção e, com elas, todas as relações da sociedade. A conservação dos antigos modos de produção de forma inalterada era, pelo contrário, a primeira condição de existência de todas as antigas classes industriais. A revolução constante da produção, os distúrbios ininterruptos de todas as condições sociais, as incertezas e agitações permanentes distinguiram a época burguesa de todas as anteriores. Todas as relações firmes, sólidas, com sua série de

> *preconceitos e opiniões antigas e veneráveis*
> *foram varridas, todas as novas tornaram-*
> *se antiquadas antes que pudessem ossificar.*
> *Tudo o que é sólido derrete-se no ar, tudo*
> *o que é sagrado é profanado e os homens*
> *são por fim compelidos a enfrentar de modo*
> *sensato suas condições reais de vida e suas*
> *relações com seus semelhantes.*
> Marx

"Tudo que é sólido derrete-se no ar". Conhecida frase do manifesto comunista, apropriada para expressar o *concreto pensado* deste capítulo.[1] Consiste em uma forma um pouco conclusiva de iniciar, mas é também uma maneira de chamar atenção para o ritmo e a natureza das dinâmicas ocorridas. Se o ritmo de ocupação da região foi marcado pela celeridade, assim também foi o processo de transformação.

Essas transformações ocorrem em um mundo cada vez mais articulado. Se a economia cafeeira já havia vinculado a região ao circuito capitalista internacional, os processos subsequentes decorrem de interações mais profundas.

Com a finalidade de sistematizar as ideias deste capítulo, indicam-se dois momentos, ainda que não se reconheçam rupturas entre eles. O primeiro momento, de intensas transformações, é o da crise da economia cafeeira e o redirecionamento do uso agrícola do solo na região. O segundo momento é assinalado por processos mais recentes, decorrentes da reestruturação do capitalismo, como a constituição de um novo perfil industrial no Paraná, também apresentam implicações direta ou indiretamente no noroeste paranaense. São momentos de mudanças socialmente conservadoras e que se somam para a leitura da dinâmica atual das pequenas cidades. São assinaladas também trans-

---

1 Essa frase tornou-se familiar no âmbito acadêmico com a publicação do livro de Berman, *Tudo que é sólido desmancha no ar* (1986). O autor tem como tema o caráter efêmero que permeia tudo no mundo sob o domínio capitalista e o proveito que se extrai das crises. É uma interpretação dessa sociedade que possui afinidades com as questões levantadas nesta pesquisa sobre a fugacidade que recai sobre a produção do espaço e seus significados.

formações mais universais e que podem ajudar a explicar o processo de redefinição da rede urbana.

Tudo o que parecia sólido na produção do espaço regional converteu-se em incerteza, afetando os que depositaram suas expectativas nos municípios da região e que pretendiam reconhecer nos mesmos seus *lugares*. As bruscas transformações mostraram a instabilidade na produção do espaço e seus resultados para a sociedade. Essa instabilidade decorre, predominantemente, de fatores exteriores à região, já que as ações de maior peso na definição das transformações são exógenas, porém articuladas a ações da elite dominante em diversas escalas no interior do País e da região.

As fontes utilizadas para o desenvolvimento desta parte do trabalho foram levantamentos primários (questionários) e secundários (demográfico, estrutura fundiária, investimentos industriais e empregos no estado do Paraná), além do referencial teórico que subsidia as reflexões. Faz parte deste capítulo uma série de cartogramas, elaborados com base na taxa média de crescimento demográfico anual, por município, de 1960 até 2000. Por meio deles, é possível observar a configuração da mesma em cada década, como instantâneos de um processo dinâmico e acelerado.

A decadência da economia cafeeira na região e outras transformações na agricultura

Esta é, na realidade, uma revisitação ao tema, a partir de vários autores (Moro, 1991; Kohlhepp, 1991, entre outros) e de trabalho anterior (Endlich, 1998). Muito já se escreveu sobre a modernização da agricultura na região, fato compreensível, visto que se trata de uma área por ela caracterizada, o que pode ser dimensionado pelo complexo agroindustrial nela instalado, no qual se destacam as duas maiores cooperativas brasileiras do segmento, a Cooperativa Agropecuária Mourãense (Coamo) e a Cooperativa de Cafeiculturores e Agropecuaristas de Maringá (Cocamar). Pelo que representou esse momento para a região e, de forma geral, para o Brasil, ele merece outros tantos estudos e interpretações.

Como já se demonstrou no primeiro capítulo, a economia cafeeira sempre oscilou muito em decorrência das cotações, definidas pela demanda e concorrência no mercado mundial, como é peculiar do que se difundiu no meio financeiro como *commodities*.[2] No final da década de 1960, houve um momento de crise mais prolongado, que associado a outros elementos desencadeou transformações na região, aprofundadas na década de 1970. São transformações complexas tendo em vista os seus desdobramentos e que resultaram de uma soma de fatores.

Entre os fatores direcionados pela conjuntura internacional estão os interesses econômicos e geopolíticos americanos, que por meio da "revolução verde" levaram a vários países, cujas economias já se amparavam no modelo agrário-exportador, uma maneira diferente de produzir na agricultura, dependente de corporações econômicas (Moro, 1991; Brum, 1987). Essa forma de agricultura substituiu sementes comuns por outras desenvolvidas cientificamente, capazes de alcançar altos níveis de produtividade, desde que associadas a outros insumos, tais como fertilizantes, defensivos e máquinas agrícolas. Apesar de justificativas baseadas em objetivos humanitários, especificamente relacionados à ampliação da produção de alimentos, a agricultura moderna tem alto custo financeiro que não pode ser suportado por pequenos produtores. Portanto, a modernização da agricultura consiste numa forma de produzir que acelera os processos naturais para incrementar os resultados, mas é também uma agricultura consumidora, cujos custos de produção convertem-na numa atividade extremamente seletiva.

O tratamento empresarial da agricultura estimulou o investimento urbano e absenteísta no campo, retirando a forma de sobreviver de muitos ao subtrair-lhes suas pequenas parcelas de terra. Contraditória, mas corriqueiramente, esse tipo de agricultura produz muito, ao mesmo tempo em que inviabiliza o acesso de significativa parte da

---

2   As *commodities* são produtos primários de grande importância econômica (como algodão e soja) no comércio internacional, cujas negociações têm por referência as cotações dos principais mercados – Londres, Nova Iorque e Chicago (Sandroni, 1994, p.217).

população ao mínimo necessário para a sobrevivência, pois tornou-se parte do processo que contribui com a concentração do poder econômico e fundiário.

Convergentes, as políticas e as pesquisas agropecuárias nacionais apoiaram a erradicação cafeeira, ao passo que incentivavam a produção de oleaginosas, com os custos de produção financiados pelo crédito agrícola. Como resultado, a produção de café no Paraná passou de 1.568.334 toneladas em 1960 para 112.924 em 1970, o que correspondia a menos de 10% da produção. Nas décadas seguintes, ocorreu uma pequena recuperação da economia cafeeira, pois em 1980 a produção foi de 325.850 toneladas e, em 1985, 556.538 toneladas (Trintin, 1993, p.78). Esses números expressam a brusca mudança entre 1960 e 1970, mas indicam que o processo ocorrido na região não foi decorrente apenas de uma *crise* da cafeicultura, já que mostram uma parcial recuperação posterior da produção, que é decorrência de outros arranjos e tecnologias produtivas.

De acordo com Moro (1991), os fatores regionais e locais foram circunstanciais e funcionaram como aceleradores do processo de substituição de culturas, tendo em vista as dificuldades dos pequenos agricultores em manter os custos de produção, mediante a oscilação de preços. Umas lavouras precisavam de renovação e outras foram atingidas por geadas e pragas. Foram esses fatores que numa conjuntura econômica, que já não era positiva, promoveram a desistência momentânea ou definitiva para a maioria dos cafeicultores da região.

A desistência pode ser interpretada como momentânea porque o café ressurgiu, embora com volume de produção muito inferior, nas últimas décadas, especialmente na forma de café adensado ou semi-adensado, com base em inovações tecnológicas que intensificam o uso do solo e aumentam significativamente a produtividade. Outro modo de retomada da produção cafeeira por parte de produtores paranaenses foi com a mobilidade geográfica para novas áreas produtoras no cerrado brasileiro, onde é produzido em moldes muito diferenciados daqueles em que era produzido no noroeste do Paraná.

Nos cenários econômicos nacional e regional, a industrialização e a produção de oleaginosas (basicamente soja) fizeram que o café deixasse de ser a principal referência. Na realidade, essa readaptação econômica, com implicações em todo o Brasil, fez que as áreas envolvidas se articulassem de forma mais efetiva à economia capitalista. Conformou-se outro arranjo, fundamentado em estabelecimentos agropecuários amplos, coerentes com as prerrogativas da formação econômica brasileira. Então, as particularidades que caracterizaram uma formação socioespacial diferente, como no noroeste paranaense, foram abrandadas.

Os traços conjunturais que marcaram esse momento, na década de 1970, foram orientados por pensamentos desenvolvimentistas por parte do Estado, expressos nos planos nacionais que tinham como objetivo estimular a incorporação de novas áreas à agricultura moderna e ao circuito econômico capitalista, além de apoiar as adaptações em áreas já abrangidas anteriormente, como é o caso da região estudada. Esse período é conhecido como "milagre brasileiro", tal foi o crescimento econômico ocorrido no País por toda a década de 1970, sob o comando militar.

O Brasil, explicam Becker & Egler (1998, p.160-70), ingressou na modernidade pela via autoritária, visto que o projeto geopolítico do "Brasil potência", elaborado e gerido no âmbito militar, deixou marcas profundas sobre a sociedade e espaços nacionais. A economia brasileira alcançou a posição de oitavo Produto Interno Bruto (PIB) do mundo. Formou-se um parque industrial com elevado grau de complexidade e diversificação, além da agricultura dinâmica e uma extensa rede de serviços que se estendeu pelo País, resultado da articulação de capital e ações de empresas internacionais (de fato um pequeno número delas, que controlam quase todo o comércio internacional do segmento – Cargill Inc., Continental Grai Co., Cock Indústrias, Louis Dreyfus etc.), da elite dominante nacional e do Estado (Müller, 1989).

Cabe ressaltar, em uníssono com outras avaliações desse processo, que tudo isso ocorreu sem conquistas equivalentes para a sociedade brasileira, criando um novo patamar de desigualdade. A modernização conservadora gerou uma pobreza específica, associada à modernidade, que se manifesta em áreas urbanas, especialmente em "[...] núcleos urbanos com menos de vinte mil habitantes, onde a população depende tanto de empregos sazonais e temporários na agricultura como de empregos nas cidades" (Becker & Egler, 1998, p.177-8), bem como em outras áreas urbanas brasileiras.

A produção de café que se estabeleceu no cerrado deve ser compreendida como nova área incorporada à agricultura moderna, baseada em grandes e médios estabelecimentos rurais, compondo grandes empresas agropecuárias, pouco depois das transformações ocorridas no Paraná. Foram predominantemente propriedades com mais de quinhentos hectares que receberam os créditos subsidiados em áreas produtoras de café, além de outros produtos de exportação, como cana-de-açúcar, soja e trigo (Pessôa & Silva, 1999).

O Paraná deixou de ser o principal produtor de café[3] por causa das dificuldades já mencionadas, aliadas à possibilidade de mecanização do cultivo no Centro-Oeste. Naquela área, além da redução da utilização de mão-de-obra, obtém-se melhor qualidade em virtude da colheita uniforme no momento mais adequado, caracterizando-se pela produção modernizada, o que representa um novo arranjo produtivo para a cafeicultura brasileira. Aos poucos, o Estado deixou de intervir e o Instituto Brasileiro do Café foi extinto em 1990. São os produtores organizados que comandam atualmente o negócio do café (idem, p.276).[4]

Mais do que crise da cafeicultura, foi uma crise do arranjo produtivo tal como ele se encontrava no noroeste do Paraná, baseado em pequenas propriedades, destoando da tendência geral da economia brasileira e incapaz de suportar a oscilação característica do mercado mundial. O processo revela a fragilidade da pequena produção nesse

---

3 De acordo com Kohlhepp (1991, p.82), com a valorização de outras regiões para o cultivo de café, o Paraná caiu para a terceira posição nacional, depois de Minas Gerais e de São Paulo, e é ultrapassado nos anos de geada pelo Espírito Santo. Dados mais recentes da Embrapa mostram o seguinte *ranking*: Minas Gerais (51%), Espírito Santo (22%), São Paulo (12%), Paraná (6%), outros (9%).

4 Formou-se, em 1991, o Consórcio Brasileiro de Pesquisa e Desenvolvimento do Café, integrado por diversas instituições com o objetivo de dar sustentação tecnológica e econômica ao agronegócio do café no Brasil.

contexto. Por isso, explicar os processos ocorridos na região como decorrentes da inviabilidade da produção de café no Brasil, por causa da concorrência internacional e todos os demais fatores, é oferecer uma explicação verdadeira, mas parcial e ocasional. Olhar para fora da região, especificamente para o Centro-Oeste brasileiro, referenda tal afirmação.

Explicar as transformações ocorridas no noroeste do Paraná como decorrência da modernização da agricultura na região, igualmente, trata apenas de modo fragmentado a questão. Não serve para entender toda a região, pois o processo não foi o mesmo para todo o noroeste. As áreas de solos argilosos passaram pelo processo, porém os solos resultantes do arenito Caiuá, de forma geral, tiveram como opção imediata a pecuária extensiva. Observando essa área, na porção mais a noroeste da região, não há como explicar que o café foi retirado por causa da modernização da agricultura. Nessa área, a modernização da agricultura acontece lentamente, com tentativas relacionadas a vários produtos e cultivos (sericicultura, avicultura, fruticultura etc.), moldando pequenas ilhas de agricultura em meio à pecuária extensiva. Extensões significativas são utilizadas pelo cultivo da cana-de-açúcar destinada ao processamento industrial de usinas e destilarias, como se detalhará posteriormente. Esse é o principal cultivo agrícola de vários municípios, mas não supera as áreas destinadas à pecuária.

Tendo em vista as políticas de erradicação cafeeira e estímulo a oleaginosas, foi relevante o papel da Cocamar em incentivar e apoiar o cultivo de soja (Serra, 1989). A cooperativa, que surgiu para organizar a produção cafeeira, procurou adaptar-se ao novo momento econômico e passou a ser uma referência na busca de alternativas para a região, pois disso dependia e depende também seu crescimento. O cultivo de oleaginosas expandiu-se rapidamente pelas áreas de solos argilosos. Para tanto, foi fundamental, também, o acúmulo de riquezas por parte de alguns produtores agrícolas durante a economia cafeeira, pois foi o que permitiu aderir às novas determinações econômicas.

Graças aos esforços do Instituto Agronômico do Paraná (Iapar) e da referida cooperativa, muito recentemente foram produzidas tecnologias que permitem cultivar oleaginosas, especificamente soja, nos solos arenosos do noroeste resultantes do arenito Caiuá,[5] fato que expressa o interesse em implementar atividades agrícolas e industriais produzidas de forma moderna em toda a região, compassadas ao processo de acumulação capitalista.

As diferenças naturais existentes no noroeste do estado não eram relevantes durante o cultivo do café, embora em algumas áreas os terrenos arenosos se mostrassem rapidamente esgotáveis durante a cafeicultura, o que provocou um ciclo cafeeiro ainda mais curto para determinadas localidades em relação ao restante da região. Entretanto, tais diferenças tornaram-se expressivas com a erradicação de cafeeiros. A formação socioespacial da região passou por muitas mutações. Quanto a esse fato, convergem teoricamente as interpretações de autores como Kohlhepp (1991, p.79), para quem

o norte do Paraná é provavelmente a região do País em que os problemas estruturais e de desenvolvimento na agropecuária brasileira fazem-se perceber de maneira mais acentuada, sob forma de oscilações cíclicas curtas, e onde suas consequências sobre o espaço econômico e social mostram-se de maneira mais evidente.

Uma das transformações mais marcantes e que merece destaque nesta análise é a concentração fundiária. A inadequação do cultivo de oleaginosas em pequenos estabelecimentos rurais e a falta de outras opções viáveis foi promovendo a concentração de terras (Gráfico 1).

5 O Iapar, em parceria com outras entidades (UEM, Cocamar e outros), desenvolveu um projeto denominado Arenito Nova Fronteira, referente a milhões de hectares, abrangendo 107 municípios, que eram basicamente ocupados por pastagens (mais de 70%), utilizadas na pecuária extensiva e sem práticas de conservação do solo. O estudo cria alternativas técnicas associando lavoura e pecuária, sendo a soja opção preferida para a lavoura, tanto que o projeto ficou mais conhecido como Soja no Arenito. Resultados dessa nova tecnologia vêm sendo divulgados pela mídia, indicando produtividade recorde, inclusive maior do que as áreas de terra roxa, por exemplo: 169, 160, 150 sacas por alqueire (equivalente a 2,4 hectares) (Iapar, 2001).

Gráfico 1 – Noroeste do Paraná (estrutura fundiária, número de estabelecimentos/grupos de áreas, 1960-1996)

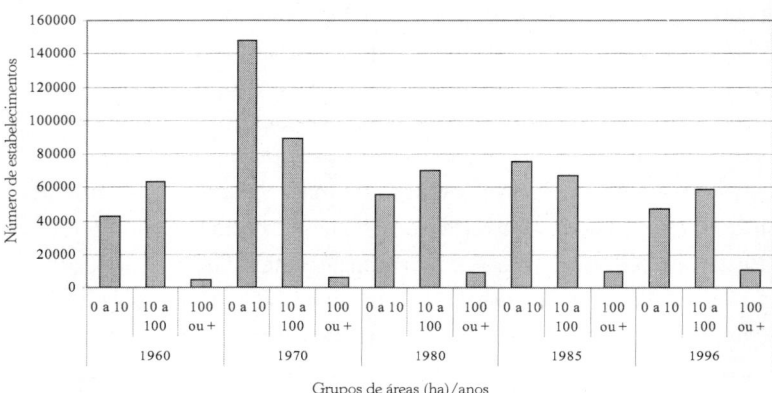

Fonte: Censos agropecuários IBGE

Os dados da década de 1970 expressam uma característica que era peculiar à região: grande número de estabelecimentos rurais de pequenas dimensões (até dez hectares). Entretanto, a partir dessa década a redução no número desses estabelecimentos foi notável. Observa-se também significativa redução no número de estabelecimentos rurais entre dez e cem hectares, ao passo que aumentou o número de estabelecimentos com mais de cem hectares. Em números absolutos, desapareceram mais de cem mil estabelecimentos agropecuários com até dez hectares, somados com mais de trinta mil de dez a cem hectares, abarcados pelos maiores, ou estabelecimentos que, mediante a incorporação de outras áreas, tornaram-se grandes. O número de estabelecimentos agropecuários com mais de cem hectares aumentou em aproximadamente quatro mil unidades. Embora o crescimento desse grupo pareça pequeno, ele envolve áreas muito grandes.

Deve-se destacar para compreender as dinâmicas regionais que, juntamente com a concentração fundiária, houve alterações nas relações de trabalho, frequentemente baseadas em parcerias agrícolas, bem como em trabalhadores agregados aos estabelecimentos rurais que neles trabalhavam e residiam, respondendo pela demanda de trabalho originada, sobretudo, pelo teor do cultivo do café na região. Muitos trabalhadores foram dispensados e os que permaneceram são, majoritariamente, trabalhadores temporários – os boias-frias, personagens forjados pelo processo de modernização da agricultura.

Foi um evento econômico com consequências sociais e, por conseguinte, espaciais. Assim, o campo deixou de ser o espaço de moradia de um contingente imenso de pessoas, gerando mudanças na distribuição espacial da população. Expulsos do campo, muitos trabalhadores adotaram a pequena cidade como novo local de moradia. Mas a mobilidade demográfica não ficou restrita ao município e nem mesmo à região, pois além da brusca diminuição da população rural e aumento da população urbana, que mostra a mobilidade para a sede municipal, ou para outras cidades maiores da região, os dados mostram que houve redução demográfica da região (Gráfico 2).

Mesmo incluindo todos os municípios da região, como aqueles que receberam muita população, casos de Maringá e Londrina, o êxodo demográfico da região foi tão intenso que ainda assim há um declínio da população total ao longo da década de 1970.

O grupo de migrantes teve destinos variados: o núcleo urbano mais próximo, cidades maiores no estado do Paraná e fora dele, ou ainda áreas onde poderiam continuar como produtores ou trabalhadores agrícolas, como as regiões Centro-Oeste e Norte do Brasil, novas fronteiras agrícolas. E assim, o Paraná tornou-se o maior exportador brasileiro de mão-de-obra entre 1970 e 1980, por causa dos efeitos sociais resultantes da dinâmica econômica (Becker & Egler, 1998, p.177-8) e supostas oportunidades em outras áreas. Conforme Martine (1984, p.80), o fluxo foi comparável ao contingente saído do Nordeste, tradicionalmente conhecido como maior foco nacional de emigração.

Com a mobilidade espacial, as pessoas deixaram para trás o que conseguiram construir. Municípios com pequenas cidades, a partir de onde o fluxo emigratório foi mais intenso, eram espaços onde conquistas materiais haviam sido estabelecidas, além de laços afetivos e sociais. Deles se foram muitos, levando apenas a esperança de conseguir vender sua força de trabalho em outro local, pois em tal contexto, o migrante é, sobretudo, um trabalhador (Martins, 1973, p.22).

Deve-se observar que a mobilidade geográfica para fora da região, especificamente para aquelas que foram consideradas as novas fronteiras agrícolas brasileiras, concretizam na toponímia das novas cidades manifestações de afeto em relação ao espaço de origem (Colorado do Oeste em Rondônia, Nova Ubiratã e Nova Maringá no Mato Grosso, entre outros, cuja denominação começa com nova ou novo) ou expressões da expectativa de um futuro de sucesso. Os nomes atribuídos aos espaços podem ser compreendidos como objeto de discursos, que expressam a apropriação simbólica ou real dos mesmos (Claval, 1999).

Gráfico 2 – Noroeste do Paraná (evolução da população total, urbana e rural, 1960-2000)

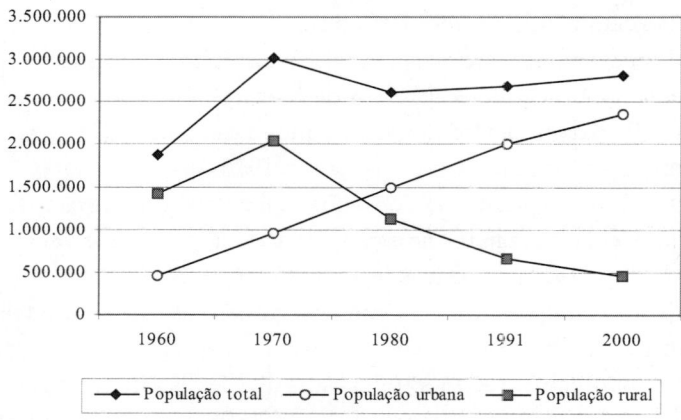

Fonte: Censos demográficos IBGE

Quanto às mudanças demográficas no interior da região, deve-se assinalar que a maioria dos proprietários agrícolas também passou a residir nas cidades. O estabelecimento agropecuário, de modo geral, é agora considerado como uma empresa ou, ao menos, como o local de trabalho. Poucos permaneceram residindo no campo. Portanto, houve uma completa inversão do local de residência na região e a população que se aglomera nas pequenas cidades compõe parte significativa da população urbana brasileira (Soares, 2003, p.78). É certo que houve tal inversão, assim como o fato de que a população decorrente desse processo está distribuída nos diferentes tipos de cidades, configurando as múltiplas faces que adquiriu o urbano brasileiro.

A concentração fundiária, a mecanização e, em consequência, o uso menos intensivo do *trabalho vivo*, de maneira geral, resultaram em menor densidade demográfica, que juntamente com o absenteísmo, entre outros desdobramentos das modificações, alteraram o sentido dos pequenos centros urbanos na região. Com preocupações semelhantes, Kohlhepp (1991, p.92) ressalta o rápido processo de modernização, quase sem igual na América Latina que, ao provocar a concentração fundiária e o desemprego, desencadeou a diminuição da população regional e, consequentemente, o enfraquecimento de pequenos centros urbanos, ao passo que alguns centros regionais foram impulsionados.

Os predicados destacados no primeiro capítulo como parte da formação socioespacial da região, que justificavam a existência numerosa de pequenas cidades, foram bastante alterados. Com isso, os papéis e a dinâmica dessas localidades modificaram-se substancialmente. A redefinição da rede urbana e, em especial, dos papéis das pequenas cidades, faz parte de um arranjo demograficamente menos absorvedor, na medida em que cria condições para a produção de riquezas, mas inviabiliza a produção da sobrevivência para o restante da sociedade.

Um novo patamar de dinamismo instala-se na região com a agricultura moderna e os interesses industriais que permeiam a mesma dinâmica. Por isso, formou-se uma nova materialidade no território, desde a década de 1970, mediante a incorporação e a densificação de redes de energia elétrica, telefonia e rodovias na região (Endlich, 1998).

O processo de modernização na região foi aprofundando-se e, atualmente, identificam-se dois padrões de relacionamento agropecuário com a indústria. No primeiro, a produção agropecuária precede a indústria e estimula sua instalação. No segundo padrão, o planejamento da implantação da indústria precede o da atividade agrícola e/ou pecuária, ou seja, a instalação de uma indústria induz a produção de determinados cultivos e criações, nas dimensões e atributos exigidos pela mesma, num processo de relacionamento entre a indústria e os produtores, denominado produção associada (Assumpção, 1993). Na realidade, esse processo mostra o crescente peso dos interesses e, por conseguinte, das decisões e dos ritmos industriais, sobre a atividade agropecuária.

Tomando por referência a região em questão, observa-se claramente que o processo de modernização agrícola deve ser considerado de forma ampla, como parte de uma lógica industrial, com implicações em todo o território brasileiro. Para compreender esse processo, é preciso considerar a industrialização não em seu sentido restrito (criação de atividades industriais em determinados locais), mas como uma lógica em que há um complexo processo social, abarcando a composição de um mercado nacional, a criação de infraestruturas no território tendo em vista sua integração e a ampliação das formas e volumes de consumo (Santos, 1996b).

Os espaços destinados a atividades agrícolas modernas estão não só funcionalmente ligados aos demais setores econômicos, como também estão integrados à dinâmica do capital industrial e financeiro. Foram os preços atrativos no mercado mundial que provocaram o avanço territorial cada vez maior da soja, produto quase exclusivamente voltado para a exportação, pois a alimentação brasileira incorporou muito pouco do mesmo, após vários anos de cultivo. Os interesses industriais permeiam as atividades agrícolas modernas por meio do processamento de sua produção, mas também pelo uso de máquinas e insumos. Se a industrialização do campo foi parcial, sem dúvida suas determinações foram gerais, notadamente no que se refere a seus resultados sociais, lembra convenientemente Müller (1989, p.57 e 76).

Se esta lógica ocorre num mundo mais interativo, tais intercâmbios, longe de significar homogeneidade, estão pautados pela desigualdade, sendo o alcance das decisões dos agentes regionais bastante limitado, uma vez que, no que se refere à agricultura moderna, por exemplo, a pauta referente ao quê, de que modo, com que qualidade produzir e, sobretudo, a que preço, são decisões orientadas por bolsas de valores (Chicago, Londres e Nova Iorque) que, conforme mencionado anteriormente, definem o mercado mundial. Em uma região agroindustrial como o noroeste do Paraná, observam-se cotidianamente os efeitos dessa lógica e as dificuldades de sobrevivência das atividades, especialmente dos pequenos e persistentes produtores.

O que pode acontecer a uma área agrícola que, mediante esses processos, seja esvaziada de seu conteúdo econômico? O que poderá acontecer às áreas de agricultura globalizada no caso de mudança na conjuntura internacional? E como, questionava Santos (2001, p.93), diante de tal mudança, poderão reagir a região, as unidades federativas e a nação? Áreas tão especializadas quanto aquelas entregues à monocultura em grandes domínios geográficos e a tantos comandos exteriores estão muito vulneráveis a dinâmicas alheias. Esse modelo agrícola produtivista voltado à exportação deixa a sociedade e o espaço reféns de interesses exógenos. Nesse contexto, podem pouco até mesmo os donos locais do poder.

Mas há outra história construída concomitantemente ao aprofundamento das relações capitalistas na região. É a história da resistência e da contestação, pertinentemente lembrada pelos que estudam a formação e a atuação dos movimentos sociais, como o movimento dos trabalhadores rurais sem-terra, cujas primeiras mobilizações, não por acaso, ocorreram na década de 1970, tendo sido constituído oficialmente no Paraná no ano de 1984, na cidade de Cascavel. Esses movimentos registram no espaço um processo de luta (Gonçalves, 2004), materialmente concretizado nas crescentes unidades de acampamentos e assentamentos. Essas unidades desafiam os interesses fundiários que querem o campo demograficamente esvaziado.

Essa história paralela e alternativa àquela escrita pelo poder mostra que a sociedade é mais do que o capitalismo procura fazer dela. A textualidade do espaço não tem nos detentores do capital os únicos autores (Soja, 1993), pois os demais agentes também deixam suas marcas na produção do espaço. É no embate cotidiano entre os agentes que resulta o espaço geográfico concreto, bem como as possibilidades que se criam no mesmo.

Retomando a questão da dinâmica da rede urbana e das pequenas cidades, cabe recordar que, no período do complexo cafeeiro, os pequenos núcleos funcionavam como localidades centrais, no sentido de suprir as necessidades básicas da população do entorno, além de realizar alguns processos industriais de beneficiamento de produtos agrícolas, conforme o que se expôs no primeiro capítulo. Atualmente, surgem outros papéis urbanos que convivem e são justapostos àqueles da rede urbana original. A agricultura moderna é consumidora de serviços e produtos. Na perspectiva do funcionamento da rede urbana, isso trouxe novos papéis para as cidades, pelo crescimento de atividades demandadas e supridas pelos estabelecimentos comerciais e de serviços.

É certo que a formação do complexo agroindustrial trouxe marcantes implicações na rede urbana de maneira geral, mas essas não são simétricas e manifestam-se de forma territorialmente bastante diversa. Os resultados são diferentes de acordo com a dinâmica econômica: ora apenas de produção agrícola, ora abarcando atividades de processamento industrial, além de algumas poucas que adicionam ao complexo econômico unidades industriais de máquinas, equipamentos e insumos diversos, como constata Elias (1996) em cidades da região de Ribeirão Preto. Especialmente quando isso ocorre, os números ganham expressões superlativas, tanto no que se refere aos dados da economia quanto aos da população.

Enquanto o processo de modernização da agricultura nas novas fronteiras agrícolas do Brasil implicou o surgimento de cidades novas ou adaptação das já existentes, cujas médias anuais de crescimento demográfico são surpreendentes,[6] na região estudada a densa rede preexistente e baseada em pequenas cidades foi atingida de forma diferente pelas novas dinâmicas: acontece que, embora a agricultura

---

6   É fundamental observar, entretanto, como essa oscilação entre altíssimas taxas de crescimento e declínio demográfico tornou-se comum em áreas de fronteiras agrícolas brasileiras, como explica Martine: "[...] a fronteira agrícola constitui, nas circunstâncias atuais, uma alternativa muito parcial e de duração reduzida para a absorção de mão-de-obra (1984, p.81-2)". É cada vez mais curto o ciclo entre o momento de incorporação da área e de atração de migrantes e posterior processo de retração dos índices e, por fim, expulsão dos mesmos. Se no Paraná esse ciclo foi de aproximadamente trinta anos, na Amazônia o autor menciona metade desse tempo. É a persistência dos grandes interesses fundiários no Brasil, forçando a desapropriação dos pequenos proprietários e descartando o trabalho que antes fora fundamental.

moderna exija maior quantidade e variedade de produtos e serviços, a rede de cidades da região, com maior densidade de localidades, estava adaptada aos padrões anteriores da formação socioespacial.

A centralidade daqueles diversos pequenos centros urbanos tem se reduzido a partir do processo de modernização da agricultura por causa da marcante saída da população do campo e das pequenas cidades. Alguns desses pequenos centros conseguiram, por meio da refuncionalização, uma nova qualidade de inserção na rede urbana (Fresca, 2000; Corrêa, 1999).

Outros municípios conseguem manter uma dinâmica demográfica de crescimento pelo tipo de uso do solo rural e pela configuração da estrutura fundiária. Em alguns casos, com áreas menores e uso intenso de trabalho, obtêm-se um retorno financeiro suficiente para que os produtores possam manter-se. Nesses municípios, há uma maior densidade demográfica, o que tende a fortalecer a centralidade do pequeno núcleo urbano.

O consumo exigido pela agricultura moderna, designado por Santos (1996b) como "consumo produtivo rural" caracteriza-se por um conjunto de bens e serviços destinados à produção de novos bens e serviços. Ele resulta da produção para nela inserir-se novamente. O consumo destinado a atividades produtivas é diferente daquele voltado a atender aos imperativos cotidianos de sobrevivência, consumo que se esgota em si mesmo ou com objetivos mais imediatos.

As atividades que atendem ao consumo corriqueiro e comum não alteram a rede urbana, ou seja, independentemente da localidade em que estão situadas no território, frequentemente reproduzem as mesmas características. Já o consumo produtivo, à medida que está vinculado a atividades econômicas decorrentes de uma divisão territorial do trabalho que, por sua vez, representa o aproveitamento das especificidades de cada espaço, tende a ser tão diferenciado quanto diferem as dinâmicas produtivas, tanto no que se refere à pauta da produção quanto às técnicas utilizadas. Por isso, Santos considerou que esse tipo de consumo traz elementos diferentes para a composição da rede urbana (idem).

Esse aspecto qualitativamente diferenciado na rede urbana regional está situado, amiúde, nos centros maiores. Estudos realizados sobre

Maringá e a rede urbana regional, tendo como referência econômica e de interação espacial as atividades relativas ao consumo produtivo rural, confirmaram que a modernização da agricultura provocou um reforço dos papéis dessa cidade. Isso pode ser percebido basicamente por duas informações. A primeira é que o conjunto de estabelecimentos comerciais e de prestação de serviços existentes é muito superior à demanda de seu entorno municipal, o que evidencia que eles possuem um papel que, claramente, extrapola esses limites. A segunda, que reitera a primeira, refere-se à procedência dos consumidores e clientes, provenientes de toda a região e até mesmo de outras áreas do território paranaense e brasileiro. Embora quase todas as cidades da região possuam algum estabelecimento voltado ao atendimento do consumo produtivo rural, os estabelecimentos estão polarizados em alguns núcleos urbanos regionais, promovendo relações interurbanas cuja área de influência não tem limites rígidos e que não se definem exclusivamente no plano da contiguidade territorial (Endlich, 1998).

No caso da região noroeste, o planejamento já reservara papéis hierarquicamente superiores e de amplitude regional para algumas localidades como Maringá. Com as mutações mencionadas, esses papéis foram reforçados, ou seja, os núcleos maiores da região puderam consolidar-se. A redução de centralidade dos numerosos pequenos centros urbanos traz dúvida quanto aos papéis dessas localidades no período atual. Haverá uma nova leva de "cidades mortas"?[7]

Os processos que se instalaram na região abalaram as atividades desempenhadas nas pequenas cidades especificamente e na rede urbana em geral. São dinâmicas que podem ser acompanhadas por meio dos cartogramas que representam as taxas médias anuais de crescimento demográfico dos municípios da região noroeste.

---

7   Termo utilizado por Monteiro Lobato para expor a realidade de cidades do interior paulista, no final da primeira metade do século XX, por causa da crise cafeeira. Conforme escreve Lobato, nessas cidades a referência temporal é o passado. "Ali tudo foi, nada é. Não se conjugam verbos no presente. Tudo é pretérito. Umas tantas cidades moribundas arrastam um viver decrépito, gasto em chorar na mesquinhez de hoje as saudosas grandezas de dantes"(1995, p.21).

O cartograma 3, referente ao período 1960-1970, sintetiza uma década em que os indicadores relativos a algumas áreas ainda seguiam o impulso de formação da região, com os qualificativos assinalados anteriormente, ao passo que outras áreas começavam a sentir a crise, retratando a celeridade e a instabilidade dos processos nela ocorridos. Tal cartograma só pode ser explicado a partir dessa dinâmica.

Em todos os períodos analisados, o comportamento demográfico apresenta-se de maneira bastante diferenciada entre os municípios da região, mas, especialmente entre os anos de 1960, essa diferença é acentuada. A erradicação inicia-se entre os rios Tibagi e Ivaí. Enquanto algumas áreas passavam por esse processo, em outras ocorriam novos plantios (Kohlhepp, 1991, p.80). Por meio do cartograma, é possível identificar tal dinâmica com as áreas que já perdiam população, enquanto outras apresentavam intenso crescimento, ainda com desmembramento político-administrativo mais restrito. Outra explicação para esse fato estava nos preços mais baixos para a aquisição de terras em municípios que estavam surgindo no interior do Paraná.

Observa-se, então, que a área administrativamente mais recortada, com estruturação municipal próxima da atual é também onde já estavam as taxas de decréscimo demográfico, anunciando uma tendência que se disseminaria pela região na década seguinte. Dos 66 municípios existentes, 38 apresentavam declínio de população. Já a porção sudoeste passava ainda pelo impulso da colonização. Enfim, o referido cartograma é muito expressivo no que se refere à rapidez e à intensidade das transformações que atingiram a região.

Essa é, sem dúvida, das quatro décadas analisadas, a que apresenta amplitude maior entre as taxas médias anuais de crescimento demográfico, oscilando entre -5,15% a 41%. Os municípios que apresentaram maior taxa de crescimento foram Goioerê, Campo Mourão, Manoel Ribas e Cândido de Abreu, naquele período com taxas superiores às de Maringá e Londrina, maiores cidades da região. As maiores perdas ocorreram nos municípios de Santo Inácio, Itaguajé, Colorado e Lupionópolis, entre outros, localizados próximos à fronteira paulista, em áreas incorporadas anteriormente pela economia cafeeira.

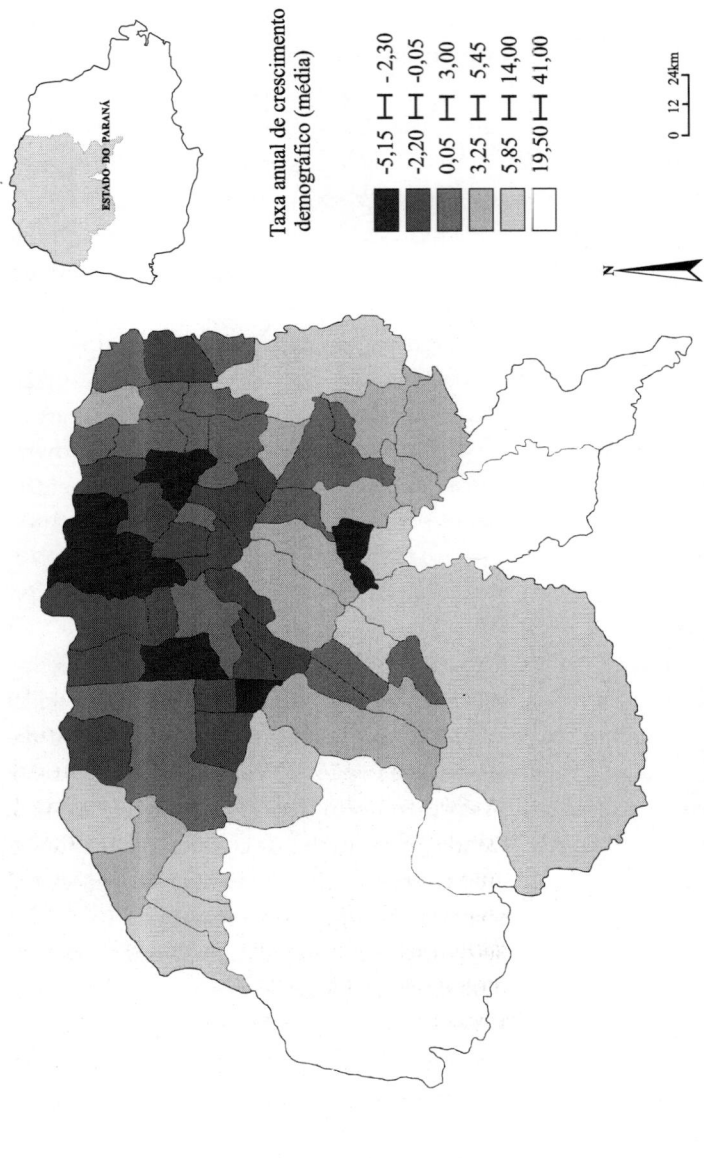

Cartograma 3 - Noroeste do Paraná. Taxas de crescimento demográfico, 1960-1970

Fonte: IBGE, Censos demográficos - 1960 e 1970.

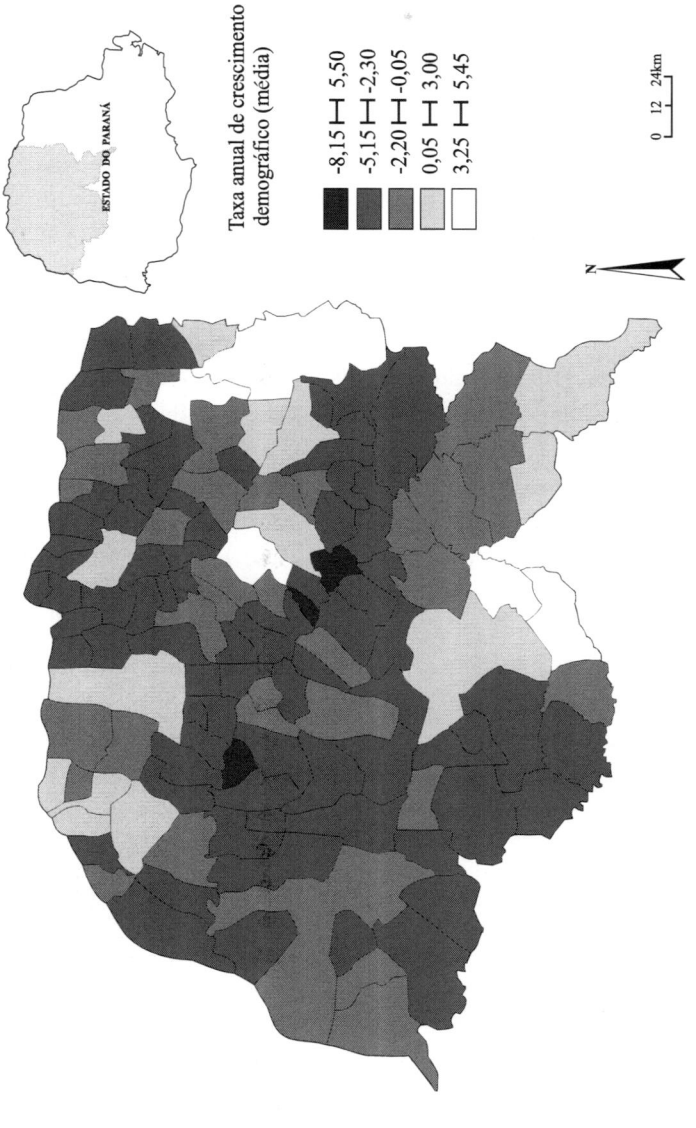

Cartograma 4 - Noroeste do Paraná. Taxas de crescimento demográfico, 1970-1980

Fonte: IBGE, Censos demográficos - 1970 e 1980.

Entre o primeiro e o segundo períodos analisados, pode observar-se a diferença na divisão político-administrativa que passou a contar com mais municípios. O cartograma 4, que representa as dinâmicas demográficas entre os anos de 1970 e 1980, expressa as implicações demográficas das mencionadas mudanças na agricultura, pois com exceção dos centros regionais e uns poucos municípios, todos os demais tiveram perda demográfica. Foi o período do êxodo rural, mas também da migração intermunicipal, em especial para as cidades regionais maiores e para fora da região. É preciso ter em conta que a mobilidade rural-urbana não ocorreu apenas no âmbito municipal, como já detectara Capel (1971, p.94) ao analisar processo idêntico de diminuição demográfica em pequenas localidades espanholas. Portanto, a inversão do local de residência, ocorrida de modo geral no Brasil, de espaços considerados rurais para espaços urbanos, não ocorreu no âmbito dos limites municipais, mas abarcou fluxos intermunicipais, regionais e nacionais.

Esse foi, portanto, o período de maior número de municípios com declínio, além de índices mais altos de redução demográfica. Dos 131 municípios existentes naquele momento, 113 decresceram demograficamente. As cifras positivas são mantidas somente entre as cidades maiores, exceto o caso de Roncador e Iretama, que ainda mantinham resquícios do ritmo de ocupação, numa região que já se encontrava em profunda crise. As taxas mais altas de decréscimo são dos municípios de Itambé, Ivatuba e Guaporema, porém os índices de declínio foram altos de forma geral.

Como se vê, nesse momento perderam população os municípios localizados por toda a região, tanto aqueles localizados em áreas de arenito como em áreas de basalto, ou seja, o processo não se explica por características naturais. A ressalva que pode ser feita é que os municípios próximos a Londrina e Maringá apresentaram taxas amainadas de declínio. O mesmo ocorreu com áreas que passaram pelo processo de ocupação mais recente, além de mais alguns casos isolados.

A amplitude das taxas é bem menor, de -8,15% a 5,45%. Foram necessários mais intervalos com dados negativos para representar a dinâmica desse período, e os percentuais negativos tornaram-se mais altos, enquanto os positivos foram bastante baixos e frequentemente nem correspondiam à taxa de crescimento vegetativo.

Assim como o capitalismo caracteriza-se por constantes reestruturações, os espaços que servem, ou que são produzidos em um momento desse modo de produção, poderão não servir mais em um outro período. Portanto, modificam-se os papéis desempenhados por diferentes regiões e cidades de diversos portes. No caso da área em estudo, as pequenas cidades tornaram-se espaços com papéis aparentemente restritos ao funcionamento da economia em uma região que se estrutura, atualmente, em propriedades agrícolas maiores e na utilização de técnicas que, em geral, exigem quantidade reduzida de mão-de-obra. O esvaziamento populacional rural levou aqueles numerosos pequenos núcleos urbanos à diminuição de seus papéis como localidades centrais.

Mundialização da economia, reestruturação do capitalismo e algumas implicações no Paraná e na região

Nas últimas décadas, há um processo de efervescência que não é exclusivo da região, mas que direta ou indiretamente a atinge. Sistematizar o que ocorre de novo tem sido um desafio no âmbito das Ciências Humanas e Sociais, gerando muitas, frequentes e fundamentais inquietações. Neste trabalho, as menções aos processos amplos de mudanças vivenciados no momento são condizentes apenas ao necessário para o entendimento de sua problemática.

O mundo está cada vez mais inter-relacionado, comandado por dinâmicas econômicas, articulando e construindo um espaço único para o capital, mesmo em meio a múltiplos territórios. Esse momento cuja materialidade geográfica permite designá-lo como período do meio técnico-científico-informacional (Santos, 1996a) caracteriza-se por maior inter-relação, intensificação e aceleração dos fluxos em escala planetária e sem paralelo histórico, cujas

116 ÂNGELA MARIA ENDLICH

origens exigem uma retrospectiva cronologicamente distante do momento atual.[8]

No âmbito do modo capitalista de produção, marcado por inédita dinamicidade, foram produzidas as atuais articulações. Nesse sentido, Ianni (1997, p.45) procura datar esse processo, considerando que após a Segunda Guerra Mundial o capitalismo retomou sua expansão e "[...] muitos começaram a reconhecer que o mundo estava se tornando o cenário de um vasto processo de internacionalização do capital. Algo jamais visto anteriormente em escala semelhante, por sua intensidade e generalidade".

A complexidade e a novidade implícita em tais eventos trazem dificuldades no que se refere à definição dos termos para designá-los. Em meio à obscuridade, assinala Hobsbawm "[...] as pessoas tateiam em busca de palavras para dar nome ao desconhecido, mesmo quando não podem defini-lo nem entendê-lo" (1995, p.282 e 284). É como se, encontrando um nome, o processo tivesse sido apreendido, quando as metamorfoses são tão visíveis, que segundo o mesmo autor, bastam um par de olhos abertos. São processos facilmente perceptíveis, mas de difícil sistematização. O uso de metáforas como "aldeia global"

---

8 Ainda que as revoluções burguesas tenham constituído os Estados nacionais, o modo de produção capitalista nunca se limitou às fronteiras territoriais dos mesmos. Assim, as Companhias das Índias (as mais conhecidas eram a inglesa East Índia Company e a holandesa Vereinidge Oost – Indische Compagnie) podem ser consideradas as primeiras multinacionais (Dean, 1983). Entretanto, mesmo em modos de produção pré-capitalistas, a humanidade já experimentara um mundo bastante integrado e com significativa divisão espacial do trabalho, como a rede urbana das cidades romanas. Singer (1998) exemplifica esse fato afirmando que caçarolas de bronze feitas em Cápua (cidade do Império Romano localizada na atual Itália) e cerâmica manufaturada foram encontradas em diversos pontos do continente europeu e asiático. O processo de articulação mundial decorre da capacidade de concentração de capital em grandes grupos econômicos e do alcance espacial dos mesmos. Como explica Dean (1983, p.43-47 e 71), a primeira multinacional americana foi a Singer Sewing Company, que se instalou na Escócia em 1868, e já possuía escritórios comerciais pelo mundo (como o do Rio de Janeiro, aberto em 1858). Outras multinacionais surgem no final do século XIX, nos ramos de máquinas agrícolas, equipamentos topográficos, elevadores, caixas registradoras, armas e fechaduras.

igualmente se justifica por tal dificuldade em lidar com essa realidade fugidia ao horizonte das Ciências Sociais (Ianni, 1997).

Enquanto para alguns o uso dos termos globalização e mundialização são alternativos, para outros podem explicar aspectos diferentes do mesmo processo. É assim que Sposito (1999, p.99) diferencia mundialização, globalização e multinacionalização ou internacionalização. A mundialização refere-se à tendência de expansão das relações capitalistas de produção e sua capacidade de imposição em diversos pontos do mundo. A globalização expressa a homogeneização de usos e costumes, portanto diz respeito aos aspectos culturais cada vez mais padronizados e valores articulados às dinâmicas econômicas. Já a multinacionalização ou internacionalização caracteriza-se pela expansão das grandes empresas, com a movimentação de capitais e suporte para que o sistema capitalista ultrapasse os limites geográficos físicos e políticos.

Nessa perspectiva, adota-se o conceito de mundialização para fazer referência aos processos econômicos vividos na atualidade, no sentido indicado pelo autor anteriormente mencionado, e naquele proposto por Chesnais (1996, 1999) de que há uma mundialização do capital,[9] compreendida como nova configuração do capitalismo e dos mecanismos que comandam seu desempenho e regulação.

Nas últimas décadas, houve a projeção de um sistema financeiro internacional, criado para normatizar as transações, por meio em especial do Fundo Monetário Internacional (FMI) e do Banco Internacional para Reconstrução e Desenvolvimento (Bird), conhecido atualmente como Banco Mundial. Tal projeção deve-se ao substancial aumento das transações, mas notadamente porque houve uma financeirização das mesmas, mediada por bolsas de valores, tornando o capital produtivo subordinado ao financeiro. Refere-se Chesnais (1999, p.78 e 88) a um regime de acumulação mundial financeirizada, explicando que "agora

---

9   De acordo com Chesnais, "[...] este termo designa o quadro político e institucional no qual um modo específico de funcionamento do capitalismo foi se constituindo desde o início dos anos 80, em decorrência das políticas de liberalização e de desregulamentação, das trocas, do trabalho e das finanças, adotadas pelos governos dos países industriais, encabeçados pelos Estados Unidos e a Grã-Bretanha" (1999, p.77).

tornou-se evidente que assistimos ao advento de uma situação em que o movimento de autovalorização próprio dessa fração do capital e as políticas monetárias e financeiras elaboradas em seu favor comandam o movimento de conjunto da acumulação capitalista".

Para entender a mundialização do capital, é preciso compreender que o modo capitalista de produção passa por um novo momento de reestruturação. A leitura pela escola da regulação, um dos referenciais para sistematizar e interpretar as mudanças, mostra que se configurou um novo modelo de desenvolvimento no âmbito desse modo de produção. O modelo de desenvolvimento possui um regime de acumulação que define determinada regularidade macroeconômica (Leborgne & Lipietz, 1994, p.224) e um modo de regulação, isto é, o conjunto de normas implícitas ou explícitas das instituições e demais mecanismos ou dispositivos que ajustam tudo à lógica de conjunto do regime de acumulação, estando ajustado também a um paradigma tecnológico ou modelo de industrialização.

O novo modelo tem várias denominações, quase todas compostas com o adjetivo *flexível* – especialização flexível, acumulação flexível, entre outras. Construído em contraposição ao regime de acumulação fordista, cujas características eram a produção industrial padronizada e o aumento do consumo igualmente padronizado, regulado por padrões estáveis de relação salarial, conquistados coletivamente, por meio de acordos sindicais e tutelados pelo Estado, provedor de seguridade social e benefícios complementares aos salários.

Ao longo do século XX, a indústria consolidou-se com base no fordismo. Posteriormente, houve esgotamento da acumulação nele fundamentada, provocando uma ampla reestruturação capitalista cujo intuito está em negar a rigidez de formas e processos. Explica Harvey (1992, p.155) que a acumulação flexível "[...] evidentemente procura o capital financeiro como poder coordenador mais do que o fordismo fazia". Assim, ele afirma que a suscetibilidade a crises econômicas dependentes de comandos financeiros e monetários é maior que antes. Complementa Harvey que tal poder coordenador vinculado à fluidez e à instabilidade deve ser compreendido com o aumento da "[...] capacidade de dirigir os fluxos de capital para lá e para cá de maneira que quase parecem desprezar as restrições de tempo e de espaço que costumam ter efeito sobre as atividades materiais de produção e consumo".

Na nova acumulação, a flexibilidade torna-se a característica básica: máquinas e equipamentos flexíveis; flexibilidade organizacional da produção que aproxima a demanda e a produção diminuindo os riscos; trabalho flexível – quanto à habilidade dos contratados em adequar-se a diferentes tarefas, bem como na regulamentação das relações de trabalho; capacidade de produção diferenciada para atender a diversos tipos de demandas e produtos (com necessidades recorrentes pela rápida obsolescência dos mesmos). Por fim, o que mais interessa, do ponto de vista geográfico, é a flexibilidade espacial pela possibilidade de transferência das empresas em busca de benefícios, frequentemente de custo mais baixo da mão-de-obra, o que mostra como o salário está no cerne dos processos de reestruturação do capitalismo (Benko, 1999). Com isso, a mundialização expressa o espaço da acumulação flexível também no âmbito do capital produtivo.

Há toda uma "engenharia jurídica" que se produz em favor dos grupos econômicos. O Fundo Monetário Internacional impõe uma série de regras para os países em desenvolvimento, tais como pressões para privatização de instituições e empresas públicas, e cuidados fiscais por meio de cortes nos gastos públicos, especialmente os que possuem finalidades sociais. De acordo com essas regras, os Estados podem dispor de dinheiro para recuperar bancos, mas não para a educação, saúde e auxílio aos trabalhadores[10] que perderam o emprego (Stiglitz,

---

10 Preserva-se para o período referente a esta parte do texto o uso do termo trabalhadores no sentido do conceito marxista de classe trabalhadora, nas palavras de Antunes (2000, p.101), a "classe-que-vive-do-trabalho". O mesmo autor considera que o uso dessa expressão pode dar contemporaneidade e amplitude ao ser social que trabalha, à classe trabalhadora, ao passo que reafirma seu significado no âmbito acadêmico. O fato é que essa classe que corresponde à maioria na sociedade capitalista prossegue com essa condição de possuir apenas sua força de trabalho, preservando a natureza dessa sociedade, que se fundamenta na relação entre os proprietários e os não proprietários dos meios de produção. O que mudou nas últimas décadas foi sua absorção cada vez mais restrita, bem como a valorização e o tratamento dado à mesma na relação com os que são proprietários dos meios de produção ou seus representantes.

2002, p.23-4). Essa normatização possui nexos com o que Veltz (1998, p.93 e 226) denomina ditadura dos credores, com suas fobias acerca da inflação e instabilidade financeira.

Há uma excessiva preocupação fiscal, mas os déficits em geral não decorrem de aumento excessivo das despesas, e sim do estreitamento de receitas em razão do achatamento salarial e da flexibilização do trabalho, com consequente redução do número de empregos. Houve, também, uma redução do nível de tributação sobre os rendimentos do capital. Com isso, os governos são obrigados a recorrer a financiamentos com altas taxas de juros (Chesnais, 1999, p.100).

São ideias e práticas que fazem parte da doutrina conhecida como *neoliberalismo*, espantosamente disseminadas e imperativas por esses dias e que ampararam as novidades trazidas pela dinâmica econômica. A emergência dessas ideias está contextualizada em meados da década de 1970, quando a crise do petróleo e do modelo de desenvolvimento como um todo freou a expansão do capitalismo por décadas seguidas desde a Segunda Guerra Mundial. Essa doutrina político-econômica baseia-se na tentativa de adaptar os princípios do liberalismo econômico às condições do capitalismo moderno, mas defende o disciplinamento da economia de mercado. Para que o mecanismo de preços possa ser a mola mestra do mercado, é preciso que a estabilidade financeira e monetária esteja assegurada. Essa disciplina é agora responsabilidade do Estado, conferindo-lhe novos e fundamentais papéis em tal contexto (Sandroni, 1994, p.240).

A proposta é substituir a política keynesiano-fordista pela política pautada no pensamento neoliberal de Hayek & Friedman (Moreira, 2000), com ideias socialmente ultraconservadoras, nas palavras de Brenner & Theodore (2002) socialmente regressivas e politicamente voláteis. Do mesmo modo, Harvey (1992, p.158) expõe que práticas como a gradual retirada da política de bem-estar social, o ataque ao salário e ao poder sindical foram transformadas pelos neoconservadores em uma virtude governamental. A crise das experiências socialistas, que tem na queda do muro de Berlim, em 1989, seu momento simbólico, favoreceu a difusão dessas ideias, já que não existia mais o "perigo" socialista. Mediante a crise, começou-se a questionar os altos custos do Estado, pois há um entendimento de que não há justificativas para um Estado assistencialista. A desigualdade social não é vista como algo para ser resolvido, já que é parte da normalidade, portanto não há desafios políticos nesse sentido. A competição é naturalizada num cenário onde é comum a existência tanto de vencedores como de perdedores. Os ricos e empreendedores correspondem à parte dinâmica da sociedade, que deve receber apoio e menor carga tributária. Nessa perspectiva, os causadores de problemas são os sindicatos, pelos empecilhos e exigências na contratação de mão-de-obra, e o Estado keynesiano, que tenta solucionar o que não tem solução.

Exigente de controle e de estabilidade, o processo em que está o capitalismo atual, num outro extremo, tensiona, modifica, dissolve ou recria todas e quaisquer formas com as quais entra em contato. Exerce influência moderadora ou avassaladora, dependendo da formação social com a qual se defronta (Ianni, 1997, p.136). É assim que se desenvolve a economia mundial, pautada na velocidade e na fluidez, apresentando múltiplas facetas. Nas palavras de Veltz "[...] a economia atual é antes de tudo uma economia de velocidade e uma economia de incerteza" (2001, p.147), e nela é difícil manter alguma previsão e perspectiva futura.

Se a incerteza permeia a vida econômica, entre os trabalhadores a insegurança é uma constante, e a flexibilidade traduz-se em rendas incertas ou salários baixos e menor proteção social, além do desemprego crescente e atribuído ao movimento dos próprios trabalhadores por meio dos sindicatos, ou seja, a pobreza é cada vez mais extrema. A instabilidade produzida nesse momento é suportada desigualmente, recaindo sobre os que têm menos condições de suportá-la (Stiglitz, 2002, p.29).

As modificações são amplas. Os processos de precarização das condições de trabalho e o crescente índice de desempregados combinados com a nova maneira de ver as desigualdades sociais mostram, uma vez mais, a expressão do conflito capital-trabalho, num momento em que o modo capitalista de produção e seu novo aparato ideológico tornam-se socialmente mais agressivos. A classe trabalhadora foi brutalmente afetada, segundo Antunes (2000; 2005), alterando seu jeito de ser na esfera política ideológica, nos valores e no ideário que pautam suas ações práticas concretas.[11] As conquistas construídas no período fordista com o Estado keynesiano estão sendo paulatinamente eliminadas da regulamentação trabalhista.

Assim, a instabilidade permeia toda a sociedade, como enfatiza Berman (1986, p.94-5): "Para que as pessoas sobrevivam na sociedade moderna, qualquer que seja a sua classe, suas personalidades necessitam assumir a fluidez [...] aspirar à mudança [...]", fazendo com que os talentos possam ser aproveitados, enquanto se reprime o que não serve a esse fim.

Para muitos trabalhadores, a mobilidade geográfica representa a expectativa de sobrevivência, fazendo que a condição humana implique um certo nomadismo ou seminomadismo, em pleno século XXI. Para essa parte da sociedade, poucas das conquistas humanas puderam ser apropriadas. Nem mesmo podem contar com a possibilidade de uma vida com uma referência espacial estável, que permita a criação de vínculos afetivos com o espaço, ou seja, a constituição de um lugar a partir do qual lutar por uma cidadania local, nacional e quiçá global.

De tudo o que há de novo, do ponto de vista geográfico, é fundamental destacar, especificamente neste trabalho, que a produção das condições para esse processo de expansão e acumulação do capitalismo traz uma nova materialidade que faz do espaço uma dimensão controlável a distância. O reverso desse controle por parte dos agentes do capital é que se retirou da sociedade local o domínio sobre as dinâmicas de seu lugar. Apreensão semelhante comparece em Giddens (1991,

---

11 Entre essas alterações concretas do mundo do trabalho, Antunes (2000, p.233) menciona a diminuição do operariado manual, fabril, concentrado, típico do fordismo; o aumento das inúmeras formas de subproletarização do trabalho parcial, temporário, subcontratado, terceirizado em diversos tipos de países; o aumento expressivo do trabalho feminino, como forma de suprir o espaço do trabalho resultante da subproletarização; a exclusão dos jovens e de trabalhadores acima de 45 anos do mercado do trabalho; a utilização brutalizada do trabalho de imigrantes; a expansão do trabalho infantil na Ásia, América Latina e outros; o desemprego estrutural, que, se somado ao trabalho precarizado, atinge um bilhão de trabalhadores, ou seja, um terço da força humana mundial que trabalha.

p.69) ao tratar da integração entre localidades distantes, de tal maneira que acontecimentos locais são modelados por eventos longínquos.

Outro fato fundamental, que não pode ser esquecido, é que esse mundo interdependente é também mais dividido, isto é, longe da articulação representar uma integração uniforme, as principais transações econômicas estão centradas nos países ricos ou novos países industriais, sendo três quartos delas verificadas entre países europeus, Estados Unidos e Japão, ao passo que outros países têm participação diminuta ou inexistente. Portanto, a produção da condição econômica mundial decorre de interesses provenientes de pontos de comando, atualmente compreendidos basicamente no referido conjunto de países – a tríade (Chesnais, 1996). Por meio dessas informações observa-se, no nível macroeconômico, a forma desigual de inserção dos países na economia mundial.

É nesse contexto que Chesnais (1996) observa que há dificuldade dos Estados nacionais de levar adiante políticas próprias. Tal dificuldade está relacionada com o fato de que o "[...] espaço nacional frequentemente é organizado para servir às grandes empresas hegemônicas e paga por isso um preço, tornando-se fragmentado, incoerente, [...] para todos os demais atores", figurando como espaço da economia internacional (Santos & Silveira, 2001, p.258).

Essas são a mundialização e a globalização que se impõem por meio do desenvolvimento do capitalismo. Desde que não sejam entendidas como processo de racionalização do mundo e, portanto, como a única alternativa sensata, é possível falar de outros caminhos e outros valores em outro processo de integração, mais enriquecedor para o ser humano. É assim que é possível pensar em outra globalização (Santos, 2001; Chesnais, 1996, p.43).

Para compreender as dinâmicas vivenciadas pela sociedade na região noroeste do Paraná, no contexto esboçado nos parágrafos anteriores, não basta olhar para ela mesma. É preciso considerar os processos de transformações pelas quais passa o território brasileiro, especificamente o paranaense e respectiva área metropolitana. O comportamento demográfico da região não se explica somente pelo processo de modificação agrícola, como assinalado no primeiro momento. Ela decorre dos ajustes regionais ao capitalismo, mas também se explica pela nova dinâmica industrial que inclui de modo qualitativamente diferente o território paranaense na divisão internacional do trabalho. Enfim, é preciso ter em conta as implicações compartilhadas na nova condição de economia-mundo.

Novo perfil industrial do Paraná e a espacialidade dos investimentos e empregos

A formação de um novo perfil industrial no estado do Paraná está relacionada ao processo de reestruturação do capitalismo, especialmente quanto à redefinição de espacialidades industriais. A mobilidade do capital na forma de investimentos produtivos, ainda que relativizada,[12] provoca intensas mudanças. Como afirma Hugon (1996, p.37), a industrialização das economias em desenvolvimento está induzida pela reestruturação da economia do Norte, especificamente pela relocalização de unidades por parte de grandes empresas. Para entender o que ocorre no território paranaense, deve-se considerar o processo de transferência industrial em âmbito mundial, mas também certa desconcentração territorial da atividade industrial produtiva ocorrida em âmbito nacional, envolvendo áreas vizinhas ao estado de São Paulo. É nesse cenário que se pode explicar a dinâmica industrial atual no Paraná, bem como outros desdobramentos dela decorrentes.

Onde estão os novos empregos? Nas áreas metropolitanas ou em outras áreas? Essa reflexão proposta por Benko & Lipietz (1994)[13] na realidade permeia trabalhos de muitos outros auto-

---

12 "A mobilidade do capital não está produzindo um deslocamento maciço de investimento e do emprego dos países avançados para os países em desenvolvimento. O investimento direto externo está altamente concentrado nos países industriais avançados, e o Terceiro Mundo permanece marginalizado tanto no que diz respeito ao investimento quanto às trocas, com exceção de um pequeno número de novos países industrializados" (Hirst; Thompson apud Chesnais, 1999, p.81).

13 Quando escrevem sobre o novo debate regional, preocupados com o grande contraste na França entre Paris e o *deserto* francês, eles procuram analisar a tendência de localização dos investimentos e empregos. Na coletânea organizada pelos dois autores (Benko & Lipietz, 1994), observam-se duas tendências, aparentemente contraditórias, porém simultâneas, de espacialização da dinâmica econômica: os distritos industriais e as metrópoles.

res, tendo em vista as novas tendências espaciais motivadas pelas mudanças na economia. Preocupação semelhante traz Sánchez Moral (2003) ao analisar a espacialidade das novas indústrias, atributos e configuração dos novos empreendimentos. Como já lembrava Harvey (1980, p.49), a mudança de localização da atividade econômica significa uma mudança de localização de oportunidades de emprego, que, como já se sabe, implica fluxos humanos.

O exercício que aqui se faz acerca dessa problemática, tomando por referência o Paraná, foi igualmente motivado por esse tipo de debate, tendo em vista, no caso desta pesquisa, a busca de respostas acerca da questão dos papéis e dos significados das pequenas cidades do noroeste paranaense, num momento de intensas mudanças. O Paraná é uma das unidades da federação brasileira cujo quadro demográfico oscila bruscamente entre áreas (quase pontos) de concentração e imensas áreas de esvaziamento populacional (a maioria com pequenas cidades, como é o caso da região estudada). Tal dinâmica certamente está relacionada à resposta que se tem em relação às questões esboçadas sobre a localização dos investimentos e empregos, no caso paranaense com nexos profundos com o estabelecimento de um novo perfil industrial.

Fatores macroeconômicos como a estabilização da economia brasileira e a tendência de mobilidade das empresas foram elementos significativos para entender os investimentos internacionais nesse território, ávidos por desfrutar das vantagens geográficas. Se ávidos estavam os agentes capitalistas, também o governo do Estado, por meio da oferta de benefícios e incentivos, demonstrou interesse em garantir tais investimentos.[14] Nesse contexto, Firkowski (1999) mostra a inserção do Paraná na disputa pela localização de novos gêneros industriais. Observa-se, então, um processo recente de industrialização paranaense, qualitativamente diferenciado, já que acrescenta segmentos novos, onde predominavam basicamente as agroindústrias.

---

14 O interesse e o custo para o Estado desses investimentos podem ser estimados tomando como exemplo as concessões à Renault: doação de terreno no valor aproximado de doze milhões de reais (a área escolhida era de proteção de mananciais de abastecimento hídrico); serviços de infraestrutura; ramal ferroviário exclusivo e acesso direto ao Porto de Paranaguá entre outros.

As informações sobre os investimentos e empregos não são facilmente acessíveis. Foi utilizado um rol de protocolos de investimentos com informações relativas ao período de 1996 a 2001, da Secretaria de Indústria, Comércio e Desenvolvimento Econômico do Governo do Estado do Paraná; a publicação denominada *Análise conjuntural* do Instituto Paranaense de Desenvolvimento (Ipardes), além de um Cadastro da Federação da Indústria Paranaense (Faep). Procurou-se organizar os dados de acordo com o tipo de município e respectivo núcleo urbano: os que pertencem à região metropolitana de Curitiba, aqueles que se enquadram como cidades médias (entre cem e quinhentos mil habitantes, conforme o IBGE) e os demais municípios como centros regionais (entre cinquenta e cem mil habitantes), e outros como pequenos núcleos urbanos, que aparecem somados, mas com observações específicas no texto quando pareceram convenientes.

O novo perfil configurou-se especialmente pelo ramo de indústrias automotivas, com a instalação a partir da segunda metade da década de 1990 de unidades da Renault (francesa) no Complexo Industrial Ayrton Senna, em São José dos Pinhais, com fabricação de automóveis, motores e utilitários; da Volkswagen/Audi (alemã) também instalada em São José dos Pinhais, onde produz automóveis, e uma rápida passagem da Chrysller (norte-americana) por esse território.[15] Essas empresas somaram-se à Volvo (produtora de caminhões, ônibus e outros) e à New Holland (produtora de tratores e colheitadeiras). Foi notável o crescimento desse segmento industrial, caracterizando uma retomada do desenvolvimento econômico, após o período de estagnação do início dos anos 1990. Desde então, uma série de outras empresas fornecedoras de peças automotivas instalou-se no Paraná.

Além do complexo metal-mecânico, apresentaram forte dinamismo os ramos de telecomunicações e química (especialmente o refino de petróleo). Destacaram-se empresas de bens duráveis e não duráveis, como os automóveis, os eletrodomésticos, alimentos

---

15   Essa empresa já encerrou as atividades de sua unidade de Curitiba em 2001, pois teve problemas de inadequação do veículo produzido para o mercado brasileiro (Ipardes, 2002).

e bebidas, tendo em vista o crescimento do mercado de consumo, já que são produtos cuja demanda também se estendeu. Enfim, a indústria estadual ampliou e diversificou sua capacidade instalada de produção em virtude da absorção da retomada de investimentos estrangeiros no País, da desconcentração territorial da produção em âmbito nacional, e da recuperação de investimentos em diversos segmentos industriais (agroindustriais, em especial), motivados pela exportação e, em parte, pela já lembrada recomposição do mercado interno (Ipardes, 2002, p.9).

Fora do ramo automotivo, os investimentos mais volumosos no Paraná foram o de uma termoelétrica e siderurgia em Araucária, na região metropolitana de Curitiba. Nas cidades médias paranaenses, o investimento mais significativo foi da Global Village Telecom (GVT) em Maringá no segmento de telecomunicações; Kaiser (bebidas), Masisa (madeira e sintéticos) e Tetra Pak (envases líquidos) em Ponta Grossa. Esses são seguidos de investimentos no ramo químico e farmacêutico da Hexal do Brasil, em Cambe, e da Raudi, localizada em Maringá; produção de papel da Carbóxi Metil Celulose em Guarapuava, além de empresas agroindustriais, dentre as quais se destacam a Chapecó, com o abate de aves e preparação de alimentos pré-cozidos em Cascavel e a Agromalte, localizada na colônia alemã de Entre Rios, no município de Guarapuava. Nos centros regionais, assim consideradas as cidades entre cinquenta e cem mil habitantes, o maior investimento foi no ramo de papel, por parte da Klabin, no município de Telêmaco Borba, seguidos de maneira um pouco distante, no que se refere ao montante financeiro, pela Sadia/Frigobrás, com investimentos no ramo de alimentos. Entre as numerosas pequenas cidades são notáveis os investimentos do grupo Sonae, de capital português, no município de Piên, no ramo madeireiro. No mesmo segmento, destaca-se a empresa denominada Placas do Paraná, em Jaguariaíva. Também no ramo agropecuário, a Batávia (produtora de laticínios) em Carambeí apresentou um investimento expressivo. Esses exemplos servem apenas para ilustrar um pouco as tendências, mas outros tantos poderiam ser mencionados.

Já a soma de investimentos por segmentos indica que, além do ramo automotivo, eles se concentraram nas madeireiras e agroindústrias,

128 ÂNGELA MARIA ENDLICH

estas últimas consideradas ramos industriais tradicionais.

O ramo automotivo está visivelmente concentrado na região metropolitana de Curitiba (tabela 2). Portanto, o segmento que responde mais efetivamente por um novo perfil industrial paranaense está restrito a essa área onde, além das grandes empresas montadoras, se formou um complexo automotivo com as empresas fornecedoras, como as produtoras de motores, chassis, escapamentos, tapetes, assentos, painéis, pedais, alavancas para câmbios, amortecedores etc.

Tabela 2 – Estado do Paraná (protocolos de intenções em investimentos na indústria automotiva, 1996-2001)

ÁREA DE INVESTIMENTO	VALOR R$	EMPREGOS DIRETOS/ INDIRETOS	NÚMERO DE EMPRESAS
Região metropolitana de Curitiba	8.596.385.000	13.410 / 21.365	54
Outros municípios	122.251.000	1.595 /300	5
Total	8.718.636.000	14.005 / 21.665	59

Fonte: Relação dos protocolos de investimentos da Secretaria de Indústria, Comércio e Desenvolvimento Econômico do Paraná

Ao todo, as empresas fornecedoras somaram, no levantamento realizado, 48 unidades industriais, distribuídas na região metropolitana, embora de modo bastante desigual. Enquanto alguns municípios nem aparecem na listagem, outros concentram os investimentos, sobretudo São José dos Pinhais, município contíguo a Curitiba, sede do aeroporto internacional e com fácil saída para Paranaguá. A assimetria na distribuição dos investimentos é destacada no trabalho de Fiskorwski (1999, 2002), que designa como aglomerado metropolitano[16] o conjunto de municípios que compõem de maneira mais efetiva a região metropolitana, ou seja, com maior articulação cotidiana e contiguidade territorial.

---

16 Segundo a mesma autora são doze municípios com essa articulação metropolitana mais efetiva: Curitiba, Almirante Tamandaré, Araucária, Campina Grande do Sul, Campo Largo, Campo Magro, Colombo, Fazenda Rio Grande, Pinhais, Piraquara, Quatro Barras e São José dos Pinhais.

Os poucos municípios que não pertencem à região metropolitana de Curitiba e que possuem unidades industriais de fornecedores automotivos estão em municípios localizados no máximo a cem quilômetros da mesma: Irati, Ponta Grossa e Lapa.[17] Outra ressalva, no caso paranaense, é que houve uma previsão de criação de empregos superior àquela que se concretizou (Motim et al., 2002, p.6-7) e um aumento brutal da migração definitiva da população em direção à região metropolitana de Curitiba, mediante tal expectativa.

Quanto à espacialidade dos outros segmentos industriais, observa-se uma distribuição mais equilibrada (tabela 3), em especial entre a área metropolitana e os aglomerados urbanos. Entre os centros regionais, cidades entre cinquenta e cem mil habitantes, é relevante o caso de Pato Branco que aparece com sete investimentos, dos quais três são referentes à produção de componentes eletrônicos, um à produção de *softwares* e outros tradicionais do ramo alimentício e moveleiro. A soma dos investimentos em centros regionais e pequenas cidades quase se equipara aos demais. Deve-se considerar, todavia, que são dados referentes a 353 municípios (com até cinquenta mil habitantes e não pertencentes à região metropolitana de Curitiba), ou seja, a maioria dos municípios paranaenses.

Tabela 3 – Estado do Paraná (protocolos de intenções em investimentos industriais diversos, 1995-2001)

ÁREA DE INVESTIMENTO	INVESTIMENTO (R$)	EMPREGOS DIRETOS / INDIRETOS	NÚMERO DE EMPRESAS
Região metropolitana de Curitiba	1.413.148.040	8.118 / 12.171	46
Aglomerados/cidades médias	1.515.968.882	10.119 / 7.560	40
Centros regionais/pequenas cidades	1.254.024.795	8.949 / 8.836	74
Total	4.183.141.717	27.186 / 28.567	130

Fonte: Relação dos protocolos de investimentos da Secretaria de Indústria, Comércio e Desenvolvimento Econômico do Paraná

---

17 O município da Lapa foi incorporado à região metropolitana de Curitiba em março de 2002, portanto, em período posterior aos referidos protocolos de investimentos, isto é, quando a atividade se instalou no município ele ainda não era parte da área metropolitana. Por isso, não se considerou na tabela esse município como parte da RMC.

Enquanto esses outros investimentos industriais na área metropolitana são bastante diversificados, observa-se que nos aglomerados, centros regionais e pequenas cidades, eles estão relacionados a atividades extrativas, agrícolas ou pecuárias, ou seja, são indústrias que exigem áreas extensas e, frequentemente, uso intenso de mão-de-obra barata.

Alguns desses fatores já eram mencionados por Juanico (1977) que, preocupado com o desenvolvimento das pequenas cidades em países mais pobres, procurava destacar as vantagens das mesmas que, de acordo com o referido autor, estavam exatamente no baixo custo dos terrenos e dos aluguéis, bem como do trabalho, além da existência de determinadas matérias-primas.

Justamente pela exigência de áreas extensas, é comum a localização dessas indústrias fora da trama urbana. São diversas agroindústrias, produtoras basicamente de alimentos, mas também há indústrias de papel e produtos de madeira. A maior parte das indústrias existentes fora das áreas metropolitanas está associada ao uso do solo. Podem ser consideradas como exceção algumas indústrias de embalagens e equipamentos eletrônicos em centros regionais ou aglomerados, indústrias de confecções existentes em diversos tipos de municípios, além de outros exemplos isolados.

Deve-se observar que, no ramo automotivo, a presença do capital internacional é mais expressiva. Todavia, nos outros ramos também há cada vez mais empresas de capital externo, mesmo que no ramo agroindustrial a presença de capital regional ou nacional seja significativa, com muitas iniciativas procedentes de cooperativas agropecuárias.

Há forte presença de grandes empresas multinacionais nos ramos industriais que utilizam a madeira como matéria-prima. No ramo de papel, além das já mencionadas, encontra-se em Jaguariaíva uma unidade da Norske Skog, indústria de papel imprensa que atende a demanda das principais empresas jornalísticas do País. Essa unidade é parte de um grande grupo fornecedor desse tipo de papel no mundo, com 24 unidades industriais, distribuídas por 15 países em cinco continentes. Na América Latina, além da unidade de Jaguariaíva, há uma unidade no Chile. É relevante observar que, embora localizada em uma cidade pequena (30.742 habitantes em 2000) no nordeste paranaense, a empresa mantém um escritório comercial em Curitiba, lócus de sua gestão comercial.

Pode-se dizer que, embora a formação do novo perfil industrial esteja mais diretamente relacionada ao ramo automotivo, segmentos tradicionais agroindustriais igualmente trouxeram inovações, além do volume expressivo de investimentos. Como exemplo pode ser mencionado o ramo madeireiro que passou a ser explorado por grandes grupos, em detrimento de grupos menores (Ipardes, 2002). O fato repetiu-se em outras atividades agroindustriais, isto é, além da mudança na pauta da produção industrial, houve uma mudança patrimonial relativa à composição do capital quanto a sua origem e dimensões das empresas que operam nas mencionadas atividades.

A maioria dos investimentos confirma a relevância, para áreas não metropolitanas, do ramo agroindustrial ou inter-relacionado com atividades primárias conduzidas em compasso industrial. Autores que estudam o mesmo processo em outros países confirmam o predomínio de ramos agroindustriais (Tan, 1986, p.145) e tradicionais (Laborie, 1989) em pequenas cidades.

Também sugere-se que nas pequenas cidades predomine o fordismo, já que esse é o padrão dominante de organização agroindustrial, além de outras atividades de transformação consideradas como pesadas e pouco qualificadas (Di Méo, 1997, p.276). Deve-se observar que, mediante análises industriais de pequenas cidades, encontram-se situações diversas, pois uma das manifestações da produção flexível expressa-se espacialmente em localidades menores especializadas: os distritos industriais.

De acordo com as novas tendências da dinâmica econômica, é possível que ocorra desconcentração dos investimentos e da geração de empregos no Paraná. Entrementes, essa é por ora só uma possibilidade, pois a força concentradora da região metropolitana de Curitiba ainda é significativa, tal como aparece num balanço geral, e os investimentos continuam espacialmente seletivos, aprofundando desigualdades.

As novas atividades industriais demandam infraestruturas, como as redes de fibra óptica e de rodovias aprimoradas. Conquanto se observe uma melhor articulação territorial entre alguns núcleos e em alguns eixos – os pedagiados – as demais rodovias do Paraná estiveram em completa falta de manutenção. Tal fato, somado às informações acerca dos investimentos, torna a suposição da interiorização e desconcentração econômica e de empregos no Paraná, por ora, fortemente contestável.

A indústria no Noroeste paranaense

A assertiva de que se formou um novo perfil industrial no Paraná é válida, conforme considerações já efetuadas anteriormente, notadamente para a área metropolitana. Nas demais áreas, embora tenham se instalado alguns ramos industriais diferentes, tais investimentos não foram suficientes para alterar o perfil da indústria regional. Na realidade, ramos já existentes vêm sendo consolidados (tabela 4). Prevalecem aqueles considerados tradicionais no âmbito da indústria: alimentos e bebidas; vestuário e acessórios; móveis e decoração. Esses ramos destacam-se dos demais. É por meio deles que a região insere-se na economia mundialmente articulada.

Nas cidades menores, predominam agroindústrias, em especial lacticínios, frigoríficos e abatedouros, farinheiras, fecularias e madeireiras, além da forte presença do segmento sucroalcooleiro detalhado a seguir. Fora do ramo agroindustrial, destacam-se os segmentos de vestuário e móveis.

Na década de 1970, quando houve o impulso ao ramo agroindustrial, a região noroeste destacava-se nele, em um estado em que o mesmo predominava (Silva, 1978). Atualmente, a região continua sendo agroindustrial, mas num contexto em que o perfil industrial do Paraná foi alterado. A manutenção desse segmento como o mais significativo para a economia regional não significa que ele permaneceu como estava. Ao contrário, ele precisou adaptar-se ao contexto de uma economia com amplos e competitivos mercados. As unidades que não o fizeram precisaram encerrar as atividades ou foram incorporadas por outras (Teixeira, 2002).

Tabela 4 – Noroeste do Paraná (número de indústrias por segmentos, 2002)*

SEGMENTOS INDUSTRIAIS	NÚMERO
Indústrias de transformação	
Alimentos e bebidas	332
Vestuário e acessórios	275
Móveis e decoração	182
Produtos de metal, máquinas e equipamentos	68
Produtos de madeira	66
Edição e impressão	66
Têxteis	56
Borracha e plástico	47
Outras	45
Couros e artefatos	43
Metalurgia básica	37
Aparelhos e materiais elétricos	30
Química	29
Celulose, papel e produtos	27
Produtos minerais não-metálicos	25
Automotores, reboques e carrocerias	16
Outros equipamentos e transportes	14
Instrumentação médico-hospitalar, automação industrial, precisão e ópticos	11
Máquinas escritório/informática	10
Combustíveis	9
Eletrônicos e comunicações	6
Indústrias extrativas	
Pedras comuns e areia	14
Marmoraria	17

Fonte: Federação das Indústrias do Paraná, 2002
* Levantamento baseado nas indústrias cadastradas pela FIEP, não é censitário.

De qualquer maneira, foram produzidos outros patamares de desigualdade espacial, que, por conseguinte, concretizaram-se e reforçaram os diferentes níveis de oportunidades de trabalho, fatos significativos para compreender a dinâmica demográfica no interior do território paranaense. A região metropolitana de Curitiba consolida-se com esses investimentos como área de concentração de empregos, em especial daqueles melhor remunerados. Ainda que o *marketing* criado acerca do fato seja maior do que o realmente existente, é possível observar por meio de dados (tabela 5) que a diferença é concreta.

Tabela 5 – Mesorregiões do estado do Paraná (distribuição do emprego formal* por faixa de remuneração, 2000) (%)

FAIXAS DE REMUNERAÇÃO	NOROESTE	C. OCID.	NORTE-CENTRAL	NORTE PIONEIRO	C. ORIENTAL	OESTE	SUDOESTE	CENTRO-SUL	SUDESTE	RMC	TOTAL
Até 1 sal. mínimo	4,84	4,77	2,76	7,27	3,4	3,25	4,47	3,71	5,26	1,73	2,82
De 1 a 3 sal. mínimos	75,49	68,38	65,14	73,95	61,57	66,41	70,92	71,53	72,72	43,41	56,33
De 3 a 5 sal. mínimos	12,41	12,48	17,35	10,61	19,33	16,69	15,95	14,75	13,71	22,5	19
De 5 a 10 sal. mínimos	5,02	7,38	9,74	5,92	10,89	9,02	6,19	6,39	5,8	20,07	13,85
De 10 a 20 sal. mínimos	1,61	4,68	3,58	1,72	3,33	3,46	1,92	2,77	1,88	8,28	5,51
Mais de 20 sal. mínimos	0,64	2,32	1,42	0,54	1,48	1,16	0,55	0,85	0,63	4	2,5

Adaptado de Silva, 2002.

*A utilização de dados referentes ao emprego formal está aqui considerada apenas como um parâmetro comparativo, tendo em vista os limites que esse tipo de informação possui para expressar a população concretamente ativa quando se inclui o circuito inferior da economia (Santos, 1979a). Nele frequentemente imperam relações de trabalho e econômicas baseadas na informalidade, fundamentais para compreender principalmente a economia e a sociedade dos países subdesenvolvidos, embora a caracterização desse circuito apresente acentuada similaridade com as novas relações no capitalismo em processo de reestruturação e, portanto, deixando de ser uma exclusividade de tais países para alcançar expressão mais generalizada. Tal ressalva foi efetuada também por Signoles (1986), que critica a análise do emprego baseada apenas na repartição da população ativa por setor de atividade ou categorias socioprofissionais, pois não permite mensurar o setor informal, o subemprego e pessoas que desenvolvem múltiplas atividades etc.

As faixas médias de remuneração salarial mais alta possuem maiores indicadores na região metropolitana de Curitiba.[18] É notável que a faixa que absorve o maior número de trabalhadores no Paraná é a de um a três salários mínimos, da qual somente a RMC está abaixo da média estadual. As três primeiras mesorregiões apresentadas na tabela são aquelas que compõem o recorte territorial designado por noroeste neste trabalho. Com esses dados, aparecem claramente as diferenças entre essas mesorregiões. A área com maiores problemas de desenvolvimento econômico (equivalente à mesorregião noroeste na tabela), como já mencionado anteriormente, é a que tem percentual maior de trabalhadores com faixa média mais baixa de remuneração.

A presença do segmento sucroalcooleiro na região

A ênfase nesse ramo deve-se a sua intensa presença e expansão na região estudada. Entre os quatro municípios escolhidos para uma análise comparativa no terceiro capítulo, dois possuem unidades produtivas do segmento sucroalcooleiro: Colorado e Rondon.

Tal como já se considerou anteriormente, uma das opções do noroeste do Paraná após as mudanças na agricultura, especialmente na área de solos arenosos, foi a instalação de destilarias de álcool e o cultivo da matéria-prima para essa atividade, a cana-de-açúcar, que passou a fazer parte da paisagem da região. O contexto era o da crise mundial do petróleo na década de 1970, quando foi concebido oficialmente no Brasil, em 1975, o Programa Nacional do Álcool (Proálcool). O objetivo era produzir álcool para ser usado como combustível automotor. O Brasil emergiu, desde então, como um dos maiores produtores e o que tem menores custos na produção de açúcar e álcool.[19]

---

18 A região metropolitana de Curitiba mantém esses números, mas a instalação da indústria automobilística está associada a salários significativamente reduzidos em relação àqueles da região metropolitana de São Paulo, além da disciplina dos trabalhadores e menor presença do movimento sindical, como mostra Firkowski (2001-2002 e 2002).

19 O açúcar brasileiro tem o menor custo do mundo: US$ 160,00 a tonelada, enquanto a média internacional é de US$ 364,00 (Bertelli, 2002).

O uso do álcool como combustível no Brasil atingiu seu auge no início da década de 1980, quando se mantinha o preço 40% inferior ao da gasolina. Queda posterior nos preços do petróleo tornou a produção de álcool desvantajosa, ao passo que o mercado de açúcar mostrava-se atrativo. Vários produtores anexaram ou adaptaram a estrutura industrial para produzir açúcar, a despeito da necessidade de álcool combustível no mercado interno. As descobertas de novas bacias de petróleo no Brasil, bem como o uso do gás como energia reforçou a tendência de utilização da estrutura industrial para a produção de açúcar.

No estado do Paraná, são 27 unidades industriais do ramo sucroalcooleiro, das quais algumas são apenas destilarias e outras funcionam como destilarias e usinas de açúcar, todas localizadas na área setentrional. Como em demais áreas produtoras do Brasil, na região as destilarias anexaram usinas e, conforme dados da Associação dos Produtores de Álcool e Açúcar do Estado do Paraná (Alcopar), a produção de açúcar no Paraná aumentou aproximadamente quatro vezes nos primeiros anos da década de 1990.[20]

Várias unidades produtivas foram constituídas no âmbito de cooperativas originárias do período cafeeiro, como a Cooperativa de Cafeicultores e Agropecuaristas de Maringá (a já citada Cocamar), Cooperativa dos Cafeicultores de Mandaguari (Cocari), Cooperativa Agropecuária dos Cafeicultores de Porecatu (Cofercatu), Cooperativa Agrária dos Cafeicultores de Nova Londrina (Copagra) e Cooperativa Agropecuária de Rolândia (Corol). A Companhia Melhoramentos Norte do Paraná (empresa colonizadora de Maringá e região) possui duas unidades produtivas: a Companhia Agrícola Usina Jacarezinho, produtora de açúcar e álcool, em Jacarezinho, e a Destilaria Melhoramentos, produtora de álcool, em Jussara.

Com os recentes conflitos mundiais envolvendo países produtores de petróleo, a procura por alternativas energéticas ganhou impulso e trouxe

---

20 Na safra 1991/1992, a produção foi de 4.716.537 sacas de cinquenta quilos de açúcar. Na safra 2000/2001, a produção foi de 19.930.840 sacas de cinquenta quilos. Já a produção de álcool oscilou bastante durante o período, chegando a quase o dobro na safra 1997/98; todavia em 2000/2001 (736.977 metros cúbicos de álcool) registrou produção semelhante à safra de 1991/1992 (799.268 metros cúbicos).

novo ânimo para a produção do álcool combustível. A indústria auto-mobilística já vem se adequando, produzindo desde 2004 modelos que podem utilizar tanto o álcool como a gasolina, como estratégia para vencer a insegurança dos consumidores com relação à falta de combustível.

Empresários do ramo sucroalcooleiro já vinham desenvolvendo intenso *marketing* no sentido de restaurar a credibilidade no fornecimento do álcool hidratado, utilizado como combustível, além dos insistentes *lobbies* para a adição em percentual cada vez maior do álcool anidro à gasolina. Os empresários estão buscando alternativas para sua expansão, mediante maior competitividade. No âmbito internacional, o açúcar depende para tanto da retirada de subsídios europeus, o que poderá ampliar bastante a produção para exportação. A perspectiva positiva quanto ao açúcar somada às gestões para expansão do mercado para o álcool combustível caracterizam um segmento em expansão, o que pode ser dimensionado pela produção de açúcar na região Centro-Sul do País, por safra. Assim, se em 2002/2003 foram 270 mil toneladas, em 2004/2005 foram 319 mil toneladas. Já a produção do álcool (anidro e hidratado) em 2002/2003 foi de 11,2 bilhões de litros e em 2004/2005 de 13,3 bilhões de litros (Zafalon, 2004).

A produção do açúcar e do álcool exige intensa mão-de-obra pouco qualificada para o corte da cana-de-açúcar. A geração de empregos, conforme informações do próprio segmento, obedece à proporção de um emprego para cada cinco hectares de cana na área rural. No Paraná, são 319.781 hectares de área plantada que, segundo essa proporção, absorve mais de sessenta mil trabalhadores. Na área industrial, absorve-se aproximadamente 10% do número de pessoas da área rural, portanto aproximadamente seis mil trabalhadores. O número de pessoas dependentes desse segmento pode ser maior se considerados os desdobramentos indiretos do mesmo na vida econômica. No País todo, são 1,2 milhão de empregos, sendo seiscentos mil no estado de São Paulo.

Não há dúvida de que esse ramo tem significativo papel na manutenção de grande número de pessoas vivendo no interior do estado do Paraná, em áreas de intenso esvaziamento demográfico. Por outro lado, a condição de trabalho das pessoas envolvidas na atividade do corte de cana é precária. Trata-se de uma atividade extenuante, mal-remunerada, além de frequentemente mutiladora. Por isso, cabe questionar a que custos sociais tão amargos a produção brasileira de açúcar pode ter os mais baixos valores do mundo, com a submissão de um exército de trabalhadores brasileiros a essas condições precárias de trabalho. Há, ainda, o custo político pelo rigor no trato com a mão-de-obra para o controle e sujeição da mesma. Não obstante, uma das principais argumentações dos empresários para obtenção de benefícios governamentais está na geração de empregos. Alegam que os empregos gerados são em grande parte para a população sem qualificação, proveniente do campo brasileiro nos últimos anos. Entendem, ainda, que contribuem para a revitalização das pequenas cidades evitando a saída de moradores. Essa argumentação é utilizada com a finalidade de obter apoio do governo para o segmento, pois no Brasil com o discurso da geração de empregos consegue-se muita coisa, tendo em vista ser essa uma necessidade premente da sociedade.

Embora o árduo trabalho do cortador de cana expresse precariedade, o ramo sucroalcooleiro é extremamente moderno. A tecnologia utilizada por essa atividade industrial está continuamente sendo renovada, o que possibilita que etapas inteiras do processo produtivo industrial sejam controladas por uma só pessoa, por meio de computadores. Fala-se de agricultura de precisão para a cana-de-açúcar, e conforme anunciam profissionais do ramo, com o fim das queimadas por exigências ambientais, o trabalho de corte da cana deverá ser realizado por máquinas.[21] Essa possibilidade merece uma avaliação das

---

21 A legislação que proíbe as queimadas refere-se, inicialmente, apenas ao estado de São Paulo, ainda que exista um debate envolvendo outras áreas produtoras. Foi firmado naquele estado, em 1999, com validade até 2005, um *Pacto pelo emprego no agronegócio sucroalcooleiro*, estabelecendo compromissos entre as diversas partes envolvidas: governo da unidade federativa em questão, a União, Associação dos Municípios Canavieiros e outras entidades ligadas ao ramo para manter os empregos nos patamares de 1999. Para tanto, vários compromissos foram assumidos pelo governo estadual e federal, como o uso do álcool combustível nas frotas oficiais, gestões no mercado internacional no sentido de ampliá-lo, misturas de 26% de álcool anidro na gasolina e 3% no diesel, medidas compensatórias para adoção do automóvel a álcool, isenções de Impostos sobre Produtos Industrializados (IPI) desse tipo de automóvel para taxistas e frotas de locadoras, entre outros tantos.

implicações que poderão ocorrer para os trabalhadores. Eles ajudaram a consolidar esse ramo industrial e estão na iminência de ser eliminados do processo.

Se esse árduo trabalho humano pode ser substituído por máquinas, ainda com ganhos ambientais, do ponto de vista tecnológico e humano isso poderia representar um enorme avanço. Mas, nos marcos do capitalismo, os efeitos sociais dessas conquistas são catastróficos, pois os seres humanos são simplesmente descartados. Tais práticas mantêm atual a advertência de Andrade (1995, p. 76) de que a modernidade e a modernização não devem ser encaradas somente como opções de uma maior utilização tecnológica em benefício de grupos econômicos e sociais mas, sobretudo, como o caminho para oferecer à população melhores condições de vida, utilizando a tecnologia. Modernizar não é somente transformar, como querem alguns grupos que se beneficiam da modernização, mas transformar para melhor. E, na metamorfose para melhor, o trabalhador não deve ser apenas objeto, mas também sujeito do processo.

Implicações socioespaciais

As transformações econômicas e o perfil industrial paranaense, traduzidos em oportunidades de trabalho como se procurou enfatizar, são elementos explicativos dos desdobramentos demográficos que continuam a oscilar entre a concentração e o esvaziamento, tendo em vista a formação do polo automotivo na região metropolitana de Curitiba (Moura, 2003b, p. 589-91).

Se as mudanças na agricultura trouxeram ampla subtração demográfica por toda a região, sobretudo nas décadas de 1970 e 1980, observa-se que na década de 1990 o processo não se esgotou e que o declínio demográfico continua. A explicação dessa pertinaz situação na região está articulada ao desenvolvimento industrial do Estado, tal como ele se apresenta, confirmando o modesto papel das cidades menores quanto às atividades industriais, em especial no que se refere à geração de empregos melhor remunerados.

Enquanto surgiam áreas de esvaziamento no interior paranaense, a região metropolitana de Curitiba apresentava surpreendente crescimento, como destacaram Moura & Ultramari (1994, p.6-7) e Moura et al. (1994, p.23). Em 1950, a área a ela correspondente[22] somava 317.442 habitantes. Em 1980, já eram 1.440.626 habitantes. Foi a região metropolitana brasileira com a maior taxa de crescimento na década de 1970, situação que persistiu durante a década seguinte, períodos que coincidem com as transformações agrícolas assinaladas anteriormente. De acordo com dados do último censo demográfico, essa região metropolitana permanece entre as que mais crescem no Brasil, mormente pelo incremento dos municípios periféricos, ao lado das regiões metropolitanas de Brasília, Fortaleza e Salvador. A região metropolitana de Curitiba soma 2.768.394 habitantes, com taxa média de crescimento anual de 3,1%, calculada entre 1991 e 2000, significativamente superior à média metropolitana brasileira, que é de 2% para o mesmo período, e a média do País que é de 1,6% (Moura et al., 2004).

No território paranaense, a região metropolitana igualmente se destaca como a área que mais cresce (tabela 6), seguida das cidades consideradas oficialmente como de porte médio pelo IBGE (aquelas que possuem entre cem e quinhentos mil habitantes). Mas os centros urbanos que estão entre cinquenta e cem mil habitantes também apresentaram um índice significativo de crescimento demográfico, o que uma vez mais mostra que os mesmos apresentam uma dinâmica semelhante às cidades de porte médio, ao menos nesta unidade da federação.

---

22 Embora a região metropolitana de Curitiba tenha sido instituída com 13 municípios pelo governo federal apenas em 1973, por meio da Lei número 14/1973, juntamente com Belo Horizonte, Porto Alegre, Recife, Salvador e Fortaleza (Moura et al., 2004), os autores consideraram para a comparação entre os anos de 1950 e 1980 os 14 municípios que a compunham no final dessa última década: Almirante Tamandaré, Araucária, Balsa Nova, Bocaiúva do Sul, Campina Grande do Sul, Campo Largo, Colombo, Contenda, Curitiba, Mandirituba, Piraquara, Quatro Barras, Rio Branco do Sul e São José dos Pinhais.

Tabela 6 – Estado do Paraná (distribuição da população por classes de municípios, 1996-2000)

CLASSES DE MUNICÍPIOS	1996	2000	TAXA CRESCIMENTO ANUAL %
RMC	2.431.804	2.725.505	3,3
100-500 mil hab.	1.752.356	1.902.197	2,02
50-100 mil hab.	886.828	953.638	1,83
20-50 mil hab.	1.421.853	1.465.647	0,83
Menos 20 mil hab.	2.510.963	2.511.139	0,06

Fonte: IBGE

É saliente como os percentuais de crescimento demográfico diminuem, conforme as classes de municípios. Os municípios demograficamente menores no Paraná são os que, de modo geral, apresentam os menores indicadores. São pouco numerosos os municípios que podem ser considerados demograficamente grandes no Paraná, pois tomando por base o recenseamento do ano 2000, são apenas 28 municípios com população acima de cinquenta mil habitantes, dos quais nove estão na região metropolitana de Curitiba, dois no aglomerado de Londrina e Cambé e outros dois no aglomerado de Maringá e Sarandi. Os outros quinze são centros ou capitais regionais paranaenses.

A dinâmica demográfica da região noroeste, mediante o contexto econômico assinalado, mostra que entre 1980 e 1991 (cartograma 5), dos 132 municípios existentes na região naquele período, 95 perderam população. Houve uma persistência no declínio demográfico, embora menor em relação à década anterior, tanto no que se refere ao número de municípios quanto nas taxas correspondentes, com exceção de alguns municípios que também estão em áreas com maiores dificuldades econômicas, tendo em vista suas características naturais, principalmente a qualidade de solo e o relevo. Há um expressivo crescimento ao longo do eixo das principais cidades da região, especialmente entre Maringá e Londrina, além de um maior crescimento dos municípios vizinhos a esses núcleos principais dos aglomerados urbanos de Maringá/Paiçandu/Sarandi e Londrina/Cambé/Ibiporã. No aglomerado urbano polarizado por Maringá, aparecem como indicadores mais expressivos os dos municípios de Paiçandu e Marialva, do qual se originou posteriormente o município de Sarandi, que nesse período já era parte do

142   ÂNGELA MARIA ENDLICH

processo de aglomeração urbana, a partir de Maringá. Esse processo acompanha a tendência geral de expansão territorial das cidades, seguidamente justificado pela diferença de custo da moradia. A variação nas taxas de crescimento foi menor no sentido dos indicadores negativos e maior no sentido dos valores positivos, oscilando de -5,15% a 14%. Os índices mais altos referem-se aos municípios envolvidos no mencionado processo de periferização.

Quanto ao último período analisado, de 1991 a 2000, reforça-se a tendência da década anterior, com maior crescimento ao longo do eixo rodoviário que articula as cidades principais, dos municípios com elas limítrofes, bem como persistem perdas mais expressivas nas mesmas áreas do período anterior, especialmente ao sul e oeste da região (cartograma 6).

Nesse último período, do total de 156 municípios, 91 tiveram declínio de população, e desses, 36 perderam inclusive população urbana, o número mais alto de todo o período analisado.[23] Dados indicam (tabela 7) que existe a mesma tendência nas classes de municípios com até vinte mil habitantes, que possuem percentuais de declínio demográfico parecidos. Mais da metade dos municípios dessas classes apresentam decréscimo. Com os municípios entre vinte e cinquenta mil habitantes, o percentual é menor, embora o número de municípios dessa categoria seja também reduzido, ou seja, são treze municípios, dos quais quatro perdem população. Os municípios que estão em faixas demográficas com mais de cinquenta mil habitantes não apresentam indicadores de decréscimo populacional; ao contrário, eles indicam acréscimos demográficos, revelando o reverso do processo de esvaziamento: a concentração, absorvendo habitantes que saem dos municípios demograficamente menores.

---

23   Conforme levantamento elaborado sobre diminuição de população urbana, foi a seguinte: entre 1960-1970, 13 municípios; 1970-1980, 14 municípios; 1980-1991, 13 municípios; 1991-2000, 36 municípios. Ao todo, dos 165 municípios, 64 tiveram redução de população urbana num dos períodos analisados.

Tabela 7 – Noroeste do Paraná (número de municípios com declínio demográfico/classes de municípios, 1991-2000)

CLASSES DE MUNICÍPIOS	NÚMERO DE MUNICÍPIOS EXISTENTES	NÚMERO DE MUNICÍPIOS COM DECLÍNIO DEMOGRÁFICO
Até 5 mil habitantes	53	30 (56,6%)
De 5 mil a menos de 10 mil habitantes	55	36 (65,4%)
De 10 mil a menos de 20 mil habitantes	35	21 (60%)
De 20 mil a menos de 50 mil habitantes	13	4 (30,6%)
De 50 mil a menos de 100 mil habitantes	6	—
De 100 mil a menos de 500 mil habitantes	3	—
Total	165	91 (55,1%)

Fonte: IBGE, Censo demográfico, 2000

As respostas obtidas, na aplicação de questionários, com as perguntas "Conhece pessoas que se mudaram (parentes, amigos, conhecidos)? Para onde foram (principais destinos) e por que se mudaram?",[24] ou seja, acerca da mobilidade geográfica de antigos moradores, indicam os destinos preferidos pelos mesmos e mostram Maringá e a região metropolitana de Curitiba como os destinos mais citados dentro do território paranaense, seguidos de Londrina ou de outras localidades com papéis regionais, como Cianorte, Paranavaí e Umuarama (Quadro 3).

Fora do Estado do Paraná, os principais destinos mencionados foram o estado de Mato Grosso, São Paulo (capital e interior) e Rondônia. Essas referências sintetizam os principais destinos assinalados dentro e fora do Paraná. Outras respostas merecem, ainda, ser comentadas.

---

24 Questão que faz parte dos questionários aplicados nos municípios selecionados para estudo comparativo no terceiro capítulo: Colorado, Querência do Norte, Rondon e Terra Rica. As questões apresentadas neste capítulo são aquelas referentes à mobilidade espacial da população dessas cidades e que reiteram questões levantadas neste capítulo acerca da rede urbana. A ordem em que os destinos são mencionados nos quadros obedece à quantidade de vezes que foram citados.

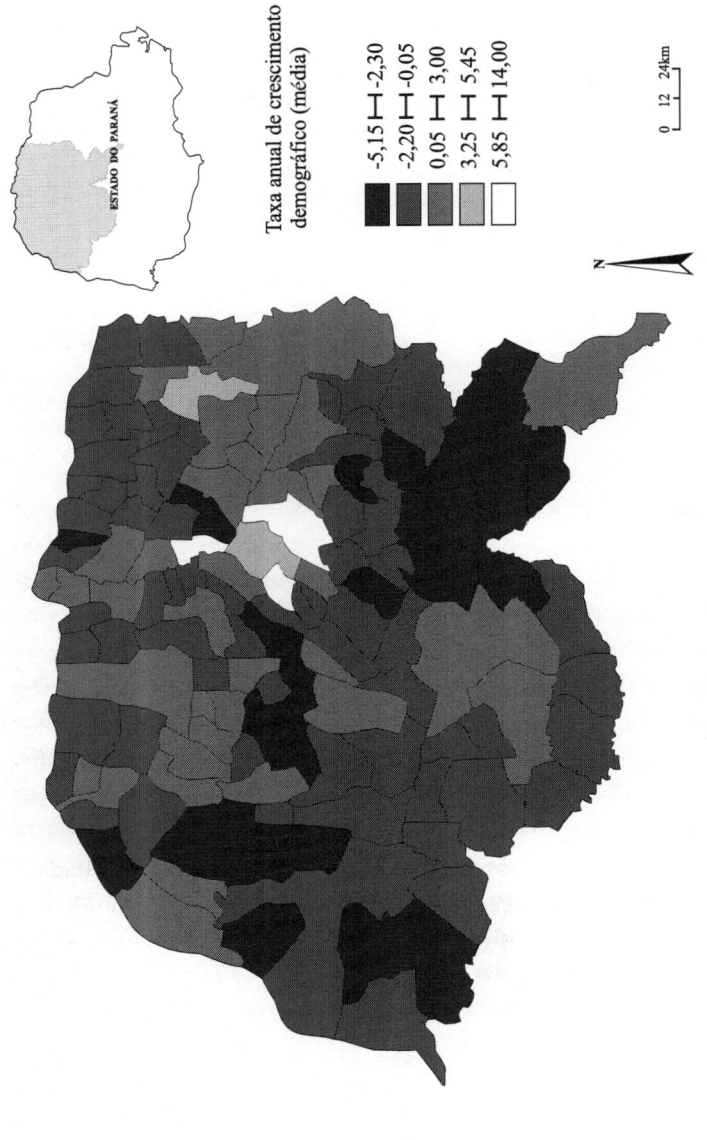

Cartograma 5 - Noroeste do Paraná. Taxas de crescimento demográfico, 1980-1991

Fonte: IBGE, Censos demográficos - 1980 e 1991.

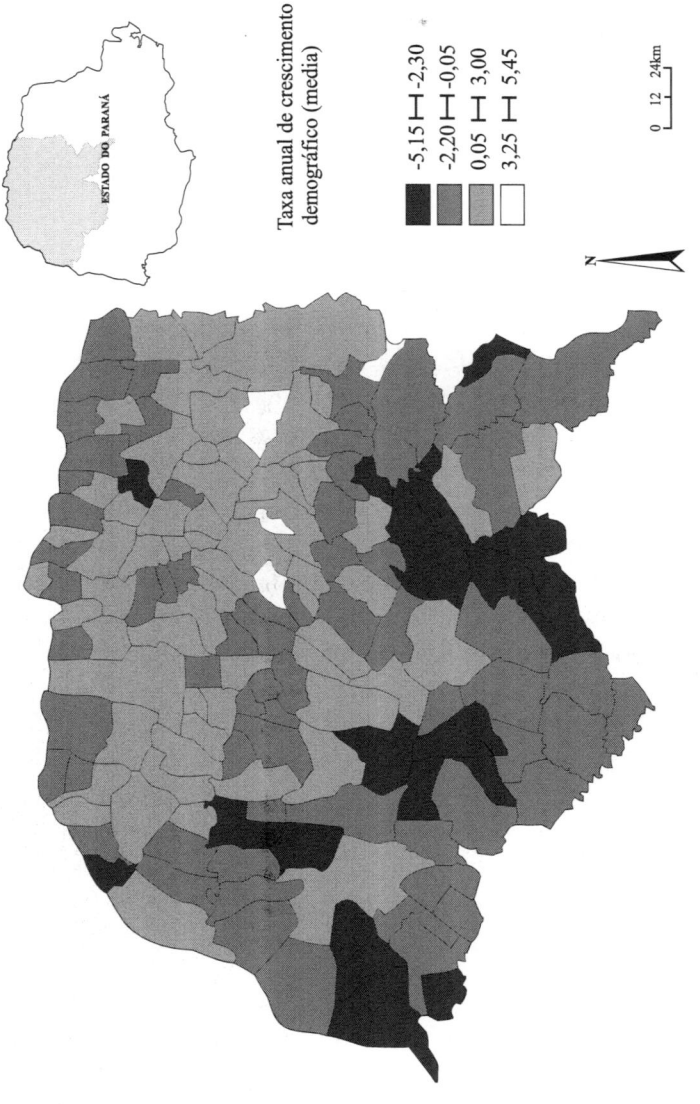

Cartograma 6 - Noroeste do Paraná. Taxas de crescimento demográfico, 1991-2000

Fonte: IBGE, Censos demográficos - 1991 e 2000.

Quadro 3 – Colorado, Querência do Norte, Rondon e Terra Rica
(principais destinos migrantes, 2003)*

MUNICÍPIO	DESTINOS PARANAENSES	OUTROS
Colorado	Maringá, Curitiba e Londrina	Mato Grosso, São Paulo capital e interior
Querência do Norte	Curitiba, Maringá, Umuarama e Londrina	Mato Grosso, São Paulo capital, Rondônia e Mato Grosso do Sul
Rondon	Curitiba, Maringá, Cianorte e Paranavaí	São Paulo capital, Mato Grosso e interior paulista
Terra Rica	Maringá, Curitiba, Paranavaí e Londrina	São Paulo capital, Mato Grosso e interior paulista

Fonte: Questionários aplicados, 2003
* Referência temporal da aplicação dos questionários e não da mobilidade.

Embora o estado de Minas Gerais não tenha aparecido entre
os destinos mais citados foi expressiva a menção ao mesmo, em
especial por produtores ou trabalhadores que pretendiam continuar
lidando com café. Também foram frequentes menções a Rondônia
e Mato Grosso do Sul. No caso de Querência do Norte, além desses
locais, aparecem os estados de Santa Catarina e Rio Grande do Sul,
expressões da migração de retorno, além do Paraguai, onde alguns
compraram terras e outros foram trabalhar. Em quase todas as cidades, aparecem referências à emigração para países como Estados
Unidos, Portugal, Japão, Espanha, Itália e Inglaterra, mostrando a
participação das sociedades que vivem nessas pequenas cidades no
recente processo de grandes deslocamentos imigratórios no âmbito
internacional.

As manifestações acerca da questão "Para onde você iria no caso
de sair da sua cidade?" sinalizam que a concretização das intenções de
mobilidade demonstradas pelos atuais moradores reforçaria a tendência de migração para as principais cidades da região e para a capital do
estado e seu entorno metropolitano. As intenções de mobilidade para
fora do Paraná mostram uma tendência menor de fluxo para o estado
de Mato Grosso e para a capital paulista, sendo mais frequentes as
referências a cidades do interior paulista (Quadro 4).

Ao perderem alento os fluxos migratórios para fora do Paraná, notadamente para o Centro-Oeste e Norte do País, aumentou a migração

para a região metropolitana de Curitiba, impulsionada pelos novos ativos industriais, bem como para cidades médias e centros regionais paranaenses. Quanto a estes últimos, é conveniente observar que a dinâmica similar às cidades de porte médio mostra que fatores aparentemente insignificantes podem fazer a diferença no comportamento demográfico. Assim, cidades consideradas oficialmente pequenas, mas demograficamente superiores à maioria delas, expressam uma dinâmica diferente, mediante o quê se deve estar de acordo com Prenant (1986, p.477) no que se refere ao fato de o contingente herdado pesar sobre condições ulteriores de acolhimento.

Quadro 4 – Colorado, Querência do Norte, Rondon e Terra Rica (possíveis destinos dos moradores, 2003)

MUNICÍPIO	POSSÍVEIS DESTINOS
Colorado	Maringá, Curitiba, Londrina e Mato Grosso
Querência do Norte	Maringá, Curitiba, sem planos de mudança e Estados Unidos
Rondon	Maringá, sem planos de mudança, Cianorte e Curitiba
Terra Rica	Maringá, Curitiba, Mato Grosso e interior paulista

Fonte: Questionários aplicados, 2003

Essas informações confirmam a propensão que tem se revelado nos últimos anos de migrações de curtas distâncias para cidades maiores e próximas do município de origem. Assim, explica-se que os moradores de Colorado indiquem tanto Maringá quanto Londrina, já que a posição daquele município torna essas cidades relativamente próximas. Essa mesma explicação serve para o caso de Rondon em relação a Cianorte e Paranavaí, sendo esta última destino também de emigrantes saídos de Terra Rica. Esse mesmo processo foi detectado por Bacelar no Triângulo Mineiro, onde o "[...] sonho das pessoas é se mudar para os centros regionais" (2003, p.36) e Prenant (1986, p.495), analisando o caso argeliano (parte do considerado mundo árabe), igualmente sublinha os fluxos constituídos por "migrantes de proximidade". Essas referências mostram que a tendência não é exclusiva da região analisada.

Muitos respondentes manifestaram não ter nenhuma intenção de mudar, o que foi uma das respostas mais frequentes para os moradores de Querência do Norte e Rondon, mas também presente nos outros municípios. Algumas pessoas preferiram não mencionar uma cidade específica, referiam-se ao tamanho da cidade. Por um lado, convergiram respostas sobre a intenção de mudar para uma cidade maior. Por outro, alguns afirmaram que só se mudariam para outra cidade pequena. Essas manifestações sobre a mudança, concretizada ou intencional, para outras cidades pequenas da região apareceram com frequência, mas como são muitas as pequenas cidades, isso não faz de nenhuma delas, especificamente, um ponto comum de destino. Mas convém mencionar que no conjunto foram expressivas essas referências, em geral motivadas por vínculos já estabelecidos: são locais de nascimento ou de moradia anterior, ou ainda, locais onde vivem parentes e amigos.

A motivação principal para a mobilidade, como já se conhece no âmbito científico, é a busca da sobrevivência por meio do trabalho (emprego ou outras atividades que resultem na geração de ganhos) tanto em segmentos formais quanto informais. Porém, é possível perceber que diferentes destinos possuem, de modo geral, motivações diferentes. Enquanto para São Paulo e Curitiba, por exemplo, foram predominantemente trabalhadores à procura de emprego, para os estados de Mato Grosso e Rondônia foram investidores agrícolas, além de comerciantes e prestadores de serviços. Assim, fluxos humanos de natureza diferente podem apresentar uma variação quanto ao volume e orientação, como também constatou Prenant (idem, p. 543).

Embora a migração tenha envolvido significativa parte da população que ficou sem opção de sobrevivência na região, ela não esteve baseada exclusivamente nesse contingente, ou seja, muitos se foram porque as pequenas cidades não atendiam mais os seus anseios financeiros ou profissionais. Foram frequentes as mudanças de famílias inteiras ou de jovens tendo como motivação os estudos. Nesse caso, os destinos mais frequentes foram Maringá e Curitiba. Por esses motivos, nos fluxos atuais, são predominantes os movimentos migratórios urbano-urbano, frequentemente motivados pela falta de oportunidades nas cidades menores. Esses foram os principais motivos, indicados pelos respondentes, para justificar os fluxos e as inclinações de mobilidade espacial nos municípios da região. Por fim, pouquíssimos indicaram locais que gostariam de morar tendo em vista a aprazibilidade dos mesmos, como áreas do litoral.

Para entender as dinâmicas observadas nos cartogramas, especialmente nos últimos, é necessário um olhar amplo, pois tal como aludira Santos (1984), a urbanização não pode ser compreendida como uma realidade autocontida, mas como parte da totalidade espacial, dependente, ela própria, da totalidade social.[25] Então, para apreender o processo de mobilidade espacial é necessário estar atento tanto aos espaços de saída quanto aos espaços de destino da população, tal como enfatizara Brunhes: *"En todo movimiento de migración o de emigración, cuántos fenómenos sociales en el punto de partida, cuántos fenómenos sociales en el punto de llegada!"* (1988, p.260).

O redirecionamento agrícola na região, como parte do processo geral de modernização no Brasil, e os efeitos socioespaciais dele decorrentes somam-se aos efeitos da concentração de investimentos e empregos na área metropolitana de Curitiba, especialmente impulsionados pela formação do novo perfil industrial do estado, comandado pelo ramo automotivo.

Esses fatores explicam as mutações socioespaciais, ainda em curso, no noroeste paranaense, especificamente no conjunto de pequenas cidades, que expressam, em grande parte, a mobilidade da população na insistente busca de oportunidades e de sobrevivência.

Transformações culturais, inovações na acessibilidade e no consumo

O período-chave para entender as transformações na região, desde meados da década de 1960, contudo mais visível nas estatísticas entre 1970 e 1980, consiste igualmente num marco temporal para

---

25 Sobre a totalidade em Santos: "[...] todas as coisas presentes no universo formam uma unidade. Cada coisa nada mais é que parte da unidade, do todo, mas a totalidade não é uma simples soma das partes. As partes que formam a totalidade não bastam para explicá-la. Ao contrário, é a totalidade que explica as partes" (1996a).

mudanças culturais que, se não são universais, atingem áreas em diversos pontos do mundo. As decorrências são semelhantes onde houve avanço das forças produtivas capitalistas, especialmente onde se instalaram processos de modernização da agricultura.

Conquanto as mudanças pareçam ter sido mais bruscas onde ocorreram as transformações na agricultura, permitindo de certa maneira uma oposição melhor caracterizada (às vezes caricaturada) entre o rural e o urbano, elas também ocorreram no interior das cidades, ou seja, a cultura urbana também não é mais a mesma.

Alguns objetos tornaram-se ícones dessa mudança, especialmente a televisão, mas também os telefones e, mais recentemente, os computadores – enfim, equipamentos que teoricamente ampliariam as relações humanas, mas que efetivamente provocaram o isolamento, afetando a efervescência que existia nas cidades como pontos de encontros. Como assinala Hobsbawm (1995, p.301), a difusão da televisão tornou desnecessário ir ao futebol (e também ao cinema, apresentações culturais, celebrações religiosas, encontros e debates políticos) e o telefone substituiu (ou diminuiu) as conversas e encontros nas praças e feiras.

No entendimento de Lefebvre (2001a), o duplo processo de industrialização/urbanização promoveu uma explosão da cidade ao passo que trouxe também elementos para sua implosão, já que sua população e território cresceram sem que pudessem manter seus atributos antigos. Esse processo faz parte de um certo *racionalismo* cujas ações ignoram o urbano, produzindo separações, enquanto a essência do urbano é a reunião. Portanto, o mesmo autor reconhece ao lado de uma crise mundial da agricultura e da vida camponesa tradicional, uma crise mundial da cidade tradicional, o que produziu mutações em escala planetária. Pode-se dizer, então, que o que ainda designamos como cidade e urbano, difundidos e popularizados, adquirem natureza diferenciada daquela anteriormente existente.

Perfila-se um modo de viver urbano, que penetra no campo, comportando sistemas de objetos e valores:

> Os mais conhecidos dentre os elementos do sistema urbano de objetos são a água, a eletricidade, o gás [...] que não deixam de se fazer acompanhar

pelo carro, pela televisão, pelos utensílios de plástico, pelo mobiliário "moderno" o que comporta novas exigências no que diz respeito aos "serviços". Entre os elementos do sistema de valores, indicamos os lazeres ao modo urbano [...], os costumes, a rápida ação das modas que vêm da cidade. E também as preocupações com a segurança, as exigências de uma previsão referente ao futuro, em suma uma racionalidade divulgada pela cidade. Geralmente a juventude [...] contribui ativamente para essa rápida assimilação das coisas e representações oriundas da cidade. (idem, p.11-2).

Com isso, tende-se a apagar a distinção cultural entre cidade e campo, mas em decorrência da maneira contraditória como isso ocorre, permanecem ilhas de ruralidade e significativa parte do que se considera cidade é interpretada, na mesma perspectiva teórica, como espaços de mediação entre o campo e a cidade, cuja expressão brasileira seriam as favelas. Entretanto, continuamente a favela se consolida e oferece um sucedâneo à vida urbana, miserável, no entanto intensa (idem, p.75). Serão as favelas espaços mediadores ou substitutos das cidades? Ou são espaços que expressam a contradição existente no processo de urbanização precária, sobretudo em países como o Brasil, convertendo-se na cidade possível e concreta mediante as circunstâncias em que é produzida? É preciso considerar que compõem o grupo de novos citadinos tanto os que querem como os que precisam viver ou sobreviver nas cidades. São essas pequenas trilhas abertas por uma reflexão mais ampla, cujo aprofundamento resultaria em outros rumos para o trabalho.

É certo, então, que as mudanças econômicas e seus efeitos foram acompanhados por abrangente transformação cultural, alterando valores que permeiam e estabelecem relações sociais, e também a forma e o volume de consumo, fatores relevantes para compreender o significado das pequenas cidades, em especial no que se refere a seus papéis de localidades centrais. Abordar essas mudanças culturais é tratar da modernidade e da efemeridade que a acompanha, como algo mais que embora pareça tão solidificado, desfaz-se no ar.

A produção de uma nova cultura decorre do que se passou com as pessoas quando se estabeleceu uma condição de vida diferente. Se havia um mundo dual, segmentado em rural e urbano, com as modificações ocorridas esses conceitos tornaram-se questionáveis. O debate acadêmico sobre o rural e o urbano transita por esses processos de mudança, mostrando que eles não podem mais ser atribuídos, automaticamente, a determinados espaços. O contexto regional em mudança soma-se a essa transição.

O rural e o urbano

Existem diversas tentativas e critérios para delimitar o rural e o urbano, tarefa que, se já era complexa antes, atualmente aproxima-se tanto do impossível quanto da inutilidade. Critérios estáticos e limitados de diferenciação facilitam aplicações pragmáticas, frequentemente prisioneiras do curto prazo, para fins estatísticos e administrativos, mas que pouco contribuem para o entendimento das dinâmicas sociais. É o que ocorre com critérios administrativos que usam o urbano e o rural como adjetivos territoriais, estabelecimento de um patamar demográfico ou de determinada densidade ou, ainda, de acordo com a natureza das atividades econômicas da população.

Essas são maneiras descontextualizadas de compreender o rural e o urbano, que não são, em uma expressão de Durkheim, fatos sociais (Rodrigues, 1984) ou coisas dadas. Ao contrário, são essas dimensões produzidas no decorrer da história e que merecem ser estudadas nessa perspectiva e, só a partir daí, as contribuições podem ser significativas.

O processo de urbanização com o capitalismo atinge proporção inédita, instigando dúvidas quanto às formas que sua expressão poderá atingir, como a de Mumford: "Desaparecerá a cidade ou – o que seria outro modo de desaparecimento – transformar-se-á todo o planeta numa enorme colmeia urbana?" (1965, p.11). Ou então entendimentos como o de Beaujeu-Garnier (1997) que aponta uma civilização urbana, propagada a partir das cidades, mas não limitada a ela, já que se refere a costumes e hábitos. Observa-se que, em concepções como essa, o urbano não se restringe a um território.[26]

---

26 Do ponto de vista territorial, uma das saídas conceituais que vem sendo utilizada é a ideia de *continuum urbano* apresentada por Clark (1985, p.109), bem como por outros autores, a maioria deles inspirados na realidade dos Estados Unidos, onde o grau de dispersão urbana é mais expressivo.

Trata-se de um adjetivo de maior amplitude, que qualifica uma série de abrangentes modificações. Em convergência, Wirth (1979, p.93-5) entende o urbano como um modo de vida, alegando que a urbanização já não denota meramente o processo pelo qual as pessoas são atraídas a uma localidade intitulada cidade e incorporadas em seu sistema de vida. Refere-se, também, àquela acentuação cumulativa das características que distinguem o modo de vida associado com o crescimento das cidades e concretizado além dos limites das mesmas.

Retomando o referencial lefebvreano, o rural e o urbano consistem em condições de vida diferenciadas, produzidas historicamente, ainda que espacialmente descompassadas. Por esse viés, rural designa uma condição de vida pretérita, que vem sendo superada material e culturalmente. Lefebvre (1975) fala da comunidade rural como homens débeis ante a natureza. Esses homens cujo aparelhamento técnico é precário são obrigados a dispor de muito tempo na produção de sua sobrevivência. Eles constituem-se em grupos sociais coesos para realizar o árduo trabalho agrícola. Esse trabalho não tem nada a ver com a operação de tratores agrícolas com cabines de ar condicionado dos tempos atuais.

A vida rural, examinada de um ponto de vista conhecedor dos avanços realizados, significa uma situação humana em que a sobrevivência só é possível com muito trabalho. O resultado desse trabalho oferece o mínimo necessário para viver. Essa condição social de vida é exatamente a encontrada por Candido (1971) em estudo sobre a vida rural brasileira na primeira metade do século XX. O autor estudou vários aspectos dos habitantes rurais (os caipiras). A precariedade parece tanto maior, pois o desenvolvimento social da produção gerou novos padrões de consumo, modificando os parâmetros, bastante distanciados dos padrões mínimos tradicionalmente estabelecidos na vida rural, convertidos em padrões de miséria (idem, p.223).

Era uma sociedade extremamente autoritária, estoica e permeada por costumes e expressões de disciplina coletiva, que determinava sua própria manutenção ao manter o casamento como indispensável, às vezes involuntário, seguidamente arranjado entre os pais. A educação era extremamente rígida e, em muitos casos, não incluía a escola. As relações de compadrio e parceria eram valorizadas, pois a sobrevivência passava pelo suporte coletivo. Sociedade extremamente religiosa, o compadrio instituía-se por meio do batismo. Explica Candido que o compadrio consiste em "[...] relação afetiva entre os compadres [...que] criava possibilidade ou disposição para intercâmbio mais intenso: convivência, prestação de serviços, assistência mútua etc." (idem, p.245), pois conforme já se mencionou anteriormente a organização e a disciplina coletiva eram fundamentais ao funcionamento dessa sociedade.

Os valores expressos como característicos da vida caipira foram dissolvidos rapidamente, considerados atualmente como picarescos. Algumas práticas mantidas são consideradas resquícios. As permanências devem, contudo, ser reconhecidas. Sobre as mudanças na cultura caipira, Candido explica que "a noite cai depressa nos povos sem escrita" (idem).[27]

Não há como discordar que os valores e interesses urbanos traduziram-se em costumes disseminados por quase todo o território, compondo uma cultura diferenciada. Contudo, o processo pode ser compreendido de maneira mais ampla, como uma nova condição de vida, a condição urbana, produzida no âmbito do modo capitalista de produção. Se o rural significa limitação, o urbano representa uma condição social em que, teoricamente, é possível superar a precariedade, ainda que tal superação se mantenha no plano das perspectivas otimistas.

Aos poucos, o moderno incorporado por essa nova condição de vida passou a ser um termo elogioso, ao passo que para o triunfo da nova ordem capitalista promovia-se o descrédito da cultura popular, "[...] amesquinhando e conspurcando tudo quanto ela criara, contestando-lhe a moralidade e ridicularizando-lhe a estética, qualificando de grosseiras ou bárbaras todas as suas mais altas realizações". Mas a condição de vida moderna não trouxe ao homem, genericamente reconhecido, a esperada superação da precariedade, pois "a despeito de suas máquinas, ele continua passando fome no meio da fartura [...]" (Mumford, 1958, p.205 e 298).

---

27   Conforme registra o texto de Candido, a frase utilizada pelo autor é emprestada de Gabriel Germain.

A quantificação e a qualificação da sociedade brasileira como de forte tendência urbana é resultado de um processo paulatino,[28] histórico, que produziu notáveis transformações na sociedade brasileira. Registra Holanda (1987), em *Raízes do Brasil*, no capítulo *Herança rural*, a ditadura exercida pelos domínios rurais no Brasil colônia. Nesse período, havia uma primazia da vida rural. Igualmente Santos (1996b, p.19), ao buscar as raízes da urbanização brasileira, demonstra como foi lento o processo de transferência da população para as cidades, pois durante séculos o Brasil foi um País agrário. O autor argumenta que foi necessário mais de um século (século XVIII ao século XIX) para que a urbanização brasileira atingisse a maturidade, e mais um século para que assumisse as características atuais. É preciso ter referenciais como esses e de trabalhos como o já mencionado de Candido para que se possa perceber que foram muitas as transformações ocorridas desde o "Brasil essencialmente rural", embora o País prossiga como um país significativamente agrícola.

Portanto, a questão do Brasil ser ou não urbano é mais ampla do que seus dados demográficos, vistos sem historicidade. Todavia, recuperar a discussão, contrapondo elementos do Brasil pretérito, demonstra que intensas mutações ocorreram com a economia, território, sociedade e, enfim, com a cultura brasileira. Apesar de tantos solavancos, as assimetrias sociais prosseguem. Como afirma Harvey (1980, p.266), "a pobreza urbana é, na maior parte dos casos, pobreza rural reorganizada dentro do sistema urbano", que se complementa com o que ensina Ribeiro (1996,

---

28 O processo de urbanização no Brasil é frequentemente considerado rápido, e assim o foi, principalmente na segunda metade do século XX. Entretanto, neste texto considera-se uma escala temporal maior. O processo denominado paulatino refere-se à produção da condição social que tornou possível a transferência da população do campo para a cidade no Brasil. Prado Jr. (1998, p.42) auxilia nessa argumentação, mostrando como foi difícil, há mais ou menos um século e meio de colonização, o abastecimento alimentar dos centros urbanos. Apesar de nesse período esses centros serem muito pequenos, havia neles uma população dedicada, sobretudo, à administração e ao comércio, sem tempo nem meios para ocupar-se de sua subsistência e cujo número era suficiente para fazer sentir o problema de sua manutenção. Essas questões tiveram de ser superadas para que o processo de urbanização pudesse ocorrer com o ritmo adquirido recentemente.

p.19-40) sobre o processo de urbanização que ocorre sem gerar uma urbanidade correspondente, conforme já mencionado na introdução.

Na região noroeste do Paraná, no período em que houve o predomínio da economia cafeeira, encontravam-se características semelhantes àquelas encontradas por Candido no estado de São Paulo. Embora a cafeicultura estivesse amparada em relações comerciais tão bem-articuladas com o mercado mundial, a peculiaridade com que era produzido na referida região faz com que os elementos explicativos sejam parecidos.

As pequenas propriedades e o uso da mão-de-obra familiar exigiam disciplina cotidiana para a execução das atividades diárias relacionadas ao cultivo do café, ou mesmo do algodão e outros produtos obtidos com o trabalho no estabelecimento agropecuário para o consumo da família, já que só se compravam mercadorias que não era possível produzir.

Os casamentos já nem sempre arranjados ainda resultavam de relacionamentos muito controlados moralmente pela família e pela sociedade local. Eram realizados, costumeiramente, após as colheitas agrícolas, período em que havia condição financeira para as celebrações festivas e constituição de novas unidades familiares.

Apesar da participação num espaço-tempo articulado internacionalmente, por meio da comercialização dos produtos agrícolas, os habitantes do campo possuíam uma cronologia baseada no ritmo da natureza, em tempos em que esse ainda tinha relação com o ritmo da produção agropecuária.[29] A modernização trouxe ao campo o império do tempo medido, no qual a obediência às condições naturais diminuiu e o calendário agrícola incorporou elementos do conhecimento técnico e científico (Santos, 1996a, p.243).

---

29 Brandão (1983, p.58) mostra esse ritmo cronológico, explicando que "dentro de um 'calendário agrícola' que começa em setembro e termina em outubro do outro ano, atividades de trabalho na roça alternam-se com períodos de menor ocupação com a lavoura. Entre setembro e novembro, ocorre o tempo de plantio mais intenso de feijão e milho, assim como de outras 'roças' menos comuns. Entre fevereiro e março são feitas as colheitas do 'grande plantio'. Mas entre fins de abril e começo de agosto acontece o grande período de colheitas que antecede o tempo da 'vagante' maior, que ocupa os meses de agosto, parte de setembro e uma fração de outubro, na dependência de quando começam as chuvas".

A religiosidade era mais expressiva, bem como as relações sociais que nela se estabeleciam, como aquelas de compadrio. Eram comuns as quermesses, ou festas religiosas realizadas nas pequenas cidades, bem como nas diversas paróquias distribuídas pelo interior dos municípios. Poucas dessas festas resistiram às transformações culturais e, só muito recentemente, algumas vêm sendo retomadas como atrativo turístico. Todavia, é mais comum atualmente que se realizem festas nas sedes municipais, frequentemente laicizadas, cuja tematização baseia-se em motivos gastronômicos ou vincula-se a motivos econômicos, com produtos que possuam projeção econômica suficiente para criar vínculos de identidade com as localidades.

Outro modo de diversão existente nas cidades da região eram os enormes cinemas, tal como já se mencionou no primeiro capítulo, vários ainda presentes na paisagem dessas localidades como recintos refuncionalizados. Muito mais do que projeção de filmes, o cinema promovia uma festa antes e depois das sessões. Era um momento de encontro dos jovens, que são, atualmente, os pioneiros locais, que recordam nostalgicamente sessões lotadas, nas quais predominavam filmes de Mazzaropi.[30]

A acelerada transitoriedade faz com que a condição de vida produzida no âmbito capitalista seja profundamente alterada no curso de uma geração. Não há um modelo completo de reprodução da vida e de valores que prossiga entre gerações subsequentes.

As transformações culturais que ocorreram na região decorreram das mudanças nas condições materiais de vida que foram expressivas na região, mas também fizeram parte de uma lógica ampla que atingiu

---

30 Amácio Mazzaropi (1912-1981) nasceu em São Paulo, mas viveu em Taubaté, mesma cidade de Monteiro Lobato. Começou sua vida artística num circo-teatro, passou pela televisão, mas sua maior produção foram cerca de trinta filmes nos quais atuava como diretor e ator, quase sempre incorporando o personagem do Jeca. Ele retratava uma pessoa saída do interior, trajada como tal e que se atrapalhava com objetos urbanos como os elevadores e as escadas rolantes (considerado por alguns como uma versão de Carlitos brasileiro), abordando, portanto, temas exatamente de uma sociedade em plena mudança de valores: as relações familiares abaladas pelo divórcio, além da política nos moldes interioranos, os conflitos fundiários e ideias associadas à progressão social como heranças inesperadas, loterias e casamento.

o Brasil em geral, convertendo-o de País agrário em País urbano. Os novos valores difundiram-se rapidamente, veiculados basicamente pela televisão. É nesse momento que Becker & Egler entendem que o Brasil inaugurava a modernidade com a coexistência da pobreza:

Não a pobreza primitiva, mas aquela iluminada pela pequena janela das telas dos aparelhos de televisão, que se espalhavam nas centenas de milhares de casas, casebres e favelas. Conectando ricos, remediados e pobres no mundo ilusório e utópico das novelas e dos noticiários programados, a ideologia eletrônica da televisão cumpriu no Brasil um papel único no mundo, enquanto instrumento de política social e formação de opinião durante o período autoritário e depois dele. (1998, p.169-170)

Foi assim que a dimensão cultural, ancorada na televisão e com amplo alcance nacional, teve significativo papel no processo da modernização econômica brasileira, ocorrida com teor tão excludente. O fato de ter-se tornado inviável a permanência da maioria dos pequenos estabelecimentos agropecuários e a eliminação de postos e das várias formas de relação de trabalho no campo são expressões concretas desses eventos na região estudada.

Alterações no consumo

O declínio da sociedade rural é acompanhado por mudanças no consumo, pois junto com ele diminui a produção para subsistência e o costume de adquirir somente o mínimo nos estabelecimentos comerciais. A passagem para uma condição urbana, ainda que marcada pelas contradições, cria uma sociedade com uma alta demanda, ou repleta de necessidades a serem supridas por meio do comércio ou de serviços, acentuando fortemente a divisão social do trabalho e a financeirização das relações sociais. Dessa maneira, explica-se a criação de novos padrões de atividade comercial.

No ambiente urbano, a sociabilidade tende a concretizar-se com relações criadas no meio profissional, resultante das atividades econômicas, diferenciadas daquelas fundamentadas na amizade, no companheirismo e de base familiar. Ocorre também, de maneira geral, uma secularização dos valores. Fala-se em tendências, não em transformação absoluta, pois ainda existem relações ancoradas nas mais diversas combinações.

A ampliação qualitativa e quantitativa do consumo implica uma maior diversidade de produtos e novas demandas que, aos poucos, foram incorporadas ao cotidiano das pessoas. Dessa maneira, o perfil do comércio e serviços, mesmo nas cidades menores, foi alterado, tornando-se mais complexo. Portanto, embora num contexto em que as pequenas cidades, em sua maioria, perde centralidade, existe um comércio que contempla certa diversidade, tendo por parâmetro o comércio existente em décadas anteriores. Por isso, não é possível estudar esse processo comparando número e tipos de estabelecimentos, pois há de considerar-se essas alterações culturais e de consumo que atingiram a sociedade. A diferença está nos papéis que as pequenas cidades como centros de comércio possuíam no período anterior.

Portanto, ocorreu nas últimas décadas uma modificação geral no perfil comercial, que se apresenta de maneira mais numerosa, ampla e diversificada, como os super e hipermercados, grandes grupos e redes de lojas e *shopping centers*, cada vez mais comuns, ao passo que estabelecimentos comerciais tradicionais são fechados (Charrie et al., 1992; Diry, 1997; Corrêa, 1999). Instalado mais efetivamente em cidades maiores, esse novo padrão de comércio afetou a centralidade comercial dos pequenos núcleos urbanos.

Foram alterados não só o perfil dos estabelecimentos comerciais, como a variedade e o aspecto de comercialização dos próprios produtos. Anteriormente vendidos em embalagens maiores ou na quantidade desejada por cada consumidor, são agora repartidos em embalagens menores, que indicam uma frequência maior às compras e agilidade num sistema em que os estabelecimentos comerciais impõem cada vez mais o autosserviço. O vinho vendido em barricas agora é vendido em pequenas garrafas, exemplifica Ferrer Regales (1991, p.128). Processos semelhantes ocorreram com o comércio do açúcar, arroz, feijão e farinha de trigo, anteriormente vendidos em sacas de sessenta quilos; óleo vegetal em latas de dezoito litros; o sal em embalagens de trinta quilos e a gasolina que era vendida enlatada em tambores com torneiras, entre outros.

A importância do consumo para a rede urbana está na estrutura que ele exige, já que a reestruturação dessa rede diante do mesmo pode significar o desmantelamento daquela preexistente, afetando as interações espaciais, especialmente os papéis e significados das pequenas cidades.

Mas a sociedade urbana não exige apenas um comércio mais abundante e variado, como demanda também diversos serviços, basicamente relacionados à educação e à saúde, que dificilmente possuem nas pequenas cidades estrutura idêntica àquela das cidades maiores. A distribuição desses serviços está relacionada a decisões de intervenção pública (Charrie et al., 1992, p.76). Mesmo em cidades pequenas com uma dinâmica demográfica positiva existem muitas dificuldades para manter o mínimo do atendimento necessário. Por isso, em convergência com Renard (1997, p.19), defende-se que esse consumo mais exigente e sofisticado pode ser suprido por meio de iniciativas supramunicipais, ou seja, por meio da cooperação entre entes locais. No setor de serviços, também ocorreram casos de perdas de papéis das pequenas cidades, como explica Di Méo (1997, p.278) no que se refere ao atendimento em unidades de saúde, em especial referentes às maternidades e intervenções cirúrgicas, convertidos comumente em centros de convalescença e repouso.

Uma breve observação sobre outro aspecto trazido por essa forma de comércio de maiores dimensões, como ensina Sennet, é que o preço fixo nele praticado induz à passividade, já que elimina a negociação, pois para o referido autor, a "[...] pechincha e os rituais dela resultantes são os exemplos mais comuns do teatro diário de uma cidade, e do homem público como ator" (1998, p.180). Por exemplo, a loja de departamentos envolve vendas mais volumosas e com maior rapidez, sem tempo para a negociação e a pechincha. Há, portanto, mais do que alteração no consumo e nas formas de estabelecimentos que o suprem –conformam-se outros comportamentos sociais.

Nos países considerados desenvolvidos, a maioria das pequenas cidades possui estabelecimentos comerciais pertencentes a grandes redes e serviços das mais diversas instituições financeiras, além de outros tantos, como indica Renard (1997, p.36-8): as autoescolas, agências de viagens e profissionais liberais como arquitetos, contadores e advogados, ainda que esses quase sempre trabalhem numa situação de monopólio.

Costa detecta em Portugal uma uniformização do consumo entre as cidades menores e as áreas metropolitanas, com expansão da oferta comercial e adoção cotidiana de eletrodomésticos, onde "as lojas franqueadas e as grandes superfícies, substituem-se ao comércio tradicional e à feira, mesmo em cidades de pequena dimensão" (2000, p.258). As compras não diárias são quase totalmente feitas em super ou hipermercados, ao passo que as necessidades diárias são supridas por mercearias, ou seja, por pequenos estabelecimentos comerciais que conservam esse papel. Quanto aos serviços de apoio à produção (intermediação financeira, serviços de segurança, publicidade, controle de qualidade, informática, consultorias etc.), esses são ainda reduzidos nas cidades menores.

Todas essas alterações, embora convergentes numa perspectiva universal, apresentam peculiaridades em países como o Brasil, onde desigualdades brutais na distribuição de renda acabam por gerar circuitos diferentes de atendimento aos imperativos de uma sociedade tão segmentada. É assim que se explica a formação do circuito inferior da economia (Santos, 1979a, p.273-4) com a finalidade de atender à demanda da população com baixo poder de consumo. A vida nas cidades ampliou a demanda para o suprimento das necessidades, mas há uma parte da sociedade que participa do ímpeto consumista de maneira muito restrita. Assim ocorre nas pequenas cidades estudadas. Como prevalecem ocupações em atividades agroindustriais, especificamente a sucroalcooleira, predomina junto com esse tipo de atividade seu caráter excludente, já que a remuneração da força de trabalho não é suficiente para que essa parte da sociedade possa estar efetivamente no circuito do consumo.

No âmbito da rede urbana, o mesmo autor esclarece que nas pequenas cidades nem sempre há uma dimensão mínima requerida para a instalação de um comércio moderno. Os consumidores que requerem produtos ou serviços raros dirigem-se às cidades maiores. Mas o circuito inferior não está somente nas pequenas cidades, ele está onde está a população pobre, como nas periferias de grandes e médias cidades (idem, p.290), como modo de viabilizar o consumo.

Nas pequenas cidades, de maneira geral, as inovações ocorrem de maneira mais lenta, sendo esses locais onde predominam permanências por mais tempo, pois não há um acompanhamento completo do novo perfil desenhado para o comércio e serviços nos últimos anos. Nas cidades brasileiras, a diferença é mais profunda em consequência das já mencionadas e enormes diferenças na distribuição da renda. Observam-se alguns estabelecimentos de capital local, como pequenos ou médios supermercados, butiques, lojas de presentes e utilidades de R$ 1,99 misturadas a outras de perfil antigo, com aspecto de armazéns ou vendas.

Quanto aos serviços, da mesma maneira, não se difundiram como nos países considerados desenvolvidos; ao contrário, tem sido frequente o fechamento de agências bancárias,[31] mostrando que não há nessas localidades uma parcela da sociedade com poder aquisitivo suficiente para manter essas atividades. Isso foi agravado com o processo de privatização e saneamento dos bancos.

A alteração que o consumo traz no âmbito da rede urbana não pode ser compreendida sem as implicações da capacidade de deslocamento da sociedade, tema a ser desenvolvido na sequência.

---

31 No estado de Minas Gerais, houve uma polêmica por esse motivo, depois da compra do Banco do Estado de Minas Gerais pelo Banco Itaú. Por causa do rendimento modesto das agências de pequenas localidades, diferente de seu padrão médio de lucro, o Banco Itaú pretendia fechar 58 agências, afetando o atendimento a aproximadamente trezentos mil habitantes. Para manter as agências abertas, tal instituição exigia das prefeituras o pagamento de valores entre 7 e 15 mil reais. No Paraná, o antigo Banco do Estado do Paraná (Banestado) também foi adquirido pelo Itaú e existe a mesma intenção de fechar agências nas cidades menores. Contudo, no Paraná, várias agências de novas instituições financeiras de capital cooperativo vêm instalando-se nas pequenas cidades, suprindo as lacunas deixadas por bancos que se foram. O Sistema de Crédito Cooperativo (Sicredi), por exemplo, já possui mais de duzentas agências, a maioria em pequenas cidades. Mas os dados gerais para o Brasil confirmam que muitos municípios não possuem atendimento bancário, pois de um total de 5.507 municípios brasileiros, aproximadamente 1.600 não possuem nenhum tipo de atendimento; outros 1.397 municípios possuem, apenas, uma agência e 670 apenas um posto de atendimento. Em suma, aproximadamente 67% dos municípios brasileiros possuem no máximo uma agência bancária ou um posto de atendimento.

A acessibilidade

Os assentamentos humanos precisam ser pensados juntamente com a capacidade de deslocamento da sociedade, que se tem alterado de maneira exponencial por meio de diversas modalidades de transportes. As sociedades locais são mais ou menos afetadas, dependendo da posição das mesmas na composição da rede urbana e dos circuitos de que pode participar. Cumprindo o papel de unificação de mercados, articulando efetivamente economias, os transportes são substanciais para compreender a espacialidade humana produzida, bem como as modificações nas condições de vida (Beaujeu-Garnier, 1997, p.452).

No que se refere à dinâmica urbana, foi a popularização do automóvel, outro *ícone* da vida contemporânea que, associado a outros objetos que compõem o transporte rodoviário, causou intensas mudanças tanto no espaço intraurbano como no interurbano. São meios de interações espaciais amplamente tributários da contração espaço-tempo (Dubuc, 2004, p.82).

É muito frequente que a forma cada vez mais dispersa das grandes cidades e áreas metropolitanas seja explicada pelo deslocamento flexível e facilitado por meio do automóvel. O resultado tem sido assinalado de modo negativo pela maioria dos estudiosos, enquanto avança o processo de dispersão na cadência do interesse do capital imobiliário, gerando uma cidade carente de densidade, dispendiosa para o poder público e para seus moradores, além de excessivamente fragmentada sob o aspecto funcional e social. Isso tem provocado o surgimento de um novo urbanismo[32] regulado pela revalorização da densidade, do transporte público e do pedestrianismo.

Apesar desse movimento, observa-se que, concretamente, as distâncias percorridas diariamente aumentam na maioria das cidades,

---

32   O novo urbanismo é considerado uma reação, inicialmente no âmbito dos Estados Unidos, aos subúrbios e à dispersão urbana excessiva por ele provocada. Por isso preza a densidade, a multiplicidade de usos e zoneamento flexível, além do pedestrianismo. Entretanto, em vez dessas ideias serem aplicadas para melhorar áreas antigas, elas têm inspirado a criação de novas cidades como empreendimentos imobiliários. Esse assunto será retomado no quarto capítulo.

mediante a periferização de uma série de atividades, ao passo que o transporte público tem um funcionamento radial polarizado nas áreas centrais, portanto, inadequado para os deslocamentos diários, no período atual. Por isso, ao invés de diminuir, aumenta a presença do automóvel no cotidiano urbano, apesar de suas desvantagens econômicas, ambientais e estéticas (Camagni, 2002, p.234-7).

As implicações trazidas pelo automóvel não atingem exclusivamente áreas metropolitanas, mas toda a rede urbana e as pequenas cidades nela situadas de diversas maneiras. A acessibilidade é contada menos pela distância em quilômetros e mais pela distância horária, ou seja, o tempo necessário com os meios de circulação disponíveis para ter acesso a tais localidades. Por exemplo, em estudo comparativo, Barreau et al. (1973) consideraram que localidades com até uma hora de afastamento de cidades com papéis regionais e impulsionadoras do desenvolvimento possuem um afastamento considerado fraco; de uma a duas horas seria um afastamento médio e mais de duas horas representam um afastamento forte.

O debate mais comum, com efeitos universais nos papéis das pequenas cidades, é quanto à difusão do automóvel que coloca os habitantes dessas cidades mais facilmente em contato com centros regionais, com equipamentos comerciais e de serviços mais diversificados e sofisticados. Por isso, para que não declinem demasiadamente seus papéis terciários, os pequenos centros precisam reforçar os estabelecimentos que cumprem essa função *"[...] sobre todo en una etapa como la actual, en la que por razones de economia de escala tienden a perder sus funciones comerciales en beneficio de las grandes ciudades, proceso favorecido por las mejoras en la movilidad y del parque automobilístico"* (Rodríguez Alvarez, 2001, p.45).

Portanto, um dos efeitos do uso do automóvel foi a perda, ao menos relativa, da centralidade das pequenas cidades, pois facilitou o acesso ao comércio nas cidades maiores, dotadas das grandes superfícies dos super e hipermercados, nem sempre presentes em localidades menores. Por isso, outros tantos autores sinalizam esse estreitamento da centralidade e, por conseguinte, a necessidade de uma redefinição dos papéis dessas cidades (Corrêa, 1999; Giraut, 1997; Ferrer Regales, 1991, p.86). Nas palavras de Dubuc (2004, p.71), o crescimento da velocidade da circulação provocou declínio dos pequenos centros curto-circuitados pela concorrência com os grandes. A mesma preocupação aparece em Renard (1997, p.36) ao considerar que a instalação de grandes superfícies comerciais na periferia das grandes cidades facilita sobremaneira o acesso às mesmas, afetando o papel comercial das pequenas cidades.

Fluxos dessa natureza na região são frequentes em direção aos centros regionais (quadro 5), motivados especialmente por serviços médicos e odontológicos e pelo comércio, dependendo da cidade de origem. A intensificação dos fluxos está relacionada à ampliação da estrutura viária da região, como se pode ver no comparativo viário entre 1970 e 1998, apresentado no cartograma 7.

Tomando por referência os municípios de Colorado, Querência do Norte, Rondon e Terra Rica, foi possível apreender parte desses fluxos. Em cidades onde os serviços bancários são restritos, os moradores precisam locomover-se para ter acesso a determinados bancos ou serviços, como em Querência do Norte e Rondon, que não são comarcas, então há mobilidade por esse motivo também. Outras razões que justificam esses fluxos são compras de produtos para uso profissional, além do consumo produtivo rural conforme já assinalado antes. Pessoas que vivem em pequenas cidades, conforme respostas obtidas, viajam até mesmo para doar sangue, participar de encontros religiosos ou encaminhar seguro-desemprego, entre outras possibilidades. Para algumas pessoas, esses deslocamentos são tão frequentes que nem são considerados como viagem.

Em Colorado, a frequência maior é para Maringá, mas como a cidade está localizada de forma relativamente próxima a Londrina e Presidente Prudente, cidade de porte médio do território paulista, o fluxo se divide um pouco. Moradores de Querência do Norte mostram intenso fluxo diário em direção a Loanda, que também é considerada uma pequena cidade, mas é comarca desse município e possui um comércio mais diversificado, além de serviços bancários mais completos. Foi notável também em relação a Querência do Norte o constante fluxo com Santa Cruz Monte Castelo, no mesmo nível que Maringá, também

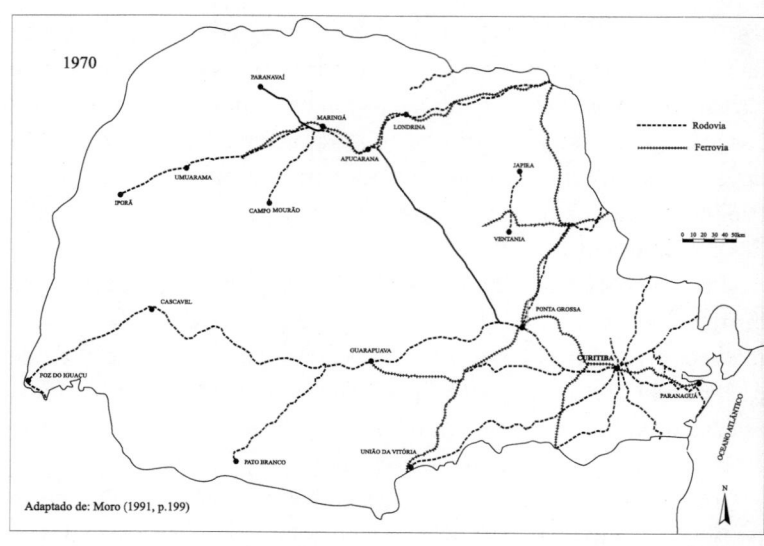

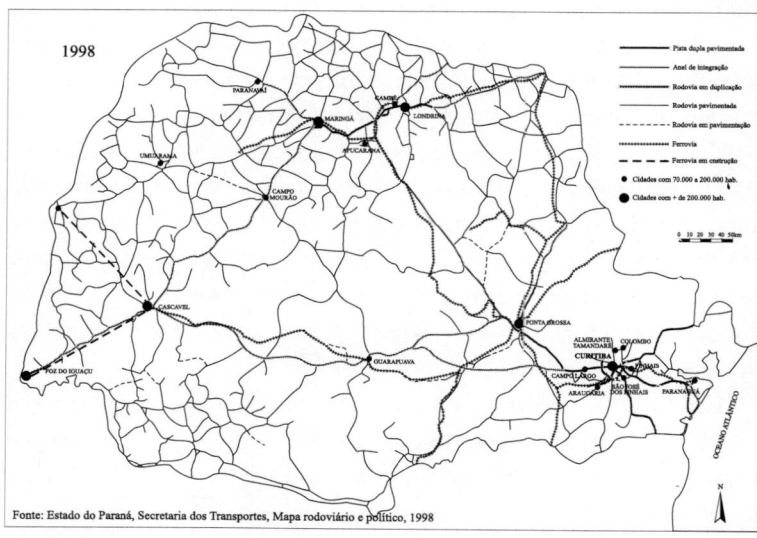

Cartograma 7 - Estado do Paraná. Comparativo da rede viária, 1970 - 1998

justificado por serviços e compras. No caso de Rondon, a articulação com Cianorte é muito forte, tal como de Terra Rica com Paranavaí.

Quadro 5 – Colorado, Querência do Norte, Rondon, Terra Rica (viagens mais frequentes, 2003)

MUNICÍPIO	VIAGENS FREQUENTES
Colorado	Maringá, Londrina*, Presidente Prudente
Querência do Norte	Loanda, Paranavaí, Maringá/Santa Cruz Monte Castelo
Rondon	Cianorte, Maringá, Umuarama
Terra Rica	Paranavaí e Maringá

Fonte: Questionários aplicados, 2003
*É preciso observar que Londrina é uma cidade demograficamente superior a Maringá, cujas atividades em alguns aspectos são equivalentes ou mais completas que em Maringá, embora exista uma certa complementaridade entre as duas. O fato da cidade aparecer com menor peso explica-se porque a maior parte da região abrangida neste trabalho é polarizada por Maringá, em razão da proximidade. Londrina, porém, tem polarização equivalente em relação à parte oriental no setentrião paranaense.

Se é problemático que as grandes cidades possuam estabelecimentos modernos que as pequenas não têm, tendo em vista o deslocamento da população para aquelas, Renard (1997) pondera que quando estruturas de super e hipermercados chegam às pequenas cidades, torna-se difícil para o comércio tradicional da cidade resistir. A estratégia para lidar com o problema tem sido a tentativa de reabilitação de áreas centrais antigas e de seu comércio, tornando-os mais atrativos e em condições de disputar com os novos estabelecimentos. No caso das pequenas cidades da região, como existem apenas pequenos supermercados, a disputa maior é com as grandes superfícies dos centros regionais.

Outra questão que se apresenta quando se instalam unidades pertencentes a grandes redes de comércio ou prestação de serviços em pequenas cidades é que elas se convertem em outra maneira de drenagem espacial da renda, pois diferentemente dos estabelecimentos comerciais de capital local, eles centralizam a gestão financeira e os recursos em matrizes quase sempre distantes.

Mas há outros desdobramentos decorrentes das facilidades ou da falta delas em relação ao trânsito entre as cidades no âmbito da rede urbana. A acessibilidade a cidades com papéis regionais tem sido considerada como possível elemento explicativo para o dinamismo econômico de pequenas cidades, tal como afirma W. Santos (1989, p.139), que aponta as muitas e diversas situações das pequenas cidades que ele encontrou em seu estudo na região de Campinas. Ele fala de pequenas cidades estagnadas coexistindo com outras cidades dinâmicas, explicadas pela acessibilidade, diferenciando áreas onde há uma atividade industrial predominante e cultivos altamente capitalistas. Os centros com os piores indicadores, que tendem ao esvaziamento e estagnação, estão geograficamente isolados, distantes dos eixos viários principais.

Pequenas cidades localizadas em áreas próximas a áreas metropolitanas e em eixos dinâmicos podem passar por um incremento nos seus papéis industriais, geração de emprego, aumento das receitas e outros benefícios econômicos. No entanto, o inesperado crescimento demográfico pode apresentar efeito desestruturante, gerando problemas próprios das periferias metropolitanas subdesenvolvidas, já que tais pequenas cidades passam a funcionar como cidade dormitório ou satélite industrial (idem).

A proximidade e a acessibilidade facilitada, impulsionadas pela generalização do uso do automóvel, trazem outros papéis para as pequenas cidades situadas relativamente próximas a cidades médias ou áreas metropolitanas, cada vez mais frequentemente transformadas em áreas residenciais principais ou secundárias, como apontam diversos autores (Charrie et al., 1992; Ferrer Regales, 1991; Santos, 1989), ou ainda como foco de atrações turísticas (Laborie, 1989, p.179). Mais especificamente sobre as residências secundárias e funções recreativas em áreas aprazíveis, de acessibilidade relativamente facilitada, segundo aponta Dubuc (2004), tal possibilidade está associada, além da mobilidade, ao aumento da renda e do tempo livre.

Nesse mesmo impulso, um conjunto de atividades diferentes das tradicionais passou a ser desenvolvido no campo. Tais atividades caracterizam-se pela incorporação de novos produtos agropecuários, industriais, prestação de serviços e atividades de entretenimento, caracterizadas pela busca nos momentos de ócio de espaços bucólicos e/ou marcados pela tradição cultural. Essas atividades, emergentes em vários pontos do globo, entusiasmaram grupos de estudiosos brasileiros que passaram a falar de um "novo rural" no Brasil.

Levando-se em consideração o que já se ponderou, neste estudo, sobre o rural e o urbano, deve-se questionar se essas propostas de volta ao campo e revalorização da natureza podem ser compreendidas como rurais. Esse retorno ocorre de uma perspectiva urbana. Ele só é aceitável, por parte da sociedade, tendo em vista o conforto, a acessibilidade, o vínculo com a cidade e com a mídia que veicula valores urbanos. Ou será que as pessoas voltariam para o campo sem eletricidade e outros confortos, já incorporados como necessidades, com base em referenciais urbanos? O que impulsiona atividades consideradas do novo rural consiste numa demanda basicamente urbana e se há algo de rural, pode-se dizer que se trata de um rural resultante de uma estetização, como algo para ser consumido enquanto tal.

Essa forma de compreender esses novos fatos encontra respaldo em George (1983), ao assegurar que se o homem abandona ocasionalmente a cidade, o faz quase sempre como cidadão, uma vez que a aglomeração populacional cria a necessidade de afastamentos periódicos. Ele pondera que essa necessidade de sair das cidades, expressa por seus habitantes, demonstra como a cidade tem apresentado uma tendência em ser vista apenas como local de trabalho e de cumprimento de obrigações.

Já se registra também um processo de transformação de residências secundárias em principais e incorporação efetiva de áreas como novos espaços de assentamento, como destaca Gottdiener (1993, p.24) nos Estados Unidos, esclarecendo que o compreende, decididamente, como não rural.

Na multiplicidade de casos que se encontra numa rede urbana também se encontram situações contrárias quanto à questão da acessibilidade e da manutenção da dinâmica das pequenas cidades, seguidamente associada a uma boa situação geográfica no que se refere ao sistema de transporte. Há localidades que possuem centralidade acentuada graças ao isolamento. Trata-se, assim, de um maior uso comercial local por causa da localização geográfica, embora sempre que possível a população busque centros comerciais maiores (Charrie et al., 1992, p.30).

No Brasil urbano pretérito, apreendido por Deffontaines, ele compartilha o entendimento de que a circulação, com formas variadas, foi responsável pela gênese de diversas aglomerações, mas também considera curiosa a constatação de cidades originadas no isolamento, não necessariamente por imperativo econômico, assinala ele, já que o consumo poderia naquele período ser suprido pelos costumeiros vendedores ambulantes ou mascates. Tampouco a produção agropecuária passava pela cidade no contexto estudado pelo autor, pois ia-se direto ao porto de embarque. Essas cidades se explicavam por "[...] uma necessidade de vida social, para romper a monotonia da solidão [...]. A aglomeração aparece como uma reação contra o isolamento" (2004, p.131-2). Portanto, tanto a acessibilidade como o isolamento podem ser elementos explicativos para a existência e para os papéis das pequenas cidades.

Por esse viés, observa-se que as pequenas cidades prosseguem imprescindíveis, especialmente quando a acessibilidade é precária tendo em vista a distância física ou social, conservando as mesmas nesses casos os papéis de importantes centros de mercado, suportes para o consumo, sobretudo em momentos e espaços de maior densidade demográfica, quando existem atividades que utilizam intensamente a força de trabalho, como nas áreas de expansão agrícola no Brasil.

As pequenas cidades como espaços de moradia e convivência também atendem a demandas comerciais e de serviços mínimos. Quando a mobilidade é dificultada, ora pelo isolamento, ora porque os moradores pertencem predominantemente a um segmento social que não pode ter acesso à mesma distância horária daqueles que contam com o automóvel, tais localidades figuram ainda como principal centro comercial. Isso amplia a relevância das pequenas cidades, tendo em vista a falta de acesso às facilidades trazidas pelo automóvel e, portanto, limitando a capacidade de locomoção, ainda que a localização seja de uma distância horária inferior a uma hora em automóvel.

Conquanto as maiores implicações do uso do automóvel no que se refere às pequenas cidades estejam relacionadas a aspectos interurbanos, há também algumas reflexões sobre questões intraurbanas que merecem ser mencionadas.

Do ponto de vista do urbanismo, frequentemente as pequenas cidades são associadas ao pedestrianismo, ou seja, à possibilidade de dispensar o automóvel. Esse modo de compreendê-las é semelhante ao de George apud Capel: *"[...] agrupaciones densas de viviendas en el interior de las cuales todos los desplazamientos funcionales se realizarían a pie [...]"* (1971, p.36). No entanto, Bielza de Ory (1991, p.74) destaca uma tendência contrária, pois em pequenas cidades utiliza-se o automóvel para percorrer distâncias curtas que em uma grande cidade provavelmente seriam percorridas a pé, tendo em vista a situação do trânsito e as dificuldades para estacionar. Outra constatação é que também nessas localidades a vulgarização do automóvel dilatou as dimensões das cidades (Charrie et al., 1992, p.51). São referências que também se aplicam parcialmente às pequenas cidades da região noroeste do Paraná.

Outra decorrência intraurbana são os procedimentos que procuram revitalizar áreas centrais de cidades antigas, não adaptadas à motorização pela irregularidade dos traçados e estreiteza das ruas, com a finalidade de recompor o papel comercial das pequenas cidades e da capacidade de resistência do comércio tradicional diante das novas redes e grandes estabelecimentos. Assim, existem registros ou recomendações de procedimentos vinculados à dinamização das áreas centrais, como reforço das atividades comerciais e de serviços, criação de praças e ruas para pedestres, além do incentivo a atividades culturais e esportivas (idem, p.20; Andalucía, 2001, p.87 e 90). Na região estudada, não existem cidades antigas, portanto esse processo não se aplicaria às mesmas. Entretanto, é curioso e quem sabe merecedor de estudos o fato de que essas iniciativas de restauração e reforço das atividades comerciais de pequenas cidades antigas parecem ter influenciado os calçadões, construídos em quase todas as pequenas cidades da região.

A produção de uma acessibilidade qualitativamente nova entre os espaços e a intensificação dos fluxos são fatores universais, mas que também ocorreram na região e que são significativos para compreender as redefinições espaciais ocorridas. À centralidade reduzida por causa da concentração fundiária e consequente redução de população e da densidade demográfica regional, reforçada pelos efeitos das modificações industriais, adicionam-se as implicações das últimas transformações assinaladas, todas fundamentais para entender a redefinição da rede urbana e dos papéis e significados das pequenas cidades.

Redefinição da rede urbana e novos papéis e significados para as pequenas cidades

A espacialidade humana tem sido produzida com dinâmicas e contornos que expressam as metamorfoses sociais, econômicas e políticas atuais. Os nexos entre a economia, a política e os processos sociais sempre estiveram diretamente relacionados à produção do espaço. Os processos, ainda em curso, que vêm redefinindo a rede urbana são os mesmos que redefinem a economia, a cultura, a qualidade das relações sociais e valores que as permeiam.

A teoria explicativa da rede urbana desenvolvida por Christaller (1988), considerada como clássica e, portanto, referencial comparativo para apreender as modificações atuais, resultou da procura de uma explicação geral para o número, tamanho e distribuição das cidades. Essa teoria fundamentou-se basicamente em atividades terciárias como o comércio varejista e a prestação de serviços e certas regularidades expressas na teoria das localidades centrais. Berry já procurava mostrar elementos novos a serem considerados por essa teoria mediante a complexificação econômica, tendo em vista que nas cidades "[...] se entrelazan la geografía de la producción y la del consumo" (1971, p.3), mas mantém a análise restrita a dinâmicas vinculadas às atividades comerciais e de serviços, em uma apreensão idealizada em modelos geométricos.

Portanto, a insuficiência dessa teoria para tratar da rede urbana atual não se explica somente pelas alterações no perfil das necessidades e na racionalidade de seu suprimento, mas também pelo imperativo de incluir elementos na análise, como a dispersão relativa de atividades industriais, porque promovem interações diferenciadas. Observa-se tanto na literatura como na realidade analisada que a redefinição da rede urbana não está restrita a seu funcionamento como um conjunto articulado de localidades centrais, como centros de comércio e de serviços, ainda que as transformações nesse âmbito também tenham sido substanciais.

Tendo em vista o recorte temático da pesquisa, as mudanças indicadas neste capítulo têm como objetivo subsidiar a compreensão da inserção atual das pequenas cidades na dinâmica da rede urbana. Mas há modificações nas formas e papéis nos mais diversos tipos de núcleos urbanos, bem como na qualidade das interações, dos quais se traça um breve panorama, entendendo as dinâmicas ocorridas nos mais diversos espaços como parte de uma totalidade.

Estudar as pequenas cidades da região noroeste do Paraná consiste em estudar, predominantemente, espacialidades inseridas em áreas de esvaziamento, mesma situação encontrada por outros estudiosos de pequenas cidades em diversas áreas do Brasil e do mundo. Contudo, Aydalot (1987), ao discutir sobre o declínio demográfico, o faz pensando em áreas metropolitanas, revelando a tendência maior da migração interurbana, após relativo esgotamento do êxodo rural. Os casos de declínio demográfico de cidades maiores, conforme o autor, não têm relações com o tamanho das mesmas, mas com o fato de que ocorrem em áreas de industrialização antiga, pesada e em decadência, por mudanças nos padrões técnicos, usos energéticos e/ ou de consumo (casos das indústrias de carvão, siderurgia e têxtil), além de fatores relacionados aos custos de produção, tendo em vista a concorrência ampliada.

Uma vez mais se trata de uma mobilidade pela sobrevivência, como explicam Cheshire & Hay, mais do que o tamanho demográfico importa considerar que "[...] allí donde se produce una pérdida de población por emigración neta, tanto del centro como del hinterland, este fenómeno tiende a estar asociado con problemas de oportunidades de empleo" (1985, p.42), tendo ocorrido em localidades de tamanhos demográficos variados.

No Brasil, constatou-se nas últimas décadas uma desaceleração nos índices médios de crescimento populacional das áreas metropolitanas. Entretanto, são necessárias ponderações, já que se as metrópoles perderam papéis industriais tradicionais, lembra Hall (1985) que as indústrias de alta tecnologia tendem a instalar-se em áreas periféricas das mesmas, sendo assim consideradas aquelas que distam aproximadamente até cem quilômetros, ou conforme Lencioni (1996, p.198), no caso de São Paulo, até 150 quilômetros. A mesma postura tem Veltz, ao confirmar a metrópole, mais do que os distritos isolados, como o meio privilegiado do novo capitalismo e "[...] dos sistemas produtivos ultradecompostos [...]" (2001, p.150).

Além desses papéis industriais específicos, as metrópoles mantêm a relevância por meio de outros papéis, como apontam Camagni (2002, p.242) e Corrêa (2002, p.68), como o controle econômico das empresas ou corporações que, sediadas na metrópole, projetam-se diretamente em espaços externos a ela, tornando-a base espacial da gestão, tanto mais complexa quando efetivada pelas grandes corporações multifuncionais e multilocalizadas, além de dotadas de enorme poder econômico e político. A concentração de sedes de empresas faz da metrópole um centro de gestão do território, "[...] centro privilegiado do ciclo de reprodução do capital, onde se dá a gestão do processo de criação do valor e criação, circulação e apropriação da mais-valia em amplo espaço geográfico" (idem, ibidem). É um papel consolidado com a soma de instituições estatais, serviços sofisticados e variados, além das convergências logísticas.

É sobre essas convergências logísticas que discorre Dias (2000), como a região metropolitana de São Paulo que ampliou sua participação de 30% para 45% na transmissão de dados de todo País, constituindo o principal "nó" da rede brasileira, seguida do Rio de Janeiro, cuja capacidade de produzir, coletar, armazenar e distribuir informações é apenas um terço daquela da metrópole paulista. O mesmo ocorre com a presença de bancos estrangeiros que também aumentou em São Paulo, entre outros dados que esboçam os outros significados adquiridos por essa metrópole e que têm correspondido de maneira geral aos papéis de outras tantas consideradas como cidades globais.

A terminologia para designar as grandes aglomerações urbanas é variada, abrangendo várias propostas, preocupação já registrada desde os romanos, quando já existiam cidades com mais de um milhão de habitantes. O conceito de cidades globais ou mundiais para designar as cidades tidas como capitais financeiras supera o critério puramente demográfico. Vários autores concordam em apontar Nova Iorque, Tóquio e Londres como as principais cidades mundiais. A rede urbana agora é mundial, já afirmara Sanchez (1981, p.210), pois o poder passa pelas cidades hegemônicas de cada Estado, numa divisão que parece tender a uma regionalização em escala mundial, ressalta o mesmo autor, numa distribuição espacial que nada tem a ver com a geometria, mas sim com as relações sociais de produção. Essa rede torna-se cada vez mais instável por causa da competição feroz e volátil conduzida pelas finanças e investimentos internacionais, portanto nesse âmbito, mais do que nunca, perambulam as incertezas admitidas por Borja & Castells (1999, p.39).

A mundialização econômica articulou cidades em diversos pontos do planeta, comandadas por impulsos catalisados nas cidades globais, conceituadas como "[...] lugares-chave para os serviços avançados e para as telecomunicações necessárias à implementação e ao gerenciamento das operações econômicas globais. Elas também tendem a concentrar as matrizes das empresas, sobretudo daquelas que operam em mais de um País" (Sassen, 1998, p.35). Comumente, as crescentes transações financeiras e comerciais ampliaram os papéis das grandes cidades, mostrando que esses espaços, esboçados pelo capitalismo industrial, são reiterados, ainda que com formas e papéis diferentes, no período comandado pelo capitalismo financeiro. Prosseguem os padrões de aglomeração, mas não motivados pelo continuísmo, pois há uma nova lógica para tanto (Sassen, 2003, p.20).

Nesse sentido, altera-se a rede urbana, mas prossegue a primazia de São Paulo sobre o território brasileiro. De acordo com Santos (1994, p.15), a base industrial foi o alicerce para o centro nacional e internacional de serviços que essa metrópole representa atualmente. Ele considerou que São Paulo figura agora como polo nacional, não por seu papel industrial, mas como uma metrópole onipresente no território brasileiro (Santos, 1996b, p.54), embora mais voltada aos interesses exteriores. Sobre o papel de São Paulo na rede urbana brasileira, há outras manifestações semelhantes, como a de Geiger (1995), que confirma essa metrópole como principal local de articulação da economia brasileira com a economia mundial.

Em resumo, o Brasil metropolitano atual consiste em 26 unidades oficialmente instituídas como tal, três regiões integradas de desenvolvimento e duas aglomerações urbanas, abrangendo aproximadamente 40% da população total do País em 477 municípios. Houve recentemente a configuração de novas áreas metropolitanas e a formação de aglomerações urbanas no interior do País, muitas dessas últimas consideradas formalmente como novas regiões metropolitanas. Há um conjunto bastante diferenciado entre essas áreas, que mereceu, por parte de Moura et al. (2004), uma sistematização que sumariamente mostra a seguinte distribuição da população metropolitana: 17% nas duas principais metrópoles brasileiras consideradas como globais (São Paulo e Rio de Janeiro,[33] total de 56 municípios); 13,6% em sete metrópoles nacionais (Belo Horizonte, Porto Alegre, Recife, Salvador, Fortaleza, Brasília; total de 150 municípios); 3,4% em metrópoles regionais (Belém, Campinas, Goiânia; total de 35 municípios); 5% em metrópoles polarizadas por centros regionais (Baixada Santista, Vitória, São Luis, Natal, Maceió, João Pessoa, Florianópolis e Londrina; total de 65 municípios); 1,4% em metrópoles polarizadas por centros sub-regionais (Maringá, norte/nordeste catarinense, Vale do Itajaí, Vale do Aço, Carbonífera, Foz do Rio Itajaí, Tubarão); 1% no entorno de regiões metropolitanas diversas. São duas regiões metropolitanas formais para o noroeste paranaense – Londrina e Maringá.

Esse é o desenho do Brasil metropolitano, que abrange quase metade da população brasileira. Portanto, mesmo que em valores relativos o crescimento desses espaços seja menor, o contingente absoluto envolvido é bastante grande. Apesar de alguns índices menores de crescimento, cabe observar que ainda são "[...] extremadas as taxas correspondentes às RMs de Curitiba e Brasília, superiores a 3% a.a.,

---

33 Deve-se observar que é bastante controverso considerar o Rio de Janeiro como cidade global. Como o objetivo deste trabalho não se refere a esse tipo de debate, utiliza-se a referência apenas para mostrar a distribuição da população brasileira, sem entrar no mérito específico da questão.

sobre bases populacionais próximas a três milhões de habitantes" (idem, p.6). Portanto, no Paraná não há decréscimos metropolitanos. Pelo contrário, são áreas com os indicadores mais elevados.

Outra ressalva fundamental é que o crescimento metropolitano, na realidade, corresponde ao crescimento de municípios periféricos, seguidamente em áreas não formalizadas sob o ponto de vista urbanístico. Os indicadores sociais mostram um aumento da pobreza nessas áreas (idem, p.9), o que faz das regiões metropolitanas ou das aglomerações, de maneira geral, espaços extremamente contraditórios, pois procurados pelas oportunidades que oferecem acabam por ampliar o grau de carências (Moura, 2003b, p.592).

Mas a periferização das metrópoles e das cidades de maneira geral, também se compõem por espaços de moradia de luxo no processo de autossegregação, e por atividades industriais e criação de novas centralidades comerciais, compondo uma morfologia urbana mais dispersa, decorrente de uma redistribuição tanto de papéis industriais, comércio e serviços, como residencial, mediante novas facilidades dos fluxos de informação e transportes.

Há diversas manifestações e propostas de entendimento desse processo no meio acadêmico. Assim, Gottdiener (1993) fala sobre o espraiamento urbano, numa forma qualitativamente nova de assentamento e um novo aspecto de polinucleação metropolitana, vinculados a uma nova organização capitalista. No Brasil, falou-se num processo de desmetropolização, que Santos (1996b, p.55) considerava combinado ao processo de metropolização, com a criação de outras grandes concentrações urbanas. Já Lencioni fala de metrópole desconcentrada (1996, p.198) e Feldman de metropolização disseminada, tendo em vista o crescimento das cidades do interior do estado de São Paulo (2003, p.106).

O que se observa, de maneira geral, é que as dispersões ocorrem num entorno metropolitano mais amplo, envolvendo distâncias horárias de aproximadamente uma hora em dinâmicas cotidianas diretamente vinculadas às metrópoles. Mediante esse processo, Ascher propõe o conceito de metápole para tentar abarcar os processos engendrados pela metropolização, composta a partir de metrópoles preexistentes e muito diversas, conformando um conjunto de espaços heterogêneos e integrados no funcionamento cotidiano da metrópole (1995).

Em recente trabalho focalizado na produção territorial de formas urbanas mais extensas e dispersas, "em pedaços", Sposito (2004, p.369), após ampla revisão dessas e outras propostas, propõe o uso do termo metametrópole, que ao reunir o conceito de metápole e de metrópole seria capaz de designar aquilo que ainda tem como elemento estruturador a metrópole, mas que já se constitui além dela. Como se vê, tão movimentado como a realidade anda o debate acadêmico que procura apreender a mesma.

Outro fenômeno recente na redefinição da rede urbana é o despontar das cidades médias, que consiste, ao que tudo indica, num fenômeno universal. Estudiosos diversos já destacaram o crescimento dessas cidades, como Costa (2000) em Portugal, Ganau Casas & Vilagrasa Ibarz (2003) na Espanha, Beaujeau-Garnier (1997, p.269) na França e Santos no Brasil (1996b), apesar da diferenciação de critérios para sua definição que dependem do contexto em que elas estão inseridas. A realidade do noroeste mostra que além do crescimento das cidades médias, nos patamares definidos pelo IBGE, crescem também cidades que, embora demograficamente menores, possuem dinâmicas semelhantes, casos de Paranavaí, Umuarama, Campo Mourão e Cianorte.

A vitalidade observada nesse tipo de cidade está relacionada ao incremento industrial, em parte motivado pela instalação de novas atividades, mas também decorrente do crescimento do ramo agroindustrial, além das atividades terciárias, referentes ao atendimento de um nível de consumo mais exigente e até mesmo do consumo comum ofertado em estabelecimentos de grandes superfícies comerciais, ampliando significativamente seus papéis e promovendo sua consolidação.

O que é certo é que essas cidades estão adquirindo novo papel na rede urbana, dependendo de sua localização, entorno territorial e acessibilidade, embora a maior parte do crescimento dessas cidades tenha ocorrido em detrimento do esvaziamento de municípios vizinhos, conforme pode-se apreender da região estudada, mas fato igualmente assinalado por Ganau Casas & Vilagrasa Ibarz (2003, p.49).

Outro ponto a ser destacado é que as interações interurbanas estão acontecendo com padrões desconhecidos anteriormente. Podem ser assinaladas duas mudanças qualitativas. A primeira diz respeito às possibilidades técnicas e à natureza das relações econômicas que ampliam e tornam comuns fluxos entre espaços não contíguos, ampliando alcances espaciais além de trazer novos elementos para pensar a hierarquia urbana, não mais estreitamente vinculada ao tamanho demográfico. Assim, se a rede urbana podia ser compreendida na dimensão espacial contígua da região, já que as relações interurbanas ocorriam basicamente com fluxos materiais de pessoas e mercadorias, a rede atual ficou mais complexa, pois além desses fluxos, outros se sobrepõem aos mesmos, imateriais ou virtuais, em virtude da circulação das informações e dos investimentos de capital. Esses novos fluxos prescindem da contiguidade espacial já que se realizam por redes geográficas, nas quais a distância física pouco ou nada representa. Nesse sentido, os núcleos urbanos extrapolam áreas contíguas como espaço de suas relações econômicas.

A segunda alteração a ser assinalada consiste na qualidade das interações, pois tornam-se mais comuns as relações baseadas na cooperação e especialmente na competição, embora as interações fundamentadas na hierarquia e na lógica territorial permaneçam. Há uma contribuição teórica significativa de Camagni (1993) a respeito da natureza das interações verificadas na rede urbana. Ele propõe o paradigma de redes para que se possa avançar na sistematização dos processos que ocorrem nesse âmbito geográfico. Para tanto, ele se baseia nas novas tendências de organização das empresas e nas lógicas desenhadas a partir das mesmas: territorial (espaço de atuação definido pela gravitação, ou seja, tem um alcance limitado e submetido ao custo do transporte, pode ser explicada pela teoria clássica); competitiva (menor relevância dos custos de transportes, o que representa a possibilidade de conquistar um mercado maior, sendo o espaço importante como pontos estratégicos que associados ao *marketing* podem ajudar as empresas a ampliarem seus alcances) e em rede (uso intensivo das redes, tendo em vista relações com fins complementares, notadamente com a finalidade de inovação), considerada pelo mesmo autor como a mais desejável tanto no âmbito empresarial como no ordenamento territorial, que pode ter nessa lógica a inspiração para sua organização voluntária, ou seja, como referencial para a gestão e o planejamento.

Para bem sinalizar as mudanças na rede urbana brasileira, é significativo considerar parâmetros pretéritos indicados por Geiger, que documentam e permitem dimensionar melhor as expressivas mudanças na rede urbana do País. Conforme o autor, por um lado, em 1950, já eram muitas as pequeninas cidades, sendo que 55% da população urbana da época vivia em localidades com até cinquenta mil habitantes, então limite demográfico entre cidades médias e pequenas. Do mesmo modo, nesse período já era grande a concentração nas metrópoles de São Paulo e Rio de Janeiro. Por outro lado, ainda nas palavras do autor, o número de cidades médias (entre cinquenta e cem mil habitantes) e de cidades grandes (acima de cem mil habitantes) não era expressivo. Ele comenta que no Paraná os índices de concentração ainda não eram altos, pois havia uma "[...] melhor distribuição do fato urbano em todo o Sul do Brasil, [que] reflete, entre outros fenômenos, a existência dos pequenos centros das regiões agrícolas e resulta, em parte, da posição da economia agrícola, com o domínio, em certas áreas, das pequenas e médias propriedades" (1963, p.41).

Se, anteriormente, a rede urbana estava baseada em extremos de concentração e dispersão, ou seja, nas áreas metropolitanas e no grande conjunto de pequenas cidades, ela continua tendo como expressão significativa as áreas de concentração, embora com formas mais dispersas, formação de concentrações secundárias onde também crescem mais as áreas periféricas e, por fim, continuam sendo uma manifestação significativa da rede urbana brasileira as numerosas e variadas pequenas cidades, várias inseridas em contextos territoriais das espacialidades em esvaziamento. O Brasil urbano é multifacetado, assinalou Gonçalves, "[...] uma simultaneidade de urbanos diferentes [...]" (1994, p.200), visto que possui diversas expressões, embora seja mais conhecido pelas dimensões de suas metrópoles.

A estrutura político-administrativa do território mostra que 75% dos municípios brasileiros possuem menos de vinte mil habitantes e apenas 25% possuem mais de vinte mil habitantes, números relativos que indicam tanto a concentração quanto a dispersão da territorialidade urbana brasileira. Com base nos dados do censo de 2000, confirma-se a tendência de esvaziamento dos municípios com pequenos núcleos urbanos, pois dos 5.507 municípios brasileiros, 27,2% do total tiveram declínio de população e outros 40% dos municípios estão abaixo da média nacional de 1,6% ao ano, a maioria destes últimos demograficamente pequenos. No caso da região em estudo, os cartogramas apresentados já mostraram o contínuo esvaziamento demográfico. As estimativas demográficas referentes a 2002 não mostram sinais de reversão, indicando que esse processo ainda não se esgotou e está relacionado às dinâmicas econômicas mais recentes do território paranaense, nomeadamente, a espacialidade dos investimentos e dos empregos, ainda predominante na região metropolitana e nos aglomerados urbanos, que indubitavelmente prosseguem como áreas de concentração, em detrimento das áreas de esvaziamento demográfico.

Conforme Corrêa (2001, p.427-8), a rede urbana brasileira era menos complexa até a década de 1960. A complexificação,[34] no entender do mesmo, foi trazida por uma série de fatores, alguns já mencionados anteriormente: mudanças na industrialização, a modernização agrícola e seus efeitos, a difusão do modo de vida urbano, relações mais diretas entre o varejo e o setor industrial atingindo parcialmente o comércio atacadista; circulação facilitada, incorporação de novas áreas à agricultura moderna, maior estratificação social com a classe média, alterações na organização empresarial e a atuação de grandes corporações, além da difusão do circuito inferior da economia.

Como se vê, são muitos os fatores que implicam alterações na composição e no funcionamento da rede urbana, pois ela é expressão de uma profunda mudança da sociedade e do modo capitalista de produção de onde procedem os imperativos das relações na mesma. Se diferente e complexa está a sociedade, assim também se apresenta sua espacialidade, expressão e condição materializada das relações sociais.

---

34 Alguns autores como Dubuc (2004) falam em simplificação da rede urbana, que estaria baseada no processo de crescimento das grandes cidades e declínio de pequenas.

Os papéis e significados atuais das pequenas cidades

As pequenas cidades são muitas e apresentam-se diferentemente. Fazem parte das múltiplas faces do urbano brasileiro. Concomitante à existência de cidades estagnadas estão os centros urbanos dinâmicos, dependendo do contexto em que estão inseridos (W. Santos, 1989, p.139; Dubuc, 2004, p.71). Charrie et al. (1992, p.34-5) também constataram muitas desigualdades nessa parte da rede urbana quanto à tendência demográfica e à manutenção de seus papéis cu falta desta última.

O insistente declínio demográfico em áreas municipais com pequenas cidades na região noroeste inevitavelmente induz ao questionamento de seus papéis no período atual. Esse declínio, conforme já se expôs, não é exclusivo da área estudada. Na região Sul, mais de 40% dos municípios perde população, índice acompanhado pelo Paraná (Moura, 2003b, p.580). Em outras áreas do Brasil, como em Minas Gerais (Soares, 1997, p.119), ocorrem processos semelhantes. Mesmo que a subtração da população não corresponda à área urbana, mas ao restante do território municipal, os papéis das pequenas cidades como localidades centrais são afetados.

Apesar do declínio demográfico não constituir uma dinâmica exclusiva de áreas polarizadas por pequenas cidades, são elas que passam por esse processo de modo mais frequente. Isso ensinou a realidade estudada, pois as pequenas cidades compõem a estruturação de um entorno territorial que se esvazia. Tal frequência mostra que há sim uma relação intrínseca com as dimensões urbanas, embora não se possa generalizar, conforme já se apontou antes, tendo em vista o número de pequenas cidades e a multiplicidade de situações em que as mesmas se encontram.

As circunstâncias que permitiram o surgimento das diversas pequenas cidades da região não se mantiveram por tempo suficiente para que elas pudessem consolidar-se economicamente, tendo em vista as bruscas mudanças ocorridas pouco depois da formação e da criação das mesmas. O mesmo ocorre com os vínculos afetivos que deveriam decorrer de um tempo que, para muitos, não se completou em razão da mobilidade espacial.

A singularidade na formação do conjunto de cidades da região estava no fato de que se pensara a distribuição dos núcleos, suas formas e seus papéis de modo articulado. Atualmente, embora se mantenha seu aspecto, os papéis passaram por modificações e muitas dessas localidades tiveram diminuídos seus papéis como localidades centrais que justificavam sua existência no período de surgimento. A diminuição da centralidade está relacionada, inicialmente, à menor densidade demográfica regional por causa das alterações na estrutura fundiária e na diminuição de trabalhadores. Porém, as alterações no consumo e na acessibilidade igualmente explicam a redução da centralidade das pequenas cidades, já que os novos fluxos e novos padrões comerciais ampliam o alcance e tamanho possível do mercado dos centros regionais e grandes cidades. Com isso, há uma fragilização dos centros urbanos menores e uma mudança na inserção das pequenas cidades na rede urbana (Laborie, 1997, p.24 e 29).

Deve-se observar, todavia, que a redução da centralidade é bastante relativa, já que, de maneira geral, permanecem significativos os equipamentos urbanos como o comércio, e nomeadamente a hierarquização administrativa e os serviços públicos que tendem a conservar a lógica territorial e, por conseguinte, o papel de lugar central para as pequenas cidades (Beaujeu-Garnier, 1997, p.456). O peso desse papel também depende da situação geográfica da localidade, pois em algumas circunstâncias ele se conserva menos questionável. São circunstâncias em que são mantidas a densidade demográfica do entorno e/ou de relativo ou completo isolamento geográfico. Contudo, de maneira geral, as pequenas cidades não se explicam mais exclusivamente como localidades centrais.

Seria verdade que o estreitamento relativo da centralidade e o entorno de declínio demográfico demonstram que não há mais razão de ser para as pequenas cidades? Embora num primeiro olhar possa parecer que a presença das pequenas cidades seja indiferente ao funcionamento econômico da região, trata-se de algo realmente apenas aparente, pois novos papéis as tornam significativas tanto para a economia, como do ponto de vista social. Este último está relacionado com a condição social e política de vida nas pequenas cidades, tema a ser tratado no quarto capítulo.

Tendo em vista a redefinição da rede urbana, há sinais de reinserção das pequenas cidades no âmbito da mesma, por meio de novos papéis econômicos ou por meio de funções não centrais (Corrêa, 1999) e dependendo de sua posição territorial (Vilagrasa Ibarz, 1996). Entende Costa (2000, p.5) que o período pode ser compreendido como de grande desafio para as áreas não metropolitanas em geral.

Pequenas cidades vêm assumindo papéis industriais e terciários (Charrie et al., 1992, p.54), dos quais predominam atividades industriais consideradas tradicionais. No caso das pequenas cidades da região noroeste do Paraná, prevalece em especial o ramo agroindustrial, frequentemente monoindustrial, o que desenha uma situação econômica de maior fragilidade diante das incertezas do mercado mundial. As atividades agroindustriais são significativas para as pequenas cidades, tanto para aquelas em que a sede industrial está presente quanto para os municípios vizinhos, pois normalmente uma unidade industrial está vinculada ao uso de solo de diversos municípios fornecedores de matéria-prima, bem como o recrutamento da mão-de-obra ocorre em âmbito microrregional.

Apesar dessa tendência geral, como são múltiplas as pequenas cidades e suas situações, Laborie (1997, p.48) apresenta uma conclusão semelhante quanto ao papel das mesmas na organização territorial da produção industrial que não se reduz a uma só fórmula. Segundo o autor, cada pequena cidade industrial representa um sistema industrial local original.

Na região noroeste do Paraná, as pequenas cidades constituem pontos fundamentais para o funcionamento da agricultura moderna e da agroindústria. Elas se tornaram o local de moradia da maioria da população saída do campo, ao mesmo tempo liberando-o para os cultivos modernos em propriedades maiores, mas mantendo parte desses trabalhadores nas proximidades para a execução do trabalho temporariamente contratado. Além disso, a manutenção de uma estrutura administrativa e de articulação territorial mínima faz desses pontos suportes logísticos para a instalação de unidades receptoras ou de processamento industrial. São várias as usinas e destilarias, farinheiras, fecularias, indústrias de óleo vegetal, fiação de algodão, além de unidades de recepção de casulos do bicho-da-seda e outros produtos, bem como unidades cooperativas e respectivos entrepostos. Portanto, mantém-se o papel desses locais como pontos de organização da produção.

As pequenas cidades como pontos logísticos para a modernização foram identificadas também por Becker & Egler (1998, p.146) nas novas fronteiras agrícolas brasileiras, pois são lócus das instituições estatais e de difusão da informação, além de espaço onde se concentra a mão-de-obra. Em outro estudo, Becker (1984, p.66) já desenvolvia a ideia de que os pequenos núcleos funcionavam como base logística da ordenação territorial, funcionando como local de concentração e redistribuição da força de trabalho, de modo que ela pudesse estar disponível quando necessária, em diversos pontos do território, cuja rede de localidades assegura a circulação regional dessa força de trabalho. De acordo com a mesma referência, quanto menor o núcleo, mais exclusiva a função de fazer circular a mão-de-obra, mais precários os equipamentos e menor o tempo de permanência, o que lhes atribui o caráter dominante de espaço de reprodução momentânea, ou seja, enquanto a oferta de trabalho existe.

Tais núcleos declinam com o deslocamento das frentes de trabalho. Assim, as cidades são, nas palavras da autora, "pontas de lança" para a ocupação do território e por isso mesmo não são produzidas para durar, pois depois da força de expansão vem a frente pioneira, com latifundiários que se apropriam das terras já desmatadas e preparadas. E com os latifúndios ocorre uma vez mais a concentração de terras e, por conseguinte, as espacialidades marcadas pelo esvaziamento, diminuindo a densidade demográfica e os papéis das pequenas cidades. Essa efemeridade exacerbada das novas áreas de fronteiras evidencia esse papel, que também se encontra nas pequenas cidades da região noroeste do Paraná.

Em convergência, Martine situa os resultados da dispersão no contexto geral do comportamento demográfico brasileiro que considera concentrador, explicando que "[...] de fato, novas áreas estão sendo incorporadas, atraindo contingentes populacionais; porém, a capacidade das regiões de fronteira de reter produtivamente esta população, durante um tempo considerável, parece ser muito limitada" (1984, p.79). Os pequenos núcleos que surgem com esse processo, como suportes logísticos, são tão descartáveis quanto os donos da força de trabalho que prepararam as terras. Essa realidade sob a perspectiva social só se pode reverter se, em vez de ter como alternativa a mobilidade espacial, "inquietação conformista" (Martins, 1979), houver mobilização popular (Becker, 1984, p.72). Para tanto, os vínculos afetivos e o envolvimento com o espaço seriam elementos desejáveis, embora dificultados com a instabilidade que permeia a produção desses espaços. Essas questões serão retomadas no último capítulo.

Acerca das funções não centrais, as pequenas cidades destacam-se como substanciais espaços de moradia. Nas últimas décadas, acompanhando o ritmo da urbanização brasileira, o citado processo de inversão do local de residência fez dessas cidades, embora com subtração de centralidade, localidades maiores em extensão territorial, relevantes espaços de moradia, já que, de maneira geral, passaram a concentrar a maior parte da população municipal. Como expõe Lefebvre (2001a, p.16), se esse papel parece pequeno é porque juntamente com todos esses eventos a própria noção de habitar foi diminuída, pois anteriormente ela trazia consigo a participação na vida social da cidade ou da aldeia como atributo da vida urbana.

O papel residencial das pequenas cidades tem se mostrado temporário para muitos. No processo conhecido como migração em etapas, as pequenas cidades figuram como locais de adaptação à vida urbana, ou como um preparo para viver posteriormente em cidades maiores em casos corriqueiros de não inserção no mercado de trabalho, formal ou informal. Esse papel de adaptação à vida urbana encontra-se expresso na morfologia habitual das pequenas cidades, sobretudo nos países subdesenvolvidos, onde não é usual a produção de moradias verticalizadas que podem agravar os problemas referentes a tal adaptação (Kezeiri, 1986, p.668).

Esse papel das pequenas cidades relaciona-se diretamente ao apoio logístico que as mesmas representam para o funcionamento da agricultura moderna e das atividades das agroindústrias de modo geral. Ele pode ser apreendido pela paisagem, por meio da qual se verifica que a qualidade das habitações produzidas com a intervenção estatal é visivelmente de moradias para trabalhadores. São comuns conjuntos habitacionais, expressos numa arquitetura repetitiva, relativamente distanciados das plantas principais das cidades, em terrenos menores, com casas igualmente minúsculas. A malha urbana da maioria das pequenas cidades da região evidencia, tanto quanto a paisagem, tal crescimento territorial com os atributos assinalados.

Entretanto, o papel residencial das pequenas cidades abrange, além da classe trabalhadora, a mais afetada pelas mudanças, outros segmentos sociais, como os vários proprietários rurais que aderiram à vida nas cidades. Deve-se registrar, também, que muito recentemente esboça-se uma tendência de mobilidade de aposentados para pequenas cidades,[35] supostamente mais tranquilas, adotadas por eles como espaços de moradia.

Apesar da instabilidade que marcou a produção desses espaços, tais cidades perderam um pouco de sua aparência efêmera de cidade de fronteira agrícola. Isso porque ao se tornarem significativos espaços de moradia, a paisagem passou a ser composta por diversas construções de alvenaria, embora ainda restem casas de madeira. Persiste, contudo, grande diferença na paisagem das pequenas cidades e de grandes e médias cidades, reveladora da concentração territorial do capital.

Áreas com atrativos naturais, como ocorre na região, nas proximidades dos rios Paraná, Ivaí e Paranapanema, convertem-se em espaços de residências secundárias, onde a densidade demográfica nos finais de semana amplia-se significativamente. Em alguns casos, quando as áreas metropolitanas ou de aglomerados se aproximam, em consequência do crescimento territorial, ou ocorre uma aproximação relativa tendo em vista a facilidade de acesso, as residências secundárias passam a ser residências principais, como já vem ocorrendo em áreas mais próximas a Maringá e Londrina.

---

35 Esse processo já havia sido percebido por Beaujeu-Garnier, que se exprime em termos muito parecidos sobre a mobilidade de pessoas aposentadas: segundo o autor, elas procuram um "[...] ambiente mais tranquilo, melhores condições econômicas e clima menos rigoroso que o das localidades em que foram obrigadas a viver quando ganhavam a vida" (1971, p.245).

O crescimento periférico de áreas metropolitanas e cidades médias abarca muitas pequenas cidades de onde procedem fluxos, compondo a migração pendular, tal como já apreendera George (1983), pois nas cidades maiores os salários são melhores e o regime de trabalho menos ingrato. As pequenas cidades próximas a áreas metropolitanas ou aglomerados urbanos mantêm ou ampliam os volumes demográficos, mas amiúde perdem a autonomia e funcionam como extensões daquelas áreas. Assim, além das pequenas cidades funcionarem como locais de moradia dos trabalhadores que atendem tanto a agricultura moderna quanto as agroindústrias, elas também abrigam trabalhadores cujos postos de trabalho estão localizados em cidades maiores. Tal como Veltz (1998, p.37) já assinalara, em tal situação o emprego é mais concentrado do que o local de moradia da população, o que provoca intensos deslocamentos cotidianos entre proximidades metropolitanas e de aglomerados urbanos.

Enfim, as pequenas cidades ganham novos significados, extrapolando o costumeiro papel de localidade central. Por isso mesmo, com a redução da centralidade elas não são insignificantes, por mais que se encontrem fragilizadas. Entretanto, esses novos papéis não possuem um esquema explicativo regular, embora os processos apresentem tendências parecidas. A multiplicidade e a diversidade de situações dessas cidades indicam que o entendimento das mesmas no âmbito da rede urbana precisa considerar vários elementos, denotando certa complexidade. De qualquer maneira, os papéis das pequenas cidades são reafirmados.

O próprio papel de moradia tem conotações diversas, como se pode inferir dos parágrafos anteriores. Elas tanto figuram como locais de moradia de trabalhadores da agricultura e/ou agroindústria, quanto como de outras atividades industriais ou terciárias. Também, dependendo das amenidades e acessibilidade oferecidas, podem ser locais de moradias secundárias, quase sempre associadas a atividades recreativas, configurando um uso elitizado desses espaços, que contrasta com a condição de vida da população local.

O papel de moradia adquirido pelas pequenas cidades, em decorrência das mudanças na agricultura, com a acolhida parcial do êxodo rural (Laborie, 1989, p.176), faz que tais localidades funcionem, politicamente, como lócus de gestão dos conflitos sociais. Essa afirmação foi inspirada por Topalov (1988), que assinala que se a questão urbana se tornou central é porque ela interessa ao Estado, já que a cidade tornou-se o lugar estratégico da gestão dos conflitos sociais. Elas acolheram os trabalhadores e pequenos proprietários rurais enquanto se apagavam as rugosidades do campo, ou seja, os resíduos do passado que representam obstáculo à difusão do novo, absorvendo a maior parte da população para deixar o campo livre a um uso efetivamente capitalista, mediante a frenética incorporação de áreas ao processo de modernização agrícola.

Pequenas cidades originadas pela economia cafeeira e no presente situadas em áreas sucroalcooleiras, caso da região em estudo, mas também de cidades paulistas como destaca Silva apud Bernadelli (2004, p.178), podem ser equiparadas a verdadeiras vilas operárias, funcionando como verdadeiras seções ou quintais das empresas.

O que ocorreu e ocorre com as pequenas cidades da região e outras do Brasil, no que se refere à fugacidade que as cerca, está relacionado com o que Capel (2003b) denominou obsolescência do espaço, cada vez mais comum, especialmente no contexto do neoliberalismo, em que, mais do que nunca, a transitoriedade permeia tudo. No caso das pequenas cidades, não se trata de obsolescência completa já que há novos, embora sutis, significados para elas. Portanto, se havia instabilidade na rede urbana, sobretudo em relação às numerosas pequenas aglomerações brasileiras, conforme já registrara Deffontaines (2004, p.143),[36] no período atual essa característica generaliza-se e acentua-se. O caráter amplo e diverso da urbanização brasileira, notadamente quanto às pequenas cidades, tem na própria instabilidade a causa de sua multiplicidade (idem, p.145).

Mediante essas cidades aparentemente descartáveis e insignificantes, indicadoras da irracionalidade ou racionalidade específica do

---

36 Deffontaines (2004) considerava inteiramente *anormal* o número de cidades mortas existentes num País novo como o Brasil. Ele se refere à letargia das cidades mineiras, de pequenos portos e outras tantas, que já indicava que ao lado de um Brasil que se povoa há um Brasil que se despovoa.

capitalismo, é possível retomar Berman (1986, p.97) e terminar este capítulo reiterando seu início, já que tudo que essa sociedade constrói pode ter curta existência:

> [...] Tudo que é "sólido" – das roupas sobre nossos corpos aos teares e fábricas que as tecem, aos homens e mulheres que operam as máquinas, às casas e aos bairros onde vivem os trabalhadores, às firmas e corporações que as exploram, às vilas e cidades, regiões inteiras e até mesmo as nações que as envolvem – tudo isso é feito para ser desfeito amanhã, despedaçado ou esfarrapado, pulverizado ou dissolvido, a fim de que possa ser reciclado ou substituído na semana seguinte e todo o processo possa seguir adiante, segue adiante, talvez para sempre, sob formas cada vez mais lucrativas.

A dinâmica do capitalismo é afinadíssima com as crises; ele se renova em meio à crise e ao caos, que pode aniquilar tudo o que cria, para recriar de outra maneira. Entretanto, o mesmo autor vê nesse processo de uma constante reinvenção do mundo a possibilidade de uma perspectiva positiva:

> [...] a cultura do modernismo continuará a desenvolver novas visões e expressões de vida, pois as mesmas tendências econômicas e sociais que incessantemente transformam o mundo que nos rodeia, tanto para o bem como para o mal, também transformam as vidas interiores dos homens e das mulheres que ocupam esse mundo e o fazem caminhar. O processo de modernização, ao mesmo tempo que nos explora e nos atormenta, nos impele a apreender e a enfrentar o mundo que a modernização constrói e a lutar por torná-lo o nosso mundo. Creio que nós e aqueles que virão depois de nós continuarão lutando para fazer com que nos sintamos em casa neste mundo, mesmo que os lares que construímos, a rua moderna, o espírito moderno continuem a desmanchar no ar. (idem, p.330)

Mais do que criar e recriar, a dinâmica observada em relação às pequenas cidades faz parte do processo de regulação social que mantém a terra e a riqueza concentradas, e a maior parte da sociedade como tão somente mão-de-obra barata, cuja contratação é cada vez mais precária e incerta, alienada de seu trabalho, do espaço em que vive e do próprio futuro. A efemeridade da rede urbana é também a efemeridade da sociedade. São transformações intensas que não trazem quase nada de substancialmente novo no plano das relações sociais e humanas, somente acentuam e favorecem a manutenção de tudo como sempre foi. Essa relevante permanência confunde-se em meio ao ritmo das mudanças assinaladas. Nem por isso as utopias deixam de ser renovadas.

A fugacidade com que se produz o espaço e a mobilidade espacial da sociedade como mão-de-obra inibe a consolidação de vínculos, dificultando a materialização do mesmo como lugar e sua apropriação política. Na manutenção do debate em pauta, está uma possível contribuição da Geografia, como parte da teoria social crítica que tende a jogar luzes na trilha da emancipação humana.

3
PEQUENAS CIDADES: ENTRE SINAIS DE LUMINOSIDADE E LETARGIA

A questão a colocar é a da própria natureza do espaço, formado, de um lado, pelo resultado material acumulado das ações humanas através do tempo, e, de outro lado, animado pelas ações atuais que hoje lhe atribuem um dinamismo e uma funcionalidade.

Milton Santos

Os lugares não podem [...] ser definidos exclusivamente pela presença, mas também pela ausência do ser. Eis a sua força, porque, na medida em que não substantivam a sociedade dita moderna, os lugares se tornam mais aptos a acolher outras manifestações da sociedade, outras formas de existência próprias de outras racionalidades.

Maria Laura Silveira

São múltiplas e variadas as pequenas cidades. O numeroso conjunto de localidades existentes no noroeste paranaense expressa igualmente tal pluralidade, que pode estar relacionada a vários fatores, como a origem, posição geográfica, dimensão demográfica e desenvolvimento econômi-co. Como são numerosas, delineiam distintas situações e cumprem di-ferentes papéis. É por essa diversidade na dinâmica municipal e dos res-pectivos centros urbanos que se formula a problemática deste capítulo.

Por que em meio ao pertinaz declínio da população total e, em alguns municípios até mesmo da população urbana, outros se mantêm estacionários ou apresentam crescimento demográfico? O capítulo anterior reuniu explicações para o declínio demográfico e a redução da centralidade das pequenas cidades da região. Contudo, os processos assinalados não afetaram todos os espaços da mesma maneira ou com igual intensidade, em parte porque eles encontram condições diferentes de preparo para enfrentar transformações.

Essa realidade plural mostra que algumas localidades escapam da inclinação geral e apresentam outra dinâmica. O que ocorre de dife-rente entre os municípios que ganham e os que perdem população? O que ensinam os municípios da região? E qual é o significado das pequenas cidades nesses diferentes contextos?

Este capítulo tem como objetivo apresentar a análise de alguns municípios selecionados para um estudo comparativo, tendo em vista a busca de elementos explicativos para as respectivas dinâmicas demográficas. A manutenção ou o acréscimo de população, ainda que pequeno, podem ser lidos, nesta parte do trabalho, como indicadores de uma condição diferenciada no contexto geral da região. Assim, foram escolhidos dois municípios que apresentaram acréscimos demográficos (Colorado e Querência do Norte). Para contrapor-se a essa dinâmica de crescimento demográfico, elegeu-se um município entre aqueles que apresentaram altos índices de perdas demográficas (Rondon). E para não trabalhar apenas com os extremos, "o mais, mais" ou "o menos, menos", pois conforme Lefebvre (1991) a "clareza objetal" pode ofuscar a explicação, acrescenta-se ao estudo comparativo um muni-cípio que representa a normalidade, aqui entendida como tendência geral, caracterizada pela perda de população total, como a maioria dos municípios, mas em índices mais baixos (Terra Rica).

Comparar pode servir tanto para mostrar similaridades quanto diferenças. No presente estudo, se há distinções no comportamento demográfico, o que pode explicá-las? Entre os espaços que mantêm os valores demográficos há semelhanças? Alguns fatores podem estar presentes em praticamente todas as pequenas cidades e respectivos municípios, mas eles possuem peso diferenciado e só de determinado ponto ou circunstância podem tornar-se relevantes e explicativos. O estudo desses municípios implicou contatos mais diretos com referências espaciais concretas por meio de atividades de campo variadas. Portanto, além dos objetivos assinalados, essa etapa promoveu maior aproximação empírica com o tema de estudo (as pequenas cidades), fundamental após o tratamento mais genérico das mesmas no âmbito da rede urbana. As similaridades que parecem prevalecer nesses espaços desvanecem-se quando o foco se aproxima, o que permite apreender suas especificidades. Tal procedimento situa esta parte da pesquisa entre os extremos dos enfoques amplos (envolvendo numerosas localidades como foi necessário para problematizar a questão até esta etapa) ou monográficos, buscando uma perspectiva nem ampla e nem estreita demais.

Buscaram-se explicações para as dinâmicas demográficas positivas enquanto manifestações de animação econômica e social no interior da própria região, procurando compor, assim, uma perspectiva baseada em referências concretas, ou seja, como forma de compreender os sinais de luminosidade em meio à aparente letargia. Esse é o propósito nesta parte do estudo, assentada não apenas numa caracterização dos espaços escolhidos, mas na busca de aportes à compreensão dessa realidade.

Apenas para situar a formulação deste capítulo na literatura científica, observa-se que, entre os raros estudos sobre as pequenas cidades, foram encontrados alguns semelhantes a este trabalho, pelo menos no que se refere à preocupação que motivou sua formulação e à incidência atribuída ao dado demográfico como substancial para mensurar o dinamismo (Barreau et al., 1973; Charrie et al., 1992 e Dubuc, 2004).

É preciso observar que esta parte não tem como objetivo suprir lacunas quanto à ausência de referências históricas nem exaurir as dimensões de análise em relação aos mencionados municípios. Ainda que, num primeiro momento da pesquisa, tenha sido necessário estudar mais amplamente a realidade municipal, ou seja, estudar a história desses espaços e complementar as poucas fontes materiais existentes ouvindo antigos moradores, recolher dados e informações diversas recorrendo a vários recursos, com a finalidade de apreender uma realidade desconhecida, neste momento a redação resulta de alguns recortes e eleições, tendo em vista os objetivos propostos. Ainda assim, a redação deste capítulo envolve muitas aferições em relação aos quatro municípios, pela natureza do estudo.

Ressalva-se, ainda, que tudo o que foi apreendido acerca da realidade dos municípios selecionados por meio de observações, dados primários ou secundários, são constatações datadas, que seguramente estão em processo de modificação e assim se espera, na melhor acepção que o termo possa representar.

Considerações sobre os municípios escolhidos

Tal como mencionado, os municípios foram selecionados pelo comportamento que apresentaram quanto à dinâmica de crescimento ou declínio demográfico. Inicia-se com algumas considerações sobre elementos e fatores relativos à comparabilidade dos mesmos.

Com a finalidade de observar a dinâmica demográfica, tomando por referência os quatro períodos analisados, foram eliminados involuntariamente municípios que foram emancipados depois da década de 1960, pois eles não apareciam nas estatísticas em todos os intervalos considerados. Assim, os quatro municípios possuem uma cronologia semelhante no que se refere a sua formação e notadamente na coincidente emancipação, já que todos se tornaram municípios em 1954, inclusive pelo mesmo dispositivo legal (Lei número 253 de 26 de novembro de 1954). Quanto ao período em que teve início o processo de (re)ocupação, são registrados os seguintes marcos temporais: Colorado, 1948; Rondon, 1949; Querência do Norte, 1950 e Terra Rica, 1949.

Alguns elementos, normalmente citados de maneira formal, são aqui lembrados, tendo em vista que os dados dos municípios serão confrontados. Nesse intuito, é importante lembrar que as dimensões territoriais são significativas, sobretudo para ler e ponderar acerca dos números referentes ao uso do solo e principais produtos agrícolas. Assim, as dimensões territoriais dos municípios estudados correspondem em quilômetros quadrados aos seguintes dados: Colorado, 403; Querência do Norte, 915; Rondon, 556; Terra Rica, 701.[1] Deve-se observar, também, que não existem diferenças climáticas, edafológicas ou morfológicas significativas para justificar uso diferenciado do solo.

A situação geográfica dos quatro municípios (cartograma 8), embora não tenha figurado como fator de seleção, criou uma combinação instigante, já que os dois municípios com dinâmica demográfica positiva possuem situações diferentes. Colorado tem uma situação geográfica considerada favorável,[2] de entroncamento rodoviário, enquanto Querência do Norte, lindeira ao Rio Paraná, está numa situação geográfica de isolamento. O mesmo se passa com os dois municípios em decréscimo demográfico. Ao passo que Terra Rica encontra-se em uma situação de isolamento geográfico, Rondon está situado num entroncamento rodoviário. É conveniente esclarecer que enquanto o termo posição designa a localização física, situação envolve outros elementos que tornam a posição um fator vantajoso, como a presença de eixos de circulação (George, 1983, p.40). É frequente entre os autores que tratam do tema o destaque à posição de encruzilhada ou confluência.

Embora a dinâmica, no que se refere ao declínio ou crescimento populacional, tenha sido elemento fundamental para a escolha dos municípios, o tamanho demográfico dos mesmos não foi utilizado como critério, até mesmo porque poderia ser um elemento explicativo das diferentes dinâmicas. Portanto, os quatro municípios apresentavam patamares populacionais bastante desiguais em 1960, mas, em 1970,

---

1 É notável a divergência entre os dados obtidos. Foram consultadas várias fontes, nenhuma com valores coincidentes, ainda que as diferenças sejam pequenas. Os números adotados aqui são os divulgados no site www.ibge.com.br, acessado em 6 de julho de 2005.

2 Município cuja sede urbana está situada em um ponto que apresenta algumas confluências rodoviárias, articulando o município com Itaguajé, Santa Inês, Santo Inácio, Nossa Senhora das Graças e de maneira menos direta com outras pequenas localidades.

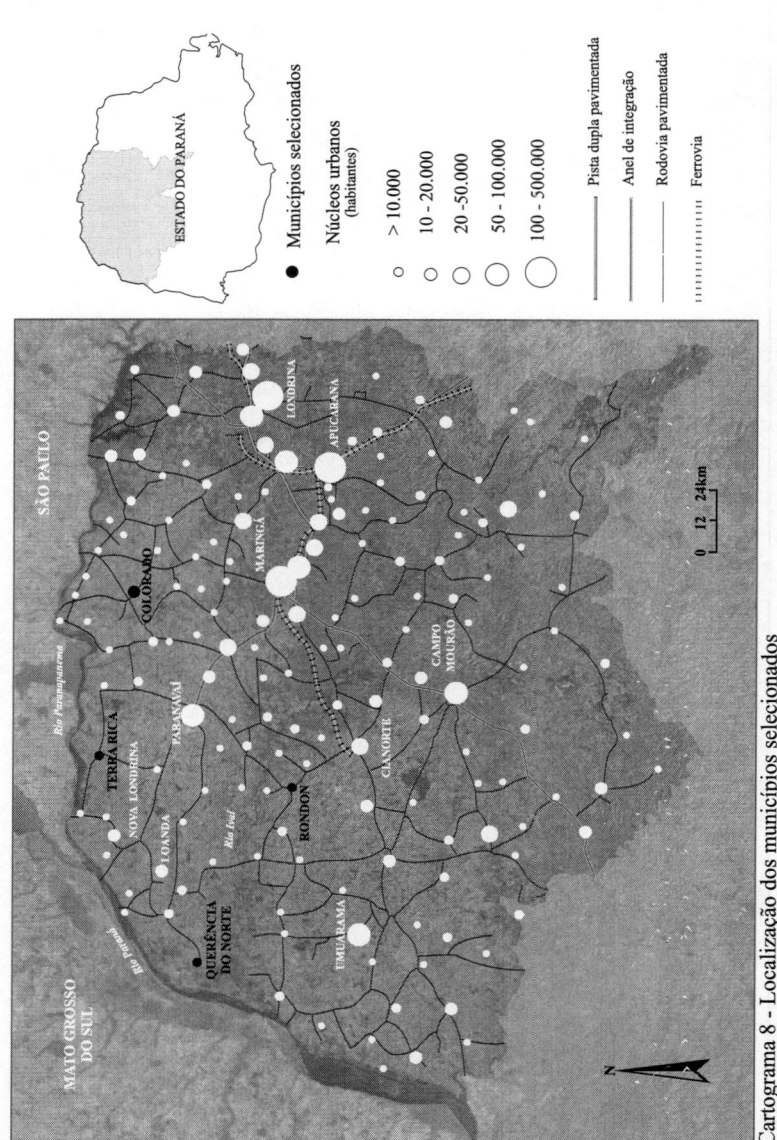

Cartograma 8 - Localização dos municípios selecionados

eles estavam bastante próximos em relação a esse dado. A partir da década de 1970, a interpretação fica mais fácil, pois nenhum deles passou mais por desmembramentos. É notável como a dinâmica demográfica modifica e, até mesmo, inverte as posições nas quatro décadas (Gráfico 3). Rondon, que era o município mais populoso, mesmo após os desmembramentos ocorridos entre 1960 e 1970, com 22.005 habitantes, apresenta menor tamanho em 2000, com 8.515 habitantes. Colorado é o maior, com 20.951 habitantes. Já Terra Rica, como representante de uma situação intermediária, manteve a posição de segundo município, com 13.796 habitantes. O município de Querência do Norte é o terceiro quanto ao tamanho demográfico, com 11.439 habitantes.

Gráfico 3 – Colorado, Querência do Norte, Rondon e Terra Rica (população total, 1960-2000)

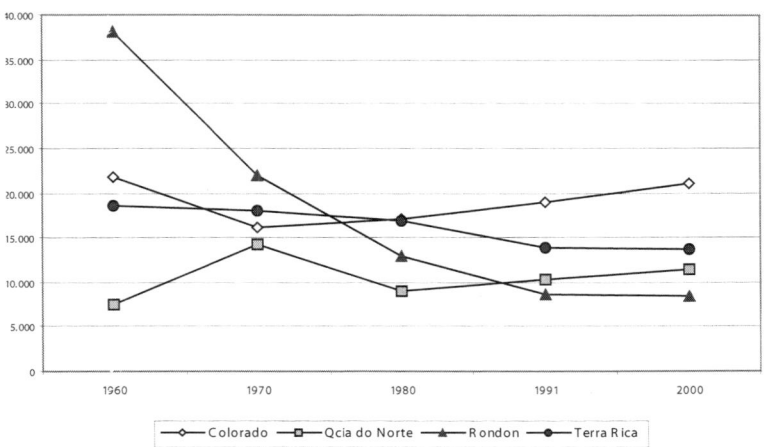

Fonte: Censos demográficos IBGE

Como se vê, são municípios cuja comparação permite contrapor, mesmo que de forma limitada e parcial, os processos de esvaziamento e concentração que caracterizam tanto as dinâmicas paranaenses quanto as de outras áreas do Sul brasileiro, ou ainda, do restante do País.

Em processos de esvaziamento demográfico, é significativo analisar a estrutura etária da população, pois é corriqueira a saída de jovens, sendo, portanto, comum que essas localidades possuam índice de envelhecimento demográfico mais alto. Um comparativo nesse sentido em relação aos quatro municípios (tabela 8) demonstra que as faixas etárias de zero a quatro anos e de cinco a nove anos oscilam entre 8% e 10%. Em Querência do Norte, estão os índices mais altos com 10% de população entre zero e quatro anos e 11% entre cinco e nove anos.

Tabela 8 – Colorado, Querência do Norte, Rondon e Terra Rica (faixas etárias da população, 2000)

MUNICÍPIOS	COLORADO	QUERÊNCIA DO NORTE	RONDON	TERRA RICA
0-4 anos	1.679(8%)	1.134(10%)	764(9%)	1.124(8%)
5-9 anos	1.775(8%)	1.275(11%)	823(10%)	1.329(10%)
10-19 anos	4.021(19%)	2.501(23%)	1.591(19%)	2.598(19%)
20-29 anos	3.580(17%)	1.856(16%)	1.450(17%)	2.255(16%)
30-39 anos	3.478(17%)	1.738(15%)	1.390(16%)	2.129(15%)
40-49 anos	2.669(13%)	1.158(10%)	948(11%)	1.542(11%)
50-59 anos	1.697(8%)	843(7%)	697(8%)	1.177(9%)
60 anos ou mais	2.058(10%)	933(8%)	864(10%)	1.643(12%)

Fonte: IBGE, 2000

Em todos os municípios, a faixa etária de dez a 19 anos é a maior – 19% em Colorado, Rondon e Terra Rica. Em Querência é de 23%. De maneira geral, pode-se dizer que a população mais jovem concentra-se em Querência do Norte e a mais idosa em Terra Rica. Mas os quatro municípios podem ainda ser considerados como de tipo jovem,[3] pois

---

3   Conforme parâmetros e tipologias estipulados em Barreau e outros (1973): Tipo A (idoso) – menos 35% de zero a 19 anos e mais de 15% de 65 anos e mais; Tipo B (médio) – menos de 35% de zero a 19 anos, mais de 50% de vinte a 64 anos e menos de 15% de 65 anos e mais; Tipo C (jovem) – mais de 35% de zero a 19 anos e menos de 15% de 65 anos e mais. Esses são parâmetros que devem ser pensados de maneira adaptada ao Brasil, embora as características demográficas brasileiras tenham se alterado bastante desde que Beaujeu-Garnier (1971) estipulou um "tipo brasileiro", caracterizado por mais de 52% da população abaixo dos vinte anos e 4% acima de sessenta anos. Essa classificação proposta para uma realidade diferente permite observar que predomina comparativamente o tipo jovem na composição da população, o que pode ser visto como apenas uma característica dessas localidades, bem como qualificativos favoráveis a um processo de reversão econômica e social.

todos possuem 35% ou mais de população com até 19 anos e menos de 15% acima de sessenta anos, o que exprime uma situação considerada favorável no que se refere à estrutura etária.

Como praticamente todas as pequenas cidades dessa região do estado do Paraná, esses municípios possuem sedes urbanas que foram planejadas, ainda que como modestos esboços. Assim, a ocupação das pequenas cidades obedeceu inicialmente a uma racionalidade territorial mínima, porém nas décadas seguintes foram adicionadas novas áreas loteadas resultando nas formas que podem ser visualizadas na série de plantas urbanas (plantas 1 a 4), que são apresentadas nas próximas páginas. Seguem-se algumas observações sobre a morfologia desses pequenos núcleos urbanos.

O traçado da cidade de Colorado é ortogonal, como o da maior parte das cidades. Possui duas avenidas principais que se cruzam, sobrepondo-se diagonalmente a esse traçado conformando a área central (planta 1). O comércio não se concentra apenas nessas avenidas, ao contrário, apesar de estar presente nelas, encontra-se disperso em diversas ruas da área central, o que conforma uma aparência diferente das demais cidades pequenas, nas quais, em geral, concentram-se as atividades comerciais em duas ou três avenidas. Muitos estabelecimentos comerciais funcionam em prédios antigos que guardam um pouco da arquitetura original da cidade, como o antigo cinema onde funciona uma loja de móveis.

Observam-se também, em Colorado, muitas construções em andamento. Há em sua paisagem muitos imóveis de alto padrão construtivo, localizadas em diversos pontos da cidade. Há, até mesmo, um minicondomínio horizontal denominado Condomínio Residencial Jatiúca, localizado na periferia da cidade.

A cidade apresenta uma disposição territorial bastante dispersa, e algumas áreas mais pobres ficam muito afastadas, como o Jardim Cairi e o Conjunto Habitacional das Laranjeiras. No entanto, o Jardim Progresso, a despeito de sua denominação, é o mais precário da cidade e o caso mais notável, pois fica isolado a oeste da área urbana, com acesso pavimentado para automóveis apenas pela rodovia, embora próximo de outros conjuntos habitacionais e loteamentos. O local é

202 ÂNGELA MARIA ENDLICH

conhecido como Buracão, pois há uma ravina entre ele e o Jardim das
Palmeiras, que isola o Jardim Progresso do restante da cidade. Houve,
na década de 1990, um projeto denominado Parque Ecológico Água
da Cachoeira que pretendia resolver o problema com a construção de
um parque, com pistas para caminhadas, áreas com churrasqueiras,
brinquedos etc. Entretanto, mais de dez anos depois, pode-se observar
que o referido projeto não se efetivou. No local, podem ser vistos restos
de alguns brinquedos de um parquinho infantil, como escorregadores
de madeira, que se encontram completamente deteriorados e sem
condições de uso.

Conforme a administração municipal, há um déficit de aproximadamente mil moradias em Colorado, com famílias já cadastradas
para novos conjuntos habitacionais previstos. Quanto à infraestrutura
básica, Colorado é uma cidade que apresenta algumas características
notáveis, pois possui uma rede de abastecimento de água municipal,
com custo menor que o da Companhia de Saneamento do Paraná
(Sanepar) e, conforme dados oficiais, possui 85% da área urbana com
rede de esgoto.

Além da sede municipal, são expressivas as dimensões demográficas do distrito Alto Alegre, próximo à unidade agroindustrial sucroalcooleira, que leva seu nome. A proximidade do distrito com extensas
áreas de terras exploradas pela referida atividade industrial explica a
população de 3.058 habitantes, composta por muitos cortadores de
cana. Esse número é superior ao de alguns municípios da região. Santa
Inês, por exemplo, possui população total de 2.099 habitantes, sendo
906 habitantes a população rural e 1.193 habitantes da área urbana. Na
paisagem do distrito Alto Alegre, prevalecem casas de madeira muito
simples, revelando mais um espaço de moradia dos trabalhadores,
onde é evidente a falta de investimentos públicos e privados, embora
possua subprefeitura.

O plano urbano de Querência do Norte é igualmente ortogonal.
A singularidade no traçado está em duas avenidas – a Avenida Brasil
Paraná e a Avenida Santos Dumont. Cada uma delas circunscreve
uma área de formato aproximadamente retangular composta por 38
quarteirões inteiros e quatro quarteirões com os ângulos recortados

ao meio, o que conforma um formato circular nas extremidades do desenho geométrico das avenidas (planta 2). A principal via é a Avenida Porto Alegre, onde se concentram as principais atividades comerciais e de prestação de serviços. Entretanto, outras vias na área central são utilizadas para essa finalidade.

Na planta da cidade, é possível perceber que a parte planejada inicialmente possui terrenos maiores. Por um lado, as áreas mais recentemente incorporadas, ocupadas pela população mais pobre, possuem terrenos menores e distantes da área central. Há um loteamento, oficialmente denominado Vila Mário, mais conhecido como Meias Datas.

Nesse loteamento e nas proximidades, estão conjuntos habitacionais e residências simples e de pequenas dimensões, onde vivem famílias cuja renda chega a ser inferior ao salário mínimo. Por outro lado, nas ruas e avenidas da cidade observam-se diversas residências de padrão elevado, construídas recentemente, sendo essa uma característica notável na paisagem urbana desse pequeno centro urbano.

Outro elemento que desperta a atenção é a falta de asfalto na área urbana. Isso faz a cidade parecer menor do que é, pois quem passa pela avenida principal e olha as ruas paralelas vê poucos quarteirões asfaltados à direita e à esquerda. Mas o fim do asfalto não representa o limite da aglomeração urbana. A cidade segue sem asfalto por alguns quarteirões.

Quanto ao núcleo urbano de Rondon, o traçado inicial era semirradial. De uma praça circular, onde agora se localiza a rodoviária, projetavam-se ruas e avenidas no sentido oeste, numa lógica segundo a qual provavelmente previa-se uma expansão que incorporaria os demais sentidos a partir desse ponto central. Contudo, a formação de ravinas exigiu a construção de tubulações para o escoamento das águas pluviais e a remoção de diversas casas, comprometendo a expansão do plano radial no sentido leste.

Por esse motivo, a forma da cidade ficou bastante longitudinal, o que prolonga as distâncias. A praça que deveria ser central ficou isolada (planta 3).

A Avenida Brasil, que é a principal, juntamente com as demais avenidas, possui largos canteiros centrais, com muitas árvores e cal-

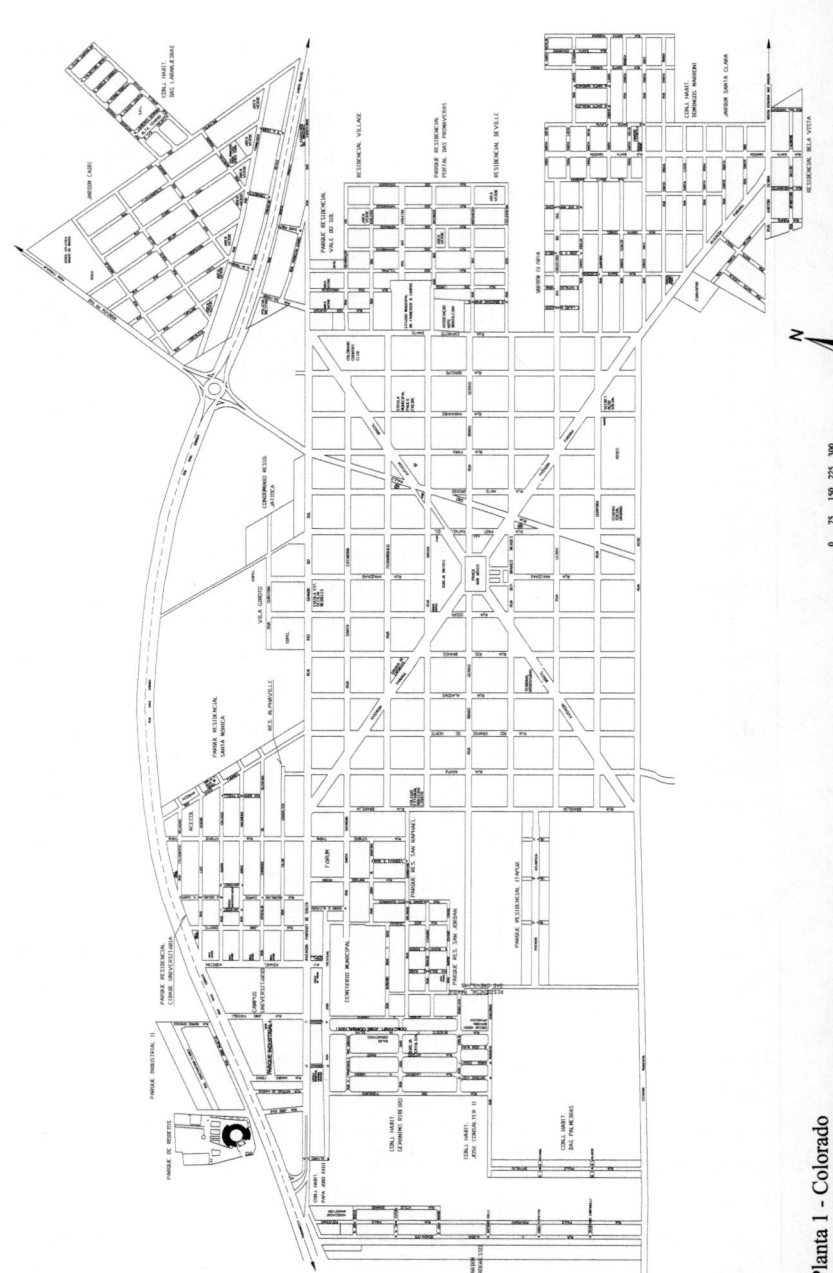

Planta 1 - Colorado
Fonte: Prefeitura Municipal de Colorado

çadas utilizadas por pedestres dos dois lados dos canteiros. Na área da planta original, a cidade é bem arborizada, tranquila e silenciosa.

Nas áreas periféricas e nos novos conjuntos habitacionais, verifica-se a perda da qualidade do desenho urbano, pois nessas áreas os terrenos são bem menores, as ruas mais estreitas, além de ficarem afastados do centro da cidade, aumentando as distâncias que os moradores devem percorrer para ter acesso às áreas melhor equipadas da cidade. O loteamento denominado Aeroporto, por exemplo, onde vive parte da população com menor renda do município, fica isolado pela rodovia. Não é um local adequado para moradia, já que é barulhento e perigoso para as crianças.

A administração municipal preocupa-se em construir novas moradias (quatrocentas casas), pretendendo atrair a mão-de-obra oriunda de outros municípios para morar em Rondon. Essa preocupação está relacionada ao declínio demográfico, que agora incomoda mais, pois o município chegou a ter seus índices no Fundo de Participação dos Municípios (FPM) diminuídos.[4] Portanto, a produção de moradia nesse caso aparece como um remédio para o declínio demográfico, com o objetivo de tentar recuperar as receitas municipais.

Na cidade de Terra Rica, o traçado urbano também é ortogonal. Ele se torna um pouco linear, pois na área norte do perímetro urbano possui apenas três quarteirões ocupados no sentido leste e dois no sentido oeste da Avenida São Paulo, principal eixo viário da cidade. Já ao sul, a cidade adquire um formato mais quadrangular, com vários quarteirões a partir da avenida principal. Todos os quarteirões possuem um formato quadrado. Apenas a praça, onde se localiza a igreja, possui

---

4   O Fundo de Participação dos Municípios é composto por 22,5% da receita líquida da arrecadação do Imposto de Renda e do Imposto sobre Produtos Industrializados. São, portanto, receitas tributárias repassadas aos municípios tendo em vista alguns critérios, dentre os quais a população total. Ele oscila entre cotas de 0,6 a 4,0. A primeira cota é para municípios com até 10.188. Essa situação vivida por Rondon aconteceu com muitos municípios com pequenos núcleos urbanos, onde houve declínio demográfico. Ocorreu uma revisão do enquadramento dos municípios nessas cotas. Por isso, vários municípios estão passando pela redução de receitas advindas dessa fonte. Essa diminuição foi negociada e tem sido progressiva.

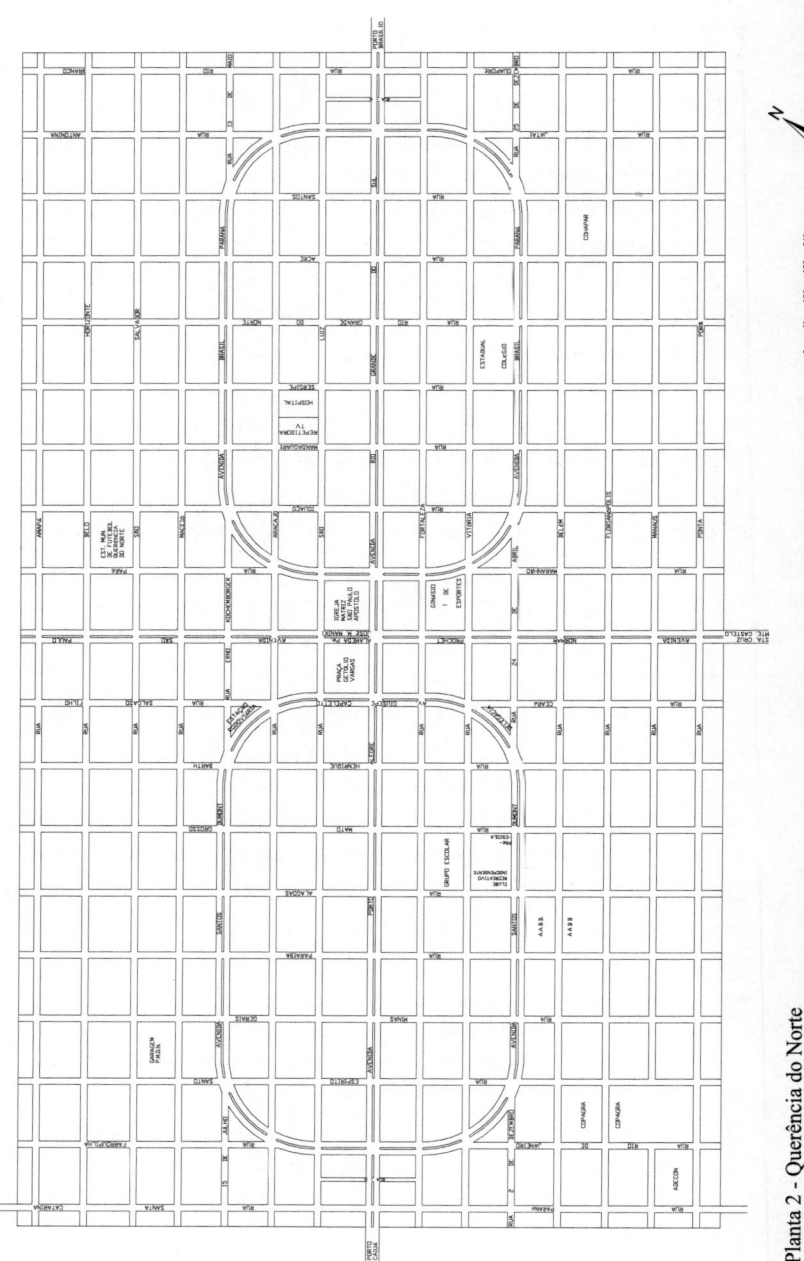

Planta 2 - Querência do Norte
Fonte: Prefeitura Municipal de Querência do Norte

um formato de losango. A maior parte dos estabelecimentos comerciais localiza-se na avenida principal, o que reforça a morfologia linear da cidade (planta 4).

A cidade foi projetada para abrigar uma população de aproximadamente cinquenta mil habitantes, ou seja, havia um ímpeto de crescimento que criava essa expectativa, nesse e em muitos outros municípios da região. Por esse motivo, as avenidas são compridas e locais onde haviam sido previstas praças são agora ocupadas com atividades agrícolas.

Com lógica de estruturação urbana similar à das demais cidades, as famílias mais pobres moram na periferia, onde as moradias são diminutas e precárias. Essas constatações exigem que se observe que, guardadas as devidas proporções, essas pequenas cidades também expressam em sua paisagem as diferenças na distribuição de renda e de acumulação de riquezas. Portanto, embora se fale de uma maior integração social, observa-se que a diferenciação social também já se encontra materializada territorialmente nas pequenas cidades.

Como cidades com forte papel residencial, em especial como local de moradia para trabalhadores, todas possuem essas áreas periféricas, onde a aprazibilidade comum nessas localidades já não se faz presente. Nas quatro pequenas cidades, as áreas adicionadas como conjuntos habitacionais destoam daquelas previstas no planejamento inicial. Elas ficaram sem arborização, com terrenos reduzidos, afastadas do centro da cidade, não raramente separadas por rodovias e, em muitos casos, sem pavimentação. Isso revela o descuido na implementação dessas periferias, em desarmonia com os planos urbanos atinentes a essas cidades. Assim, deve-se concordar com Moreno Jimenez (1985, p.417-8) quando constata que, quanto menor o município, maior a carência em relação ao planejamento interno da cidade. Isso se repete em praticamente todas as cidades, especificamente naquelas áreas produzidas de forma padronizada por meio da implementação de conjuntos habitacionais ou produção facilitada pelo poder público de âmbito municipal, estadual ou nacional.

Conforme Bernadelli (2004, p.127-9 e 235), é muito significativa a participação do Estado na produção de moradias e outras políticas

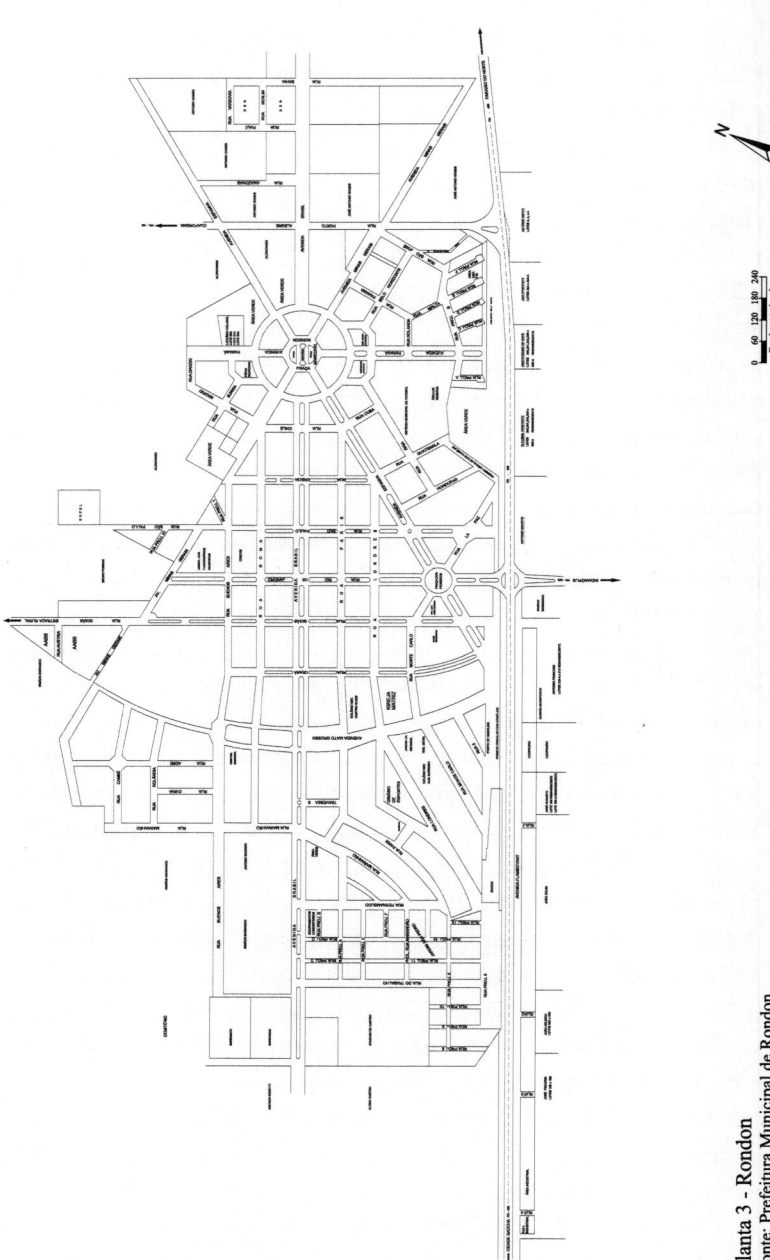

Planta 3 - Rondon
Fonte: Prefeitura Municipal de Rondon

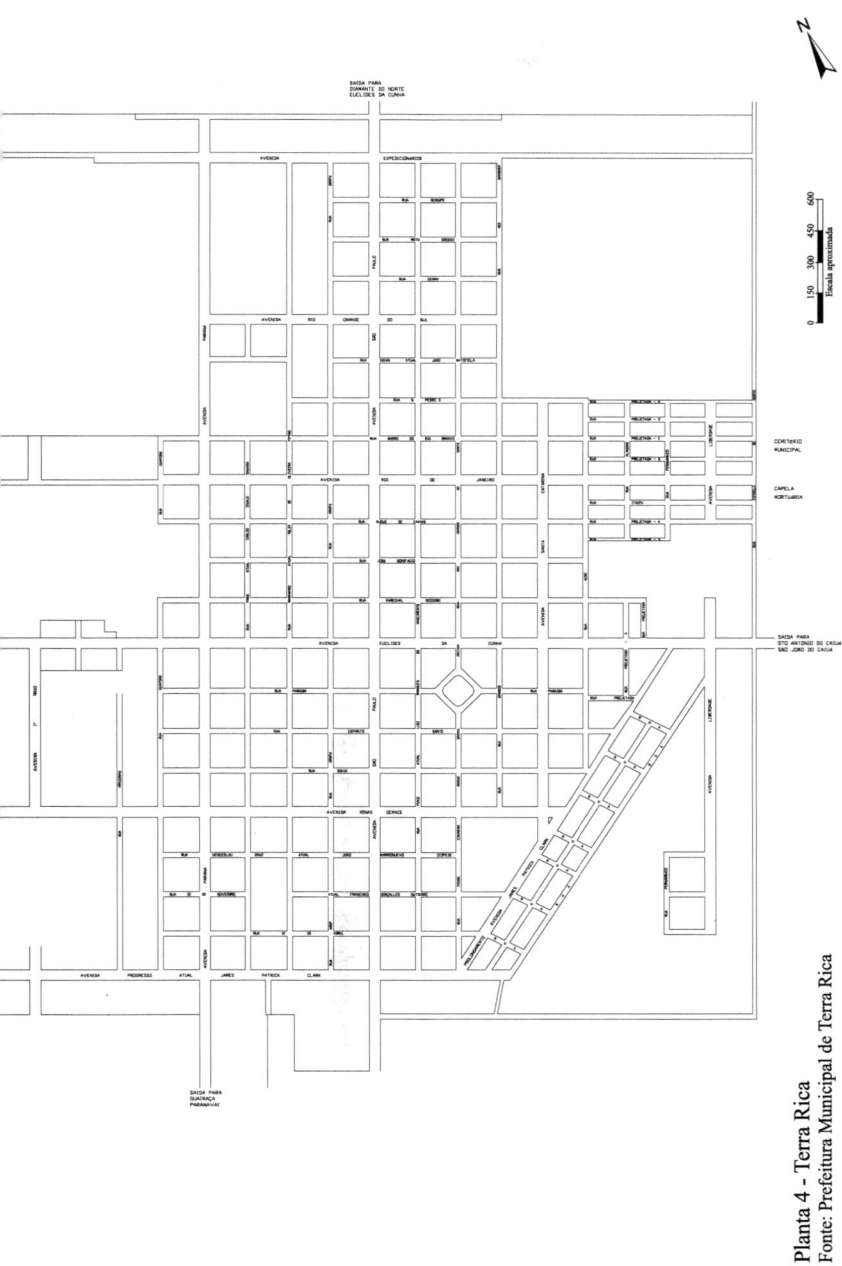

Planta 4 - Terra Rica
Fonte: Prefeitura Municipal de Terra Rica

que se destinam à reprodução da força de trabalho agroindustrial. Ela constatou que a existência dessas políticas tornou-se necessária tendo em vista a insuficiente remuneração para garantir a reprodução social. O Estado assumiu o papel de suprir moradias e complementar a renda das famílias de trabalhadores, por meio de cestas básicas ou outras políticas sociais, desonerando o capital agroindustrial que assim pode praticar salários que não são suficientes nem mesmo para a reprodução da força de trabalho. Desse modo, o Estado tem papel fundamental e garante, ao mesmo tempo, a reprodução do capital, do trabalho e do espaço.

Como se pode apreender com dados da Companhia de Habitação do Paraná (Cohapar), também foi expressiva a atuação estatal na produção de moradias no noroeste do Paraná. Esses dados não respondem pela totalidade de investimentos no setor, no entanto, permitem dimensionar tais iniciativas. Assim, consta que, em Colorado, foram 24 empreendimentos e 995 unidades habitacionais; em Querência do Norte, foram nove empreendimentos e 273 unidades; em Rondon, também foram nove empreendimentos, com o total de 347 unidades habitacionais; por fim, em Terra Rica, foram sete empreendimentos que somam 452 unidades habitacionais. São dados estreitamente vinculados aos papéis adquiridos pelas pequenas cidades, conforme indicado no segundo capítulo. Portanto, essa arquitetura que expressa a intervenção estatal no suprimento de habitação faz parte da paisagem dessas e das demais cidades da região.

Indicadores econômicos e especificidades dos municípios

Todos os quatro municípios tiveram parte de suas histórias associada à economia cafeeira (tabela 9). Entretanto, verificam-se peculiaridades nesse pretérito econômico mais ou menos comum. Em meados da década de 1950, essa ainda era a principal referência econômica dos municípios da região. Entre os quatro municípios analisados, observa-se a proeminência de Colorado quanto aos valores de produção, o que indica o peso dessa atividade tanto nesse município quanto em Rondon e Terra Rica. Contudo, esse já não era o caso de Querência do Norte, onde aparecia o arroz como principal produto, seguido do algodão, e somente em terceira colocação estava o café.

Tabela 9 – Colorado, Querência do Norte, Rondon e Terra Rica (principais produtos agrícolas por valor estimado de safra, 1956/1957)

PRODUTO	Colorado (Cr$)	Querência do Norte (Cr$)	Rondon (Cr$)	Terra Rica (Cr$)
CAFÉ	125.000.000	8.400.000	50.000.000	34.000.000
FEIJÃO	4.353.600	1.440.000	s.i.	7.293.000
MILHO	2.497.500	3.750.000	3.155.000	4.656.000
ALGODÃO	2.035.800	8.800.000	4.455.000	3.120.000
ARROZ	969.760	11.200.000	2.625.000	3.388.000

Fonte: Ferreira, 1959
s.i. – sem informação

Houve diferenças na duração do ciclo cafeeiro em cada município. Apesar da intenção primeira dos gaúchos instalados em Querência do Norte de se tornarem cafeicultores, os problemas de mercado e as geadas constantes somaram-se nesse município à falta de tradição desses agricultores com o café, o que foi decisivo para explicar o ciclo mais curto dessa economia em sua história, atenuando as implicações decorrentes de suas crises.

A insistência na cafeicultura, em diversos pontos do noroeste do Paraná, ocorreu basicamente entre produtores vindos do estado de São Paulo, isto é, agricultores que possuíam tradição no cultivo do café.[5] Para alguns, esse cultivo ainda é importante no presente, ora adotando a tecnologia adensada ou semiadensada, ora persistindo com a produção convencional. Essa ideia do cafeicultor persistente e da resistência a alterar a pauta agrícola emergiu de forma evidente nos municípios de Terra Rica e Rondon, com produtores que, apesar de todas as dificuldades, declaram gostar de plantar café. É certo que no

---

5 Monteiro Lobato expressou literariamente essa sua percepção com o "cafeicultor teimoso" já em 1900, numa crônica intitulada *Café! Café!*, relatando o caso de um produtor que insistia com o café apesar das oscilações intensas de preços (1995, p.159-63).

solo arenoso, caso dos quatro municípios, tal pertinácia tem relação com a ausência de uma opção deliberada pelo mercado, como ocorreu com a soja em áreas da região de solos mais propícios. Isso fez que o ciclo do café nesses municípios fosse mais longo.[6]

O cultivo de arroz no município de Querência do Norte foi favorecido por uma conjunção de fatores: existência abundante de água (o município é lindeiro ao Rio Paraná e tem ao sul o Rio Ivaí, somando aproximadamente setenta quilômetros de margem fluvial, além dos rios que têm curso em seu interior) e topografia adequada à irrigação, além de ser um produto conhecido dos agricultores gaúchos.

Somou-se a alternativa do arroz em Querência do Norte e, de forma menos expressiva nos demais municípios, o cultivo do algodão que absorvia muita mão-de-obra, elemento significativo para a explicação da dinâmica demográfica. O arroz irrigado continua como principal produto agrícola do referido município. Houve quase uma década de interrupção na fase de acampamento do Movimento dos Trabalhadores Rurais Sem-Terra (MST), que ocupava e reivindicava áreas litigiosas, adequadas a esse cultivo. Na condição de acampados, os trabalhadores não podiam realizar grandes plantios, em razão da insegurança quanto à posse da terra e pela falta de acesso ao financiamento. Em Querência do Norte está, nos dias de hoje, a maior produção de arroz irrigado do Paraná, sendo os agricultores do município responsáveis por um terço da produção paranaense.

A diferença entre esses municípios, no que se refere à produção agrícola, aparece na listagem dos sete principais produtos agrícolas de cada um, atualmente, verificando-se que no rol de Colorado, Rondon e Terra Rica o café ainda aparece, enquanto no de Querência do Norte tal produto já não consta da pauta produtiva (tabela 10).

Tanto em Colorado como em Rondon, onde estão localizadas unidades industriais do ramo sucroalcooleiro, a cana-de-açúcar tornou-se

---

6   Conforme registrou material comemorativo dos 23 anos do município de Rondon, publicado em 1978, ainda nesse período o café era o principal produto: café 285.000 sacas, milho 40.000 sacas, soja 25.000 sacas, arroz 18.000 sacas e 14.000 sacas de feijão (Rondon, 1978, p.15).

o principal produto cultivado, consumindo grandes áreas agricultáveis.
Em Colorado, a produção de cana-de-açúcar para a atividade industrial
foi dividida com os municípios vizinhos, o que permite, no âmbito municipal, um uso menos monopolizador e relativamente diversificado do
solo. Já no município de Rondon, embora os números sejam próximos
aos de Colorado, deve-se ponderar as dimensões territoriais superiores
e o tamanho menor da unidade industrial sucroalcooleira. O cultivo de
cana-de-açúcar no território do município de Rondon atende, além da
indústria local, outras de municípios vizinhos: a Usina de Cidade Gaúcha – Açúcar, Álcool e Energia Elétrica (Usaciga) e a Cooperativa Agrícola Regional de Produtores de Cana (Coopcana) de Paraíso do Norte.

Tabela 10 – Colorado, Querência do Norte, Rondon e Terra Rica
(principais plantios agrícolas (ha.), 2000-2001)

PRODUTO	Colorado	Querência do Norte	Rondon	Terra Rica
AMOREIRA			679	
ARROZ IRRIGADO		4.000		
CANA-DE-AÇÚCAR	11.300		11.068	
CAFÉ	1.060		1.160	531
FEIJÃO DAS SECAS		600		300
FEIJÃO DAS ÁGUAS				200
MILHO	1.000	3.002	1.500	1.500
MILHO SAFRINHA	600	800	120	1.200
SOJA	550	3.000		
MANDIOCA	500	2.408	800	3.700
OUTROS	490	969	360	280

Fonte: Escritório local da Emater, Perfil da Realidade Agrícola

Os solos utilizados pela Cooperativa Agroindustrial de Produtores
de Cana de Rondon (Coocarol) são aqueles mais próximos da unidade
industrial, pois nesse tipo de atividade em que o consumo de matéria-
prima é bastante volumoso, a proximidade entre áreas de cultivo e
processamento industrial e as vias de acesso disponíveis convertem-se
em fator fundamental.

Em Colorado, o café é a segunda maior produção agrícola, seguido do milho e outros. Em Querência do Norte, além do arroz irrigado, é significativa a produção de milho, soja e mandioca. Em Rondon, depois da cana-de-açúcar, destaca-se a produção de milho, café e mandioca. Em Terra Rica, os principais produtos agrícolas são a mandioca e o milho, entre outros. O cultivo de mandioca é expressivo nos municípios onde estão indústrias processadoras do produto, especialmente feculárias, como nos dois municípios mencionados como produtores.

Em todos, já se observa o cultivo de soja, segundo os novos padrões técnicos definidos para o arenito, com destaque dos índices do município de Querência do Norte. A possibilidade do cultivo de soja tem aumentado os preços da terra, em todos os municípios onde é possível a produção, alterando substancialmente as cifras das transações imobiliárias.

Não obstante a presença da produção mencionada, os municípios localizados nos solos arenosos caracterizam-se pelas grandes extensões de áreas destinadas às pastagens (tabela 11), a maioria como pecuária extensiva, grande consumidora de solo, com geração de poucos postos de trabalho. Mais da metade do solo rural de Colorado está ocupado com pastagens. O mesmo ocorre em Querência do Norte. A proporção de solos utilizados (ou subutilizados) por pastagens é ainda maior em Rondon e Terra Rica, onde aproximadamente 70% do solo corresponde a esse uso.

Tabela 11 – Colorado, Querência do Norte, Rondon e Terra Rica (uso do solo rural (ha.), 2000-2001)

Ocupação do solo	Colorado	Querência do Norte	Rondon	Terra Rica
Pastagens cultivadas	23.805	56.831	32.574	46.935
Pastagens naturais		1.200		
Lavouras permanentes	12.365	125	12.907	905
Lavouras anuais	2.310	14.654	3.780	6.013
Outras áreas	1.800	25.906		10.447
Matas naturais	700	3.100	964	1.300
Reflorestamento	220	370	770	2.000
Total	41.200	102.186	50.820	67.600

Fonte: Escritório Local da Emater, Perfil da Realidade Agrícola

No que se refere à diversificação agropecuária, observaram-se tentativas mais significativas, nesse sentido, no município de Colorado. Na pecuária, além da bovinocultura, há a suinocultura, a avicultura e a psicicultura. O processamento industrial da pecuária de corte é realizado no município, onde tradicionalmente se mantém um frigorífico funcionando, além de unidades industriais que aproveitam o couro bovino. Registram-se, também, algumas pequenas unidades de transformação artesanal do leite, com a produção do queijo. Em Terra Rica, em que pese a relevância da pecuária de leite e corte, não funcionam mais os estabelecimentos industriais de processamento, tanto os dois lacticínios que foram desativados quanto o frigorífico que conta com a perspectiva de ser reativado.

Na área de fruticultura e olericultura, o município de Colorado registra o cultivo de acerola, banana e melancia, entre outras frutas, muitas aproveitadas na produção industrial de polpa para sucos. Além disso, é significativa a produção de alface, pepino e tomate, entre outras hortaliças. A existência da Feira do Produtor, organizada pela Empresa Paranaense de Assistência Técnica e Extensão Rural (Emater) é uma forma de comercialização que estimula tal diversificação e viabiliza a sobrevivência de pequenos produtores.

Em Rondon, há algumas iniciativas na área de fruticultura, sobretudo com o cultivo de laranja, uva e abacate. Na olericultura, os principais produtos são pepino e tomate. Na pecuária destaca-se a bovinocultura de corte e mista. A bovinocultura de leite corresponde a menos de 10% do total de pecuaristas.

No município de Terra Rica, algumas tentativas na produção de hortaliças e de frutas foram prejudicadas pela distância dos maiores mercados consumidores, sobretudo de Maringá, dificultando o escoamento das mesmas para sua comercialização. De acordo com a administração municipal, foi implementada uma política de diversificação agrícola nos anos 1990, com o Plano de Desenvolvimento Rural, incluindo incentivo ao plantio do café adensado, à criação do bicho-da-seda e ao cultivo da mandioca, do milho e do algodão. Para facilitar a permanência dos habitantes rurais em seus estabelecimentos, promoveu-se a construção de poços artesianos comunitários, o que viabilizou pequenos projetos de irrigação.

Quanto ao conjunto de atividades industriais, com os dados organizados comparativamente, sobressaem claramente Colorado e Terra Rica como municípios com maior número de estabelecimentos (tabela 12).[7] Como se vê, Colorado é uma cidade que, embora pequena, apresenta relativa diversidade industrial, constituída nesse aspecto, especialmente, por pequenas empresas, com exceção da Usina Alto Alegre (a ser detalhada em parte específica sobre o município) e de algumas outras plantas agroindustriais de médio porte, como beneficiamento de café, arroz, fecularia, frigoríficos e lacticínios. Entre as pequenas empresas industriais, há forte presença do ramo moveleiro, além do ramo de confecções e acessórios, no qual se destaca o de artigos em couro, especialmente cintos, com empresas renomadas no cenário nacional. Essa atividade está afinada com certa tradição e destaque da cidade no que se refere aos rodeios[8] no Paraná. Há outros ramos menos expressivos: material para construção civil, gráficas e madeireiras.

Querência do Norte é pouco expressiva no que se refere ao desenvolvimento industrial. A maior empresa do município é uma fecularia. O principal produto agrícola – o arroz – tem apenas 5% da produção beneficiada no mesmo. O beneficiamento ocorre em centros regionais como Umuarama, Paranavaí, Maringá e outros. Assim, o município não aproveita a oportunidade de gerar empregos e impostos, já que após o beneficiamento o valor do arroz acrescenta 38% ao preço anterior. Nestes dois ramos agroindustriais – fecularia e beneficiamento de arroz – estão as maiores possibilidades de crescimento industrial. Outras atividades estão vinculadas ao processamento do leite e à instalação de

---

7   Os dados referentes à composição das atividades industriais, comerciais e de prestação de serviços estão todos baseados em informações fornecidas pelas respectivas prefeituras municipais, cada qual com maneira específica de organizar e apresentar as informações, o que dificulta uma classificação exata. Portanto, eles são apenas referências comparativas.

8   Colorado realiza rodeios há mais de trinta anos (desde 1973). Esses eventos, que agora se repetem em várias cidades do interior, são expressões da dimensão cultural que veicula signos referentes à modernização do campo, importados como demais elementos do processo. Como exemplo emblemático, há o caso de Barretos, cujos rodeios se realizam no maior recinto latino-americano do gênero com capacidade para 35 mil pessoas – o Parque do Peão, projetado por Oscar Niemayer (Elias, 1996, p.152).

uma pequena unidade industrial de processamento de conservas de pepinos. Nas vilas rurais, existem pequenas iniciativas informais no segmento de confecções.

Tabela 12 – Colorado, Querência do Norte, Rondon e Terra Rica (número de estabelecimentos industriais, 2003)

SEGMENTOS INDUSTRIAIS	Colorado	Querência do Norte	Rondon	Terra Rica
ALIMENTOS	22	6	8	10
MOBILIÁRIO	20	1	2	12
CONFECÇÕES	12	—	4	2
METALÚRGICA/SERRALHERIA	5	1	3	6
MADEIRA	4	—	1	1
CONSTRUÇÃO CIVIL/MATERIAIS DE CONSTRUÇÃO	3	2	—	—
GRÁFICA	3	—	—	2
MATERIAIS ELÉTRICOS/COMUNICAÇÕES	2	—	—	—
TÊXTIL	2	—	1	1
BEBIDAS	2	—	—	—
QUÍMICA	1	—	2	1
OUTROS	3	3	1	2
TOTAL	78	13	22	37

Fonte: Prefeituras municipais, 2003

O município de Rondon possui, como outros da região, atividades basicamente agroindustriais – abatedouro de aves, farinheira e lacticínio, entre outras. A maior planta industrial é da Cooperativa Agroindustrial de Produtores de Cana de Rondon (a já mencionada Coocarol, que será detalhada em tópico específico sobre o município). Outra atividade industrial de Rondon que absorve significativo número de trabalhadores é o abatedouro de frangos Parati. Foi instalado em 1994, com o estímulo da Prefeitura Municipal, com o objetivo de viabilizar alternativas para os produtores rurais, também auxiliados pelo poder público municipal na instalação da infraestrutura. A Burajiru Takushoku Kumiai (Bratac) possui, no município, um posto de coleta de casulos de bicho-da-seda, encaminhados para a unidade industrial da empresa, em Londrina. Entretanto, essa é uma atividade em decadência no município, pois de 270 barracões restam 150, em consequência das oscilações no mercado internacional. Instalaram-se, recentemente, outras empresas industriais em barracões cedidos em comodato pela Prefeitura Municipal, onde na maioria funcionam confecções, uma delas procedente de Cianorte. Embora o argumento para auxiliar as empresas seja a geração de empregos, diversas manifestações indicam que tais confecções absorvedoras basicamente de mão-de-obra feminina geram na realidade ocupações precárias, já que os salários são baixíssimos.[9]

Terra Rica não possui nenhuma grande empresa, mas conta com certa diversificação das atividades industriais, decorrentes de uma política municipal de industrialização no início da década de 1990, mediante a qual se ofereciam estímulos municipais, de iniciativa do poder executivo, resultando na instalação de marmoraria, serralheria, fábrica de doces, oito unidades de indústria moveleira, artigos em couro e torrefação de café, entre outras. O maior empregador municipal é uma fecularia, mas o processamento industrial de mandioca ocorre também com a produção de farinha. Ademais, existem algumas facções de confecções articuladas com indústrias de Maringá. Há expectativas de trazer para o município uma unidade do ramo sucroalcooleiro. Considera-se, para tanto, a existência de áreas que poderiam ser utilizadas para o cultivo da cana-de-açúcar. A concretização desse projeto, porém, terá de superar a resistência dos agricultores quanto ao plantio do produto, inexistente no município, já que os mesmos são reticentes e não produzem nem arrendam terras com essa finalidade. Com a implementação de uma unidade sucroalcooleira de capital exógeno, pretende-se absorver a mão-de-obra local, já que aproximadamente mil pessoas trabalham no corte de cana e coleta de laranjas fora do município, especialmente em Teodoro Sampaio, no estado de São Paulo. São pessoas que atravessam diariamente o Rio Paranapanema de balsa para trabalhar. Outros trabalhadores vão para Nova Londrina e Rondon. A coleta de laranjas é uma alternativa para o trabalho eventual, na

---

9 Conforme informação oral de ex-contratada, na condição de aprendiz o salário era de R$ 50,00. Mas mesmo entre as costureiras efetivas, a média salarial não ultrapassava um salário mínimo.

entressafra da cana-de-açúcar, quando pequena parte de trabalhadores permanece contratada para o plantio desse produto.

Com as atividades comerciais, repete-se o que ocorre com os dados relativos à industrialização, pois os números de estabelecimentos são visivelmente mais expressivos em Colorado e Terra Rica (tabela 13). O comércio de Colorado é relativamente sofisticado, já que possui algumas atividades que não existem em outras pequenas cidades, como concessionária de veículos, lojas de equipamentos de informática e piscinas, entre outras. Esse aspecto mais dinâmico do comércio de Colorado pode ser apreendido em parte por sua aparência, pois há um cuidado com as fachadas e vitrines coloridas e atrativas, diferenciando essa cidade das demais estudadas, onde os estabelecimentos são muito singelos. Apesar de alguns estabelecimentos que suprem demandas consideradas mais raras, prevalecem os estabelecimentos que atendem necessidades essenciais, como confecções, calçados e produtos alimentícios, além de acessórios automotivos e lojas de materiais de construção.

A cidade de Colorado exerce polarização em relação aos municípios com centros urbanos menores na região. Comentam tanto os moradores quanto os próprios comerciantes que em datas de pagamento na Usina Alto Alegre, sobretudo dos cortadores de cana, os estabelecimentos comerciais de Colorado ficam lotados. Essa polarização, além do equipamento comercial, decorre de serviços e órgãos estatais presentes em Colorado.

Diversas instituições localizadas em Colorado atendem à microrregião. Assim ocorre com os serviços jurídicos atrelados à instituição da comarca, dotada de duas varas (civil e criminal) que respondem por vários distritos judiciários: Alto Alegre, Itaguajé, Nossa Senhora das Graças, Santa Inês e Santo Inácio. Outras entidades que exercem polarização: Agência do Instituto Nacional de Seguridade Social (INSS), Agência de Rendas, Departamento de Trânsito (Detran) e Procuradoria do Consumidor (Procon). Há, ainda, cinco bancos: Banco do Brasil, Itaú, Caixa Econômica Federal, Banco Brasileiro de Descontos (Bradesco) e do Sistema de Crédito Cooperativo (Sicredi), tornando o município, portanto, mais completo que a maioria dos pequenos núcleos urbanos.

A presença dessas instituições, que promovem Colorado como localidade central, merece duas observações. A primeira refere-se ao papel do Estado (na esfera nacional e da unidade da federação) quanto a sua distribuição institucional que adquire relevância fundamental na diferenciação das pequenas cidades. Esse mesmo aspecto das pequenas cidades, enquanto localidades "enquadrantes" ou como pontos de distribuição de serviços públicos, foi sublinhado por outros estudiosos. Com esse intuito, Bonnenfant (1986, p.575) destaca o papel do Estado no crescimento urbano na Arábia Saudita, ao distribuir seus equipamentos administrativos em centros de mais de cinco mil habitantes. Do mesmo modo, Kezeiri (1986, p.654) sublinha, entre os diversos investimentos em pequenas cidades, aqueles oriundos da estrutura administrativa do Estado. No Brasil, a estreita associação formal entre o município e a cidade torna os processos de emancipação relevantes, enquanto via de acesso à instalação de determinados serviços e equipamentos. Daí a segunda observação, de que elementos com presença usualmente tida como corriqueira nas cidades de maior porte representam um diferencial na composição dos papéis das pequenas cidades. Por isso, para estudar tais espaços é preciso aprender a reconhecer e valorizar detalhes, que conquanto aparentemente minúsculos, ganham significância nos mesmos.

Em Querência do Norte, os equipamentos comerciais oferecem produtos elementares e de consumo mais frequente, sendo mais significativos os ramos de alimentos, confecções e materiais de construção. Apesar de uma composição simples, o comércio é dinâmico. Pela especificidade geográfica de município lindeiro ao Rio Paraná, o comércio local inclui artigos para pesca (na tabela, somado na categoria *outros*). Esse tipo de comércio raramente se encontraria numa cidade com o porte de Querência do Norte, não fosse por sua posição geográfica. Por um lado, as atividades comerciais locais destinam-se ao consumo da população do próprio município, já que pelo isolamento geográfico não há uma polarização maior, mas, por outro lado, esse mesmo fator reforça sua centralidade municipal já que inibe parcialmente a mobilidade para outros centros urbanos.

Embora com situação geográfica bem-articulada,[10] as atividades comerciais e de prestação de serviços de Rondon não exercem nenhuma polarização. Essas atividades restringem-se a atender algumas necessidades básicas da população local, que recorre frequentemente ao comércio de Cianorte. Portanto, ao invés de polarizar, o município é polarizado. Nesse caso, em vez de a situação geográfica caracterizada como benéfica pelos nexos rodoviários e proximidade a uma cidade maior explicar o dinamismo, explica a ausência dele. Assim, o comércio de Rondon compõe-se de poucos estabelecimentos que oferecem produtos essenciais. A aparência física desses estabelecimentos comerciais revela a pouca sofisticação. Muitos conservam o aspecto tradicional dos armazéns de secos e molhados do período da cafeicultura. Apenas um pequeno supermercado ocupa o prédio que era do antigo cinema, em frente a um calçadão.

Tabela 13 – Colorado, Querência do Norte, Rondon e Terra Rica (número de estabelecimentos comerciais, 2003)

Ramos comerciais	Colorado	Querência do Norte	Rondon	Terra Rica
Confecções, calçados, tecidos, acessórios, joias e armarinhos	89	15	13	39
Alimentos, bebidas, secos e molhados	55	24	20	42
Veículos, acessórios e peças	24	3	1	10
Materiais de construção	20	9	5	11
Farmacêuticos, cosméticos, químicos e odontológicos	14	5	2	8
Equipamentos e máquinas, aparelhos, material elétrico, de comunicação e informática	13	1	2	3
Combustíveis, lubrificantes e gás	11	3	5	3
Móveis e utilidades domésticas	11	4	3	5
Papelaria, livraria, artigos para fotos, discos, fitas, decoração de festas	11	4	1	4

---

10 Essa situação geográfica já foi valorizada no passado, conforme material publicado pela prefeitura em 1978. O *slogan* de Rondon era *Entroncamento rodoviário, eixo econômico do noroeste* (Rondon, 1978).

Representação comercial	10	2	1	4
Agropecuária (químicos e mecânicos)	9	2	1	3
Outros	13	22*	2	2
Total	280	94	56	134

*Diversos estabelecimentos foram enquadrados nessa categoria porque o relatório fornecido pela prefeitura não permitia identificar o ramo de atividade.
Fonte: Prefeituras municipais, 2003

Figurando, comparativamente, como a segunda cidade com melhores equipamentos comerciais, o conjunto de estabelecimentos em Terra Rica atende igualmente necessidades elementares, pois predominam unidades do ramo alimentício, confecções e calçados. Poucos estabelecimentos indicam alguma sofisticação ou atendem a um consumo mais especializado.

Quanto aos serviços, reiteram-se as posições de destaque dos municípios de Colorado e Terra Rica. Tanto no caso da síntese das atividades comerciais quanto naquelas de prestação de serviços não se contempla a complexidade real. Repete-se, no caso dos serviços, a presença em Colorado de algumas atividades incomuns em pequenas cidades da região, como academias de ginástica e natação, escolas de línguas e música, empresas de assessoria empresarial, seguradoras, locação de veículos, vigilância e segurança, além de atividades de entretenimento. Contudo, como no que se observa em relação às atividades comerciais, o maior número de estabelecimentos é daqueles voltados para atividades fundamentais: alimentação, transportes e comunicações, saúde e higiene pessoal, além das atividades de reparação, manutenção e conservação (tabela 14).

Deve-se registrar o funcionamento em Colorado de uma experiência supramunicipal, o Consórcio Intermunicipal de Saúde. O município de Colorado é o principal financiador do mesmo (55% dos recursos financeiros), sendo o restante dividido entre os demais municípios, conforme utilização dos serviços. Além de alguns médicos que residem em Colorado, alguns especialistas provenientes de Maringá estabelecem um dia na semana para atender no município. Dos quatro municípios estudados, esse é o único a sediar o atendimento relativo à saúde decorrente da cooperação intermunicipal. Os demais participam de consórcios, mas o atendimento realiza-se em municípios vizinhos. Em Querência do Norte, não se encontra nenhuma sofisticação nas atividades de prestação de serviços. Somente alguns poucos estabelecimentos dedicam-se a assessorias. Embora os números sejam significativos pelas dimensões da cidade, prevalecem os serviços básicos. A posição geográfica gera demanda por atividades específicas, no caso serviços portuários, incluídas na tabela como serviços de transportes. Duas agências bancárias, uma do Banco do Brasil e outra do Sicredi, funcionam no município. A ausência de outros bancos, como a Caixa Econômica Federal, explica as significativas filas observadas em frente a uma lotérica para pagamento de determinadas contas. Quanto aos serviços jurídicos, o município faz parte da jurisdição de Loanda.

Da mesma forma, em Rondon, encontram-se apenas atividades básicas. Os dados relativos ao ensino são de creches e escolas públicas. Como em Querência do Norte, não existem escolas de línguas, música, nem de atividades profissionalizantes ou preparatórias para vestibulares, entre outras tantas carências reclamadas pela população local. Embora Rondon seja um município antigo, não tem comarca própria e pertence à jurisdição de Cidade Gaúcha, município dele desmembrado. Relatos de moradores lamentam as oportunidades perdidas no passado para instalar a comarca, pois agora o município não reúne mais os requisitos necessários.

No ramo bancário, a cidade conta com duas agências – Banco do Brasil e Banco Itaú. Outras necessidades nesse sentido são atendidas por atividades localizadas em Cianorte. É notório observar que a Prefeitura Municipal funciona em parte do prédio do Banco do Brasil, pois houve redução no número de funcionários daquela agência, que se explica tanto pela reestruturação administrativa e tecnológica nos serviços bancários, como também pela menor movimentação existente no município. O atendimento na saúde é realizado em um hospital –fundado na época do Fundo de Assistência ao Trabalhador Rural (Funrural) – além de no posto de saúde municipal. São realizados contratos entre os médicos e uma fundação que administra o hospital, tendo em vista o atendimento da população.

Tabela 14 – Colorado, Querência do Norte, Rondon e Terra Rica
(número de estabelecimentos de prestação de serviços, 2003)

Serviços	Colorado	Querência do Norte	Rondon	Terra Rica
Alojamento, alimentação	83	55	12	56
Transportes e comunicações	81	13	31	34
Saúde e higiene pessoal	65	10	12	31
Reparação, manutenção, conservação	54	25	5	60
Financeiros, assessorias, advocacia, contabilidade	34	10	9	22
Serviços auxiliares diversos	31	11	68	31
Escolas, academias	17	7	6	8
Imobiliário, loteamento, engenharia, topografia	12	3	1	4
Mídia, diversão, eventos	13	4	3	9
Total	384	135	147	255

Fonte: Prefeituras municipais, 2003

Em Terra Rica, também predominam atividades elementares de serviços, ainda que se destaque a existência de uma escola particular de ensino fundamental e médio, de estabelecimentos de ensino de informática, cursos profissionalizantes e pré-vestibulares. Há serviços bancários do Itaú e Banco do Brasil. A comarca, como a maioria das pequenas cidades, possui juizado único, com jurisdição apenas no território municipal. Por um lado, tanto as atividades comerciais quanto as de prestação de serviços em Terra Rica não exercem polarização significativa além dos limites municipais. Por outro lado, a localização do município dificulta em parte a saída da população para centros maiores e, por isso, consome-se mais no próprio município.

Outros estudos sobre pequenas cidades reiteram que é comum o predomínio de atividades básicas quanto ao comércio e serviços. É assim que Négro (1997, p.362-3) igualmente assinala, em relação à realidade francesa, a predominância do comércio atinente aos gêneros alimentícios, enquanto o comércio de móveis e equipamentos domésticos já aparece enfraquecido nas pequenas cidades, por causa das grandes superfícies de vendas localizadas em cidades maiores. O autor também faz referência a determinados estabelecimentos que trazem alguma sofisticação ao perfil comercial e de serviços de determinada cidade (óticas, laboratórios de análises clínicas, academias de ginástica etc.), destacando a preocupação com o aspecto visual dos estabelecimentos comerciais.

Em um contexto em que predominam atividades elementares, um terciário mais desenvolvido gera maior centralidade (Desmarais, 1984, p.359). Já no estudo de Baker (1998), que trata da realidade da África subsaariana, enfatiza-se que alguns pequenos centros situados nos principais eixos de comunicações podem desempenhar papéis importantes por algumas atividades, consideradas naquela realidade de ordem superior – embora corriqueiras nos espaços estudados – como a revisão e reparação de veículos e o fornecimento de combustíveis para o transporte. Portanto, informações que podem parecer insignificantes tornam-se expressivos elementos no estudo de pequenas cidades numa perspectiva comparativa, pois tais atividades expressam a condição social, nesse caso, traduzida em capacidade de consumo, intimamente vinculada aos equipamentos que existem com a finalidade de supri-la. Como já ensinara a teoria christalleriana, uma localidade central só pode surgir em determinado ponto da superfície terrestre se houver alguma expressão econômica para tanto. Portanto, pode-se ler por meio da rede urbana uma realidade econômica, política e social.

Esse tipo de informação pode, ainda, ser utilizada para auxiliar na classificação de pequenas cidades, como propõe Cote (1986, p.701), ao estudar a realidade argeliana. Ele aponta que seriam pequenas cidades as localidades com número de estabelecimentos comerciais entre cem e oitocentos, além de perfazer um total de vinte a quarenta tipos de equipamentos. Com base nesse referencial e levantamento do conjunto de estabelecimentos comerciais e industriais de municípios do setentrião paranaense (Fresca, 2000, p.240), constata-se que aproximadamente metade dos pequenos núcleos urbanos, apesar de sedes municipais, não alcança o patamar mínimo de estabelecimentos. Vários não atingem nem a metade, ou seja, não possuem nem cinquenta estabelecimentos, realidade da maioria dos municípios com até cinco mil habitantes.

A avaliação e/ou adaptação desse referencial para o complexo e diverso mosaico da realidade brasileira pode ser uma saída metodológica, que adicionada a outros critérios poderá ajudar a traçar limites em relação ao mínimo de complexidade necessária para admitir-se a existência de uma cidade, de acordo com o entendimento de Santos (1979b) exposto no primeiro capítulo.

Além da dimensão e complexidade mínimas, esse critério pode ser útil na definição do limite superior no agrupamento das pequenas cidades numa tipologia urbana, nesse caso como parâmetro distintivo entre esse tipo de cidade e as de porte médio. De acordo com o mesmo referencial, podem ser assim consideradas aquelas que possuem mais de oitocentos estabelecimentos. Para as cidades da região, esse critério parece ser adequado e confirma centros regionais acima de cinquenta mil habitantes, como se apontou antes, como localidades detentoras de dinamismo similar a cidades de porte médio, já que elas alcançam ou superam as cifras anteriormente indicadas.

Antes de prosseguir com o comparativo, seguem-se alguns registros a mais sobre os quatro municípios para complementar e detalhar suas especificidades.

Colorado

A formação de Colorado, como a maioria das cidades setentrionais paranaenses, decorre de iniciativas empresariais. Foi a Companhia Colonizadora Imobiliária Agrícola de Catanduva (CIAC) que, no início de 1948, preparava o loteamento das terras rurais e urbanas que deram origem a Colorado. Como os proprietários da companhia eram de Catanduva, cidade do interior paulista, ela estimulou a vinda de muitas pessoas da mesma região, fato que pode ser comprovado em conversas com os moradores mais antigos, procedentes de Urupês, Santa Adélia, Elisiário e outras localidades paulistas. O povoamento inicial do município contou, ainda, com a presença de japoneses, que até antecedem a ação da companhia colonizadora, decorrentes de outra iniciativa imobiliária numa gleba de terras com cinco mil alqueires, formando uma localidade no interior do município denominada Pau d'Alho.

Como na maioria das pequenas cidades e municípios da região, o crescimento populacional foi muito rápido e, em seis anos, Colorado já se constituía como município, desmembrando-se de Jaguapitã. Em 1962, passou a sede de comarca, abarcando vários municípios, ainda polarizados juridicamente e, em outras atividades, por Colorado. A movimentação na pequena sede urbana de Colorado no período da economia cafeeira pode ser apreendida pela presença de oito máquinas de café, com enormes filas para descarregar. Algumas dessas máquinas pertenciam a grandes grupos como a Anderson Clayton. Apesar de muitas máquinas, não havia nenhuma torrefação. Há uma marca registrada como Café Colorado, mas é recente. Havia um fluxo intenso na pequena cidade, apesar das dificuldades de transporte. As famílias vinham como podiam para a cidade, em especial para a compra do mês. A cidade contava na época com quatro estabelecimentos atacadistas, 54 varejistas e uma agência bancária (Ferreira, 1959, p.120-2).

Normalmente, os ônibus que circulavam nas estradas municipais eram lotados e as viagens intermunicipais bastante demoradas, em razão da falta de rodovias asfaltadas.

A evolução demográfica do município (Gráfico 4) mostra que houve significativa saída da população entre 1960 e 1970, o que, em termos absolutos, correspondeu a 5.614 habitantes, aproximadamente um quarto da população total do município. Nos períodos subsequentes, Colorado apresentou retomada gradual do crescimento. De acordo com os dados atuais, apresenta quase o mesmo patamar demográfico que possuía em 1960, porém completamente invertido no que se refere à distribuição no interior do município, com alta taxa de urbanização (89,57%). A população urbana está assentada no núcleo principal e no distrito de Alto Alegre.

As mudanças demográficas estiveram acompanhadas de alterações na estrutura fundiária (tabela 15). Atualmente, o município possui 629 estabelecimentos rurais, dos quais 180 possuem até dez hectares, 380 possuem entre dez e cem hectares e 69 tem mais de cem hectares. Em 1960, eram 1.146 estabelecimentos, dos quais 416 possuíam até dez hectares, 680 estavam entre dez e cem hectares e 41 com mais de cem hectares. Houve uma redução entre esses dois períodos de 517 estabelecimentos agropecuários no município, sendo visível que a redução ocorreu com os pequenos estabelecimentos.

Gráfico 4 – Colorado (evolução da população total, rural e urbana, 1960-2000)

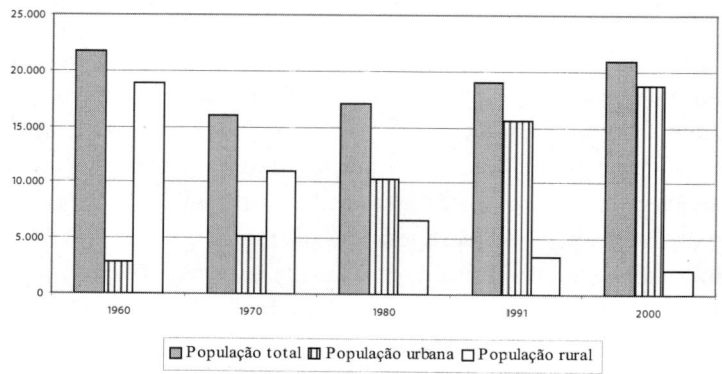

Fonte: Censos demográficos, IBGE

Tabela 15 – Colorado (estrutura fundiária: número de estabelecimentos por classes de área (ha), 1960-1995)

ANO	0-10	10-100	100-500	MAIS DE 500
1960	416	689	38	3
1970	766	721	45	5
1980	353	518	66	8
1985	147	422	70	9
1995	180	380	63	6

Fonte: Censos agropecuários, IBGE

Nesse município, é pequeno o número de estabelecimentos agropecuários com mais de quinhentos hectares. Ainda assim, observou-se um crescimento, pois, em 1960, eram três e no último censo agropecuário foram registrados seis estabelecimentos.

Colorado está situado numa área em que a erradicação de cafeeiros começou antes do início da década de 1970, por isso houve brusca queda de população entre 1960 e 1970. Como o município era grande produtor de café, foi um período de grande mudança. Todavia, já na década seguinte foi instalada, em Colorado, uma unidade industrial do ramo sucroalcooleiro, inicialmente produtora de álcool, resultante do estímulo ao Programa Nacional do Álcool (Proálcool). A produção de açúcar começou na década de 1990, tornando-se, desde então, a principal atividade da empresa. O capital é exógeno ao município de Colorado, formado pela sociedade de duas famílias (Junqueira e Figueiredo), sendo tal unidade a primeira do grupo, embora a família Junqueira já tivesse tradição no ramo. Agora, o grupo possui mais duas unidades no estado de São Paulo. O escritório central fica em Presidente Prudente.

É certo que a instalação da empresa no município foi fundamental, pois ocorreu no período da erradicação de cafeeiros, marcado pela incerteza e falta de alternativas. A presença da mesma criou alguma expectativa, o que é significativo para a história do município que, de maneira geral, reverteu a tendência ao esvaziamento nas décadas seguintes.

A iniciativa foi exclusivamente dos empresários, que mediante a intenção de instalarem-se no Paraná, elegeram o distrito de Alto Alegre, no município de Colorado. A administração municipal nesse período instável buscava providências no sentido de tentar manter a cafeicultura. Para tanto, a Prefeitura Municipal chegou a montar um viveiro de cafeeiros. Diante da indefinição do que fazer, tentava-se recuperar a produção cafeeira. Todavia, como ensinou a história, não era apenas uma questão de conseguir recuperar cafezais por causa das geadas (notadamente a de 1975), pois havia uma conjuntura econômica que não era mais favorável à cafeicultura no noroeste paranaense, conforme já se expôs no capítulo anterior. Por isso, foi extremamente significativa a instalação de outra atividade econômica.

A Usina Alto Alegre pode ser considerada, atualmente, a maior instalada no estado do Paraná, por meio de diversos critérios como a área plantada de cana-de-açúcar, toneladas de cana moída e produção de açúcar. Ela se destaca ainda na produção de álcool anidro. Já a produção de álcool hidratado (utilizado como combustível) é pouco expressiva.

Apesar de ter se instalado com incentivo para a produção de álcool, a empresa destaca-se pela produção de açúcar, que corresponde a 80% de seu faturamento atual. É uma dentre pouquíssimas empresas do ramo no Brasil que optou por priorizar o mercado interno brasileiro. Portanto, todo o processo de produção é diferente das demais, que não exportam o produto final, mas sim a matéria-prima para ser refinada no País comprador. A empresa produz o açúcar cristal e refinado já pronto para uso, encontrado no comércio varejista da região. Os principais compradores estão no Sul brasileiro. Ela é também exportadora, mas do produto final. A produção do álcool anidro (adicionado à gasolina) aproveita parte do produto retirado do caldo, após a extração da matéria-prima para o açúcar. Há, ainda, a produção de álcool gel, para uso doméstico.

Operando com um sistema técnico bastante moderno, a empresa adota estratégias atuais de gestão, como a terceirização do restaurante, de parte do transporte e manutenção em geral. Ela é autossuficiente em energia elétrica, produzida com geradores próprios a partir de resíduos do processo produtivo. Enfim, trata-se de uma unidade industrial que tem incorporado inovações técnicas e administrativas. E o que é mais significativo para este estudo: ela é a maior empregadora do município. O número de trabalhadores contratados oscila durante o período de safra (de abril a dezembro) e entressafra (janeiro a março). Em setembro de 2003, eram 850 trabalhadores na indústria, 1.150 trabalhadores na área agrícola e 2.400 cortadores de cana, somando 4.400 trabalhadores.

Além da mão-de-obra municipal, ela emprega trabalhadores de municípios próximos, como Flórida, Munhoz de Melo, Santa Fé, Guaraci, Nossa Senhora das Graças, Lupionópolis, Santo Inácio, Santa Inês, Itaguajé, Jardim Olinda, Paranapoema, São João do Caiuá, Paranacity, Lobato e Colorado, o que totaliza quinze municípios. Embora trabalhando no município de Colorado, os trabalhadores continuam morando nos municípios vizinhos porque o custo dos imóveis em Colorado é mais alto. Já os trabalhadores da área industrial especificamente procedem de Colorado, do distrito de Alto Alegre, Nossa Senhora das Graças e Guaraci. Outra marca da expressão regional da empresa refere-se aos municípios onde estão áreas arrendadas para o cultivo de cana-de-açúcar: Flórida, Santa Fé, Nossa Senhora das Graças, Santo Inácio, Santa Inês, Paranacity e Lobato, além de Colorado. As relações de trabalho baseiam-se em contratos temporários para o período de safra. Quase todos são recontratados quando uma nova safra se inicia, embora alguns possam ser eliminados definitivamente do quadro da empresa; na linguagem dos próprios trabalhadores, eles "levam facão". Portanto, apesar de ser uma grande empregadora, seus trabalhadores não podem contar com nenhuma estabilidade em relação ao emprego. No estudo de Bernadelli (2004, p.211), ela enfatiza os problemas gerados pela entressafra da cana-de-açúcar e destaca que a parada no corte da cana marca o tempo de "corte dos homens".

Conforme é possível inferir, essa empresa tem expressão microrregional no que se refere à geração de empregos e uso de solo rural. Até mesmo o sindicato dos trabalhadores de indústrias químicas e farmacêuticas, que representam os trabalhadores da planta industrial, tem sede em Colorado e possui uma ampla área de abrangência no Paraná.

Com isso, Colorado tem o perfil de um município industrial (Gráfico 5), já que comparativamente aos demais setores, a indústria se sobressai na economia municipal.

Gráfico 5 – Colorado (valor adicionado por setor de atividade, 1999-2001)

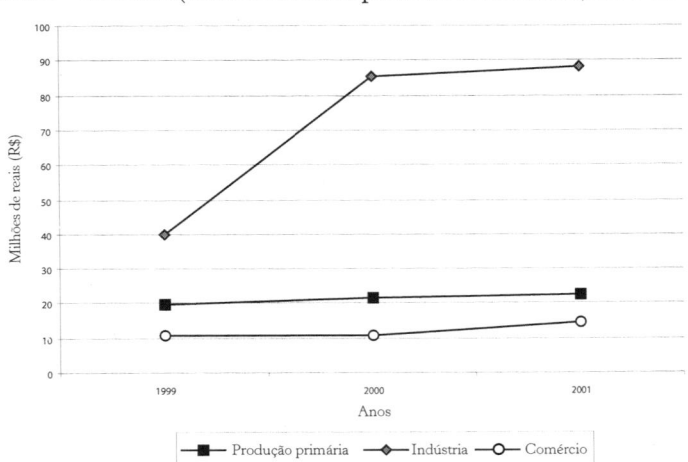

Fonte: Secretaria da Fazenda Estadual, Paraná

As demais atividades econômicas, nos setores primário e terciário, são também significativas, mas com valores muito inferiores àqueles compostos pelas atividades industriais. A complexidade econômica adquirida por esse município não se explica mais somente pela presença da grande empresa, mas também pelos desdobramentos que ocorreram desde então. Acerca desse esclarecimento, em circunstâncias similares, Prenant (1986, p. 537) adverte sobre os efeitos da localização exclusiva ou quase exclusiva de grandes estabelecimentos industriais, que podem ofuscar a atuação de outros agentes econômicos. Em suma, Colorado adquiriu novas funções urbanas, tornando-se um município industrial, com implicações concernentes a esse fato e seus desdobramentos na dinâmica demográfica.

Não obstante tais efeitos econômicos, falar de Colorado implica considerar a presença de uma grande planta industrial numa pequena cidade. Em virtude de seu porte, não há equivalentes entre os outros estabelecimentos industriais do município, configurando uma situação quase monoindustrial, com respectivas correspondências econômicas e políticas tanto na perspectiva do capital, quanto na perspectiva do trabalho por ela absorvido e pautado por imposições completamente unilaterais por parte da empresa.

De maneira geral, as grandes empresas instaladas em pequenas cidades criam dinâmicas similares às de *companys towns*,[11] estabelecendo explícita ou tacitamente regras. Comumente procuram manter sua condição monoindustrial, pelo menos no que se refere a possíveis

---

11 Termo tradicionalmente utilizado em inglês, porque decorre de uma prática mais frequente na Inglaterra e nos Estados Unidos, embora a experiência tenha se disseminado pelo mundo, em diversos casos (mas não exclusivamente) decorrente de ações de empresários procedentes daqueles dois países. São cidades criadas por grandes empresas, algumas por serem mesmo do ramo imobiliário, outras como suporte para o empreendimento de atividades produtivas. Essas cidades podem tornar-se cidades públicas com a incorporação de municipalidade, o que apenas diminui o peso do comando empresarial. A empresa é fundamental para o funcionamento da localidade e sua retirada pode ter efeito econômico fatal na mesma. O mesmo ocorre com outras cidades que, mesmo não tendo sido criadas por empresas, dependem muito de uma única companhia, que funcionam como *company towns*, sem que a mesma tenha a posse/propriedade da localidade.

concorrências, pretendendo manter as referidas condições unilaterais nas relações de trabalho, além da interferência direta ou indireta no comando político local, entre outras práticas advindas dessa situação. Constata-se, neste ponto, uma situação paradoxal. Se, por um lado, é vantajoso para as empresas usufruírem da condição de grande e quase exclusiva empregadora e geradora de riquezas de uma pequena cidade, como sinaliza Veltz (1998, p.225-37), a concentração de atividades em espaços metropolitanos oferece lógicas anônimas de mercado, com riscos compartilhados e oportunidades de sinergias maiores. Enfim, constituem lógicas que facilitam o encerramento de atividades ou processos de reestruturação. Segundo o mesmo autor, os custos de desengajamento são mais fracos (ou talvez apenas pareçam mais fracos) social e economicamente no meio metropolitano. Em pequenas e médias cidades, são muito dolorosas as implicações desses processos, pois nesses espaços a responsabilidade do empregador é integralmente exposta.

Por isso, o ramo agroindustrial e outros igualmente considerados como indústrias pesadas e baseadas em grandes plantas industriais, vinculadas ao uso do solo do entorno, localizam-se nos municípios com pequenas e médias cidades. Seria inviável a concentração desse tipo de atividade industrial em áreas metropolitanas pela dimensão das áreas que necessitam (tanto no processo industrial como na obtenção da matéria-prima) e pelo tipo de mão-de-obra que utilizam (numerosa e barata). São ramos que aproveitam a condição monoindustrial, mas convivem com os reveses dessa situação, já que os referidos espaços são os mais adequados para o desenvolvimento desse tipo de atividade produtiva.

Querência do Norte

Trata-se de um município que vem apresentando lento mas constante índice de crescimento demográfico. Como mencionado anteriormente, tem uma localização relativamente isolada. Existem algumas peculiaridades na história desse município. Diferentemente dos demais, a população total não alcança seu auge na década de 1960, mas sim na década de 1970, mostrando que não se observa, nesse caso, um crescimento tão acelerado como ocorreu na maioria dos municípios da região (Gráfico 7). Isso se explica pelos conflitos fundiários que coexistiram no referido município com o processo de colonização e a forma de atuação da própria empresa colonizadora que não inspirava confiança aos compradores.

Nesse município, atuou uma empresa que reunia sócios paulistas e gaúchos, a Companhia Brasil-Paraná. Repetiu-se a intensa propaganda junto aos locais de origem dos empresários, no caso estados do Sul brasileiro, especialmente o Rio Grande do Sul. Enquanto a história da região está marcada pela maior presença de paulistas, no referido município, foi intensa a presença de gaúchos que adquiriram pequenas propriedades (colônias).[12] Eles se mudaram em busca de terras e, apesar de não haver produção de café no Rio Grande do Sul, tinham intenção de aderir à cafeicultura. Além disso, também foi intensa a presença de nordestinos que vieram em busca de trabalho.

Outro traço que marca a produção desse espaço – os conflitos fundiários – não corresponde a uma exclusividade do município de Querência do Norte, como já se comentou, pois diversos conflitos atingiram o estado do Paraná por várias décadas. Entretanto, nesse município, há maior relevância diante da violência e resistência ocorridas. A questão fundiária em Querência do Norte é substancial e ajuda a explicar a realidade atual, pois trata-se do município da região estudada com maior presença de famílias assentadas atreladas ao MST.

A história de municípios onde a questão agrária ganha maior expressão força a lembrança de que a história do Paraná, sobretudo em sua parte setentrional, caracterizou-se não só pela presença de empresas colonizadoras. A intensa procura por terras reforçou a atuação de grileiros e outros agentes protagonistas de conflitos fundiários, que ocorreram ou apareceram de forma mais aguda onde o poder das companhias não se impôs tão deliberadamente. Além da presença da companhia colonizadora, a área que compõe o município de Querência do Norte era disputada entre fazendeiros que receberam terras do governo e posseiros (Haracenko, 2002).

---

12   Uma colônia equivale a dez alqueires paulistas, ou seja, 24,2 hectares.

Portanto, a história de Querência do Norte é bem mais complexa do que o simples registro da chegada dos migrantes gaúchos e nordestinos, entre 1950 e 1953. Para entender a realidade do município, é preciso considerar os conflitos agrários e a resistência dos trabalhadores rurais na região, assunto já tratado por alguns trabalhos acadêmicos (Gonçalves, 2004; Haracenko, 2002 e Montenegro Gómez, 2002).

No que se refere à formação da pequena cidade, como aconteceu em outros empreendimentos da região, a cada colônia adquirida o proprietário era obrigado a comprar um terreno para construir na cidade. No entanto, em Querência do Norte, a divulgação por parte da companhia colonizadora de uma infraestrutura inexistente, além de problemas políticos e administrativos, como o afastamento do primeiro prefeito, levou muitos compradores de terrenos urbanos a interromper os pagamentos, criando impasses, pois tais terrenos não eram mais inteiramente da empresa, nem dos compradores. Para tornar ainda mais complexo esse processo, ocorreram ocupações por terceiros. Portanto, Querência do Norte, além do problema fundiário no campo, teve e ainda tem problemas com a questão fundiária urbana. De qualquer maneira, como as demais pequenas cidades da região, a sede urbana funcionava como primordial localidade central com algumas atividades industriais do ramo madeireiro e alimentar. Em 1956, contava com 34 estabelecimentos comerciais varejistas e três atacadistas (Ferreira, 1959, p.421-2).

O índice de urbanização, segundo dados do ano 2000, é de 61,24%, o que poderia significar um indicador de menor êxodo rural. Contudo, nesse município, a análise não pode ser tão simples. A partir da década de 1980, iniciou-se um crescimento da população rural que só pode ser compreendido no referido contexto histórico, relacionado com a forte presença do MST no município como resultado da história de resistência existente no mesmo acerca da já citada questão fundiária. Junto com a população rural cresceu a população urbana, indicando uma área de raro dinamismo demográfico no enredo regional.

Essa dinâmica rompeu um declínio expressivo observado de 1970 a 1980, como ocorrera com praticamente todos os municípios da mesma região. Foram, em termos absolutos, 5.168 emigrantes.

Vários gaúchos retornaram ao Rio Grande do Sul, enquanto outros buscaram novas fronteiras no Norte do País, além de outros destinos que marcaram o êxodo demográfico de Querência do Norte. Nas duas últimas décadas, o município tem apresentado crescimento demográfico, mas ainda não recuperou a população que tinha em 1970 (Gráfico 6).

Gráfico 6 – Querência do Norte (evolução da população total, rural e urbana, 1960-2000)

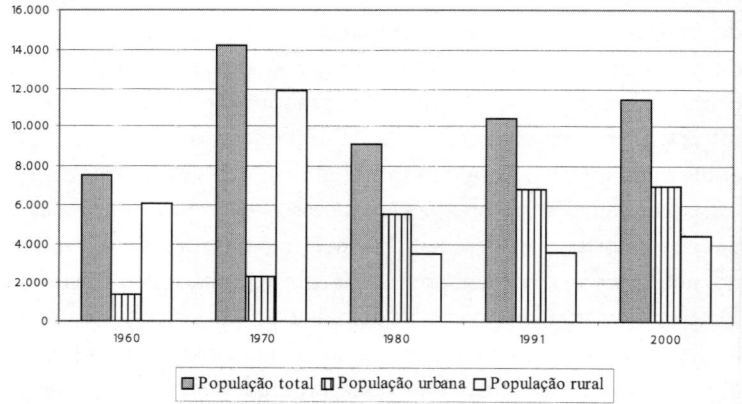

Fonte: Censos demográficos, IBGE

Os dados referentes à estrutura fundiária acompanham o comportamento demográfico (tabela 16). Os pequenos estabelecimentos agropecuários atingiram maior número apenas em 1970, mas diferentemente dos outros municípios aparece, também, um número maior de estabelecimentos com áreas superiores a quinhentos hectares. Na década de 1980, houve uma acentuada redução dos estabelecimentos que possuem entre dez e cem hectares. Até 1985, houve uma desconcentração fundiária, marcada especialmente pelo aumento do número de estabelecimentos pertencentes ao grupo de dez a cem hectares. Já em 1960, eram seis estabelecimentos com mais de quinhentos hectares e, em 1996, contaram-se 35.

Tabela 16 – Querência do Norte (estrutura fundiária, número de estabelecimentos por classes de área (ha.), 1960-1995)

ANO	0-10	10-100	100-500	MAIS DE 500
1960	58	223	23	6
1970	799	311	48	29
1980	230	189	66	35
1985	425	329	80	36
1995	158	374	86	35

Fonte: Censos agropecuários, IBGE

Os oito assentamentos no município ocupam uma área de aproximadamente 17 mil hectares e abrangem 673 famílias, o que dá uma média de área por família de mais de 25 hectares. Por isso, tem aumentado o número de estabelecimentos entre dez e cem hectares. Contudo, no que se refere aos estabelecimentos maiores (mais de cem hectares) observa-se que seu número igualmente tem aumentado. De alguma maneira, o município expressa o embate fundiário brasileiro, pois se num extremo a resistência e a luta pela terra provocam alguma desconcentração fundiária, em outro a dinâmica econômica e a prática política pautadas pelos interesses latifundiários continuam provocando concentração de terra e redução do número de estabelecimentos menores. Os dados não revelam a natureza dos conflitos e as lutas sociais que marcaram essa oscilação na estrutura fundiária no município em estudo.

Trata-se de uma história complexa que precede a presença do MST, relacionada à concessão de terras em áreas de posseiros, bem como ao desalojamento de ribeirinhos e ilhéus por causa de enchentes, que foram criando a história da resistência no referido município (Santos & Almeida, 2003, p.5), somada ao MST em 1988, com agricultores procedentes do sudoeste do Paraná[13] e de outros municípios como

13   Conforme Santos & Almeida (2003), as famílias procedentes do sudoeste são famílias excedentes dos assentamentos ocorridos na região. Vieram, ainda, famílias desabrigadas pela Usina de Itaipu.

Amaporã, Reserva e Castro. Muitos conflitos se seguiram, e como mencionado anteriormente, há outras pesquisas que detalham e analisam tais fatos.

Em síntese, cabe destacar que são cerca de vinte anos de história marcada por ocupações e conflitos que contextualizam a existência atual dos oito assentamentos rurais em Querência do Norte, cujos dados são os seguintes:

Tabela 17 – Querência do Norte (assentamentos rurais, 2003)

ASSENTAMENTO	ÁREA (HA.)	NÚMERO DE FAMÍLIAS
Antonio Tavares Pereira	1.000,50	73
Che Guevara	2.453,20	70
Chico Mendes	2.296,50	81
Fazenda Santana	560,71	21
Luiz Carlos Prestes	1.256,00	50
Margarida Alves	556,60	20
Pontal do Tigre	8.096,10	336
Zumbi dos Palmares	801,80	22
Total	17.021,41	673

Fonte: Incra/ Superintendência Regional do Paraná, 2003

Em todo o Paraná, de acordo com a mesma fonte, são mais de 15 mil famílias assentadas em cem municípios paranaenses, localizados sobretudo em áreas do sudoeste, noroeste e centro do estado. Somando todos os assentamentos, destacam-se os seguintes municípios:[14]

Tabela 18 – Estado do Paraná (municípios com maior número de famílias assentadas, 2003)

MUNICÍPIO	NÚMERO DE FAMÍLIAS ASSENTADAS
Rio Bonito do Iguaçu	1.504
Querência do Norte	673
Honório Serpa	596
Marmeleiro	538
Bituruna	515

Fonte: Incra/ Superintendência Regional do Paraná, 2003

---

14 Existem assentamentos localizados em área de dois municípios. Nesse caso, foi dividido por dois o número total de famílias.

Mediante esses dados, é possível compreender o significado de Querência do Norte como espaço de assentamento rural. É o segundo município dessa unidade da federação com maior número de famílias assentadas. Existem, ainda, 607 famílias acampadas, o que demonstra a tendência a aumentar o número de assentamentos. É assim que se explica a alteração na estrutura fundiária do município. A presença dos assentamentos trouxe uma série de implicações para Querência do Norte. Enquanto diversos municípios perdem população no noroeste paranaense, esse é um dos municípios que conseguiu reverter a tendência de declínio demográfico. Houve, com isso, uma revitalização na economia da sede municipal (Montenegro Gómez, 2002, p.58). Deve-se observar que, após anos de conflitos, os assentados rurais do MST vêm conseguindo integrar-se na vida econômica e política da cidade. Além da dinâmica no comércio e na demanda por serviços, os assentados produzem e entregam a produção na Cooperativa Agroindustrial do Noroeste do Paraná (Copagra), na fecularia e em outros pontos de vendas, além da cooperativa do próprio movimento.

Quanto à integração política, eles possuem representação oficial, já que um vereador que compõe a câmara municipal de Querência do Norte é assentado. No entanto, a presença do movimento social no município provocou a instalação do Sindicato Patronal Rural. Relatos indicam que a presença do MST estimulou a adesão ao movimento de famílias mais pobres da periferia da cidade. Nesse sentido, pode-se afirmar que os resultados da luta social têm mais implicações do que a dinâmica econômica positiva decorrente do crescimento demográfico. O movimento social na cidade tem também um resultado político positivo. É a contestação presente com frequência, com passeatas, manifestações em órgãos públicos e banquinhas de panfletagem no centro da cidade.

Já o comportamento dos setores econômicos de Querência do Norte (Gráfico 7) indica que a produção primária mantém-se como a principal. A indústria tem oscilado um pouco nos últimos anos, diminuindo relativamente sua participação no valor adicionado. As atividades comerciais apresentam pequeno crescimento.

Gráfico 7 – Querência do Norte (valor adicionado por setor de atividade, 1999-2001)

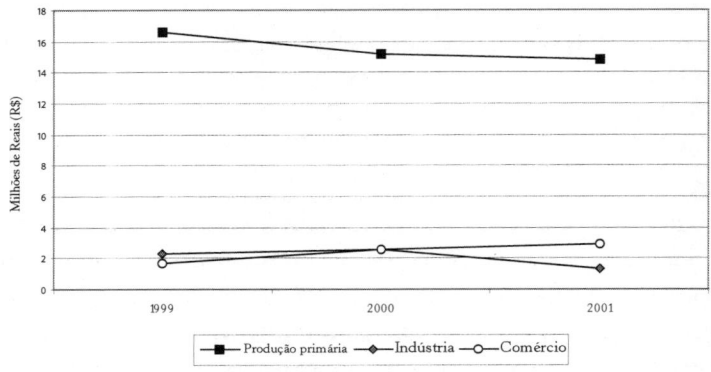

Fonte: Secretaria da Fazenda Estadual, Paraná

São notáveis, entretanto, as diferenças entre os valores da produção primária e os outros setores. Querência do Norte não se destaca por novas atividades urbanas ou industriais, mas pela dinâmica de seu espaço agrário. Essa dinâmica assegura a manutenção da área urbana como localidade central, que tem como hinterlândia a vasta área municipal, abarcando comunidades, moradores dos portos[15] e ilhas do Rio Paraná. A recuperação da centralidade de Querência do Norte está intimamente relacionada à desconcentração fundiária e consequente elevação da densidade da população rural.

Na contramão do que ocorre em outros municípios, nesse funciona ampla escola rural com ensino médio. No âmbito municipal, as estatísticas escolares apontam crescimento expressivo no número de matriculados. É também um dos poucos municípios com novos cursos sendo aprovados pela Secretaria de Estado da Educação, como

---

15 São três portos: Porto Natal, Porto 18 e Porto Brasílio. Neste último, há um distrito administrativo e infraestrutura mais adequada ao turismo. No distrito, há empreendimentos imobiliários para residências secundárias. Entretanto, esse é o porto mais distante (34 km) da sede e a estrada é precária, já que não é nem cascalhada. A população querenciana tem maior afinidade com Porto Natal, onde, igualmente, estão previstos outros investimentos imobiliários.

foi o caso do curso de magistério no final de 2003. São dados do vigor recuperado na dinâmica municipal.

Rondon

Localizado em ponto relativamente central da região estudada, é um dos municípios que mais perdeu população desde 1960 na referida área, lembrando que, de acordo com os dados do censo demográfico realizado em 2000, a população total do município é de 8.515 habitantes. Em 1960, Rondon possuía 38.063 habitantes. Entretanto, desde esse período ocorreram os desmembramentos de Cidade Gaúcha, em 1960 (que, por sua vez, deu origem a Nova Olímpia, em 1967 e Guaporema, em 1961) e Indianópolis, também em 1960 (que, posteriormente, deu origem a São Manoel do Paraná, em 1990). Em 1970, eram 22.005 habitantes e, a partir daí, já não houve mais desmembramentos. Portanto, os indicadores de declínio desde 1970 são explicados pela emigração (Gráfico 8).

Gráfico 8 – Rondon (evolução da população total, rural e urbana, 1960-2000)

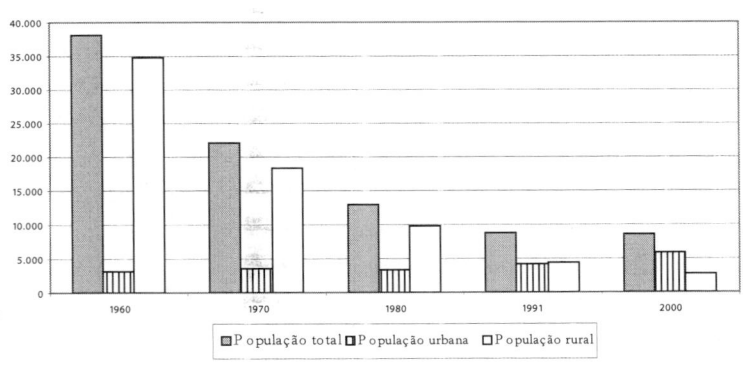

Fonte: Censos demográficos, IBGE

Em números absolutos, de 1970 a 1980, houve uma redução da população total que passou de 22.005 para 12.997 habitantes, com perda de 9.008 habitantes. Nesse período, houve inclusive pequena

perda de população urbana, que passou de 3.595 para 3.237 habitantes. De 1980 para 1990, prosseguiu a tendência de perda demográfica
expressiva – 4.350 habitantes. De 1990 em diante, continuou a ocorrer
decréscimo demográfico em relação à população total, entretanto num
ritmo menor. Nas últimas décadas, a população urbana vem crescendo,
compondo agora uma taxa de urbanização de 68,4%.

A história de Rondon está relacionada ao empreendimento imobiliário atribuído a Leôncio de Oliveira Cunha, que era proprietário
de uma gleba de terras na região. Em 1949, começou a "abertura"
da área, onde hoje se localiza o município. O colonizador contratou
corretores, que atuaram no estado de São Paulo, por isso, os pioneiros
do município de Rondon são basicamente pequenos proprietários ou
trabalhadores rurais paulistas, oriundos notadamente da região de
Marília. Eram pequenos proprietários que queriam obter novas áreas,
ou trabalhadores que sonhavam em conseguir terras próprias. Além
dos paulistas, vieram mineiros, a maioria na qualidade de mão-de-obra
para a cafeicultura.

Rondon teve crescimento bastante rápido. No final da década de
1950, já estava instalada uma pequena cidade com energia elétrica,
cinema, escola e outros serviços. O município tinha serrarias e máquinas de beneficiamento de café. Conforme Ferreira (1959), eram
34 estabelecimentos industriais entre os diversos ramos: madeireiro,
cerâmica e produtos alimentares. Quanto ao comércio, eram 41 estabelecimentos varejistas, dois atacadistas e uma agência bancária (Ferreira,
1959, p.446). Para atender ao fluxo de viajantes, no município havia
seis hotéis e uma pensão que prestavam serviços de hospedagem e alimentação. Nesse período, Rondon era entre os municípios analisados
o mais dinâmico, além do mais populoso.

Quanto à estrutura fundiária, houve notável concentração de terras.
Os pequenos estabelecimentos rurais, com até dez hectares, atingiram
maior número em 1970 – 1.339 estabelecimentos, enquanto, em 1996,
eram apenas 139, ou seja, foram incorporados por estabelecimentos
maiores 1.200 pequenos estabelecimentos. O número de estabelecimentos médios – de dez a cem hectares – também teve significativa
redução, pois passou de 652, em 1970, para 294, em 1996. Nume-

ricamente, os grandes estabelecimentos agropecuários não tiveram um aumento muito expressivo, o que significa que os que já eram inicialmente maiores foram anexando os demais, apenas aumentando as respectivas áreas (tabela 19).

Tabela 19 – Rondon (estrutura fundiária, número de estabelecimentos por classes de área (ha.), 1960-1995)

ANO	0-10	10-100	100-500	MAIS DE 500
1960	779	1444	146	13
1970	1339	652	79	13
1980	198	452	103	15
1985	348	440	89	20
1995	139	294	83	15

Fonte: Censos agropecuários, IBGE

Predominam grandes estabelecimentos agropecuários, vários pertencentes a proprietários absenteístas. Portanto, a área rural do município é marcada pelo latifúndio e pelo absenteísmo. São duas características que apresentam implicações negativas na dinâmica demográfica do município, já que comprometem o território do mesmo, sem gerar empregos ou outros incrementos econômicos e sociais positivos.

Nesse município, também está localizada uma unidade do ramo sucroalcooleiro, a Coocarol. É uma cooperativa de proprietários de terras que contava com 48 cooperados em 2003, 317 funcionários na área industrial e 1.200 cortadores de cana-de-açúcar, sendo maiores os números referentes aos trabalhadores em períodos de safra. Também instalada com o estímulo do Proálcool, tornou-se ativa em 1990. Em 2003, ela era a segunda maior destilaria de álcool hidratado (utilizado como combustível) do Paraná. Embora haja intenção por parte dos sócios, ainda não se iniciou a produção de açúcar.

A Coocarol possui expressão microrregional, tanto no que se refere ao arrendamento de terras, quanto à contratação de mão-de-obra. Ela possui áreas arrendadas nos municípios de Japurá, São Manoel do Paraná, Mirador, Indianópolis, São Tomé e Maria Helena, entre outros, além daquelas utilizadas no próprio município de Rondon. A contratação dos cortadores de cana, do mesmo modo, extrapola os limites municipais, sendo os mesmos procedentes dos seguintes municípios: Alto Paraná, São Tomé, Maria Helena, Nova Olímpia, Tapira, Cruzeiro do Oeste, Tamboara, São João do Caiuá, Amaporã, Rondon, Indianópolis, Japurá, Guaporema, Paraíso do Norte, Cidade Gaúcha, Mirador e Cianorte. A mão-de-obra da unidade industrial é basicamente de Rondon, sendo apenas alguns funcionários procedentes de Paraíso do Norte.

Os cortadores de cana são contratados por um condomínio de produtores de cana,[16] o Produtores de Cana de Rondon (Procaron), formado para gerir o trabalho. Quando havia cultivo de algodão no município a mão-de-obra era disputada, pois enquanto não findava a colheita daquele produto os boias-frias não trabalhavam no corte de cana. Isso indica uma certa preferência, pois o trabalho com o algodão é mais leve e limpo. Embora a mão-de-obra utilizada no corte de cana-de-açúcar seja considerada desqualificada, os trabalhadores precisam demonstrar destreza, pois existe uma produtividade mínima a ser cumprida diariamente (sete toneladas). Essa expectativa faz que trabalhadores sejam considerados idosos para a atividade com 45 anos (Thomaz Júnior, 1996, p.208).

Nessa área do estado, as unidades agroindustriais estão bastante próximas, o que provoca uma demanda de mão-de-obra que nem sempre pode ser suprida com trabalhadores do próprio município ou do entorno. São utilizadas duas soluções para o problema: a mobilidade

---

16 Trata-se de novo modelo de contratação de trabalhadores rurais. Consiste no registro de empregados em nome coletivo de empregadores, sem intermediação. Nesse caso, a acepção de condomínio é diferente da tradicional, pois não pressupõe propriedade comum. Na realidade, construiu-se uma nova figura jurídica, incentivada pelo Ministério do Trabalho como instrumento para formalizar as relações de trabalho.

pendular de trabalhadores temporários trazidos de municípios mais distantes, como é o caso daqueles procedentes de Terra Rica para a destilaria de Rondon, e a migração sazonal que se refere aos trabalhadores provenientes de outras áreas do Brasil.[17]

Na região paulista de Ribeirão Preto, essa situação de concentração das unidades agroindustriais é corriqueira, gerando igualmente intensa demanda pelo trabalho desqualificado, suprida por meio do trabalho eventual de migrantes temporários ou definitivos. Portanto, ali a presença densa e resoluta desse segmento provocou a instauração de outros segmentos industriais a ele vinculados e, em decorrência, considerável crescimento demográfico de cidades como Sertãozinho (Elias, 1996, p.210), entre outras.

Quanto aos dados econômicos de Rondon, é possível perceber que as unidades agroindustriais são expressivas na geração do valor adicionado no município. Oscilando junto com atividades primárias, o setor industrial é o segundo do município. As atividades comerciais e prestação de serviços apresentam pequeno crescimento (Gráfico 9).

Apesar desse desempenho industrial, não há geração de bons empregos. De maneira geral, geram-se subempregos, com baixa remuneração e condições precárias de trabalho.

---

17 Em Rondon, conta-se a experiência da vinda de 250 trabalhadores procedentes do norte mineiro, nos anos de 1996 e 1997, para trabalhar no corte de cana para a Coocarol. Eles foram alojados num galpão ainda conhecido como Barracão dos Mineiros. Entretanto, ocorreram problemas como falhas na administração desse pessoal. A empresa apenas cedeu alojamento e deixou o restante por causa de um "gato" que desviava quase todos os recursos destinados à alimentação, agravando a desnutrição e insatisfação dos trabalhadores. Além disso, eles sofreram com o frio na região, nos meses de junho e julho. Eles estavam acostumados a sair de Minas Gerais para trabalhar, mas sentiam falta de casa e, especialmente, das festas juninas.

Gráfico 9 – Rondon (valor adicionado por setor de atividade, 1999-2001)

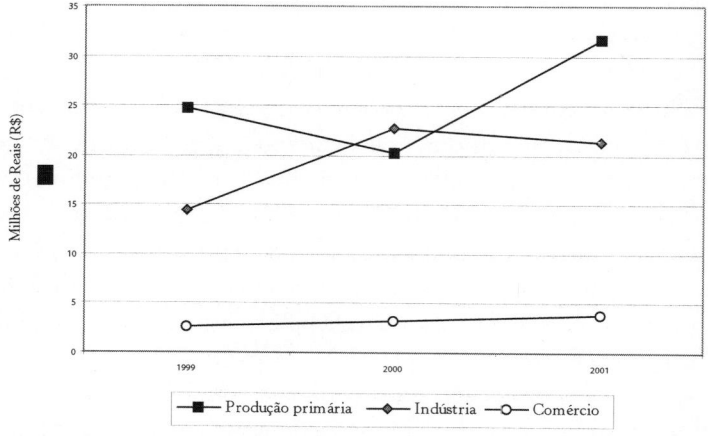

Fonte: Secretaria da Fazenda Estadual, Paraná

Terra Rica

A área que hoje constitui o município de Terra Rica, lindeiro ao Rio Paranapanema, foi adquirida pela Sociedade Imobiliária Noroeste do Paraná (Sinop), composta por Ênio Pipino e João Pedro Moreira de Carvalho, oriundos do sudoeste paulista. A empresa demarcou e vendeu lotes urbanos e rurais. Terra Rica foi o primeiro empreendimento da Sinop, que depois projetou outras quatro cidades no Paraná, juntamente com o loteamento da área rural dos respectivos municípios: Formosa do Oeste, Iporã, Ubiratã e Jesuítas. Em fase posterior, essa empresa concretizou novos loteamentos em Mato Grosso, onde se atribui a ela a criação de outras cidades: Vera, Santa Carmem, Cláudia e a cidade mais conhecida, homônima da empresa – Sinop. Os primeiros moradores chegaram em 1949, procedentes em especial do sudoeste de São Paulo, mesma região em que a referida empresa possuía escritório.

Em Terra Rica, foi grande a dificuldade para a obtenção de água potável, tendo em vista a profundidade do lençol freático, que inviabilizava a perfuração de poços comuns. A população improvisava o abastecimento buscando água em latas e carrinhos de madeira. A água chegava também em tambores e carros-pipa. O problema foi amenizado, na década de 1970, quando foi construída uma pequena hidroelétrica no município para gerar energia e bombear água para a cidade. Ainda em operação, ela leva o nome de seu incentivador – Usina Hidroelétrica Padre Eduardo.

Por esse motivo, muitas mudanças que chegavam ao município não chegaram nem a ser descarregadas. Quando a própria Sinop realizou outros investimentos no Paraná, muitos moradores de Terra Rica transferiram-se para as novas localidades. Além do problema da água, faltava também energia elétrica, o que foi regularizado apenas em 1968 com a chegada da Companhia Paranaense de Energia Elétrica (Copel). Enfim, Terra Rica teve problemas com a fixação de moradores por causa dessas dificuldades.

Apesar disso, Terra Rica foi uma significativa localidade central no período em que predominava a economia cafeeira, quando contava com 144 estabelecimentos comerciais varejistas e dois atacadistas (Ferreira, 1959, p.501).

O problema do fornecimento de água só foi resolvido completamente em 1994, quando foi instituída a Autarquia Municipal de Água. Até então, o abastecimento era precário. Em algumas áreas da cidade, a água só chegava à noite, momento em que tinha de ser armazenada em caixas.

Sobre a evolução demográfica do município, observa-se que não foram bruscas as transformações. Ocorreu perda de população total, mas paulatinamente, no mesmo compasso da inversão entre a população rural e a população urbana, que perfaz, com base nos dados de 2000, um índice de urbanização de 76,22% (Gráfico 10). Assim, a população de Terra Rica apresentou um pequeno decréscimo de 1960 até 1970 que somou 615 habitantes. De 1970 para 1980, a perda foi maior, passando de 18.004 para 16.979 habitantes, numa diferença de 1.025 pessoas. De 1980 para 1991, a redução foi de 3.970 habitantes e foi o período de maior declínio demográfico. Após 1990, a perda continuou, mas agora envolvendo menor número de pessoas. A população atual é de 13.796 habitantes.

Gráfico 10 – Terra Rica (evolução da população total, urbana e rural, 1960-2000)

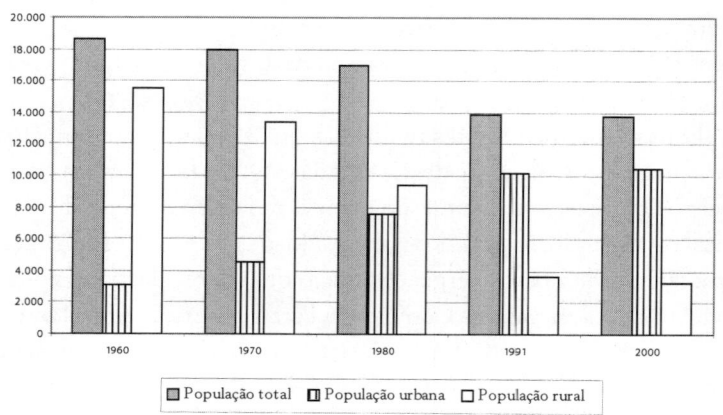

Fonte: Censos demográficos, IBGE

Quanto à estrutura fundiária, as alterações foram mais movimentadas, com uma repartição fundiária mais acentuada, tomando por referência a característica da região em 1970, quando os pequenos e médios estabelecimentos agropecuários eram predominantes (tabela 20).

Tabela 20 – Terra Rica (estrutura fundiária, número de estabelecimentos por classes de área (ha.), 1960-1995)

ANO	0-10	10-100	100-500	MAIS DE 500
1960	205	571	51	9
1970	786	798	86	17
1980	476	595	107	23
1985	588	489	121	25
1995	221	410	105	24

Fonte: Censos agropecuários, IBGE

Entre 1970 e 1985, a estrutura fundiária oscilou bastante, mas, na última década, houve nova redução dos estabelecimentos agropecuários menores. Entre 1970 e 1996, foram reduzidos 565 estabelecimentos com até dez hectares e 388 estabelecimentos entre dez e cem hectares. O número de estabelecimentos com mais de quinhentos hectares aumentou de nove, em 1960, para 24, em 1996. Em Terra Rica, é grande o número de proprietários rurais absenteístas, que conforme a administração municipal deve representar 60% a 70%.

O MST está presente também em Terra Rica e tem contribuído para reverter o declínio demográfico, bem como a concentração fundiária. Mas essa presença corresponde a duzentas famílias assentadas, ou seja, não é tão intensa quanto em Querência do Norte (tabela 21). Além das famílias assentadas, há mais trezentas famílias acampadas. Contudo, por ora não existe o mesmo resultado que naquele município.

Tabela 21 – Terra Rica (assentamentos rurais, 2003)

ASSENTAMENTO	ÁREA (HA.)	FAMÍLIAS
Vila Nova	622,45	28
São Paulo	394,46	18
Santo Antonio das Águas do Corvo	1.326,16	54
Nossa Senhora da Penha	916,10	37
Sétimo Garibaldi	851,84	63
Total	4.111,01	200

Fonte: Incra, 2003

As famílias assentadas trabalham, basicamente, com bovinocultura de leite e com o cultivo da mandioca. Os assentamentos ocorreram há mais ou menos cinco anos e, na apreciação da administração pública, aumentaram os problemas sociais na cidade, em especial durante o período em que as famílias permaneceram acampadas. Com os assentamentos, a expectativa é que ocorra um incremento da dinâmica econômica do município, tendo em vista as primeiras colheitas. Segundo relatos locais, o comércio já está mais movimentado. É certo que sem a presença desses assentamentos os índices de decréscimo demográfico seriam maiores.

Outra peculiaridade de Terra Rica é que pode ser considerado o município mais turístico entre os quatro analisados. O perfil conforma-se com as praias no Rio Paranapanema, onde podem ser praticados esportes náuticos. Mas a maior atração do município é o conjunto formado pelos Três Morrinhos, onde se pratica o voo livre em asa-delta. Uma vez por ano realiza-se um campeonato da categoria, já que a topografia do município é considerada muito adequada à prática desse esporte. Essas atividades turísticas atraem pessoas oriundas da própria região e, no caso do voo livre, de diversos pontos do Paraná e do Brasil. A difusão do turismo, de maneira geral, e especificamente em relação a pequenas cidades, tem sido valorizada recentemente. Tal dinâmica ocorre em regiões antigas ancoradas em atrativos históricos ou em áreas aprazíveis com atrativos naturais, como é o caso do município aqui mencionado.

O maior valor adicionado da economia municipal está nas atividades primárias (Gráfico 11). As atividades industriais estão em posição intermediária e, por fim, as atividades terciárias, que vêm apresentando um pequeno crescimento.

Gráfico 11 – Terra Rica (valor adicionado por setor de atividade, 1999-2001)

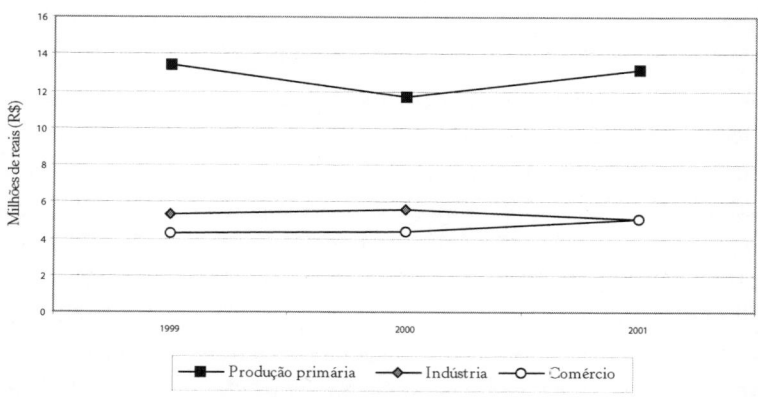

Fonte: Secretaria da Fazenda Estadual, Paraná

É notável que, em Terra Rica, tanto os dados relativos à população quanto aqueles relacionados à economia apresentam uma oscilação menor, o que confirma sua situação de município intermediário, no que se refere aos parâmetros comparativos.

O que faz a diferença?

Algumas interpretações para a dinâmica municipal diferenciada já foram ensaiadas nos itens anteriores. Nesta parte, procura-se sistematizar alguns pontos considerados substanciais para assinalar essas diferenças. Esses pontos não se apegam a elementos predefinidos aleatoriamente, nem inspirados por outras pesquisas, ainda que se encontrem constatações coincidentes. Ao contrário, eles resultaram da análise dos quatro municípios, tomada em parte de modo cotejado, mas também isoladamente quanto aos detalhes e especificidades de cada um. Assim, o estudo dos municípios permitiu eleger alguns elementos que podem ser indicados como primordiais na explicação, ao menos parcial, das diferenças assinaladas.

Cronologia e características da reversão econômica

Tanto Colorado quanto Querência do Norte sofreram os efeitos da crise da economia cafeeira, quando esta deixou de ser a principal atividade econômica da região. É certo, entretanto, que as implicações nesses municípios foram amenizadas, o que está relacionado com uma ligeira reversão econômica, embora em contextos bastante diversos entre si.

Em Colorado, houve uma redinamização econômica, com a instalação de uma grande planta agroindustrial. Foi relevante a atividade ter instalado-se logo na década seguinte à crise cafeeira, contendo os efeitos da mesma. Por isso, Colorado apresenta perda demográfica apenas entre 1960 e 1970. A troca rápida da base econômica permitiu que a situação de declínio demográfico e econômico fosse revertida.

No entanto, o fato de Rondon, município com maior declínio demográfico deste exercício comparativo, contar também com uma unidade sucroalcooleira provoca novas indagações, pois não se observam os mesmos resultados, exigindo a busca de pormenores. Portanto, não basta assinalar a existência dessa atividade, já que ela aparece em municípios com situações demográficas extremas entre aqueles selecionados para o estudo. Assim, deve-se destacar o momento da instalação da atividade. Em Colorado, ela foi imediata à decadência da economia cafeeira na região, no final da década de 1970, na ocasião denominada Destilaria Alto Alegre. Já em Rondon, a produção industrial só foi inaugurada no início da década de 1990, quando o município já havia passado por intensa perda demográfica.

Outros elementos significativos correspondem ao porte e à natureza da planta industrial, além das externalidades geradas pela mesma. A unidade industrial de Rondon (Coocarol) possui um porte significativo, mas corresponde a aproximadamente um terço daquela instalada em Colorado (Usina Alto Alegre – Unidade Junqueira), obviamente com implicações e desdobramentos diferentes. Não só a dimensão é diferente como também o é a qualidade da planta industrial. Em Colorado, encontra-se um complexo industrial tecnologicamente atualizado e com cuidados administrativos que mereceram a certificação International Organization for Standardization (ISO) 9001, entre outras. Além disso, a empresa adotou um programa de *trainees* para jovens profissionais de várias áreas acadêmicas. São procedimentos que fazem circular, no município, profissionais qualificados, ainda que temporariamente.

Portanto, o conjunto industrial em Colorado é conduzido com a incorporação de novas formas de gestão, conforme já se comentou anteriormente. Além das qualidades mencionadas, deve-se levar em conta procedimentos como a terceirização total de algumas atividades (caso do restaurante que atende aos funcionários) e a terceirização parcial dos serviços de transporte e manutenção geral das instalações industriais. A terceirização gera externalidades e impulsiona outras empresas locais.

É curioso que, no caso de Rondon, também há terceirização, mas de natureza diferente. O processo de terceirização da unidade industrial sucroalcooleira naquele município ocorreu entre os próprios sócios da cooperativa. Alguns montaram empresas para prestar serviços e cuidar de determinadas demandas da destilaria. Essa atividade fica restrita a um grupo já vinculado a esse setor econômico, ou seja, funciona numa espécie de circuito fechado entre alguns notáveis locais. Adiciona-se a isso certa obsolescência tecnológica e deficiências na capacidade e na forma de gestão empresarial. Se as diferenças são notórias num confronto de dados, elas se tornam evidentes com uma observação *in loco*.

Assim, embora a indústria tenha sido composta com capital local, a forma de conduzir essa atividade não abrange de forma dinâmica o restante da sociedade, ou seja, não ocorre incremento econômico expressivo, como em Colorado, ainda que com uma empresa de capital exógeno e todo o processo de drenagem de renda que isso representa.

Deve-se lembrar que a economia de Colorado possui agora outras tantas atividades desenvolvidas por empresas de médio e, notadamente, de pequeno porte que geram praticamente o mesmo número de empregos que a referida grande empresa. Essas, sim, emanam de profusas iniciativas locais, fator primordial para entender as diferenças de dinamismo, nesse caso profundamente relacionadas com as atitudes dos grupos sociais (Capel, 2003b, p.180). O poder da iniciativa local aparece como elemento recorrente nos estudos, como o de Oliveras i Samitier (1985, p.44) que o sublinha, enquanto instaurador de novas atividades que contribuem à viabilização da permanência da população.

Como se viu antes, a cafeicultura era fundamental na economia de Colorado, mas a instalação da referida atividade industrial trouxe rapidamente novos papéis para o município. Se o café ainda continua sendo produzido no município, isso não impediu que a economia local adotasse novas referências. Dessa maneira, pode-se dizer que o município de Colorado desvinculou-se do ciclo econômico cafeeiro, no que se refere à influência que tal economia exercia sobre o município, assim como sobre toda a área setentrional do Paraná. É nesse sentido que se pode falar de um ciclo cafeeiro mais curto, com uma superação rápida da crise a ele vinculada, mesmo que o município continue figurando como produtor de café, dado relevante atualmente apenas como indicador de diversificação agrícola.

No caso de Querência do Norte, houve um rompimento mais radical com a cafeicultura. Conforme referências já feitas anteriormente, a explicação para esse fato está vinculada à história da formação do município, com a vinda expressiva de gaúchos. A falta de tradição dos mesmos com o plantio do café fez que eles procurassem rapidamente alternativas. As características físicas do município – em especial a topografia e a disponibilidade abundante de água – foram fundamentais para que eles adotassem o cultivo de arroz, trazendo para o município uma atividade agrícola comum do Rio Grande do Sul, maior produtor brasileiro de arroz. Essa rápida reversão não evitou a emigração, mas contribuiu para que ela não tivesse o mesmo peso que teve em outros municípios.

Outro diferencial que explica o dinamismo de Querência do Norte é a intensidade da luta social pela terra e os conflitos fundiários, expressos concretamente em densos assentamentos rurais. Assim, a centralidade da pequena cidade foi recuperada.

Os outros municípios – Rondon e Terra Rica – tiveram mais dificuldades após a mencionada crise da cafeicultura no noroeste do Paraná. A falta de outras iniciativas econômicas imediatas fez que o ciclo do café se prolongasse e, com ele, os efeitos de declínio demográfico da população total, mais intenso no caso de Rondon e mais persistente do que intenso no caso de Terra Rica. Nos dois casos, observa-se indiferença à mudança. O apego ao papel do município e, de forma mais ampla, de toda a região, na divisão territorial pretérita do trabalho responde, parcialmente, pela letargia.

No município de Rondon, houve a instalação da destilaria de álcool, conforme já se comentou. Ela provocou, na última década, uma mudança no perfil econômico do município junto com outras atividades de médio e pequeno porte. Contudo, embora se registrem essas iniciativas econômicas em Rondon, com a instalação de unidades industriais, prevalecem as ocupações precárias e o subemprego, fato que se observa tanto no ramo agroindustrial quanto nas confecções, instaladas com facilidades oferecidas pelo poder público municipal.

São práticas que reiteram, de forma mais contundente nesse município, a condição social assimétrica que permeia a realidade brasileira.

Ademais, em Rondon houve uma fase de declínio demográfico brusca e longa, ainda não terminada, que afetou a composição da atividade comercial e de serviços, fazendo que houvesse a perda da expressão do pequeno núcleo urbano enquanto localidade central.

O município de Terra Rica, conquanto não tenha apresentado quedas bruscas, permanece sem alternativas econômicas expressivas, além da pecuária extensiva. No entanto, como mostraram os indicadores econômicos, a cidade apresenta uma relativa diversidade industrial e comercial, baseada em empresas com pequenas dimensões, mas que conformam uma dinâmica econômica razoavelmente positiva no conjunto, conforme atestam os dados, capaz de manter o município nessa posição demográfica intermediária. Mas esse conjunto, ainda assim, foi incapaz de completar uma reversão econômica no município. O mesmo ocorre com os assentamentos rurais que não possuem, ainda, uma presença suficiente para mudar o curso da dinâmica demográfica e devolver à sede urbana um papel mais dinâmico, enquanto localidade central.

Enfim, a relevância que tem a rápida reversão econômica, associada a outras características, mostra que, mais do que saber fazer, é necessário no cenário econômico mundialmente articulado saber adaptar-se ou permitir a mudança. Por isso, a flexibilidade é, cada vez mais, parte dos atributos descritivos de êxito econômico.

Manutenção do dinamismo das atividades econômicas

A proeminência da flexibilidade, anteriormente destacada, refere-se à troca das atividades que compõem a pauta econômica de cada município, bem como a capacidade de adotar e manter a permeabilidade quanto ao aspecto tecnológico e gerencial, como já se destacou no item anterior no que se refere às atividades industriais.

As inovações no meio agrícola são também relevantes, como a substituição do café tradicional pelo adensado, que potencializa o uso do solo rural. É também expressiva a adoção do cultivo da soja, nos padrões técnicos recomendados para os solos do Arenito Caiuá, presente de maneira mais significativa no município de Querência do Norte que, de acordo com o que já se assinalou, trouxe valorização econômica para essas áreas, anteriormente desvalorizadas e subutilizadas.

É igualmente relevante a manutenção das atividades comerciais e de prestação de serviços com ofertas razoavelmente diversificadas e articuladas a novidades, bem como a conservação da aparência dos estabelecimentos onde tais atividades se realizam, pois ela traduz a dinâmica dessas atividades. Dos municípios estudados, Colorado é o que conta com esse fator de maneira mais efetiva. Contudo, em Terra Rica e Querência do Norte também se observa, ainda que com intensidade menor, um dinamismo comercial e de prestação de serviços. Já o comércio da cidade de Rondon expressa o contrário. Predominam feições que o município preserva do momento em que era mais dinâmico, o que representa inadequação ao presente e o remete ao tempo pretérito, no qual parece permanecer.

Essa importância da atualização tecnológica, gerencial e articulada às tendências gerais das atividades econômicas não nega a acumulação contraditória que se realiza com diversas combinações entre atividades modernas e tradicionais efetuadas pelos agentes capitalistas. O que aparece como relevante é que, num processo de comparação, a conservação da dinâmica econômica emerge como fator substancial, definindo espaços pelo que são e pelo que não são.

Outra ressalva é necessária, pois o que se apontou a respeito de Rondon e de seu vínculo com o passado é relativo, já que existem atividades econômicas diversas, embora se desenvolvam com peculiaridades menos externalizantes, o que constitui uma maneira específica de acumulação para a elite econômica local. Na realidade, os estímulos municipais acabaram gerando mais oportunidades de negócio do que bons empregos.

São minuciosos os diferenciais entre áreas de maior luminosidade ou letargia econômica e social, sendo esses apenas atributos, mais ou menos presentes, e não explicações completas e definitivas acerca das diferenças espaciais.

Aproveitamento da situação geográfica e outros recursos

A situação geográfica, como já se expôs, constitui um fator relevante para a análise da dinâmica dos municípios e respectivas pequenas cidades. Como assinala Gaidon (1986, p.729), esse é um fator de diferenciação das pequenas cidades em meio a seus variados papéis. Em geral, considera-se privilegiada a posição de encruzilhada como propícia ao desenvolvimento urbano (George, 1983, p.40). Trata-se de um fator que recebe ênfase na diferenciação de dinâmicas econômicas e demográficas.

A situação privilegiada de entroncamento rodoviário aplica-se ao caso de Colorado, que mantém seu papel de localidade central justificado parcialmente por essa particularidade geográfica. Entretanto, como Rondon está numa situação geográfica semelhante, deve-se ponderar que não basta a situação geográfica favorável. É preciso ter em conta o conteúdo das atividades existentes na pequena cidade para a consolidação e aproveitamento desse predicado. A situação, por si só, pouco ou nada representa. Tal aproveitamento ocorre no município de Colorado, mas não ocorre em Rondon.

Já os outros dois municípios e seus núcleos urbanos estão localizados em extremos do território paranaense, numa situação frequentemente considerada como limitadora, mas que também possui significados diferentes. Em Querência do Norte, ela não parece constituir um obstáculo, já que a pequena cidade tem expressão enquanto localidade central, especialmente devido à recuperação da densidade demográfica e à situação de relativo isolamento geográfico, que dificulta, sobretudo para a população rural, o deslocamento para cidades maiores. Portanto, em vez de limitar a dinâmica nessa pequena cidade, a referida situação geográfica revela-se favorável para a manutenção do papel da mesma como localidade central.

Em Terra Rica, a presença dos assentamentos ainda não devolveu de forma suficiente o tamanho demográfico para que a cidade ganhe reforço enquanto localidade central. Entretanto, como essa cidade tem um comércio relativamente suficiente e diversificado e um relativo isolamento, ela se mantém parcialmente como localidade central. Contudo, em Terra Rica, o isolamento parece incomodar mais e é considerado como obstáculo.

Nos dois municípios reclama-se a ausência de articulação por meio de pontes (com o Mato Grosso pelo Rio Paraná no caso de Querência do Norte, e com São Paulo pelo Rio Paranapanema no caso de Terra Rica). Isso mostra a relevância que a sociedade local atribui à melhor articulação dos respectivos municípios, embora nos dois casos o isolamento preserve o papel de localidade central. Essas pequenas cidades partilham menos seus papéis com as atividades localizadas nos centros regionais.

Em síntese, a situação geográfica pode ou não tornar-se um elemento significativo, pois a boa situação geográfica só se torna efetiva com seu aproveitamento, assim como o isolamento pode não ser negativo se houver certa densidade demográfica, somada à presença de equipamentos comerciais minimamente suficientes, pelo menos no que se refere ao atendimento das necessidades elementares.

Tanto em Terra Rica quanto em Querência do Norte há outro tipo de aproveitamento relativo à localização geográfica. Trata-se da dimensão lúdica e turística propiciada pela presença de rios, praias e portos. No caso de Terra Rica, há ainda os Três Morrinhos e a prática do voo livre, conforme já comentado. São fatores significativos, ainda que não cheguem a compor elemento explicativo da dinâmica demográfica.

Além da questão da situação geográfica, que deve estar somada ao conteúdo e qualidade das atividades para que represente um ponto positivo na dinâmica municipal, outros fatores relacionados ao aproveitamento de recursos ou à ausência de aproveitamento são relevantes para entender as diferenças entre os espaços estudados. Dessa maneira, deve-se lembrar o melhor aproveitamento e relativa diversificação do uso do solo rural existente em Colorado e Querência do Norte.

Embora praticamente todo município com pequena cidade possua casos de proprietários rurais absenteístas, essa questão apareceu com maior peso em Rondon e Terra Rica. Em Colorado, o número de estabelecimentos com áreas mais extensas é reduzido. Frequentemente, o absenteísta é um grande proprietário. No caso de Querência do Norte, embora se fale em absenteísmo, essa situação tem sido parcialmente revertida, junto com a relativa desconcentração fundiária. O absenteísmo representa maior drenagem de renda do município, além de normalmente tais estabelecimentos rurais estarem comprometidos com atividades que absorvem pouquíssima mão-de-obra, especialmente em solos arenosos, onde predomina a pecuária extensiva. Além desse uso econômico, que traz poucos resultados para a dinâmica local, os absenteístas municipais não ocupam o espaço político da pequena localidade, que também passa por um esvaziamento (Martins, 1973, p.149). Portanto, o absenteísmo traz consigo uma série de implicações negativas para as dinâmicas municipais e das respectivas pequenas cidades.[18]

É inevitável observar, tal como ensina a realidade demarcada para essas reflexões, que figuram como positivas as experiências municipais que destoam, mesmo que pouco, dos predicados relacionados às raízes brasileiras, especialmente os referentes à concentração fundiária.

Política local

Seriam as dinâmicas diferentes resultado da política local ou de um tratamento político diferenciado dos municípios? A princípio não se observou em nenhum deles um sistema de planejamento e nem mesmo projetos isolados que pudessem justificar o desenvolvimento diferenciado. Existem alguns estímulos, já assinalados, para atrair indústrias, incentivos à diversificação agrícola e outras iniciativas semelhantes, situadas no âmbito da administração municipal, articuladas com entidades de extensão rural ou outras que atuam na área agrícola, como cooperativas e agroindústrias. Contudo, as dinâmicas que ocorrem em

---

18   A constatação do absenteísmo como elemento explicativo relevante exigia a busca de dados mais completos. O acesso a informações detalhadas poderia ser obtido por meio do Cadastro Municipal do Instituto Nacional de Colonização e Reforma Agrária (Incra), relacionadas num documento conhecido como Certificado de Cadastro de Imóveis Rurais (CCIR) onde constavam os endereços para remessas dos impostos a serem pagos. Contudo, observou-se que o Incra não registra mais esses endereços, e na maioria deles aparece a expressão "aos cuidados da prefeitura".

cada um desses municípios estão relacionadas mais à espontaneidade econômica do que à atuação política local.

No entanto, para entender a política local é preciso adicionar ao foco da política oficial dinâmicas que a configuram por meio dos vários segmentos sociais em cada município. São arranjos peculiares que ajudam a compreender o desenvolvimento de tais espaços de maneira geral.

Destaca-se, inicialmente, em Colorado, a atuação política num nível geograficamente mais amplo, que se refere ao papel do estado enquanto distribuidor de algumas instituições, que não existem em outras localidades na respectiva microrregião, resultante em parte das reivindicações políticas locais. Entretanto, o dinamismo econômico local no que se refere à indústria decorre de ações privadas. De alguma maneira, pode-se dizer que Colorado resulta da intervenção pública quanto à dotação de atividades e da intervenção privada em relação às grandes e pequenas iniciativas econômicas.

Nesse mesmo município, no âmbito local, constatou-se significativa mobilização da população por meio de entidades como a Associação Comercial e Industrial, o Rotary Club e a Associação de Pais e Amigos dos Excepcionais (APAE), em geral compostas por pessoas que participam tanto de uma quanto de outra, inclusive com as mesmas lideranças. As ações recentes dessas entidades mostram seu caráter diverso, relacionado tanto a preocupações com a dinâmica econômica do município quanto a questões sociais. Menciona-se, assim, o apoio ao hospital por meio de doações e a promoção de cursos de preparo profissional para atividades industriais por meio da conquista de recursos do Banco Social, instituição que vem sendo mantida pelo Governo do Paraná, por meio da Secretaria da Fazenda em parceria com o Sebrae e, ocasionalmente, com prefeituras. Na ocasião, forjou-se a composição do Conselho do Trabalho, onde também estão tais lideranças e os trabalhadores, representados via sindicato, mais especificamente, o Sindicato dos Trabalhadores Rurais. Essa instituição, do mesmo modo, é considerada bastante ativa na cidade, menos no que seria seu papel tradicional como sindicato e mais quanto à procura de opções econômicas para os pequenos produtores e realização de cursos, trabalho que divide com a Emater, entidade à qual igualmente se atribui dinamismo.

O Banco Social trouxe pequenos financiamentos, que, em dois anos, totalizaram quarenta operações, a maioria para negócios informais (salões de beleza, fábrica de carteiras de fundo de quintal, postos de lanches, oficinas mecânicas, funilarias e compras de máquina de costura), resultantes tanto do processo de terceirização como de iniciativas em que os próprios fabricantes comercializam seus produtos. São dados que não aparecem nas estatísticas oficiais, mas que ajudam a fazer a diferença.

Enquanto a administração pública local foi considerada como obstáculo para as ações da sociedade, observa-se que as instituições em geral são conduzidas de forma acalorada, com muita animação. Colorado é uma "cidade cheia de reuniões". Essa frase foi reiteradamente proferida pelas lideranças. As entidades possuem a vivacidade dos seus componentes, que procuram aproveitar todas as oportunidades por eles visualizadas, tanto aquelas proporcionadas por elementos exógenos como a criação e a atuação nos Conselhos Municipais quanto outras inventadas e criadas localmente, ainda que se lamente, unânime e constantemente, a histórica falta de apoio da política municipal oficial. A riqueza da vida associativa e suas relações com a política está também em Putnam (2005). Segundo ele, mesmo quando os fins não são políticos, há na prática associativa uma política latente.

Como exemplo, cita-se a criação em 2003, por parte do Rotary, do prato típico de Colorado denominado Boi na Moita. Iniciativas como essas normalmente são das prefeituras. No caso de Colorado, não houve o envolvimento do poder público, nem mesmo quando solicitado a efetuar o registro da marca, o que também acabou sendo feito pelo grupo que o inventou. Apesar de recente, tal invenção já extrapolou as fronteiras municipais, pois seus promotores realizam a festa em cidades como Cianorte e Paranavaí, para ajudar entidades desses municípios. Esse caso é expressivo da dinâmica local de Colorado, pois mostra os papéis desempenhados pelos diversos agentes que se reúnem no cotidiano da cidade. Portanto, se o dinamismo de Colorado pode ser atribuído à política, isso não pode ser reconhecido no que se refere à política da administração oficial, mas na dimensão política que se manifesta em formas e espaços políticos aproveitados e inventados pela sociedade local.

Em Querência do Norte, a dinâmica política mais expressiva também não se explica com base nas ações da Prefeitura Municipal, mas no embate e luta pela terra, que já existia antes da presença do Movimento dos Trabalhadores Rurais Sem-Terra, mas que se consolidou com os assentamentos. Essa característica da política local encontra adeptos de um extremo e de outro entre os demais segmentos sociais locais.

Após alguns anos no município, já há uma aceitação do movimento social, e mais do que isso: a adesão e apoio ao mesmo. Todavia, como esse é o traço marcante da política local, há iniciativas no sentido contrário, como a abertura nessa pequena cidade da já referida unidade do Sindicato Patronal Rural, antes inexistente. O movimento social já tem o apoio da maioria dos comerciantes e alcançou a representatividade política. Deve-se ressaltar que, na aplicação dos questionários realizados para este trabalho, apareceram manifestações favoráveis à desapropriação de outras áreas de terras para novos assentamentos, por parte de pessoas exteriores ao movimento, enquanto outros assinalam que ele trouxe mais despesas e problemas para o município.

Essas questões parecem traduzir o principal embate político cotidiano vivido em Querência do Norte. Se há outros, nesse município ficam ofuscados pela relevância da questão fundiária, envolvendo não só os interessados diretos, mas a sociedade local. Esse embate mostra que o movimento social criou espaços políticos significativos.

Assim, o município recuperou a densidade da área rural e relativa desconcentração fundiária, atributos que justificam a manutenção dos papéis da pequena cidade como localidade central, além dos novos significados que possuem essas pequenas cidades na região. Uma vez mais, a dimensão política mais expressiva refere-se a alternativas concebidas pela sociedade e não pela política administrativa oficial. São faces concretas da realidade analisada que nutrem a perspectiva positiva em torno da capacidade de autoinstituição e da autonomia por parte da sociedade, convergente ao referencial teórico apresentado na introdução.

Foi curiosamente em Rondon, município com maior declínio demográfico, onde se observou de maneira mais objetiva a presença do poder público municipal que se mostra por meio de obras diversas:

Câmara Municipal de Vereadores com um minianfiteatro, edifício com biblioteca, museu e espaço para realização de cursos, capela mortuária e barracões industriais. Essas obras conferem um aspecto visual positivo à paisagem da pequena cidade, onde, conforme já se viu, tudo o mais carece de investimentos e de dinamismo. Do mesmo modo, estão nesse município as escolas mais conservadas. Isso mostra uma prefeitura menos alheia aos interesses da sociedade local, entretanto com ações que não são capazes de mudar a dinâmica demográfica negativa do município.

No âmbito social, a principal mobilização está vinculada à Igreja Católica, sendo notório o trabalho realizado na pastoral dos idosos. Essa pastoral assumiu um papel que, na maioria dos municípios, cabe ao poder público municipal. Em Rondon, por meio de ativas lideranças, ela proporciona aos idosos uma qualidade de atendimento bem superior àquela encontrada em municípios onde tal tarefa está aos cuidados das prefeituras. Reunindo recursos financeiros, obtidos com promoções diversas, foi construído um amplo salão para festas e bailes, além de sala equipada com aparelhos de ginástica. Com esse trabalho, a liderança consegue apoio entre os próprios idosos para realizar a manutenção daquele espaço.

Outro exemplo que ilustra o dinamismo da Igreja está na preocupação em criar uma página na internet sobre o município, com a história e dados gerais. Nas escolas, também existe uma atmosfera dinâmica que combina com sua conservação física, comandada pelas mesmas lideranças já assinaladas, pois são pessoas cujos nexos profissionais estão na educação.

A atuação dos líderes locais, por meio da Igreja ou da escola, atenua a condição social de pobreza e diminui a apatia que marcava a história do município, porém, do mesmo modo, sem alcance para reverter sua trajetória demográfica negativa.

Em Terra Rica, observa-se uma administração pública local mais preocupada com o desenvolvimento econômico do município, em busca de alternativas, como a mencionada intenção de que nele se instale uma unidade sucroalcooleira e se efetue sua promoção turística. Entretanto, observa-se que tais iniciativas dependem mais de agentes exteriores ao município. No que se refere à unidade agroindustrial, procura-se estimular o interesse de um grupo de fora. No caso do turismo, as ideias implantadas no município também são decorrentes da assessoria de um escritório promotor do turismo regional, com sede em Maringá. Não se observam mobilizações significativas por parte da sociedade local em Terra Rica.

A Igreja Católica teve um papel significativo no passado, na resolução da questão da água, mas atualmente parece não ter a mesma expressão. A presença do MST na cidade não tem a mesma intensidade que tem em Querência do Norte, mas seguramente é, como naquele município, a forma mais expressiva de conflito político cotidiano, ainda em uma fase de pouca aceitação e interação com o restante da sociedade local.

Esta análise não encontra na política institucionalizada papéis expressivos quanto à produção de um contexto econômico e demográfico favorável. Os fatos políticos diferenciados estão relacionados a ações espontâneas. Existem atividades que resultaram dos subsídios e incentivos municipais, mas insuficientes para qualquer reversão. Nos casos analisados, testemunha-se a relevância do envolvimento da sociedade local com seus problemas, por meio de ações e práticas dotadas de significado político. Esses são, ainda que parcialmente, elementos explicativos ou representativos da dinâmica local. Questões relativas à dimensão política serão retomadas no capítulo seguinte.

Um olhar para o conjunto desses quatro municípios mostra que não é possível resumir a explicação de suas dinâmicas em um ou em outro elemento. São combinações únicas, pois o dinamismo não se explica apenas pela condição econômica e sua manutenção, nem pelo papel do poder público municipal e nem somente pela situação geográfica etc. Ele pode resultar da combinação específica de diversos fatores em determinado espaço. Por meio do estudo realizado, não se chega a nenhum esquema explicativo como o encontrado por W. Santos (1989), que tomou a situação geográfica e a acessibilidade como elementos-chave para explicar as dinâmicas das pequenas cidades na região de Campinas. Esses fatores são significativos no noroeste paranaense, mas trata-se de uma explicação parcial. Reafirma-se, com isso, a complexidade da realidade das pequenas cidades, ainda que os itens assinalados deixem pistas valiosas para sua compreensão. Essas considerações foram aquelas possíveis e apreendidas com a análise da realidade desses quatro municípios. Caso se aproximasse o foco de outros municípios da região, seguramente despontariam outras combinações e novos fatores poderiam esboçar outras explicações, como o caso dos municípios que têm uso intensivo de mão-de-obra por meio da fruticultura ou outras atividades, que também ampliam a densidade municipal e criam oportunidades de trabalho e renda. Ainda assim, certamente diversos pontos assinalados se repetiriam.

Outros estudos baseados em diferentes metodologias, em realidades igualmente diversas, confirmam parcialmente os fatores assinalados, bem como indicam outros. Assim, diagnósticos baseados na metodologia difundida como DAFO[19] (Vázquez Barquero, 1987; Lastra Perez, 2001) constatam como fatores negativos: localidades com atividades monoindustriais, especialmente se associadas à falta de iniciativas locais e de solo industrial; formação inexistente ou inadequada por parte dos trabalhadores; envelhecimento demográfico; isolamento geográfico; carência de serviços; ausência de transformação industrial dos produtos primários municipais, e dependência de decisões externas, entre outros. As ameaças estão relacionadas à suscetibilidade das atividades econômicas perante a intensa concorrência na economia mundial. São do mesmo modo indesejáveis problemas ambientais e rivalidades entre lideranças e agentes pertencentes a espaços que precisam associar-se, como entre municípios vizinhos. Como pontos fortes e oportunidades, surgem fatores como a construção, recuperação ou manutenção de eixos viários e de comunicação, produtividade e certificação de qualidade, lideranças locais, programas de financiamentos e atrativos turísticos.

---

19 D (debilidades ou deficiências); A (ameaças); F (fortalezas); O (oportunidades). Metodologia mais estreitamente vinculada ao planejamento estratégico, do meio empresarial ela passou a ser aplicada na produção de diagnósticos territoriais. Em geral, as debilidades e fortalezas referem-se a características próprias e as ameaças e oportunidades estão relacionadas à inserção do referido espaço na economia mundializada, ou espacialmente mais integrada, e o que esse fato pode representar.

A pesquisa baseada em técnicas estatísticas, elaborada por Barreau et al. (1973), confirma a relevância dos seguintes fatores associados ao dinamismo de pequenas cidades: estrutura etária com baixo índice de envelhecimento e estruturas socioprofissionais com número elevado de profissionais liberais e cargos diretivos, e tipo geográfico da cidade (papéis e localização). Já a análise de Dubuc (2004), também em procura de elementos responsáveis pelo dinamismo de pequenas cidades, destaca os processos do entorno das mesmas, notadamente os novos papéis associados à recreação e residências secundárias. Conforme Charrie et al. (1992, p.44) são mais dinâmicas as cidades que acolhem segmentos industriais novos; as que possuem atrativos turísticos e as que prosseguem como localidades centrais.

Como se pode inferir dos fatores explicativos da dinâmica demograficamente diferenciada referente aos quatro municípios analisados, bem como se pode apreender dos outros trabalhos mencionados, alguns fatores aparecem reincidentemente, confirmando sua relevância quase universal, ou seja, em que pesem as múltiplas assimetrias, eles permanecem significativos. Ainda que sem pretensões prescritivas, constatações como essas são substanciais para o estabelecimento de políticas.

Os papéis dessas pequenas cidades

O enfoque mais próximo da realidade dos municípios e suas pequenas cidades permite reafirmar o papel desses espaços como pontos de apoio ao desenvolvimento do ramo agroindustrial. São locais privilegiados para a localização de indústrias de baixo valor adicionado e emprego de mão-de-obra pouco qualificada do entorno, como também constatou Laborie (1997, p.41), papel esse incrementado com a expansão de tais ramos em um contexto econômico de amplas escalas (de mercado e produção).

A referência à letargia não significa ausência de produção econômica, denota menor ímpeto e atualização técnica nas atividades desenvolvidas, sendo admissível, então, uma acepção do termo que só pode ser relativa. A natureza das atividades econômicas exige igualmente ponderar sobre a luminosidade, que pode não ser de primeira grandeza, mas secundária e dependente (Silveira, 1996, p.331). Isso significa participar da divisão territorial do trabalho e do tempo mundial, combinando a simultaneidade e o descompasso, como o referencial econômico da maioria das pequenas cidades, o que exprime de forma concreta sua participação e papel enquanto espaços econômicos, políticos e sociais.

Portanto, as diferenças estão situadas entre tênues e estreitos limites, mais ou menos demarcados no seguinte excerto:

[...] por serem modernas ou por serem obsoletas, pela contemporaneidade da sua geração ou pelo seu envelhecimento em face da nova ordem, todas essas cidades regionais encarnam parcelas maiores ou menores da racionalidade atual. Constituem-se formas-conteúdo racionais e outras menos racionais, mais opacas, próprias de uma racionalidade ultrapassada. Poder-se-ia dizer que a fidelidade a uma racionalidade pretérita abre, para as cidades, o caminho de sua inadequação no território das verticalidades. (idem, p.323)

A manutenção da condição social e ocupações precárias relacionam-se com essa assimetria nos coeficientes de luminosidade, diminutos nos "lugares globais simples" (Santos, 1996a, p.258). Neles predomina a escassa formação educacional e profissional (Prenant, 1986, p.529), o que tende a justificar e realimentar a implementação de atividades que geram apenas certo tipo de emprego, compondo espaços do fazer distantes do comando político. Quiçá figurem apenas como pequenos pontos de comando técnico, em regra, apenas parcialmente presente (Silveira, 1996, p.302).

Ainda quanto ao aspecto econômico das cidades da região estudada, nomeadamente o industrial, constata-se que a maioria se enquadra, nos termos de Dodier (1997, p.306), como localidades especializadas. Isso acontece em um contexto em que há diversificação das especializações no conjunto das cidades, mas não diversificação em cada uma, de maneira suficiente para garantir alguma estabilidade econômica no caso de crise da atividade econômica principal. São atividades que se voltam a um mercado de grande escala, ampliado com o processo de mundialização da economia. O mesmo processo que provoca essa especialização é o que a torna vulnerável. No caso da região noroeste, as atividades agroindustriais repetem-se com alguma frequência, caso das usinas e destilarias, fiações e fecularias, entre outras, conformando os principais papéis econômicos da região, perfilando algumas especializações não só municipais, como também regionais. Nesses espaços, vê-se mais claramente que a transitoriedade da economia pode dar a cadência da transitoriedade espacial.

Deriva da especialização a exposição da cidade e da região à concorrência e exigências de uma economia mundializada. As cidades e regiões são como fragmentos movediços dessa totalidade e podem repentinamente se verem esvaziadas de seus papéis, pois sucumbem como pontos descartáveis, obrigatoriamente impelidas a procurar novas significações (idem, p.312).

No que se refere aos outros papéis das pequenas cidades, a aproximação do foco de análise permitiu confirmar que houve somente redução na centralidade e não perda completa desse papel tradicional. Entre as cidades analisadas, três mantêm atividades suficientes para a manutenção desse papel, ainda que dividido com aquelas de maior expressão regional. Portanto, resistem como localidades centrais, a despeito de todas as implicações consideradas pelas transformações no consumo e na acessibilidade, que prestam o tom a esses tempos difíceis para as pequenas cidades, especialmente para aquelas arraigadas em áreas não centrais, onde tem sido comum o desaparecimento paulatino do comércio (Vachon, 2001, p.2).

Comparadas as práticas comerciais em cidades maiores, as atividades das pequenas cidades são reduzidas e elementares, mas realizam-se comumente pelo contato pessoal, enquanto naquelas prescinde-se cada vez mais da relação humana direta, pois há cada vez mais a mediação do telefone, televisão, fax ou internet. Não obstante, as alterações na dinâmica interurbana, a hinterlândia de uma cidade enquanto centro de mercado prosseguem diretamente proporcionais e dependentes do volume e da natureza de sua composição, como já assegurava

Berry (1971, p.2). Daí, mesmo entre aquelas cidades consideradas genericamente como pequenas, ficam demarcadas as diferenças de acordo com o conteúdo de suas atividades comerciais e de prestação de serviços, bem como da respectiva centralidade reveladora do alcance econômico das mesmas. O referido autor destaca a relevância dos milhares de pequenos centros de mercados dispersos pelo mundo, ainda que esses *"[...] centros de mercado no tienen casi nunca aquella apariencia de grandiosidad, es en ellos donde tiene lugar el proceso diário de intercambio"*.

Entre os quatro municípios estudados, a centralidade é mais forte em Colorado, cujas atividades atendem a uma hinterlândia de alcance extramunicipal. Em Querência do Norte e Terra Rica, a área polarizada está restrita aos limites municipais, mas a relativa condição de isolamento reforça esse papel. No caso de Querência do Norte, o aumento da densidade demográfica praticamente devolve, ou até amplia, para a pequena cidade, a dinâmica que a mesma possuía no nostálgico período cafeeiro. Já em Rondon, a centralidade é pouco expressiva, praticamente inexistente, sendo esse um exemplo de perda quase completa desse papel, sobretudo tendo em vista a dinâmica anterior do município.

Em Colorado, circunstâncias e ações exteriores resultaram na instalação de uma grande unidade industrial, promovendo uma conjuntura favorável para a geração de empregos e outros investimentos, bem como na manutenção ou até ampliação do papel de localidade central, à medida que polariza alguns municípios da microrregião. A dinâmica de Colorado está relacionada com sua refuncionalização econômica e com a composição que adquiriu seu terciário público e privado.

Em Querência do Norte, a dinâmica explica-se parcialmente pela adoção de um novo referencial econômico para a área agrícola. Entretanto, o fator de maior relevância deve-se à alternativa criada pela luta social, que diminuiu a concentração fundiária e, por conseguinte, a recuperação da densidade demográfica e da dinâmica econômica do entorno, o que permitiu à pequena cidade recuperar sua centralidade.

Quanto a Terra Rica, observam-se algumas mudanças, como as instalações industriais e as iniciativas relacionadas ao turismo, além da presença do MST, mas nenhuma em proporção suficiente para reverter o quadro de marasmo que se criou após a crise cafeeira. Na área urbana, conforme já assinalado, há uma composição econômica relativamente diversificada e suficiente quanto ao comércio e prestação de serviços. Essas atividades e seus respectivos alcances reforçados no âmbito municipal pelo relativo isolamento imprimem à localidade nuances de autossuficiência, como a comarca nela existente cuja jurisdição resume-se ao território municipal.

Contudo, essas cidades já não são como eram, explicáveis só como localidades centrais. A esse papel mais antigo, adicionam-se aqueles apontados no segundo capítulo.

Ao ter subtraído seu papel como localidade central, a pequena cidade de Rondon explica-se mais por esses papéis generalizados, como espaço de moradia e como ponto de apoio logístico intimamente relacionado com o papel econômico da região. Nesse município, mais especificamente, esse papel se concretiza de maneira a evidenciar a precariedade do trabalho, característica não exclusiva desse município, mas que sua realidade carente de dinamismo claramente exprime, juntamente com os efeitos do absenteísmo e da ausência de iniciativas.

Tal como o café não correspondia apenas a um cultivo, mas a um complexo econômico com determinada formação socioespacial, a economia agroindustrial igualmente não se resume aos extensos usos do solo agrícola, nem à topologia de suas plantas industriais, mas expressa uma forma de compreender e organizar o território e a sociedade que nele vive, tendo em vista a manutenção das áreas para esses grandes cultivos e a mão-de-obra disponível para o trabalho eventual, portanto em condições precárias e unilaterais, ou flexível, dependendo do ponto de vista. A manutenção da concentração fundiária é a garantia dos requisitos para que o segmento agroindustrial possa prosperar, pois ao dificultar o acesso à terra, são excedentes os seres humanos cuja sobrevivência depende exclusivamente do trabalho eventualmente contratado. E os pequenos núcleos urbanos, sedes ou não dessas unidades agroindustriais, participam dessa dinâmica, constituindo espaços de moradia dessa parte da sociedade, papel que se mantém independentemente do dinamismo demográfico.

Alguns problemas comuns

As explicações para a dinâmica demográfica diferenciada são marcadas pelas sutilezas. No entanto, os locais dotados de um pouco mais de luminosidade não devem ser idealizados, pois os diferenciais são expressivos apenas porque parecem viabilizar maior permanência da população, sem que isso represente melhor condição de vida e resolução de problemas.

As manifestações obtidas nas quatro cidades acerca de questionamento relativo à identificação de carências e problemas nas localidades mostram algumas convergências que ratificam tal assertiva. As respostas, com algumas ressalvas e exceções, foram significativamente parecidas no conjunto, se bem que se alteram, em parte, as prioridades (quadro 6).

A maior preocupação com o emprego ou oportunidades de geração de renda é a mais insistentemente expressa pelas pessoas. Como já se sabe, são problemas que fazem parte do quadro geral da realidade brasileira e da sociedade capitalista de um modo geral. Essa preocupação reafirma-se com a indicação da necessidade de indústrias, também associada e justificada pela geração de empregos, indicando o tradicional referencial de desenvolvimento nutrido pelo senso comum. Quase sempre os apontamentos relativos à carência de postos de trabalho foram acompanhados de observações acerca do baixo nível de renda que impera nessas pequenas cidades, explicado tanto pela falta de emprego quanto pela natureza das ocupações existentes.

Quadro 6 – Colorado, Querência do Norte, Rondon e Terra Rica (síntese de "O que falta na cidade?" 2003)

COLORADO	QUERÊNCIA DO NORTE	RONDON	TERRA RICA
Cultura/diversão	Emprego/renda	Emprego/renda	Emprego/renda
Emprego/renda	Indústrias	Cultura/diversão	Indústrias
Ensino superior/profissionalizante	Cultura/diversão	Indústrias	Saúde
Saúde	Melhor administração	Saúde	Cultura/diversão

COLORADO	QUERÊNCIA DO NORTE	RONDON	TERRA RICA
Indústrias	Comércio diversificado	Escola/educação	Ensino superior/profissionalizante
Melhor administração	Melhorar vias: ruas e estradas*	Moradia	Melhor administração
Comércio diversificado	Saneamento	Melhor administração	Nada
Limpeza pública/paisagismo	Assistência social	Hotéis/restaurantes	Infraestrutura turística
Tudo	Saúde	Ensino superior/profissionalizante	Salários melhores
Planej. urbano, projeto político	Incentivo ao esporte e à cultura	Limpeza pública/paisagismo	Comércio diversificado

Fonte: Questionários aplicados, 2003
* A malha viária no município de Querência do Norte consiste num dos principais problemas para a gestão local. Como o município é extenso, são aproximadamente novecentos quilômetros de estradas vicinais, sem asfalto e de difícil manutenção. Com a densidade rural ampliada em razão dos assentamentos, essa torna-se uma questão ainda mais relevante.

Nesse quadro, estão reunidas as dez respostas mais frequentes, como forma de identificar prioridades. A ordem de apresentação do quadro obedece à hierarquia com que apareceram as respostas (quantidade de vezes em que foram mencionadas em cada município). Os elementos que surgiram nos quatro municípios estão em negrito. Aqueles que apareceram em três municípios estão sublinhados, em dois municípios aparecem com tipografia normal e os que surgiram em apenas um dos municípios estão em itálico.

Premente mostrou-se a questão da saúde, tanto a pública quanto a privada, pois as pequenas cidades carecem de equipamentos e profissionais para emergências com algum grau de complexidade, ou mesmo atendimentos rotineiros, ambos necessários para estabelecer um cotidiano mais seguro e confortável nessas localidades, já que nem sempre os casos permitem percorrer a distância horária até centros regionais melhor equipados.

Insistentemente sublinhados os itens relativos à cultura e diversão também estão entre os elementos que fazem mais falta, em especial para os mais jovens e aqueles que possuem renda mais elevada. Os moradores comentam a ausência de cinema, parques e outros espaços lúdicos, cujo acesso depende de deslocamentos aos centros regionais.

Aparece, igualmente, de maneira uniforme, a preocupação com a melhoria da administração pública. Nos quatro municípios, grande número de pessoas assinalou esse fator como algo primordial na vida local, pois essa é uma dimensão que poderia fazer a diferença, mas que tem permanecido aquém das expectativas e problemas manifestados pela realidade local.

A diversificação nas atividades comerciais também é algo desejável para os moradores de pequenas cidades, pois apareceu como elemento de destaque em Colorado, Querência do Norte e Terra Rica. Essa resposta ocorreu também em Rondon, mas de forma bem menos frequente, talvez expressando um parcial conformismo da sociedade local, ora com os estabelecimentos existentes, ora com as constantes viagens para Cianorte com a finalidade de fazer compras, entre outras atividades.

Há algumas necessidades que são mais específicas, como é o caso da infraestrutura turística, apontada em Terra Rica, município que pretende incrementar esse segmento, mas também aparece em Querência do Norte. Em Rondon, a necessidade de pelo menos um hotel ou albergue é bastante lembrada. No caso de Querência do Norte, a densidade rural e a extensão territorial do município tornam fundamental a atenção às articulações viárias no interior do mesmo. Destaca-se, também, nesse município, a consciência da sociedade em relação à necessidade de resolver questões relativas ao saneamento e problemas sociais.

Como se pode ver, foram apontadas questões relativas à limpeza pública e paisagismo (em todos, mas com maior relevância em Colorado e Rondon); necessidade de planejamento urbano e político (especificamente em Colorado); necessidade de incentivo ao esporte e à cultura (em Querência do Norte, onde há lideranças mais afeitas ao esporte); melhorias nas escolas e na educação; carências de cursos profissionalizantes e ensino superior. Quanto a esse nível de ensino, os moradores de Querência do Norte e Rondon reconhecem sua importância, mas de forma geral entendem que é inviável a instalação desse tipo de atividade nas pequenas sedes urbanas, por isso sinalizam interesse pelos cursos técnicos e profissionalizantes. Em Colorado, até porque já funcionou temporariamente uma extensão da Universidade Estadual de Londrina que se encontra desativada, a sociedade local compreende que essa atividade deveria ser mantida funcionando na cidade. O mesmo ocorre em Terra Rica, embora sem fundamentação equivalente à registrada em Colorado.

Vale destacar outras respostas como a necessidade de melhor aproveitamento da terra e de resolver problemas sociais, manifestadas em Colorado; melhoria da segurança (Colorado, Querência do Norte e Rondon); de acesso aos telejornais regionais e estaduais (em Querência do Norte onde a televisão precisa de antenas parabólicas); de emissoras de rádio (Rondon) e rádio FM (Terra Rica); de telefonia celular (Terra Rica e Rondon); de pontes e estradas (Querência do Norte e Terra Rica).

Mais algumas respostas obtidas em Rondon merecem ser citadas, como a necessária atenção a estradas vicinais; escolas com atividades em contraturno para crianças (especialmente porque se são filhos de boias-frias ficam sozinhos em casa quando não estão na escola); assistência social e distribuição de renda, e avanço político. Por fim, a resposta indicando que é preciso "mais gente" expressa a consciência do declínio demográfico.

Dessas observações, apreende-se que emana uma sabedoria considerável dos respondentes dos questionários, considerados em seu conjunto, notadamente porque muitas respostas revelam não só as carências, mas projetos presentes implicitamente no cotidiano local. É possível afirmar que traçam um bom diagnóstico da vida local, com seus problemas e seus anseios. Cabe observar, ainda, que a identificação desses revela predominantemente perspectivas urbanas, relacionadas à natureza da ocupação profissional e à existência de equipamentos vinculados ao espaço rotineiro da vida. Não estiveram ausentes em nenhuma dessas cidades os satisfeitos com tudo para quem não falta nada, curiosa e frequentemente entre os mais pobres. Do mesmo modo, não faltaram os pessimistas, para quem falta tudo, sem que se aponte especificamente nada.

Ao analisar pequenas cidades do interior paulista, Bernadelli (2004, p.271) também constata a falta de emprego como o maior problema daquelas pequenas cidades, seguida de outros pontos coincidentes com aqueles aqui assinalados, especialmente quanto às deficiências no atendimento à saúde, a má avaliação da administração pública local e a falta de atividades lúdicas.

Com indagações semelhantes, vale observar que resultados da pesquisa coordenada por Gaspar (1998), em localidades portuguesas, detectaram problemas e anseios não tão diferentes, tendo em vista elementos apontados como prioridade pela população sobre o desenvolvimento econômico e a geração de emprego, a melhoria de infraestrutura e equipamentos, aspectos culturais e recreativos, problemas ambientais e espaços verdes, acessibilidade e combate à exclusão social, para citar os mais relevantes.

A identificação dos problemas permite relativizar as diferenças entre os municípios, pois ainda que a dinâmica demográfica possa trazer alguns indicadores positivos e sobretudo perspectivas diversas, não traz consigo todas as soluções. No entanto, exprime a viabilidade econômica e a possibilidade de redinamização desses espaços.

Com essa perspectiva mais social, é possível ponderar a respeito de possíveis ganhos ou perdas quando determinado espaço recebe investimentos e acolhe população. Espaços com esses atributos são do ponto de vista econômico pontos luminosos, contrapostos àqueles onde parecem prevalecer o torpor. Todavia, como resultado corriqueiro da inserção na divisão territorial do trabalho no modo capitalista de produção, traz as contradições que compõem sua lógica, confirmando o descompasso entre o crescimento econômico e avanços políticos e sociais de modo alargado. Ademais, as pequenas cidades revelam questões sociais cuja amplitude procede da formação econômica brasileira ou de escalas geograficamente mais amplas. São elementos mais portadores de similitudes do que de diferenciação. Por isso, há imperativos comuns entre pontos dotados de luminosidade ou opacidade, revelando os limites das resoluções locais e endereçando o debate a outras dimensões escalares.

O olhar interescalar e os alcances a partir da escala local [20]

Pensar a espacialidade humana com base na perspectiva adotada neste trabalho, ou seja, do mirante das pequenas cidades, espaços marcados pela fragilidade,[21] permite reconhecer mais claramente as implicações políticas e econômicas em determinados locais, decorrentes de interesses e decisões definidos em outras escalas geográficas. A produção do espaço só pode ser compreendida de um ponto de vista escalar mais amplo do que os recortes territoriais estabelecidos. Nos termos de Isnard (1982, p.54-5), já não é sobre o terreno que o geógrafo deverá procurar elementos explicativos; ele deverá olhar também para fora do espaço analisado, por isso o autor propõe o conceito de espaços alienados para designar regiões que devem ao exterior não só sua criação, como sua integração no mercado mundial.

O desenvolvimento tecnológico produzido pelo homem criou diversos instrumentos que possibilitam a articulação dos espaços. Essa materialidade é que torna premente pensar não só a produção do espaço, mas a produção das escalas geográficas. Portanto, a teoria escalar decorre não só de um avanço acadêmico, mas resulta de um movimento da realidade. A questão tornou-se ainda mais complexa nas últimas décadas porque há uma redefinição das escalas institucionais de comando que inclui os papéis dos Estados nacionais e da escala local.

---

20 Nas adaptações para esta publicação foi suprimido um capítulo que envolvia a questão das escalas, a produção da escala local, as políticas territoriais, o desenvolvimento local e as cooperações intermunicipais. Algumas reflexões dessa parte estão muito brevemente sintetizadas neste item.

21 A ideia de pequenas cidades como *espaços frágeis* aparece em vários trabalhos da coletânea organizada por Laborie & Renard (1997) e mais especificamente no artigo *Bourgs-centres et espaces fragiles* (Diry & Rieutort, 1997, p.199-208). A *fragilização* está relacionada ao funcionamento econômico, frequentemente baseado numa atividade principal que ancora o restante da economia local, como se constata, por exemplo, com base no fato de a maioria dessas cidades, quando industrializadas, serem monoindustriais. Também expressam fragilidade a falta de vitalidade local e as dinâmicas demográficas recessivas. A mesma ideia está em Veltz (1998), que ressalta a baixa diversidade econômica como fator responsável pela vulnerabilidade dessas áreas.

A atual ênfase na escala local é parte dessa totalidade e está relacionada ao repasse de responsabilidades e à cobrança de austeridade fiscal, parte do processo que pretende atender as exigências de estabilização econômica, criando um contexto favorável para dissipar incertezas e reduzir a instabilidade financeira. São ajustes exigidos pelo capital financeiro para operar com segurança e estabilidade, retribuídas com as inseguranças que atingem a sociedade cotidianamente. As instituições territoriais locais antecedem o Estado nacional. Contudo, a partir de seu estabelecimento, a história da escala local foi marcada por frequente subordinação ao poder central e supressão de sua autonomia política. Ao concentrar o poder em escalas mais amplas, ele fica claramente mais distante do alcance da sociedade e dificulta a democracia. Nesse contexto, na escala local, alcança-se bem pouco, sobretudo no que se refere aos problemas decorrentes de determinações amplas, como aquelas da formação econômica brasileira e suas implicações econômicas e sociais.

A história da instituição do município mostra como ele vai distanciando-se de seu conteúdo e significado inicial de espaço conquistado, como no processo de emancipação nas revoluções comunais. No decorrer da história, o município (ou instituições locais equivalentes) oscila na cadência do poder, sendo construído ou reconstruído conforme os interesses que imperam em cada momento. Essa captura política da dimensão local está relacionada com o processo de drenagem de renda, facilitando o trânsito do capital e de sua acumulação. O amplo alcance espacial que a dinâmica econômica atinge na atualidade, embora em meio a um discurso de descentralização, está respaldado numa espacialidade político-administrativa centralizadora, que se pode identificar menos pela forma e mais pelas práticas políticas.

Portanto, a escala local é recriada, mas num contexto em que persiste a falta de autonomia política. A falta de autonomia política e a vulnerabilidade econômica são elementos fundamentais para compreender a não apropriação efetiva do espaço, por parte de todos os segmentos sociais locais. Por isso, é fundamental a ideia de autonomia, especificamente da autonomia coletiva, proposta por Castoriadis e apresentada nas reflexões teóricas iniciais, no sentido de recuperar a atuação política e a capacidade de autogestão por parte da sociedade.

A escala local costuma ser automaticamente associada à democracia, o que facilita que propostas em nome dessa dimensão sejam facilmente aceitas.[22] Embora seja uma dimensão imprescindível de atuação política e fundamental na perspectiva da apropriação social do espaço, não existe essa relação mágica. A história das instituições locais, conforme já mencionado, mostra que ela pode ser apropriada por interesses alheios e distantes e funcionar como mecanismo autoritário dos mesmos, subordinando a sociedade local. A recuperação da autonomia passa por uma completa descentralização política, que deve superar a descentralização administrativa, verificada em vários países e no Brasil a partir da Constituição de 1988.

Conforme Smith (1992), é necessário estar inserido politicamente num espaço para conseguir articulação e atuação sobre demais dimensões geográficas. Então, a apropriação efetiva do espaço local é condição fundamental para a sociedade atuar em outras escalas, como forma de resistência, num momento em que a acumulação capitalista e sua institucionalização política adquirem um ponto inédito de controle e comando dos espaços e de suas respectivas sociedades. Assim, apesar de fundamental, a apropriação da escala local não é suficiente. É preciso pensar em outras formas de atuação em escalas amplas, criando condições para que a sociedade possa estar largamente representada nessas dimensões de onde provém grande parte das decisões que afetam as diversas localidades.

A produção de escalas coerentes com a centralização do poder é parte do mesmo processo que leva à concentração econômica e espacial de capital, circunstanciada pelo desenvolvimento desigual, ou seja, da assimetria com que ocorre o avanço das forças produtivas. A leitura da rede urbana implica reconhecer que, embora o capitalismo opere com forças de dispersão e concentração, destacam-se os espaços resultantes desse segundo processo, até porque deles são provenientes os comandos sobre os demais.

---

22 Putnam (2005, p.36) expõe que no caso da institucionalização dos governos regionais na Itália, os seus defensores acreditavam tanto no poder de mudança institucional para reformular a política que interpretavam o destino dos novos governos de modo quase "messiânico".

Uma análise dos documentos que procuraram subsidiar as políticas territoriais referenda a ênfase aos espaços de concentração. Ainda que os estudos realizem levantamentos amplos envolvendo toda a rede urbana é frequente, quando se trata de apontar direcionamentos de planejamento e gestão, que estes se voltem a alguns problemas metropolitanos recorrentes. Por exemplo, expõem-se preocupações acerca dos loteamentos clandestinos e do volume de população que vive nessas áreas, sobre a moradia acessível em grande parte somente pela autoconstrução, assinalando a falta de saneamento e outros meios de consumo coletivos.

É comum que análises que se iniciam de uma escala geográfica ampla, envolvendo toda a rede urbana, acabem por evidenciar problemas como o do saneamento, notadamente das grandes periferias urbanas. Essa problematização leva a políticas urbanas restritas, que não se implantam na escala da rede urbana. Trabalhar com a parte esquecida dessa rede – as pequenas cidades – permite perceber mais facilmente esse limite da política urbana, reduzida, conforme Lefebvre (2001a, p.43), ao urbanismo dos canos e da limpeza pública. A realidade socioespacial no Brasil deve ser compreendida na totalidade urbana, no conjunto de seus núcleos, dinâmicas sociais e econômicas bem como de seus fluxos. As ações propostas devem, também, estar assim pautadas.

As áreas dispersas e de esvaziamento demográfico precisam ser entendidas junto com as áreas de concentração demográfica e econômica. Ainda que se reconheçam as articulações que ocorrem entre as áreas, em geral para explicar a concentração, parece que só a realidade existente nas grandes cidades é passível de intervenção. As dinâmicas de outras áreas são consideradas como fatos consolidados, já que as possíveis interferências nelas raramente compõem a pauta da política urbana. Os problemas sinalizados anteriormente mostram que são várias as questões a serem resolvidas, algumas em âmbito local. Contudo, o poder que se concentra nessa escala não tem alcance para resolver de forma completa desafios como a geração de oportunidades de emprego e renda, e a distribuição adequada de equipamentos e serviços públicos, entre outros.

Em estudos que se ocupam da totalidade da rede urbana, não há como ignorar a questão das pequenas cidades, mas por que essas cidades não são contempladas nas políticas urbanas? Talvez porque pelas suas dimensões sejam consideradas espaços sem complexidade. Como escreve Oliveira, ao encerrar seu estudo sobre pequenas cidades da Amazônia, elas são espacialidades seguidamente desconsideradas "[...] pelo próprio fato de estarem eivadas de coisas simples, transmutadas numa sensação de extrema obviedade por serem consideradas lugar-comum e porque quase sempre a nossa preocupação é com as carências e com as perdas, estudando o espaço como inumano" (2000, p.212). A falta de estudos permite que se difundam ideias de que tais localidades são áreas sem problemas ou que não se conheçam os mesmos de forma suficiente. A conclusão é a mesma apontada por Signoles (1986, p.815) de que um bom conhecimento das pequenas cidades é fundamental.

Nos documentos em que as pequenas cidades são mencionadas, elas constituem parte da explicação das razões do crescimento das grandes cidades. Fala-se de espacialidades em esvaziamento, tendo em vista as espacialidades de concentração. Há uma perplexidade em relação às formas metropolitanas, densas de tudo, em especial de contradições. A ausência de políticas para as espacialidades em esvaziamento torna intermináveis as ações sobre os problemas das áreas de concentração. Impera no espaço a racionalidade econômica, na qual a primazia na política urbana, explícita ou implícita, rima com a centralização do poder e a concentração de riquezas.

É essa visão prospectiva um pouco mais ampla que falta na formulação da política urbana brasileira, com um tratamento das questões urbanas na escala da rede, concomitante a um olhar atento para os espaços concretos, materializados mediante dinâmicas econômicas e sociais. Quiçá se possa romper o silêncio que cerca o tratamento político das pequenas cidades, visto que, como afirma Cote (1986, p.699), está mal definido o significado político dos espaços assim compreendidos. Problematizando a política urbana do ponto de vista das pequenas cidades, detecta-se a falta de visibilidade e atenção política, bem como a escassa produção acadêmica sobre as mesmas no Brasil e em outras partes do mundo (Signoles, 1986, p.812; Vachon, 2001, p.11).

Portanto, o olhar para espaços, cujo significado para o capitalismo e para a sociedade parece menos evidente, deve levar em conta as dinâmicas de outros espaços, uma vez que são faces diferentes dos mesmos processos, com implicações compartilhadas. Trata-se, então, de ler no espaço produzido que a polarização esteve afinada com o poder e com as políticas territoriais que tendem a referendar o mesmo desenho, reforçando o processo de mobilidade espacial da sociedade, vista tão somente como fonte de mão-de-obra. Na perspectiva do capital, é isso que a sociedade representa, prescindindo de outras tantas dimensões e valores, inclusive dificultando a produção de uma espacialidade onde impere a escala humana. Não fosse por isso, os espaços diminutos não precisariam sê-lo quanto a suas possibilidades políticas, sociais e culturais.

A escala local atual encontra-se cheia de limitações e os instrumentos que figuraram como aqueles que deveriam propor políticas mais amplas não o fizeram. Se para compreender e atuar no mundo atual é necessário um olhar interescalar, isso ainda não se fez presente nos documentos que subsidiam as políticas urbanas, em especial nos momentos de assinalar diretrizes.

Registram-se, nos últimos anos, novas perspectivas com as atuais possibilidades criadas pelo desenvolvimento tecnológico e relativa flexibilidade espacial que esboçam uma topologia menos concentradora das atividades econômicas e criam expectativas de outra configuração espacial. O processo de reestruturação econômica traz uma série de novas tendências para a rede urbana. As novas dinâmicas trouxeram, também, uma nova concepção de planejamento e gestão territorial, atrelada ao voluntarismo local e com participação cada vez menor do Estado. É nesse contexto que se evidencia o desenvolvimento local abrangendo áreas não metropolitanas. Apenas quando muda o foco dos agentes envolvidos no planejamento e gestão territorial bem como sua concepção é que essas áreas participam de forma mais frequente da pauta política e acadêmica.

As adaptações do capitalismo incorporam agora de forma mais efetiva no processo produtivo a outra face das economias de aglomeração, os espaços não metropolitanos. Isso não significa, conforme tem se ponderado, desinteresse pelos espaços metropolitanos. Ao contrário, esse processo reforça e renova o que já se conhecia acerca desse modo de produção: sua capacidade de combinar elementos e processos contraditórios.

Mais do que nunca, os empreendedores capitalistas buscam virtuosidades espaciais (mão-de-obra barata, condições ambientais adequadas, subsídios e incentivos financeiros, desregulamentações), procurando integrar o mundo dentro de um singular sistema de divisão territorial do trabalho, enredando todos e tudo no interior do processo de circulação e acumulação do capital.

A localização industrial, antes caracterizada por uma distribuição clássica, vinculada a áreas metropolitanas, passou por mudanças com a transferência de empresas para áreas não metropolitanas, resultantes do processo de reestruturação produtiva, atraindo a atenção para esses espaços. Então, o processo de redefinição da espacialidade econômica, ainda que relativa, traz novidades para o planejamento territorial, mediante essa possibilidade de incluir áreas não metropolitanas de maneira mais deliberada no processo de desenvolvimento industrial. O que se tem designado como políticas locais de desenvolvimento tem consistido em estratégias para atrair e assegurar a manutenção dos investimentos nas diversas localidades, frequentemente concorrentes entre si.

A existência de atividades industriais em pequenas cidades, no atual contexto, é substancialmente diferente daquela que se voltava a atender necessidades locais, em tempos de circulação dificultada e fluxos precários. A atividade industrial recentemente dispersa é parte do acirramento da divisão do trabalho e não prescinde de nexos facilitados e, frequentemente, relaciona-se com a desregulamentação, com menor número de exigências que se faz ao capital para que se instale. Portanto, não é aleatória essa nova tendência de localização industrial; ao contrário, ela é extremamente seletiva. Ademais, a relativa desconcentração industrial não representa descentralização do capital.

A manutenção de uma perspectiva positiva ampara-se no entendimento de que, ao trazer novas dinâmicas, os atributos que acompanham os novos referenciais de desenvolvimento e planejamento podem trazer ideias e atitudes diferentes e portadoras, ainda que remotamente, de um potencial renovador do quadro político e social. O fato de que essas dinâmicas tragam alguns temas para a pauta de debates proporciona o surgimento de novas abordagens, como a questão dos alcances e restrições do local, da descentralização e da participação. Aos poucos, as escalas locais podem reunir forças de resistência, não obedientes ao global. E, assim, em vez de essa escala figurar como mera intermediária do processo de produção, pode-se desenhar uma escala de verdadeira atuação no processo político, tendo no planejamento um projeto coletivo.

Tal como se apresenta hoje, o espaço é produzido e determinado, em grande parte, por interesses de agentes que não vivem seu cotidiano. É porque se apropriam do espaço que agentes capitalistas podem comandar o trabalho e acumular os excedentes, figurando por isso como sujeitos que conseguem apropriar-se do cotidiano de muitos, cotidianos de espaços derivados ou alienados.

A ênfase insistente nas escalas menores, nesse momento histórico, pode ter motivação ideológica, segundo Lefebvre (2001a, p.177), ao expor que uma das principais contradições do espaço está entre o espaço globalmente produzido em escala mundial, e suas fragmentações e pulverizações que resultam das relações de produção capitalistas. Nos termos do mesmo autor, o espaço se "esmigalha" e academicamente também só é conhecido de forma fragmentada pelas ciências parcializadas, enquanto ele se forma como totalidade mundial e mesmo interplanetária. Para entender os limites dessa ênfase fragmentada, é preciso ter em conta, nos termos do próprio Lefebvre (idem, p.24), que no mundo moderno o homem mudou de escala. As escalas foram produzidas, ainda que como forma de imposição do poder político e econômico, mas produziu-se uma nova condição. Portanto, reitera-se que não basta mais recuperar apenas o comando sobre a escala local, mas por meio dela conquistar novas dimensões escalares, como escalas geográficas mais amplas na ação política.

Destaca-se que a necessidade de a sociedade local mobilizar-se em torno de iniciativas e estímulos ao envolvimento político é fator substancial para que, compreendida no âmbito local, figure como sujeito coletivamente constituído, apontando para a recuperação da autonomia e crescimento político. A capacidade de gerir o espaço, com o sentimento de pertencer e de envolver-se com o planejamento futuro é um passo significativo na trilha para a emancipação humana. Mais do que com a letargia econômica, isso faz romper com a passividade ou com a aceitação da inserção subordinada dos lugares no processo global de desenvolvimento, procurando compartilhar e construir uma realidade desejada.

Esses novos processos podem suscitar uma série de debates e, então, renovar as perspectivas de mudanças. É hora de valorizar elementos que possam desenhar o vir a ser como a abertura para falar da participação, do envolvimento territorial, dos limites e alcances do local, entre outros temas em pauta. Manter o debate sobre essas ideias livre de suas nuances ideológicas é essencial no intuito de orientar adequadamente os novos referenciais para pensar a dinâmica urbana em suas diferentes faces, bem como a vida social nela estabelecida.

4
CONDIÇÃO SOCIAL E POLÍTICA NAS PEQUENAS CIDADES

> *Quais são, quais serão os locais que socialmente terão sucesso? Como detectá-los? Segundo que critérios? Quais tempos, quais ritmos de vida quotidiana se inscrevem, se escrevem, se prescrevem nesses espaços "bem –sucedidos", isto é, nesses espaços favoráveis à felicidade? É isso que interessa.*
>
> Lefebvre

> *A desproblematização do futuro, não importa em nome de quê, é uma violenta ruptura com a natureza humana social e historicamente constituindo-se.*
>
> Paulo Freire

Contêm as pequenas cidades possibilidades adequadas de constituição para as sociedades locais? Esse questionamento pode suscitar uma série de respostas e interpretações. Se há indagação, é porque de antemão se admitem dúvidas. Na realidade, essa indagação já estava implícita nos capítulos anteriores, sendo este, então, um ponto de retomada.

Ao refletir sobre tal questão, é fundamental lembrar que a sociedade é fracionada e, portanto, a resposta pode ser diferente de acordo com essa segmentação social. Contudo, as referências aqui expostas sobre a sociedade sempre trazem como preocupação aqueles que compõem sua maioria, comumente constituída por trabalhadores ou, em outros termos, pela parcela local dos milhões de brasileiros que dividem ínfima parte da renda ou riqueza produzida no País.

O que foi exposto nos capítulos anteriores tratava dos papéis econômicos e políticos das pequenas cidades e da dimensão escalar em que elas estão inseridas. Faltava pensar mais diretamente o significado social desses espaços e a política numa perspectiva mais próxima daqueles que os compartilham cotidianamente. Assim, neste capítulo, procura-se adotar uma trilha menos focalizada na economia, ainda que reconhecendo suas determinações. Como se pode apreender das reflexões anteriores, os papéis econômicos das pequenas cidades não dizem respeito estritamente aos interesses de seus habitantes. Ao contrário, são espaços capturados, em vários aspectos, por interesses que lhes são alheios. Compreender as pequenas cidades apenas por esse ângulo mostra uma dimensão em que tais espaços não estão para as sociedades locais, isto é, para seus moradores.

Mas essa evidência assim se conforma somente quando a preocupação se volta ao significado social das pequenas cidades enquanto dimensões espaciais concretas. É porque o questionamento já estava presente que se mostraram claramente as limitações impostas às sociedades locais pela racionalidade econômica, e de forma mais ampla, pelo poder constituído. Então, os resultados apreendidos por meio dos espaços analisados e as questões que se apresentam a partir deles dependem do mirante adotado.

Ao propor o foco neste capítulo sobre o significado social não se ignora, destarte, que a dinâmica econômica se produz no âmbito da sociedade, consoante conveniências diretamente relacionadas a sua parcela econômica e politicamente dominante, ao passo que se criam determinações para os demais segmentos. Estabelecer um foco mais próximo das condições humanas e sociais não se apresenta como algo diverso e separado do que se expôs anteriormente. São dimensões diferentes, atreladas à mesma realidade. Assim, considera-se este capítulo como complementar e resultante de um olhar mais específico para os seres humanos que vivem os espaços aqui problematizados e que lhes dão significado em sua perspectiva.

Tais significados não procedem de elementos diferentes daqueles já assinalados. Ao contrário, o significado social constrói-se em torno do papel de moradia das pequenas cidades, já destacado no segundo capítulo. Procura-se, por fim, complementar as discussões acerca dos papéis e significados das pequenas cidades, trazendo alguns pontos a mais para a análise, sem os quais o trabalho não estaria completo pelo viés teórico em que se propôs compreender o tema em estudo.

As reflexões apresentadas neste capítulo foram, em parte, baseadas nos questionários aplicados, já parcialmente explorados nos capítulos anteriores. Foram significativos, ainda, outros procedimentos associados a observações e entrevistas, realizados durante o trabalho de campo nas quatro cidades, que permitiram acompanhar mais de perto a dinâmica das pequenas cidades na região noroeste do Paraná, cuja sistematização está concentrada no terceiro capítulo.

Este quarto capítulo ampara-se, ainda, em referências bibliográficas que tratam de questões afins, tornando a análise mais geral. São procedimentos que procuram desvendar os vínculos e valores que compõem esse urbano diferente, não só em suas dimensões demográficas e territoriais, mas também em sua natureza. Do mesmo modo, procura-se discutir a condição política existente nessas cidades, compassada à condição social. Subsequentemente a essas reflexões, estabelece-se um contraponto entre as pequenas cidades que inspiram utopias e as cidades reais. Procura-se trazer aspectos concretos das pequenas cidades, sem nenhuma intenção de poupá-las, mas também sem omitir fatores positivos de tais localidades. Por fim, procura-se vislumbrar que desenho pode ter um vir a ser nos contextos assinalados, procurando conformar perspectivas balizadas pelas ideias de apropriação social e efetiva do espaço e da emancipação humana.

Pequenas cidades pela sociedade local

Há neste item uma abertura para manifestações das sociedades locais acerca das pequenas cidades, enquanto espaços concretos e cotidianos de vida, com o objetivo de verificar a apreciação que delas fazem seus moradores, além de avaliar em que medida tal apreciação é afetada pelas dinâmicas municipais diferenciadas. Essas diferenças pesam na composição dos vínculos afetivos entre o espaço e seus cidadãos? Enfim, será que espacialidades em processo de esvaziamento e que deixam de ser lugares de muitos, são cotidianamente convertidas em lugares para os que permanecem? Ou será que a saída de tantas pessoas transforma essas localidades numa espécie de espaços transitórios de modo geral? Para procurar algumas respostas acerca dessas questões procurou-se ouvir a sociedade local. Tendo em vista as dimensões geográficas envolvidas neste estudo, foi complexo encontrar procedimentos que abarcassem uma postura de diálogo com quem vive mais diretamente a realidade problematizada. Então, mesmo utilizando um recurso tradicional como o questionário,[1] o objetivo foi viabilizar e estabelecer alguma conversa com a sociedade, para não falar em nome de espaços determinados, sem interação com o pensamento de seus habitantes. Essa conduta procurou evitar um *discurso sobre* e incorporou, ainda que minimamente, as manifestações das pessoas. Para tanto, foi preciso levar em conta que, na construção do conhecimento científico, no atinente ao social e ao humano, como bem lembra Freitas (2002, p.24), não se trabalha com um objeto mudo que meramente se contempla para conhecê-lo, pois as análises incluem a vida de sujeitos que possuem voz e que se expressam de diversas maneiras.

Os retornos obtidos foram muito parecidos nas quatro cidades analisadas (quadro 7), a despeito de todas as diferenças assinaladas anteriormente quanto à dinâmica econômica e demográfica. Isso já permite ensaiar uma interpretação de que, pelo menos nessas localidades, tais dinâmicas não possuem uma relação direta com a apreciação que fazem das mesmas aqueles que partilham seu cotidiano.

---

1 A aplicação dos questionários foi significativa porque não correspondeu apenas à obtenção das respostas, mas serviu de instrumento de circulação pela cidade por várias entidades e segmentos, superando o *script* pela vivência que proporcionou com as sociedades locais. Algumas questões já foram apresentadas anteriormente. Para esta parte do trabalho, ficaram questões relativas a expressões dos vínculos afetivos por parte dos moradores das pequenas cidades estudadas. Apenas para lembrar, os questionários foram aplicados nos quatro municípios abrangidos pelo estudo comparativo: Colorado, Querência do Norte, Rondon e Terra Rica.

Contam como especificidades os atrativos culturais e naturais peculiares em cada município, como os rodeios em Colorado, os Três Morrinhos, as praias e rios em Terra Rica e os portos e rios em Querência do Norte, indicando apego a atributos territorializados. Nesse sentido, cabe destacar, também, a referência positiva à água que se faz no município de Terra Rica. Essa valorização tem de ser interpretada sob o lume da historicidade dessa pequena cidade pois, como já se explicou, o abastecimento de água foi uma das principais dificuldades enfrentadas, especialmente no início da cidade, mas que se prolongou por cerca de cinco décadas. As pessoas mencionam a qualidade da água como algo que tem o "sabor" da conquista.[2]

Dois pontos ganham maior destaque na sistematização do conjunto de respostas obtidas: o ritmo e a sociabilidade nas pequenas cidades, sendo que algumas outras respostas decorrem de desdobramentos desses atributos. Deve-se levar em consideração que ao pensar os elementos que apareciam no cotidiano das pequenas cidades estiveram presentes nas respostas obtidas, implícita ou explicitamente, fatores comparativos advindos de outras formas da vida urbana.

Se os elementos considerados nos capítulos anteriores já expressavam que as pequenas cidades não correspondem a miniaturas das grandes cidades, mas sim a uma expressão do urbano com feições específicas, essas manifestações dos habitantes exprimem um cotidiano marcado por atributos que confirmam essa natureza diversa. São significações edificadas no âmbito de racionalidades que parecem escapar à lógica econômica.

Ao assinalar a tranquilidade como algo que se aprecia nas pequenas cidades, remete-se a análise para o tema do ritmo da vida urbana. Essa concerne, seguramente, a uma leitura marcada pela comparação com parâmetros de outras circunstâncias urbanas, vinculadas às cidades maiores e marcadas pela intensidade da cadência imposta diariamen-

---

2   Outro aspecto, talvez mais velado, que se pode ler dessa valorização é que provavelmente a deficiência de abastecimento que existia no município aparecia nos debates políticos, razão porque algo tão substancial, mas frequentemente menos aquilatado, recebe nesse município expressão maior.

te.[3] O referencial para essa comparação, por parte dos respondentes, provavelmente foi construído pela estadia em cidades maiores, especialmente áreas metropolitanas. Entretanto, pode também ser atribuído à mídia, cujo foco, assim como o da ciência e da política é, basicamente, metropolitano.

Quadro 7 – Colorado, Querência do Norte, Rondon e Terra Rica ("Do que você gosta em sua cidade? O que é melhor em sua cidade?")

COLORADO	QUERÊNCIA DO NORTE	RONDON	TERRA RICA
Tranquilidade	Diversão/ festas	Amizade/família	Tranquilidade
Amizade/família	Tranquilidade	Tranquilidade	Natureza (praias, morrinhos)
Solidariedade/ hospitalidade/povo	Amizade/família	Solidariedade/ hospitalidade/ povo	Amizade/família
Segurança	Natureza (rios, portos)	Segurança	Segurança
Diversão (rodeios)	Solidariedade/ hospitalidade/povo	Diversão	Tudo
Escola/professores	Segurança	Igreja	Água
Igreja/Igreja Budista	Trabalho	Proximidade/ facilidade de Locomoção	Diversão
Trabalho	Igreja	Trabalho	Arborização
Arborização	Escola/professores	Escola/ professores	Igreja
Raízes/adaptação	Agricultura (fertilidade solo)	Casa	Proximidade/ facilidade de locomoção

Fonte: Questionários aplicados, 2003

Cotejado a esse ritmo cotidiano está outro que faz o andar apressado em meio à multidão, o sentido da vida depreciado, os sentimentos embrutecidos e os sonhos distanciados pela falta de tempo, como ensina Carlos (1994, p.58). De acordo com a mesma autora, o urbano marca não só o ritmo, mas o modo de viver e pensar a vida. Em contraposição

---

3   Estudo realizado por Gaspar e outros (1998) obteve resultados parecidos, sendo o sossego e a calma um dos aspectos positivos mais destacados nas pequenas e médias cidades portuguesas por eles estudadas.

a esse ritmo acelerado, ela destaca um similar ao aqui retratado pelas respostas dos questionários, no qual "[...] os adultos ainda podiam colocar cadeiras nas calçadas e ver as crianças brincando – jogando bola, pulando corda, [...] em que até se podia sentar e 'esperar a vida passar', como ainda ocorre nas pequenas cidades do interior".

Nas pequenas cidades, é possível percorrer alguns trajetos cotidianos a pé, e mais, caminhar devagar, pois não há uma multidão impondo um ritmo forçado. Então, a tranquilidade está relacionada a outro item apontado pelos respondentes – a facilidade de locomoção, pela proximidade que permite o pedestrianismo ou pelo trânsito descongestionado para os que utilizam veículos automotores. Essas percepções também decorrem de uma apreciação comparada a outros ritmos impostos por outros cotidianos, marcados pela sofreguidão. De qualquer maneira, as manifestações locais mostram que se tem consciência desse atributo e o fato de emergir de maneira tão contundente o sagra como algo valorizado por seus moradores.

Como já se mencionou na introdução, as pequenas cidades são partes do urbano marcado por um ritmo mais lento e humanizado. Para situar a discussão num contexto mais universal, deve-se registrar que se conformam nos últimos anos, como contraponto aos atropelos trazidos pela racionalidade econômica, diversas manifestações que anunciam o *elogio à lentidão*. O termo, costumeiramente encontrado como adjetivo negativo, é agora um predicado desejado, pelo menos no que se refere à possibilidade de um cotidiano menos nocivo. Essas manifestações emergem em forma de publicações e movimentos específicos como o *slow food*.[4]

A tranquilidade e a maior possibilidade de desacelerar em pequenas cidades trazem ao debate esses espaços juntamente com esses predicados que lhes são próprios. Assim, pode-se entender o *slow*

---

4   O *slow food* foi criado em 1986 na Itália como forma de valorizar a gastronomia cultural e a produção orgânica e local. É claramente uma resistência ao *fast food*, valorizador da homogeneidade e da pressa. Já conta com oitenta mil membros em cem países, operando com certificações mediante o atendimento de algumas exigências que qualificam determinados estabelecimentos de acordo com os valores propagados por tal movimento.

cities, inspirado no mencionado *slow food*, formulado por Paolo Sa-
turnini, prefeito de uma pequena cidade italiana (Greve-in-Chianti),
motivado pelos baixos índices de emprego e consequentes migrações
para cidades maiores. Anteriormente, para solucionar tais problemas
tentou-se instalar nessa cidade grandes indústrias, mas as iniciativas
tiveram fortes implicações sobre a produção e cultura local. Por isso,
o movimento baseia-se na tradição da produção local, na arquitetura
e na valorização do pedestrianismo, procurando com esses elementos
constituir atrativos para amparar uma dinâmica local positiva.

Ademais, a referência à lentidão tem aparecido na forma de publicações diversas. No romance *A lentidão*, Kundera (1995) apresenta
reflexões com nuances nostálgicas. A lentidão pode trazer consigo a
recuperação de algumas atitudes como a de sonhar, aponta Sansot
(2001) na publicação cujo título traduzido do francês ao espanhol é
Del buen uso de la lentitud, sendo essa lentidão não referente à incapa-
cidade de adotar uma cadência mais rápida, mas sim à vontade de não
precipitar o tempo e não permitir ser atropelado por ele. Sansot expõe
sobre "[...] *un urbanismo moroso: es decir, de que, sin obstaculizar la
libre circulación de las personas y de las mercancías, tomemos en cuenta
la preocupación de vivir, por lo tanto de permanecer en los lugares con los
que nos sentimos de acuerdo*". Ele pondera que tal política da morosidade
parece contrária à noção de acessibilidade, supostamente baseada numa
igualdade, concretamente apenas formal (p.15 e 164).

Recentemente traduzido para o português, apareceu outro contundente elogio à lentidão escrito por Honoré (2005), sob o título
Devagar. Nesse livro, o autor sistematiza diversas iniciativas que ele
entende como parte de uma *slow* filosofia, incluindo algumas iniciativas
já mencionadas anteriormente e outras tantas. Ele vê nesse processo o
despontar de uma expressiva mudança cultural, desafiadora do culto
da velocidade, destacando que a desaceleração pode ser boa, num tom
mais de autoajuda do que de preocupação social.

Todas essas referências trazem a questão do ritmo como algo op-
cional. Os motivos do otimismo podem ser entendidos, pois parece
haver uma retomada dos valores humanos. Advogar a desaceleração
é uma forma de reclamar maior humanização nas relações, o que é

um sinal positivo. Não raramente, porém, esses discursos tornam-se elitizados, perdendo o viés de crítica, misturando-se a posturas mais comprometidas ao conservadorismo social do que a perspectivas de superação de velhos embates.

Portanto, não é possível trazer essas referências e não fazer algumas considerações quanto aos limites dessas manifestações favoráveis a um ritmo cotidiano menos intenso. Defender a desaceleração não tem peso revolucionário, apenas indica o surgimento de resistências e aversões à condição de vida que impera no presente. Então, a atenção a esse tema neste trabalho pode ser lida não como parte do coro de apologias, mas como uma postura de valorização ao processo de resistência a um ritmo desumano. Pode-se ver, por meio desse tipo de manifestação, a proeminência de outros valores, diferentes daqueles requeridos hegemonicamente pela vida econômica, ainda que não totalmente dela desvencilhados, já que o *slow* pode converter-se em atributo luxuoso empregado pelo *marketing*.

Essa contraposição mostra significados diferentes tanto para a velocidade quanto para a lentidão. Chamava a atenção Santos (1996a, p.260-4) para a questão do ritmo, mas sob outro ângulo, expondo sobre o tempo dos homens lentos, aqueles que não conseguiram apropriar-se da mobilidade produzida pela técnica, porque ela passa pelo mercado e pelo poder de consumo. Essa lentidão não resulta de uma opção, mas de uma condição social que se contrapõe à adoção voluntária da lentidão. Portanto, registra-se um sentido dúbio para a lentidão.

A associação imediata desses atributos a determinados espaços, no caso as pequenas cidades, também deve ser cautelosa, pois apesar da tranquilidade que parece imperar nas mesmas, ali, igualmente, é despótico o tempo consumido pelo trabalho. Para a multidão de trabalhadores que dependem do cumprimento de metas diárias, a possibilidade de arrefecer o ritmo não se apresenta como algo que possa resultar de uma decisão individual. São pessoas que não podem apropriar-se de seu tempo, pois ele é a medida da quantidade do trabalho vendido, única via para sua reprodução. Tampouco podem os trabalhadores decidir sobre ritmos mais adequados, pois a medida do trabalho vendido é essa, fazendo do tempo uma dimensão vivida por seu valor de troca.

Ela vem acompanhada de uma exigência da intensidade de seu uso, que deve resultar numa determinada produtividade. Portanto, para muitos, o tempo segue arbitrário, ora abarcando-os em seu ritmo por meio do trabalho, ora excluindo-os de sua dispendiosa celeridade. A questão do ritmo de vida passa, então, pela condição social. Apropriar-se da velocidade ou da lentidão pode decorrer de uma decisão apenas para aqueles que não são donos só de sua força de trabalho. Para os que estão no outro polo das relações sociais, o ritmo é imposto, pelo menos no que se refere às horas dedicadas ao trabalho. É intenso porque é a medida do trabalho. É lento enquanto capacidade de locomoção e de comunicação porque é mercadoria, e como tal, exige o equivalente ao valor de troca.

Essas ponderações explicitam a condição genérica dos trabalhadores e têm como objetivo apenas problematizar o que foi sublinhado pela sociedade local. A valorização da tranquilidade, de acordo com os próprios moradores, reitera o valor desse atributo no cotidiano. Ainda que o tempo de trabalho exija um ritmo não menos intenso que em outras áreas, o tempo restante pode ser usufruído com maior tranquilidade nas pequenas cidades. Tendo em vista a simplicidade, a proximidade e suas dimensões físicas, o ritmo mais humanizado depende menos da condição social de optar por ele, assim como a capacidade de locomoção passa menos pela capacidade de consumo.

Assim, não há como negar que, ao terem seu ritmo comparado com outros, as pequenas cidades guardam outra dimensão do tempo, servindo agora como referência para a retomada de escalas mais humanizadas e assinalando a recuperação do valor de uso do tempo e do espaço.

Mais uma qualidade valorizada pela população local, também de provável cunho comparativo, tendo em vista o que se difunde pela mídia, é a segurança. Contudo, é preciso dizer que apareceram também manifestações relativas a problemas com segurança. Essas apreciações dúbias indicam que há um processo de transformação apontando a perda dessa característica. Assim os moradores, com base em sua própria experiência, ora ressaltam a segurança, ora a falta dela. No caso das cidades analisadas, a segurança ainda prevalece como ponto positivo.

Outros elementos destacados pelos respondentes estão vinculados à afetividade e ao apreço, que comparece nas menções de relações familiares e de amizade referentes ao lugar, tendo em vista o enraizamento e a adaptação, e ainda de forma mais específica à casa, aos eventos e à dimensão lúdica. Apesar de terem sido apontados como atributos separados, na realidade os elementos assinalados são combinados, pois as relações familiares e de amizade mais intensas estão ligadas ao ritmo mais tranquilo e simples de vida que, por sua vez, tem relação com a proximidade física e social.

Os vínculos de afetividade confundem-se à afeição pelo espaço, tornando-o singular pelos laços específicos que cria. Comumente, em pequenas cidades, o isolamento é pouco frequente, o que amplia o significado dessas localidades no que se refere à sociabilidade que promove. Portanto, a sociabilidade fácil é um atributo característico das pequenas cidades, já conhecido, e que este trabalho apenas confirma.

Não obstante, nesse aspecto, também é preciso fazer ressalvas, pois esses espaços combinam relações cuja natureza lhes é própria com aquelas específicas da sociedade de classes. O que ocorre é que as relações de natureza comunitária tendem a suprimir os conflitos de classes (Lugan, 1997, p.403).

A maioria dos elementos assinalados como aqueles que mais se apreciam nas pequenas cidades são os mesmos que deixariam saudades no caso de mudança (quadro 8). Então, as respostas a essa indagação reiteram as anteriores, apenas invertendo um pouco a ordem de valorização, agora mais homogêneas e unânimes em destacar as relações de sociabilidade com a família e amigos como aquilo que faria mais falta.

Quadro 8 – Colorado, Querência do Norte, Rondon e Terra Rica ("Do que você sentiria mais saudades?")

COLORADO	QUERÊNCIA DO NORTE	RONDON	TERRA RICA
Amigos /família	Amigos/família	Amigos/família	Amigos/família
Tranquilidade	Tranquilidade	Tranquilidade	Tranquilidade
Trabalho	**Lugar/cidade**	Diversão	Natureza (pontos turísticos)
Hospitalidade do povo	Natureza (rios, portos)	Hospitalidade do povo	Tudo

COLORADO	QUERÊNCIA DO NORTE	RONDON	TERRA RICA
Lugar/cidade	Trabalho	**Lugar/cidade**	Segurança
Escola	Tudo	Trabalho	Diversão
Casa	*Cotidiano na cidade*	Escola	Casa
Diversão (rodeio)	**Diversão (festas)**	*Igreja*	Lugar/cidade
Segurança	Segurança	Casa	Afetividade/ solidariedade
Propriedades	**Casa**	**Segurança**	Nada

Fonte: Questionários aplicados, 2003

É oportuno levar em conta que, para compreender as pequenas cidades, segundo assegura Oliveira, devem-se considerar as relações sociais, que contêm vida, sentimentos e emoções que se traduzem no cotidiano das pessoas. Especialmente, no estudo dessas localidades, é fundamental considerar que a cidade não se resume à aparência. Nas palavras do referido autor: "Ela se produz e reproduz a partir do cotidiano de quem a constrói, contendo vida, fragmentos de vida e a dimensão do uso do espaço e do tempo" (2000, p.201). São esses sentimentos que as tornam repletas de significados sociais, aspectos indispensáveis para dimensionar os papéis das pequenas cidades para além da vida econômica. São elementos como esses que mostram que as diferenças entre as grandes e pequenas cidades não são referentes apenas aos quilômetros quadrados que ocupam suas edificações e nem somente a seu volume demográfico, mas estão nas relações e interações que existem no âmbito das mesmas.

Se na análise da composição dos equipamentos comerciais e de serviços nas pequenas cidades é preciso valorizar elementos aparentemente sutis, como se assegurou no terceiro capítulo, o estudo do significado social dessas localidades igualmente se encontra em meio à simplicidade, como mostram os resultados dos questionários, constatação que se compartilha com Oliveira (idem, p.211):

> [...] é preciso procurar nas coisas simples a beleza e a poesia onde não se fala disso ou talvez onde nem exista. É preciso compreender o olhar, o sorriso, todos os gestos e ações que abrem a porta para o infinito, tornando a vida mais agradável, as distâncias menores e os momentos mais intensos.

Havia uma dúvida, se apareceriam manifestações diferentes, em especial nas questões relativas aos vínculos, de acordo com as dinâmicas diferenciadas das cidades estudadas. Como se vê, não se constata essa diferença, o que significa que esses nexos independem da diversidade na dinâmica demográfica, econômica e política já assinaladas, até porque essas localidades compartilham problemas semelhantes. Em outras palavras, pode-se afirmar que a mobilidade demográfica mais intensa não pressupõe necessariamente vínculos afetivos depreciados.

São as pequenas cidades referências espaciais únicas para aqueles que nelas vivem. Por isso, no que diz respeito ao significado social, elas podem ser explicitadas mediante o conceito de lugar, compreendido como local onde se reúnem identidades significativas, sem delimitação territorial exata, consequência das ligações através do tempo e do espaço (Ferreira, 2000). É oportuna, para complementar, a observação de Gomes (2002, p.230), de que a forma cotidiana de lidar com os espaços é a forma de significá-los.

Esse caráter de proximidade e de afetividade, próprio do lugar, embora de difícil delimitação física, entende Felipe (1998, p.8) que cabe no território municipal:

> O território municipal é o lugar da fixidez, onde os homens colocam significados, símbolos e imagens, [...] forjadores de identidades e o poder institucionalmente estabelecido, aderências que prendem o indivíduo e o grupo social ao espaço, resultado da sua produção e da técnica, mas acima de tudo de suas vidas.

São outros aspectos presentes no espaço, decorrentes de racionalidades extraeconômicas. Tal entendimento encontra-se em Santos (2001, p.112), ao afirmar que o território não é apenas o lugar da ação pragmática, mas inclui um aporte da vida e uma parcela de emoção. Dessa maneira, o território metamorfoseia-se em algo mais do que um simples recurso e constitui um abrigo. Igualmente, por meio dos qualificativos sinalizados pela sociedade, observa-se que tal sociedade não é só a reserva de mão-de-obra como interessa aos agentes econômicos. Há um significado humano e social que se produz ao compartilhar o cotidiano. Junto desponta o valor de uso do espaço.

Os moradores das pequenas cidades, em geral, destacam de forma positiva a hospitalidade, a solidariedade e a afetividade. Ao obter retornos semelhantes em localidades estudadas em Portugal, considerou Gaspar (1998, p.61) que a vivência humana é mais agradável nessas cidades onde todos se conhecem e onde é mais fácil estabelecer redes de ajuda mútua e apoio, baseadas em familiares e/ou amigos. Destaca o autor que a proximidade espacial facilita a interação e, por isso, um dos aspectos que mais agrada é a convivência que se estabelece entre vizinhos e conhecidos e a facilidade em criar e manter amizades, além das redes de solidariedade que se estabelecem.

Essa constatação é comum, em cidades menores, como destaca entusiasmadamente Castro (2003), ao escrever sobre Itabirito, cidade com 38 mil habitantes localizada em Minas Gerais, onde se encontram múltiplas manifestações de uma sociedade civil ativa. Ponderando que também há problemas, mas em menor escala, o autor destaca que tal cidade não fará parte do Programa Fome Zero, porque a fome já é "zero", e a fórmula é simples: todos ajudam, todos confiam, todos vigiam. No entanto, deve-se ressalvar que, embora a sociabilidade seja comum a todas as pequenas cidades, nem todas possuem uma mobilização efetiva no sentido de conseguir resultados sociais tão positivos como se atribui ao exemplo anteriormente citado.

Nos dois primeiros quadros apresentados, emerge notavelmente o afinco ao trabalho, ratificando o que vem se difundindo na bibliografia sobre os distritos industriais e desenvolvimento local: que em cidades menores é comum e mais forte a difusão da ideologia do trabalho, bem como o espírito comunitário e o consenso.

O conjunto de respostas à pergunta "o que você gosta de fazer nas horas vagas?" permite conhecer melhor quem são essas pessoas que ressaltam positivamente o trabalho, os estudos e a casa, entre outras respostas tão surpreendentemente simples (quadro 9).

Destacam-se algumas atividades que chamam atenção e também compareceram com alguma frequência, embora não estejam entre as mais citadas. Em Colorado: frequentar a Igreja, dançar, passear, efetuar tarefas domésticas, trabalhar, trabalho voluntário e cuidar de plantas. Em Rondon: jogar baralho, ficar com a família, trabalhos manuais, rezar, dançar e cozinhar. Em Querência do Norte: estudar, ficar com a família e frequentar rios e portos, entre outras. E, por fim, em Terra Rica: frequentar prainhas e pesque-pague, jogar baralho e caminhar.

Quadro 9 – Colorado, Querência do Norte, Rondon e Terra Rica ("O que você gosta de fazer nas horas vagas?")

COLORADO	QUERÊNCIA DO NORTE	RONDON	TERRA RICA
Sair/estar com amigos	Ler	Assistir tv/filmes	Ler
Ler	Praticar esportes	Ler	Assistir TV/filmes
Assistir TV/filmes	Assistir TV/filmes	Pescar	Praticar esportes
Família/casa	Descansar	Sair/estar com amigos	Pescar
Artesanato	Sair/estar com os amigos	Ouvir música	Família/casa
Praticar esportes	Ouvir música	Praticar esportes	Ouvir música
Pescar	Passear	Descansar	Sair/estar com os amigos
Ouvir música	Artesanato	Passear	Descansar
Estudar	Pescar	Estudar	Passear
Descansar	Cuidar de plantas	Internet	Cuidar da casa/ artesanato

Fonte: Questionários aplicados, 2003

De maneira geral, as atividades lúdicas são simples, envolvem descanso, estar com os amigos e a família, trabalhos e atividades relacionadas ao artesanato e aos cuidados com a casa e quintal, ou ainda atividades religiosas e o desfrute de elementos da natureza ou da cultura local. Predominam atividades que prescindem do consumo e pouco dispendiosas, e reiteram-se as respostas anteriores quanto ao apreço à amizade, simplicidade, trabalho (profissional, voluntário ou doméstico) ou a algum passatempo.

Voltando à questão da sociabilidade, nesse ambiente em que todos se conhecem há, contudo, o reverso dessa condição que se baseia no controle coletivo, mais corriqueiro em cidades menores. De acordo com pesquisa de Gaspar (1998), o conservadorismo e a mentalidade foram citados como aspectos negativos e, em cidades maiores, o anonimato permite maior liberdade de expressão. Nas pequenas cidades estudadas também ocorreram algumas manifestações de repúdio a esse indesejável controle. Há que se ressaltar, todavia, que prevaleceram as manifestações positivas acerca do estreito relacionamento social.

Os atributos relacionados à sociabilidade, apreciados pela sociedade local, possuem nexos com o tipo de relações que se estabelecem nas pequenas cidades. Nessas localidades prevalecem as denominadas relações primárias, que se contrapõem às relações secundárias. Na bibliografia, essa discussão está em Park (1979) e Wirth (1979, p.101). As relações primárias baseiam-se em vínculos mais pessoais, informais, imediatos e fundamentados no parentesco e na afetividade, mediante os quais se estabelece também uma forma de controle. Já as relações secundárias, predominantes nas grandes cidades, como resultado da presença mais resoluta da cultura urbana e industrial, são impessoais, superficiais, formais e ancoradas no vínculo profissional ou de negócios. Na obra de Santos (1996a, p.254-5), ele assinala que as relações construídas pela proximidade espacial compõem interações horizontais, produtoras da solidariedade.

Nos termos de Gomes (2002, p.111), nas grandes cidades inicia-se uma nova era, durante a qual os princípios do direito, "frios" e formais, tendem a reduzir ao mínimo as relações "quentes", do tipo familiar ou comunitário. Esse autor aprofunda o estudo do tipo de relação que a sociedade estabelece entre seus componentes e com o espaço, e de como se constrói a legitimidade nos vários tipos de vínculos. Ele cria matrizes que permitem um entendimento mais elaborado, figurando como elementos explicativos em situações e conflitos onde estejam presentes, explicita ou implicitamente, questões territoriais. A primeira matriz é o *nomoespaço*, baseada numa relação da sociedade com o espaço regida por normas e leis, portanto uma relação fundamentada na lógica, regulando indivíduos diferentes. Embora essa relação caracterize o Estado moderno, o autor mostra sua origem pretérita: a *polis* grega, que se definia como a fronteira dos muros e de suas leis, criando um novo domínio da vida coletiva, redefinindo seus quadros físicos e comportamentais baseados na igualdade e na constituição do espaço público. Assim ocorreu a passagem de uma comunidade étnica para uma sociedade civil. Então, a delimitação espacial está associada à organização social e a desobediência à lei implica penalidades correspondentes à exclusão territorial, como o encarceramento (Gomes, 2002, p.34-9). A segunda matriz é o *genoespaço*, baseada nas origens comuns (reais ou criadas) da relação com o espaço, que constituem grupos ou comunidades. A unidade pode ser atribuída a traços étnicos, familiares, culturais, históricos, morfológicos, comportamentais ou mais que um desses, considerados de forma simultânea. A identidade comunitária está associada a uma identidade territorial, produzida por uma história de um território comum. As fronteiras desse tipo de espaço são fluidas e instáveis. O genoespaço corresponde à forma mais típica das sociedades primitivas. Não obstante, o livro de Gomes não estabelece uma linearidade cronológica entre as duas matrizes apresentadas. As formas políticas de relacionamento da sociedade com o espaço, fundamento dessas matrizes, coexistem e podem ser recriadas.

Como já se discutiu, no segundo capítulo, as transformações culturais trouxeram implicações generalizadas, contudo, com maior ou menor incidência espacial, o que está profundamente relacionado à vida econômica e à composição social de cada local. Assim, nas pequenas localidades mantém-se a sociabilidade. Embora se verifique o apreço ao trabalho, as relações sociais estabelecem-se mais por vínculos afetivos de amizade ou familiares, ou seja, resultantes do contato mais imediato.

A identificação dessas formas diversas de relações impulsiona uma série de outros debates no âmbito das Ciências Humanas e Sociais. Seria demasiado querer esgotar o tema. Por isso, os parágrafos seguintes apenas apontam algumas possibilidades a mais de análise.

Quando prevalecem relações secundárias, tem-se, em outros termos, um cotidiano não provinciano, entendendo-se com isso a ausência do controle moral que decorre das relações primárias. Na perspectiva conservadora, o controle social decorrente das relações primárias nas cidades menores assegura comportamentos moralmente aceitos. A manutenção desses comportamentos tinha relação com a circulação restrita de outros referenciais e ideias, como aparece claramente em Rousseau (1993, p.75), quando ele se manifestou radicalmente contrário ao teatro, porque poderia alterar o comportamento de habitantes de cidades menores. Para ele, o teatro só poderia ser útil nas grandes cidades, como forma de ocupar os desempregados, mas não nas pequenas, onde bastava o descanso para os trabalhadores.

Ao expressar sua preocupação com o destino da política, Sennet (1998, p.70) atribui ao anonimato e à passividade a decadência da vida pública, cuja explicação está na formação da nova cultura urbana capitalista, mais expressiva nas grandes cidades, onde se pressupõe a existência de uma condição cosmopolita por ele entendida como a manutenção do comportamento a certa distância "[...] das circunstâncias pessoais de todos e, portanto, não força as pessoas a tentarem definir umas para as outras quem são". Complementando esse raciocínio, ele se questiona em meio à multidão de desconhecidos "[...] como tais pessoas irão fazer sentido umas para as outras?" (idem, p.73).

Essa transição cultural, ainda conforme o mesmo autor, trouxe o homem expectador e passivo, em detrimento do agente. Ele argumenta sobre as mudanças que levaram à construção desse expectador, como a difusão do rádio e da televisão como elementos fundamentais para fazer da passividade a lógica.

Já Putnam (2005) traz um contraponto. Conforme ele, alguns autores remetem a comunidade cívica ao passado: "Muitos teóricos associaram a comunidade cívica a certas comunidades pré-modernas, pequenas e coesas, muito diferentes de nosso mundo moderno – a comunidade cívica seria um mundo que já perdemos". Por esse viés, argumenta o autor, a dimensão pública está fadada a desaparecer, entendendo a modernidade como inimiga da civilidade. Ele procura mostrar o contrário, tomando por referência um estudo sobre a política italiana. Em áreas mais desenvolvidas economicamente, foram encontrados maior participação e avanço político, enquanto em áreas tradicionais foram encontradas hierarquia e exploração, mas não solidariedade.

A forma como Rousseau pretendia proteger determinada sociedade de ideias novas, por ele consideradas nocivas, não serviria mais para os dias de hoje, pois a circulação de ideias tem novos suportes, em parte os mesmos que servem também à produção do expectador. Por meio da televisão, do computador e da leitura, por exemplo, há maior presença e circulação dos valores universais em todos os locais. Embora novos problemas possam surgir, uma maior difusão de ideias pode ajudar na diluição de comportamentos tacanhos, antes relacionados imediatamente a pequenas localidades.

Como se vê, é um debate antigo, mas não ultrapassado e, tampouco, concluído. Na realidade, o anonimato não elimina o controle, apenas o dissimula. Assim, escapam saídas verdadeiras, fundamentadas no avanço cultural nas relações que poderiam superar a intolerância e o preconceito, em qualquer tipo de cidade.

Além disso, o cosmopolitismo pode configurar uma perspectiva positiva. Como ensina Bobbio, há diversas matrizes e o cosmopolitismo já esteve presente em vários momentos da história com motivações tão diversas como a religião e o iluminismo. Ele enfatiza o cosmopolitismo como contraposição ao nacionalismo e, em sua interpretação do que seria cosmopolita, cita Voltaire: "O homem que desejasse que sua pátria não fosse nem a maior, nem a mais pequena, nem a mais rica, nem a mais pobre, seria um cidadão do mundo" (apud Bobbio, 1986, p.299). Por meio dele, porém, sem manter tal noção atrelada aos limites nacionais, pode-se compreender o cosmopolitismo como a capacidade das pessoas de extrapolar os limites e circunstâncias do espaço em que vivem. Tal capacidade de se desprender culturalmente do lugar está relacionada, nesse caso, com uma forma de superação do sentimento de pertença, concomitante a uma forma de ampliá-lo, com a capacidade de sentir-se "em casa" em qualquer espaço, como um cidadão do mundo. Isso significa apropriar-se não só do espaço vivido, mas por meio da condição humana possível com os avanços materiais, apropriar-se do mundo.

Ademais, recentes mudanças verificadas tanto nas pequenas quanto nas grandes cidades deixaram esse tipo de debate ainda mais inacabado. Conforme já se sublinhou anteriormente, as pequenas cidades preservam formas de convivência próprias. Elas favorecem amplamente o estreitamento das relações, como constatou Lugan (1997, p.399-404), que já identificara sinais de transformações, motivadas por fatores isolados ou pela combinação deles: maior diversificação social provocada pela instabilidade demográfica que pode ocorrer por vários motivos, a mobilidade de fim de semana acarretada pela difusão das residências secundárias, presença de categorias socioprofissionais com mobilidade espacial intensa, falta de integração entre migrantes e moradores mais antigos, além de outras alterações possíveis no perfil demográfico da população, como a mudança na composição etária. Mediante essas considerações, o mesmo autor assinala que as mudanças referentes às interações sociais ocorrem em detrimento das formas de sociabilidade de tipo comunitário, em favor de uma sociabilidade resultante da aproximação das pequenas cidades a valores difundidos pela dinâmica urbana mundial.

Em outro extremo, não faltam igualmente alterações no cotidiano das grandes cidades, frequentemente proclamadas como espaços de liberdade, que apresentam crescente situação de reinventado controle, como pertinentemente apontou Capel (2001, p.139), sem, contudo, desanimar das perspectivas positivas trazidas pelo urbano. Ele complementa assegurando que esse controle, apoiado pela população, responde ao temor e ao sentimento de insegurança que, na realidade, atingem o espaço e a sociedade. Portanto, emergem novas formas de controle, baseadas em outras motivações, sem a sociabilidade que as contrabalança nas pequenas cidades. São novos elementos a respeito dos quais pensar.

Encerra-se esta parte destacando o valor das pequenas cidades para seus moradores, sublinhando elementos apreendidos fora da racionalidade econômica, mostrando uma vez mais que os seres humanos, mesmo submetidos a precárias condições de vida, são mais que aquilo que fazem deles as relações sociais de produção. Tal constatação referente ao significado das pequenas cidades é o que realmente justifica e fornece sentido a este trabalho e à preocupação que o permeia.

Poder local e condição política

As pequenas cidades são espaços significativos para a sociedade local pelas relações nelas estabelecidas, por meio de vínculos e significações tecidas cotidianamente. Contudo, isso não significa apropriar-se efetivamente do espaço e de seu comando, tendo em vista condições políticas e materiais. Observa-se que nas pequenas cidades as relações políticas também guardam especificidades. As considerações a seguir são pequenas e limitadas incursões sobre a vida política local.

Essa condição política não está, todavia, completamente independente do que pode ser apreendido do item anterior, pois os vínculos e o estreitamento das relações possuem nexos com o que se denomina relações de pessoalidade e ideologia unionista (Caniello, 2003, p.32), distinguidas da vida nas cidades maiores pautadas pelo individualismo.

Reiterando afirmações anteriores, Caniello considera as cidades pequenas como contextos em que a sociabilidade é largamente condicionada pela pessoalização, porque os indivíduos estão incluídos num ambiente social em que o alto grau de proximidade produz inevitável visibilidade, o que faz que, nessas cidades, a individualidade dissolva-se numa rede de relacionamentos compulsórios ditados pela frequência do contato no cotidiano. Nesse contexto de relações próximas, em que a cena social está marcada por relações de solidariedade e reciprocidade obrigatórias, é difícil veicular demandas conflituosas (idem, p.33).

O conflito manifesta-se, segundo o referido autor, de maneira ritualizada e em determinadas situações quando as oposições são admissíveis e toleradas. Nas pequenas cidades, de maneira geral, é por ocasião das eleições que ocorrem explicitamente os conflitos políticos, quando se aceita a situação e a oposição. É comum a formação de grupos que se revezam no poder, inclusive por meio de alternância com os mesmos nomes.[5]

---

5   É corriqueiro encontrar prefeitos eleitos por duas ou três vezes. Por exemplo, em Terra Rica, Cláudio Soletti, ex-proprietário de serraria e pecuarista, foi prefeito três vezes: 1973-1976, 1983-1986 e 1996-2000. O prefeito Mário Luiz Lanziani, médico, também já foi prefeito anteriormente (1993-1996) e prossegue com outro mandato porque foi reeleito em 2004. Em Rondon, Paulo Borges de Medeiros, proprietário de terras, foi eleito duas vezes e José Augusto Mossambani, contador, também teve dois mandatos. Em Colorado, há vários nomes repetidos no cargo de prefeito: Olívio Dias (gestão de 1968-1972 e 1977-1981, prorrogado por decreto até 1983), José Alencar de Andrade (1989-1992 e 1997-2000) e a família Ártico (com Cláudio Ártico, empresário, que já havia sido vice-prefeito e foi prefeito de 1993-1996, e Aparecida Moron Ártico, sua esposa, prefeita de 2001-2004). Já em Querência do Norte, houve menor repetição dos nomes na gestão municipal. Somente Paulo Konrath, agricultor, foi prefeito por duas gestões, de 1963-1969 e de 1973-1977. A costumeira alternância acontece, igualmente, entre vereadores, secretários municipais e outros cargos.

A ideologia unionista, preconizadora da união e do consenso, impera mesmo durante esses conflitos aceitos e ritualizados, por meio de uma

> reciprocidade hostil que age inversa, mas complementarmente no intercâmbio totalizador da vida cotidiana, provendo o campo do conflito de um componente interativo condizente com a tradição pessoalizante, na medida em que a facção fornece ao indivíduo uma rede de relações subsidiárias fundada em laços de solidariedade pessoais e dotada de uma forte referência de identidade grupal. (idem, ibid.)

Assim, ela se mantém como ideologia marcada pela ojeriza ao conflito interindividual, um dos elementos estruturantes do denominado padrão pessoalizante das relações sociais.

Não há abertura política e nem são comuns contestações, bem como são praticamente inexistentes os canais de participação. O comando político constrói-se com base nessas facções e na figura da autoridade política, que não dispensa a referência ao coronelismo, outro forte componente da política local em pequenas cidades.

Há que se ressalvar, contudo, que essa não é uma peculiaridade brasileira. Como se pode aprender com Nadal (2005), ao referir-se ao caso espanhol, ele explica o município como criação do Estado, gerando com a centralização a dependência do local e a formação de uma estrutura de poder caciquista: *"[...] el caciquismo es consecuencia del predomínio político de la gran propriedad agrária, lo cierto es que no será roto por medios jurídicos o administrativos, sino por una práctica urbana e industrial"*.

O poder local no Brasil estrutura-se dentro de bases idênticas, que se convencionou denominar coronelismo.[6] Apesar do termo militar,

---

6 A origem do uso do termo coronelismo no Brasil está relacionada à instituição da Guarda Nacional, em 1831. Os integrantes precisavam ter posses para arcar com os custos de armas e uniformes. Posteriormente, os postos foram colocados à venda pelo governo. Daí, a origem militar do termo. A partir daí, o coronel passou a ser visto como um homem poderoso, constituindo uma figura que persiste no cenário político brasileiro, mesmo com a superação da venda de postos e títulos militares. De acordo com Leal (1978, p.253), com a extensão do sufrágio incluindo os votos dos trabalhadores rurais, ampliou-se o poder dos donos de terras, que promoviam em seus redutos a votação maciça em candidatos governistas. Dessa forma, consideravam-se credores de recompensas, o que em geral significava ficarem livres para consolidarem seu domínio no município.

tal referência guarda a imposição hierárquica que ele suscita, pois por coronel entende-se uma pessoa de prestígio social, tradicionalmente com poder econômico assentado na terra e com capacidade de estruturar o poder local de acordo com seus interesses.

O processo de urbanização trouxe transformações que enfraqueceram a figura tradicional do coronel, o que não significa que desapareceu o coronelismo, pois as práticas persistem embora mudem os atores (Carlos, 1994). É assim que por ocasião do relançamento de uma das principais obras que trata do assunto no Brasil, o livro *Coronelismo, enxada e voto*: o município e o regime representativo no Brasil, de Vitor Nunes Leal, escrito em 1949, o prefácio escrito por Barbosa Lima Sobrinho registra:

> Que importa que o "Coronel" tenha passado a Doutor? Ou que os seus auxiliares tenham passado a assessores ou a técnicos? A realidade subjacente não se altera, nas áreas a que ficou confinada. O fenômeno do "Coronelismo" persiste, até mesmo como reflexo de uma situação de distribuição de renda, em que a condição econômica dos proletários mal chega a distinguir-se da miséria. O desamparo em que vive o Cidadão, privado de todos os direitos e de todas as garantias, concorre para a continuação do "Coronel", arvorado em protetor ou defensor natural de um homem sem direitos. (apud Leal, 1978, p.XVI)

Nas cidades estudadas os prefeitos não são mais proprietários de terras, mas empresários, professores, contadores e médicos. Contudo, há casos em que eles ainda são apoiados por proprietários de terras e representam tais interesses, mantendo vínculos estreitos com a prática política convencional, referendando as afirmações anteriores.

A preservação do mandonismo relaciona-se com uma estrutura econômica e social inadequada. Diferentemente do que pode parecer, não demonstra força política local. Ao contrário, mediante a submissão do poder local a um forte centralismo, estabelece-se um compromisso e troca de favores entre os donos do poder local e os comandantes de instâncias superiores. Esse é o arranjo político local, que preserva formas centralizadoras e concentradoras. Como se afirma na referência citada e se confirma nesta pesquisa, não é possível compreender esse fenômeno sem levar em conta a forma como se mantêm concentradas a terra e as riquezas.

Como já sistematizara Leal (idem, p.50-1), algumas permanências na sociedade brasileira mantêm atual esse tipo de relação política. A falta de autonomia legal produz uma autonomia extralegal, que na prática consiste na carta branca outorgada pelo governo estadual aos correligionários locais, forma com que cumpre a sua parte do compromisso típico do coronelismo. Em nome desse compromisso, as autoridades estaduais fechavam os olhos a quase todos os atos do poder local, inclusive àqueles marcados pela violência e outras arbitrariedades.

Nesses termos, destaca Carlos (1994, p.233-241) que o coronelismo continua sobre novas bases e até com formas mais sofisticadas, fundamentado no poder e na autoridade que os valores da sociedade capitalista conferem ao coronel, compreendido como a personificação e a forma de manifestação do poder privado. Ele coexiste com o regime político de extensa base representativa pela manipulação de votos, reiterando continuamente a liderança e o prestígio político associados ao poder econômico, cuja atuação política pauta-se pelo clientelismo e subordinação do legislativo pelo executivo municipal. De acordo com a mesma autora: "No Brasil, o poder ditatorial procurou privar os cidadãos de sua dimensão política, e esta passava a ser exercida, oficialmente, pelos políticos profissionais, num clima de corrupção e jogo de interesses escusos [...]".

A manutenção de práticas políticas tão conservadoras só pode ocorrer perante a manutenção da condição precária de vida da maioria. Nas pequenas cidades, a já mencionada ojeriza ao conflito torna-o ainda mais camuflado e, portanto, mais distante de ser solucionado. Essas velhas práticas políticas persistem nas pequenas cidades, onde a resistência e o movimento social não são costumeiros. Os casos de mobilização social registrados nos municípios com pequenos núcleos urbanos quase sempre dizem respeito ao trabalhador agrícola, nas últimas décadas sintetizados no Movimento dos Trabalhadores Rurais Sem-Terra, como os que se encontraram em Querência do Norte e Terra Rica. A presença do movimento abala a prática política local, já que o conflito social e o enfrentamento tornam-se explícitos.

Além disso, a permanência de velhas práticas políticas também está vinculada ao embrutecimento do trabalho agroindustrial. Além do custo social do subemprego e das mutilações, há um custo político pelo rigor no trato com a mão-de-obra, nutrindo a obediência e a passividade. Conforme se pode apreender na região estudada e pela realidade trazida por outros estudiosos, como Thomaz Júnior (1996, p.205), as empresas exigem tanto a produtividade como o bom comportamento dos trabalhadores, utilizando-se de dispositivos punitivos às infrações praticadas.

A intimidação e a passividade estão relacionadas, ainda, com o fato de que significativa parte da população vive em periferias que a estigmatizam no âmbito social, inibindo ainda mais o posicionamento político. Assim, as áreas periféricas revelam a condição de seus moradores, pois tão periférica como sua moradia é sua participação política.

Embora essas cidades estejam perdendo centralidade, há um crescimento territorial que nitidamente expressa o papel de moradia. A paisagem que se encontra nos conjuntos habitacionais e áreas resultantes da autoconstrução não deixa dúvidas de que são formados por casas para população de baixa renda, tal como já se destacou no capítulo anterior. Eles possuem alta densidade já que os terrenos são menores, muitas vezes sem asfalto e isolados da planta principal. O cuidado urbanístico desaparece. Há um contraste na paisagem entre a área inicial da cidade e essas áreas a ela adicionadas em razão dos processos de transformações vivenciados na região.

As pequenas cidades abrigaram um grande contingente demográfico, mas esse acolhimento não ocorreu sem significativa diferenciação social. Cenas assim se repetem, indicando que, por mais que os conflitos sociais permaneçam contidos nas pequenas cidades, em razão das peculiaridades com que se desenrolam as relações sociais, a paisagem não consegue esconder tais conflitos, materializados no espaço produzido. Essa imagem está afinada com o que se escreveu no final do segundo capítulo sobre os significados recentes das pequenas cidades, além de ilustrar aqui a condição social e política da maioria dos novos citadinos.

Por isso, a emergência de movimentos sociais nos considerados redutos do coronelismo é fato que ganha um destaque especial, tendo em vista sua raridade. Foi assim que ganhou relevância o protesto social vivido em Guariba-SP, em 1984, mais uma entre tantas outras pequenas cidades onde vivem boias-frias, conforme relato e análise de Penteado (2000). Como mostra a autora, é possível ver o espanto da sociedade local mediante a contestação,[7] bem como os segmentos e entidades que apoiaram (Igreja, imprensa, sindicato e prefeito) e os que refutaram (policiais e outros políticos de alto escalão) o movimento social. O referido estudo também mostra que os atos praticados naquele movimento emergiram de um cotidiano marcado pela extorsão e exploração, com notável repercussão em demais municípios com produção sucroalcooleira, onde outros trabalhadores aderiram ao movimento. Outro ponto que merece ser destacado é a natureza das reclamações, pois apesar de serem trabalhadores agrícolas, não houve nesse caso reivindicação de terras. Os boias-frias cobravam direitos relativos à vida urbana, como ressalta Penteado: "[...] preços justos pelos alimentos, pelo consumo de água e justeza dos salários" (idem, p.218).

A presença do MST em Querência do Norte e Terra Rica, já comentada no terceiro capítulo, mostrou que a aceitação do movimento e da reivindicação social precisa ser persistente para diminuir o sobressalto da sociedade local. No caso de Querência do Norte, essa fase já está praticamente superada, enquanto em Terra Rica ainda há muita hostilidade com o movimento social. É preciso observar que a hostilidade nunca se vai completamente porque, como se trata de um conflito, permanecem vértices diferenciados de interesses.

Outro estudo que traz a preocupação com o comportamento político e os conflitos, numa perspectiva metropolitana, expõe elementos que podem ser aqui considerados como um contraponto à afirmação sobre a rara manifestação política como algo peculiar às pequenas cidades. Mesmo numa área de periferia metropolitana, a noção de direitos e reivindicação somente aos poucos passou a compor o vocabulário

---

7   Conforme Penteado, ao explicar o início do movimento, "[...] a notícia da greve correu de boca em boca pela cidade: nos bares, nas casas e nas ruas dos bairros pobres da periferia da cidade, onde residiam os trabalhadores. [...]. Os guaribenses foram dormir desconfiados [...]" (2000, p.30).

da sociedade, apontando para a formação de uma cultura política da contestação, que deverá suprimir o populismo e a caridade como forma de fazer política, sempre mediada pela figura de benfeitores, escamoteando os conflitos de classes (Barreira, 1992, p.32-4).

Então, com base em Barreira, o discurso sobre direitos sociais, na medida em que aponta para reivindicações e mobilizações, representa uma ruptura paulatina com as práticas tradicionais de poder, visto que o aprendizado político e os novos sujeitos políticos constituídos com os movimentos sociais urbanos de várias tendências têm curto tempo de existência, pois emergiram após a ditadura: "Os movimentos urbanos, mesmo com reedição de práticas passadas, nem sempre reconhecidas, sinalizam a construção de símbolos e práticas de contestação que corporificam uma emergente cultura política" (idem, p.176).

Em consonância, análises das novas perspectivas políticas no Brasil tendem a confirmar uma mudança na formatação política. Uma das inovações que vem se difundindo, associada ao processo de municipalização de alguns setores, é a exigência de formação de conselhos municipais.

Em meio a essas novidades no âmbito político nacional, Sposito (2004, p.402) considera que embora a constituição e o funcionamento de tais conselhos sejam reflexos da sociedade corporativa,

> é preciso considerar, entretanto, que acertando ou errando, esses fóruns colocam, frente a frente, atores sociais que têm demandas, interesses, necessidades e imagens relativas à cidade em que habitam e, ao se defrontarem, tomam uns conhecimento dos outros e reúnem elementos a mais para pensar na cidade como totalidade.

Assim, destaca que nessas experiências, mais do que os resultados trazidos pelas decisões tomadas, importam os processos vivenciados e a politização decorrente, recuperando o que faz de uma aglomeração verdadeiramente uma cidade, isto é, sua dimensão política.

Igualmente, Pintaudi (2004, p.176) pondera e defende uma avaliação criteriosa dos conselhos municipais, antes de qualificá-los imediatamente como de natureza emancipacionista. Ela considera alguns resultados animadores, como o maior e melhor controle das ações públicas, maior eficácia na alocação de recursos (humanos e financeiros), mais equidade na distribuição dos recursos públicos, a educação política e, por fim, a sustentabilidade dos planos de governo.

Registra-se, ainda, outra avaliação relacionada ao alcance político dos conselhos municipais, baseada em estudos mais específicos de municípios demograficamente pequenos (até dez mil habitantes) e, portanto, correspondente a pequenas cidades. Nesse estudo, destaca-se a necessidade de tais conselhos serem independentes, ou seja, eles não devem fazer parte do complexo institucional da prefeitura, mas devem ter peso e voz como elemento político exterior à administração pública municipal, incluindo-se na problematização quem deve criar, participar e qual o poder efetivo dos conselhos, tendo em vista as diversas concepções acerca deles. Eles podem ser vistos apenas como braço do governo ou como forma de participação social por meio de diversos segmentos, nesse caso com possibilidades de alterar a natureza do poder local, além de poder interferir na qualidade dos bens e serviços públicos (Carvalho, 2003, p.7-9).

Para que essa perspectiva política positiva se consolide, assinala Carvalho que é necessário "[...] dar tempo para que a prática da participação nos pequenos municípios vá se consolidando, e os conselhos podem ser um caminho, se não se constituírem simplesmente como meras extensões da administração municipal" (idem, p.12). Contudo, não é possível esquecer que os conselhos, como se encontram constituídos, não alteram as relações de poder já existentes, já que têm funcionado como instâncias formais, implantadas apenas com o cumprimento das exigências legais. Ao mesmo tempo em que estuda os conselhos, esse trabalho mostra o difícil caminho da participação popular nos municípios com pequenas cidades, evidenciando-os como mero cumprimento de ritual burocrático para a municipalização das políticas públicas (idem, p.14-5).

Embora alguns conselhos constituam-se em cumprimento a uma exigência, com a finalidade de controlar a aplicação local e setorial de recursos, eles poderão provocar o envolvimento de mais pessoas com o processo de gestão local, aumentando a possibilidade de transparência, além de ações mais certeiras no direcionamento dos gastos públicos.

A existência desses conselhos traz práticas políticas inovadoras que convivem com aquelas mais retrógradas. Por isso, é preciso tempo para que se desvencilhem das decorrências de seus vínculos com o poder político constituído.

No caso dos municípios estudados, também prevalece a criação dos conselhos como cumprimento de exigências formais, bastante atrelados ao poder público municipal. Isso se verifica nas nomeações que colocam obrigatoriamente os representantes setoriais municipais, normalmente secretários diretamente subordinados aos prefeitos. Observa-se, contudo, pelo bom funcionamento de alguns que esse pode tornar-se um importante canal de intervenção da sociedade na prática política. Além disso, mesmo como auxiliar direto da administração municipal, essa é uma instância que vem sendo valorizada, pois os acertos na gestão são maiores.

Pode-se mencionar como exemplo concreto da região o caso do Conselho de Saúde de Colorado, apontado como o que melhor funciona no município. Referendando as afirmações anteriores, o conselho tem conseguido avançar, porque passou a funcionar de maneira desvinculada de secretarias municipais. Na referida cidade, encontraram-se outros exemplos de interferência política por parte de lideranças que, conhecedoras das novas recomendações legais, passaram a exigir o cumprimento das normas, tanto no que se refere à aplicação dos recursos e formação adequada dos conselhos, quanto à transparência nos processos. Evidentemente, tais interferências são pautadas por intensos conflitos, inclusive judiciais, mostrando que esse tipo de postura política, especialmente numa cidade pequena, precisa ser ainda mais contundente.

A existência dessa postura em Colorado mostra-se por meio dessas cobranças ao poder público, mas também pela publicação de dois pequenos jornais semanais, até então claros rivais políticos. Um servia de instrumento de apoio à administração local e outro de oposição. Enquanto o primeiro ressalta obras da prefeitura e critica os que contestam o poder, o jornal da oposição é um canal de denúncias referentes aos abusos de poder, clientelismo e carência de serviços públicos, entre outros problemas.

São poucos os casos que admitem o otimismo e permitem vislumbrar mudanças, mas eles existem. E essas experiências têm mostrado, pelas especificidades das relações nas pequenas cidades, que os estímulos para a formação de conselhos e participação política, provenientes de instâncias administrativas superiores, oferecem instrumentos para que as sociedades locais possam exigir, com amparo legal, o cumprimento de tais determinações: como é algo que vem do exterior, poderá ajudar a superar a ideologia unionista. Em concordância com as análises anteriores, ressalta-se que o valioso nisso tudo não são apenas as conquistas imediatas mas, sobretudo, a mudança de atitude política que poderá resultar. São fatores significativos para a recuperação paulatina da autonomia local. As novidades políticas precisam de tempo, como constatou Putnam em seu estudo sobre inovações institucionais: "[...] não se pode avaliar o êxito em alguns anos, mas em décadas. [...] só gradualmente acabam adquirindo legitimidade popular" (2005, p.72-4).

Esses são processos que merecem destaque, visto que nas pequenas cidades faltam canais para a manifestação e participação política por parte da sociedade, assim como espaços de contestação. Como já se mencionou antes, o predomínio nas pequenas cidades de trabalhadores com formação precária e com o cotidiano embrutecido pelo trabalho braçal cria uma condição em que é difícil traçar perspectivas positivas no sentido de reverter tal situação. Nesse meio no qual, mais do que em outros, mantêm-se práticas e ideologias conservadoras, a autoridade e o comando do território ocorrem de forma ainda mais alienada da maioria de seus moradores.

Há, nas pequenas cidades, uma sociedade que, embora afirme seu apreço pela vida nessas localidades, permanece sem meios de agir e interferir na condução política de seus lugares, o que significaria atuar sobre seus próprios destinos. Por isso, nessas localidades os conselhos e institutos semelhantes poderão trazer um avanço político substancial, em especial quanto à educação política.

A vida política local nas pequenas cidades merece estudo mais detalhado e específico do que essas observações. Todavia, neste trabalho, elas cumprem apenas o objetivo de mostrar as limitações políticas em que, de maneira geral, se encontram os moradores dessas localidades.

Pequenas cidades – das utopias às cidades concretas

O cuidado com o tamanho demográfico de uma cidade sempre esteve relacionado à projeção de cidades ideais e utopias. Enquanto as pequenas cidades concretas apresentam uma série de problemas e mostram-se politicamente conservadoras, uma série de utopias inspira-se nelas. No entanto, tais utopias baseiam-se em noções idealizadas de pequenas cidades, isto é, estão pouco relacionadas com as cidades concretas. Pensar o espaço do homem pelo viés das pequenas cidades leva à contraposição de suas dimensões ideal e utópica, filosoficamente apontadas como localidades que favorecem a participação política, com a dimensão concreta, pois exatamente nas pequenas cidades observa-se que a participação é acuada, com pessoas intimidadas e conflitos sociais contidos.

Já é bastante conhecida, então, a preocupação em estabelecer um limite máximo de habitantes. No caso da Grécia Antiga, desde os registros atribuídos a Platão e Aristóteles, entre outros, as cidades ideais envolviam a necessidade de estabelecer limites, tendo em vista a viabilização da participação dos cidadãos nas tomadas de decisões.

Conforme os próprios Platão (1964, p.105 e 160) e Aristóteles (1986, p.231-3), a cidade não deve ser nem muito pequena e nem muito grande, pois uma cidade constituída com um número muito pequeno de habitantes não será autossuficiente, enquanto outra com número excessivamente grande, ainda que autossuficiente para as necessidades básicas, será apenas um amontoado de gente. Assim, é preciso um limite mínimo de habitantes capaz de assegurar a autossuficiência, com vistas a uma vida melhor segundo as regras da comunidade política. Então, de acordo com eles, o melhor critério para limitar a população de uma cidade era permitir sua expansão somente até o ponto em que, assegurada a autossuficiência, fosse possível abranger a cidade com o olhar, o que também facilitava sua defesa.

A idealização da cidade na sociedade grega, destarte, era motivada por sua dimensão política. A convivência política justa e a busca das virtudes permeiam a filosofia produzida naquela sociedade. Para tanto, além de projetar e idealizar cidades, registra-se que os cidadãos precisavam de tempo livre. Assim, os cidadãos não podiam ser trabalhadores manuais, comerciantes ou agricultores (Mossé, 1999), pois tais atividades absorvem demasiadamente o tempo. A cidadania era explicitamente excludente, pois naquela sociedade não havia a possibilidade do não trabalho trazida pelo processo social de industrialização. Essa é uma consideração significativa para entender a manutenção do conservadorismo político e social nas pequenas cidades estudadas, como locais de moradia de uma mão-de-obra predominantemente braçal, semianalfabeta, senão completamente analfabeta, cuja reprodução ainda é fundamental para o agronegócio.[8]

Os escritos de Morus, datados do século XVI, inauguram o uso do termo utopia, posteriormente utilizado para designar outras propostas acerca do vir a ser. No que se refere à idealização urbana, ele não pensou apenas uma cidade, mas todo um ordenamento territorial com um conjunto de 54 cidades, iguais no traçado e no aspecto tanto quanto permita o terreno. Nelas não existiria o instituto da propriedade privada. Tais cidades teriam no máximo seis mil famílias, com número de filhos entre dez e 16. Portanto, ele pensou detalhadamente as questões demográficas, como se pode verificar no seguinte excerto:

> Se a população de uma cidade é, no total, muito numerosa, ela servirá para encher o vazio das que são pouco povoadas. E se, em toda a ilha, a população torna-se exagerada, designa-se, em qualquer cidade, cidadãos que irão fundar, no continente mais próximo, uma colônia regida por leis outorgadas por utopia. (1992, p.43).

Fazia parte da idealização de Morus o predomínio de homens regidos por bons sentimentos, mais do que por protocolos e regras (idem, p.68).

---

8   Segundo Lefebvre (2001b, p.179), a burguesia capta a possibilidade do não-trabalho produzida pela automatização apenas para seu uso. De acordo com o mesmo autor, ela manterá o trabalho nos países industriais, ao contrário de deixar emergir o não trabalho. Essa atitude só pode ser compreendida porque da relação social de produção não resulta apenas o trabalho, mas a manutenção da desigualdade e, por conseguinte, da condição social que assegura o poder.

É preciso observar que, por um lado, as cidades ideais são propostas como correção de elementos e características indesejáveis nas cidades existentes, ou seja, como uma negação de suas formas e práticas. Por outro lado, as idealizações passam a gerar cidades reais, entretanto com concretização apenas parcial do que foi idealizado. Isso ocorre porque as utopias frequentemente foram propostas como uma negação total da condição social e política existente, mas quando implementadas o são em meio a essas condições.

De modo geral, as utopias continham previsões muito fechadas, prevendo e idealizando, sem admitir a presença do conflito social e do movimento. Encontravam-se inseridas numa atmosfera tão irreal quanto a dos contos de fadas, onde pairava algo de "foram felizes para sempre", já que se projetavam como resolução definitiva para todos os problemas.

O problema do ideal demográfico preocupou vários filósofos e cientistas, afirma Mumford (1965, p.207-37), fazendo igualmente referência à cidade grega, onde a democracia exigia o encontro face a face. As propostas para cidades ideais quase sempre ficavam entre 25 e trinta mil habitantes. Sobre a cidade grega, ele afirma: "[...] não há melhor maneira de definir a cidade grega do princípio do período helênico do que dizer que constituía uma comunidade decidida, para o seu próprio bem, a continuar pequena" (idem, p.244).

Algumas utopias tornaram-se experiências concretas como Harmonia, de Robert Owen, em 1825, com uma população em torno de 1.200 habitantes que deveriam viver de maneira comunitária, o que o torna, também, um precursor do socialismo e cooperativismo. No mesmo período, Fourier acreditava que a fase avançada da humanidade envolveria uma forma de viver comunal, em unidades para aproximadamente 1.600 pessoas de diferentes posições sociais, denominadas falanstérios, com dormitórios, refeitório, biblioteca, teatro e outros. Suas ideias foram aplicadas de forma simplificada em edifícios denominados familistérios, abolindo o sistema comunal e alojando famílias em apartamentos situados em edifícios com serviços coletivos (Benevolo, 1999, p.568).

Em 1849, John Silk Buckingham propôs a cidade ideal de Victoria para dez mil habitantes como remédio para os males ingleses. Outra proposta em 1876 é de um médico, Benjamin W. Richardson, que propôs uma cidade – Hygea – para cem mil habitantes, tendo em vista a melhoria das condições higiênicas urbanas. Esses exemplos dispensavam as preocupações econômicas e políticas das propostas utópicas da primeira metade do século, herdadas dos gregos. Nesse intuito, alguns empresários construíram em conjunto com suas fábricas as chamadas *company towns* (Ottoni, 2002, p.20-31), onde foram implementados muito superficialmente alguns princípios presentes nas utopias.

A proposta de cidades-jardim de Howard não se baseava numa cidade isolada, mas em localidades de aproximadamente trinta mil habitantes dispostas geometricamente em torno a uma cidade central, fazendo, segundo ele próprio, com que o morador "[...] ainda que em certo sentido vivendo numa cidade de pequeno porte, na realidade viva e desfrute de todas as vantagens de uma grande e belíssima cidade, mantendo-se a poucos minutos a pé ou de condução de todas as delícias do campo [...]" (2002, p.187-8).

A contextualização dessa obra que se encontra na introdução elaborada por Ottoni mostra como ela é formulada como parte do percurso da idealização das cidades. As utopias abrangeram propostas de sanitaristas e empresários, tendo em vista a condição em que se encontrava Londres na metade do século XVIII e XIX, onde já se desenhavam os problemas das cidades contemporâneas, provenientes da condição humana contraditória, gerada pela Revolução Industrial (Ottoni, 2002, p.20-31 e Benevolo, 1999, p.547).

Como se vê, a idealização de cidades incluindo limites demográficos convive com diferentes motivações. A manutenção das cidades em dimensões que viabilizem a atuação política, baseada na democracia direta é uma preocupação que se mistura com posturas relacionadas ao controle de viés malthusiano, além do sanitarismo e posturas antiurbanas.

Já o processo de urbanização tem ocorrido sem urbanidade e distante dos ideais políticos. Os críticos arquitetônicos têm confundido urbanidade com densidade demográfica e de construções (Mumford, 1965, p.507). Deve-se lembrar a assertiva de Lefebvre (2001a) quanto à ideia de que a explosão da cidade é a causa de sua implosão.

Compartilha-se neste trabalho o entendimento de urbanidade de Ribeiro (1996, p.80-7), já citado na introdução, de que ela implica o amadurecimento das relações políticas, sociais e culturais mediante a nova condição urbana. A autora fala da ausência de projetos para o urbano e que é preciso conceber um novo ideário para a vida coletiva e para o compartilhamento da materialidade historicamente construída.

As pequenas cidades concretas da região estudada são expressivos espaços de acolhimento da população proveniente do meio rural, ainda que como um degrau na migração em etapa, funcionando nesse caso como expressiva dimensão de adaptação cultural à vida urbana. As pequenas cidades são espaços locais, onde habitantes provenientes do meio rural precisam viver ou sobreviver num contexto urbano. Eles foram urbanizados, porém sem a urbanidade correspondente nos termos anteriormente explicitados.

Os novos citadinos alteram o caráter da cidade brasileira, mais especificamente das pequenas cidades. Todavia, trata-se de um momento de transição. Gaspar (1998) questiona-se sobre a conveniência de falar sobre a "citadinidade". As amplas transformações vividas pela sociedade, de maneira geral, levam à gestação de uma nova citadinidade, nas palavras do referido autor. E, conforme ele sugere, é preciso educar para a vida urbana.

Ainda estamos à procura do rumo da urbanidade e da sociedade urbana. A dimensão política emerge como algo que deve ser recuperado, pois a liberdade do espaço público deve ser defendida com o mesmo entusiasmo que a liberdade de expressão, visto que a construção de uma cidade melhor não é só urbanismo, é, também, civismo e política, como destaca Capel (2003b, p.18).

O avanço político implica o poder da sociedade de intervenção no seu espaço. No caso das pequenas cidades, essa perspectiva passa pela superação do conservadorismo político e pela reconstrução da autonomia coletiva. Portanto, a projeção da sociedade futura depende desse aprendizado político, mais do que da forma urbanística. Nesse sentido, Delle Donne destaca que:

> Não é dando um belo bairro com escolas, casas, hospitais, e transportes funcionais que se resolvem as contradições de classe; não é a "via

urbanística" que conduz ao socialismo; é necessário partir da contradição fundamental que existe entre capital e trabalho e terra como objetivos, não apenas a colectivização dos meios de produção [...], mas a autogestão do poder [...]. (1990, p.232-3)

Este debate mostra-se premente, pois algumas experiências concretas mostram que a imagem idealizada das pequenas cidades foi reeditada e continua subsidiando práticas urbanísticas equivocadas. Assim ocorre com a construção de cidades novas baseadas num *novo* urbanismo.[9] Elas revelam novas projeções inspiradas na já referida noção idealizada de pequenas cidades, enquanto prossegue a negação e a cegueira para com as pequenas cidades concretas.

O novo urbanismo corresponde a um movimento que se formou nos Estados Unidos, como reação aos subúrbios e com base em parâmetros estabelecidos a partir de cidades europeias. Ele é regulamentado por 27 teses, consideradas como uma *Nova Carta de Atenas dos Estados Unidos*, que sinteticamente se resumem em reunir estruturas territoriais diversificadas em assentamentos com dimensões controladas (de dois mil a vinte mil habitantes), estímulo ao pedestrianismo, difusão do transporte e espaços públicos. As rápidas menções a esse assunto estão aqui baseadas em Segre (2001), Veninga (2004) e Lara (2001).

Apesar das boas intenções, os estudos sobre algumas experiências que têm se difundido sob esse rótulo revelam a gentrificação dessas ideias, expressando conservadorismo e homogeneidade. Nos termos de Segre (2001), constituem novos guetos para a alta classe média. Como sistematiza Lara (2001), ele não tem sido aplicado como solução para problemas urbanos já existentes em áreas já ocupadas, mas tem sido tomado como uma receita aplicada a novos empreendimentos que

---

9 Esse urbanismo que se autodesigna como *novo*, será mesmo *novo*? Ajuda a pensar sobre o tema o texto de Rybcynski em que ele expõe sobre o apreço americano "[...] pelo velho urbanismo baseado em pedestres" e sua " forma tradicional de urbanidade". Segundo ele, parece que "[...] existe um desejo real de compensar nossa enervante agitação urbana com algo mais calmo, de menor tamanho, mais antigo. Real também é o desejo por uma identidade local, por uma troca de experiências em menor escala. O desejo de comunidade, ou pelo menos por um sentimento de comunidade [...]" (1996, p.209-10).

pretendem a perfeição da aparência. Então, o novo urbanismo aparece como uma forma extremada de autossegregação, que não se limita mais a produzir redutos dentro da cidade, como os condomínios. O conservadorismo está implícito em regras rígidas e unilaterais quanto à forma e à convivência, além da ausência de vida política. A forma arquitetônica ilude sobre uma retomada do passado. Esse novo movimento mostra como o urbanismo continua negando as grandes cidades, embora suas saídas utópicas inspiradas em pequenas cidades produzam-se no encalço da dinâmica metropolitana, como pretensas novas cidades, ou em termos mais adequados como novos empreendimentos. Dessa forma, as pequenas cidades concretas e já existentes continuam "à deriva", enquanto o debate e a produção urbana se nutrem de inspirações fundamentadas e idealizadas de pequenas cidades.

Os exemplos mais citados de aplicação do novo urbanismo são Seaside (pequeno centro de férias na Flórida, onde foi filmado o filme *The Truman Show*) e Celebration (empreendimento da Disney de 1996, prevista para quinze mil habitantes mas que só possui dois mil), entre outros como Northwest Landing, Kentlands e Harbourtown.

Convergem as críticas acerca dessas experiências, identificando nas mesmas uma ditadura regulamentar e arquitetônica, pois o morador não pode nem mesmo mudar a cor da casa e plantar uma árvore a mais, pois tudo é considerado como um cenário perfeito e planejado, que não deve ser "estragado" com a espontaneidade de seus moradores. Aparentemente perfeitas, de acordo com os mentores e empresários que as vendem, é o que há de melhor para viver. São espaços estilizados, de fachada, com efeitos cenográficos, por conseguinte de valorização exagerada da arquitetura, sendo seus empreendedores verdadeiros vendedores de fantasias (Veninga, 2004). Tudo o que se diz dos condomínios fechados aparece extremado nesses espaços – o isolamento, a elitização, o controle, a parque-tematização e a aparência. Tais inspirações concretizam-se como projeções de novas pequenas cidades, mas também como novos enclaves nas áreas metropolitanas.

Ainda de acordo com Veninga, a manipulação da imagem é importante para fazer a cidade mais atrativa para os investidores, mas também como forma de controle social. Ao figurarem como uma nova forma de *company towns*, essa nova idealização da vida urbana é administrada pelas empresas que a criaram, ou seja, não existem prefeituras nem outras instituições fundamentais para a vida política. Dotados de serviços privados sofisticados, esses empreendimentos dependem do condado para serviços públicos. Os empreendimentos correspondem a cenários que combinam recuo político ao extremo poder do capital imobiliário. Cabe aqui o comentário já há muito proferido por Lefebvre (2001a, p.23-4), afirmando que os profissionais do urbanismo operam como médicos da sociedade, prescrevendo modelos do passado baseados na forma de pequenas comunidades. No entanto, são modelos sem conteúdo e sem sentido.

O que se infere dos diversos pontos já assinalados neste capítulo, agora reunindo as utopias, cidades concretas e aquelas fantasiosamente produzidas, é a miséria da condição política. Com exceção das cidades ideais pensadas no ambiente filosófico da Grécia Antiga, que se projetavam com a finalidade de criar um meio adequado à prática política, as utopias e formas idealizadas herdaram a preocupação com o limite demográfico e com a aparência ordeira como se por si só esses elementos fossem suficientes. O novo urbanismo, apropriado pelos empreendedores, na medida em que cria fantasias e reitera a segregação, é uma referência ainda mais empobrecedora, na perspectiva de uma vida urbana plena.

Assinala Lefebvre (idem, p.119-20), ao procurar projeções urbanas, que se antes elas eram parte do pensamento filosófico, mais recentemente elas se encontram apenas na ficção científica, mostrando variantes possíveis e impossíveis da futura realidade urbana, onde antigos núcleos urbanos agonizam, recobertos pelo tecido urbano que prolifera e que se estende sobre o planeta, formando cidades gigantes que reproduzem uma estrutura de poder baseada em alguns poucos mandatários e um exército de comandados.

São antes antiutopias. Algumas ficções cercam-se de aparatos e cenas baseadas na tecnologia mas, aí também, revela-se muito claramente a miséria da política, pois as relações mostradas remetem ao passado, muitas vezes à monarquia. Nelas perambulam amos e majestades, prometidos, iluminados e salvadores que nutrem a ideia de preservação da passividade política.

Por um lado, um mundo pautado pela pobreza política realimenta a pobreza social. Por outro, o cotidiano dos pobres exige uma prática que poderá converter-se numa perspectiva política positiva, baseada no cooperativismo, alimentada pela simples necessidade de continuar existindo (Santos, 2001, p.133).

Traçar o futuro implica uma retomada da utopia, agora repensada, como se pode encontrar em formulações de diversos autores. E este, como um momento de muitas transitoriedades, configura um contexto em que a reflexão e a imaginação se lançam na construção de utopias e nostalgias (Ianni, 1997, p.23-4). O processo de aprendizado político que parece vir se desenhando no cenário brasileiro já motiva a renovação das utopias, como parte do aprendizado da condição urbana e, portanto, como parte da formação de novos citadinos. Os parágrafos seguintes registram esse repensar da utopia.

Se antes a utopia dissociava-se da história, com a modernidade fundiu-se com ela. Assim, um entendimento materialista da utopia é que ela está potencializada na história, ou seja, deve ser compreendida em meio às condições concretas de realizar-se (Habermas, 1987). A nova condição humana, produzida com a modernidade, inspira e renova as utopias, bem como as antiutopias. Essa forma de ver a utopia não pertence apenas a Habermas, mas também a outros cientistas vinculados à Escola de Frankfurt. Assim, Bloch fala em "decifrar" o futuro incrustado no presente, desvendando o que ele tem de "friável", visualizando por meio das "fraturas" o presente que se abre para o futuro (apud Freitag & Rouanet 1980, p.145-6). Para Bloch, toda forma de pensamento que não se deixe guiar pela perspectiva do futuro utópico está condenada à opacidade, pois o pensamento verdadeiramente dialético é vinculado ao desejo, à esperança, ao sonho para a frente, a uma utopia concreta vinculada a tendências objetivas, já presentes no real. Assim, tanto a esperança é instruída pela realidade, como a realidade ilumina a utopia.

Nas palavras de Quaini (1983, p.139-40), a grande missão da utopia é dar acesso ao possível, em oposição ao passivo assentimento ao atual estado de coisas. Ele destaca a necessidade de romper com a inércia do homem, lembrando a faculdade de ele poder reformar continuamente seu universo. Nessa perspectiva, o conteúdo utópico presente nas teorias sociais procura anteceder as possibilidades e suas condições de realização. Trata-se, destarte, de superar a postura de resignação mediante o que se constata, por meio da crítica ao estabelecido e da possibilidade de criar referenciais para outro acontecer histórico.

Já em outra contribuição, a utopia vislumbra não só o possível como também o impossível, que libera e reinventa possibilidades que de outro modo não existiriam, de acordo com Innerarity. Segundo ele, é isso que faz a reflexão utópica irrenunciável para o pensamento político e social. A abertura dessas possibilidades, segundo o referido autor, precisa de uma ideia menos limitada de política, tida como o desenho das condições humanas, não restritas à experiência da qual se dispõe, mas que incorporem o inédito e o insólito. Nas palavras do mesmo, a utopia é hoje a salvaguarda da indeterminação, do caráter aberto e imprevisível do futuro. Ela não desenha uma antecipação do futuro, mas pondera sobre possíveis futuros, projetando, assim, uma sociedade com futuro aberto e certa ingovernabilidade. Portanto, assim como Habermas, Innerarity fala de uma nova utopia que se diferencia por ser uma utopia de contingências (2003, p.240-9).

Essas novas contribuições, ao serem menos fechadas, são menos cerceadoras e menos dogmáticas. Fundamentam-se na autonomia e no crédito à dinâmica política e social que a própria sociedade poderá criar. Por isso, não é preciso traçar uma única trilha para um final feliz. Mais do que projetar formas arquitetônicas, o futuro deve ser iluminado pela possibilidade de novas relações políticas, sociais e culturais. A produção de uma espacialidade socialmente mais adequada passa pelo envolvimento, bem como pelo avanço político e cultural da sociedade.

Retomar a sociedade urbana enquanto utopia implica considerar que estamos ainda aprendendo a ser urbanos, embora a condição urbana já esteja presente. A cidade deve ser vista enquanto dimensão educadora, lócus desse aprendizado. Com base em Santos (1987, p.43), pode-se afirmar que aprender a ser urbano implica superar a "condição de não-cidadão" ou de "cidadão mutilado". Do ponto de vista geográfico, isso requer o rompimento com a existência de espaços sem cidadãos, ou de espaços conduzidos de forma alheia aos interesses da sociedade local, enquanto meros locais de reprodução da força de trabalho, como se constata na realidade exposta pelas pequenas cidades, situações em que ultrapassar a cultura do autoritarismo faz parte do aprendizado e da conquista da urbanidade. Quem sabe, assim, tanto as pequenas cidades quanto as maiores, tendo em vista as possibilidades materiais criadas, possam concretizar novas condições políticas e sociais.

Vir a ser e apropriação do espaço

Em vários pontos anteriores do trabalho utilizou-se a ideia de apropriação do espaço. O objetivo deste item é deter-se um pouco mais na análise dessa ideia como parte significativa das reflexões finais do capítulo e do trabalho. Apresentar esta parte no final foi apenas a forma de sistematização encontrada, pois na realidade tal ideia esteve presente o tempo todo na pesquisa, como parte do referencial teórico.

A referência à apropriação está em diversos pontos da obra de Lefebvre, mas foi especialmente a assertiva de que a prática da sociedade urbana deverá ser a prática da apropriação do tempo e do espaço pelo ser humano (2002, p.131) que despertou o interesse para esta reflexão. Essa orientação teórica e a atenção ao processo de declínio demográfico dos municípios com pequenos núcleos urbanos, bem como as constatações da produção do espaço de forma alheia aos interesses da maioria da sociedade local resumem a motivação que conduziram a esta interpretação. A desejável apropriação apontada por Lefebvre iluminou a leitura da realidade, pois toda a sistematização elaborada procura mostrar o que impede essa apropriação efetiva do tempo e do espaço.

O termo apropriação tem um uso corriqueiro fora da obra de Lefebvre. O sentido restrito de apropriar-se é tomar como propriedade ou tornar próprio. A ideia de apropriação presente em Lefebvre não tem relação com a ideia de propriedade, como já se assinalou na introdução, pois a ela se contrapõe. A propriedade privada dificulta a apropriação humana e social de quase tudo: dos resultados da produção, do tempo e do espaço. Como seguidamente se assinala, a produção é coletiva e a apropriação é privada. O marco jurídico da propriedade privada é que legitima essa apropriação contraditória, adversária de uma apropriação efetiva e humana do mundo, pois é extremamente seletiva. E o uso da apropriação nesse sentido ajuda a mostrar a contradição, ao mostrar que não é propriedade efetivamente, mas que se baseia num instituto que permite tornar particular o que é social.

Mesmo sob os marcos da propriedade, há outras formas de apropriação do espaço, porque não há existência social fora do espaço geográfico. É pelo espaço de moradia, pelo hábitat, que comumente se compreende a apropriação social do espaço. Contudo, essas formas de apropriação não são emancipadoras, apenas mostram a contradição de uma sociedade, onde tudo é mercadoria e está para a produção, mas nem todos podem ser consumidores.

A não apropriação dos resultados da produção econômica por significativa parcela da sociedade, pelo grau de determinação que ela tem na sociedade atual, implica, também, a não-apropriação dos comandos políticos do espaço. No mundo de hoje, as ações chamadas racionais tomam com frequência esse nome a partir da racionalidade alheia, fazendo que as ações que operam em determinado espaço sejam cada vez mais estranhas aos fins próprios dos homens e do lugar (Santos, 1996a, p.65-6). Desse modo, tais ações são ao mesmo tempo cada vez mais precisas, mas também cada vez mais cegas, porque obedientes a um projeto alheio, como explicita Santos: "Quando o homem se defronta com um espaço que não ajudou a criar, cuja história desconhece, cuja memória lhe é estranha, esse lugar é a sede de uma vigorosa alienação" (idem, p.263). Nas palavras de Lefebvre (1992, p.48), aqueles que efetivamente produzem o espaço não são as mesmas pessoas que o controlam.

Numa apreciação semelhante, Carlos (1994, p.62-3) afirma que o homem enquanto trabalhador no modo capitalista de produção, cuja subsistência importa apenas como possibilidade de reprodução do capital, cria um mundo que lhe é alheio, que parece não lhe pertencer, onde ele não se reconhece e nem é reconhecido como produtor. Desse modo, produz-se um urbano com finalidades estranhas às necessidades dos indivíduos e distantes de suas aspirações e utopias, gerando um espaço alienado e carente de identidade entre sujeito e obra. Esse processo deve ser entendido como parte da contradição entre a produção coletiva do espaço e sua apropriação privada, fundada na contradição capital-trabalho (idem, p.82).

A apropriação a que se refere Lefebvre incorpora a reflexão e a utopia marxista, pois só pode concretizar-se com a superação da propriedade privada. Só assim os avanços técnicos e econômicos produzidos socialmente poderão ser apropriados socialmente e colocados ao serviço da sociedade, de forma emancipadora.

O urbano, enquanto lugar de encontro, cuja prioridade é o valor de uso, representa a inscrição no espaço de um tempo promovido à posição de supremo bem entre os bens (Lefebvre, 2001, p.117). Apropriar-se do tempo será possível quando o ritmo arrefecer e usufruir da velocidade puder ser uma decisão individual não mais marcada pela seletividade econômica, mas usufruída de acordo com conveniências humanas e sociais.

Por um lado, a cotidianidade pesa com um tempo e um espaço não apropriados. Por outro, é no cotidiano que a vida se perpetua. É nele que se constroem significados, que ao serem alheios ao econômico mostram que o valor de troca não é tudo. A vida que se concretiza no espaço, lembrando o valor de uso, faz voltar à cena a apropriação. Questiona Lefebvre: será que o *homus quotidianus* ainda é um homem? Para que se reencontrem as propriedades do ser humano é preciso que se supere o cotidiano, dentro do cotidiano e a partir da cotidianidade (1991, p.204).

Em *O direito à cidade*, ele expõe o que entende como superação do cotidiano, apontando para aqueles que não habitam mais porque podem de habitação em habitação estar em toda parte e não estar em parte alguma: "Daí provém a causa da fascinação que exercem sobre as pessoas mergulhadas no quotidiano; eles transcendem a quotidianeidade [...]". A esses se contrapõem àqueles absorvidos pelo cotidiano: "[...]será necessário mostrar aqui a miséria irrisória e sem nada de trágico do habitante, dos suburbanos, das pessoas que moram nos guetos residenciais[...]" (2001a, p.117). Lefebvre complementa, posteriormente, que a arte e a dimensão lúdica mostram a apropriação do tempo e do espaço em nível mais elevado, capazes de transformar as restrições do cotidiano. Afirma ele em A produção do espaço que querer mudar a vida e a sociedade são preceitos que nada significam sem a produção de um espaço apropriado (1992, p.53).

Com essa perspectiva, ele esboça um novo homem e uma nova filosofia, que mostram o sentido da produção industrial como requisito material para o projeto filosófico, contrapondo a dominação à apropriação. É a perspectiva da sociedade urbana, da centralidade renovada pela dimensão lúdica, dos locais de encontro e trocas, do ritmo de vida com uso pleno e inteiro dos momentos e dos locais. Nessa sociedade, a vida cotidiana torna-se obra, servindo-se de todos os meios da ciência, arte e técnica de domínio sobre a natureza material. A apropriação do tempo e do espaço começa, efetivamente, na sociedade urbana (2001a, p.138-44).

Com esse referencial, só se pode olhar com estranheza para a mobilidade espacial da população aqui problematizada, tendo em vista seu significado social. Esse olhar não se baseia em ideias de que o crescimento demográfico é um processo natural e deve ser ininterrupto nem em inspirações coercitivas da migração. A interpretação é que significativa parcela da sociedade não consegue apropriar-se efetivamente do espaço. A condição social de trabalhador pressupõe não só vender a força de trabalho, mas inclui a mobilidade espacial e, com isso, corresponde muitas vezes à renúncia involuntária ao lugar. Em geral, têm de sair aqueles que não possuem alcance político no comando do espaço, onde estão materializadas poucas, mas significativas, conquistas e laços afetivos. Então, é possível, após tantas reflexões, ver o declínio demográfico como decorrência da não apropriação do espaço.

Entretanto, a não apropriação do espaço possui outras implicações, pois se quem migra desiste do lugar, quem permanece sem condições para modificar sua condição social e política expressa outra face dessa alienação. A questão das pequenas cidades em processo de esvaziamento demográfico, tomando por referência tanto a parcela da sociedade que migra quanto aquela que se sujeita à precária condição social e política nelas compreendidas, expõe esse processo de maneira muito visível. Trata-se de ler por meio do espaço a dinâmica da sociedade nele inscrita, questão também presente em outras situações e locais, mas que se mostraram pela busca da essência e dos significados dos processos verificados na região analisada.

Em resumo, a não apropriação do espaço mostra-se tanto por aqueles que não mais conseguem permanecer em determinadas localidades e são obrigados a perambular, como também por meio dos que ficam, mas em cuja própria condição social e política não alcançam intervir. Está compreendida nessa condição social e política a produção da passividade, que faz a população apática e sem meios de agir na condução política local. Por isso, mudar de vida implica quase sempre em mobilidade espacial.

A relevância da não apropriação comparece como fundamental na leitura da realidade dos municípios com pequenas cidades, problematizada neste trabalho, bem como na forma como se produz a realidade urbana. Se ela é vista fora dessa perspectiva, não se questionam as origens dos fluxos humanos que compõem outras formas urbanas e resultam em outras realidades igualmente marcadas por condições sociais e políticas precárias, em que também não há suficiente apropriação do tempo e do espaço.

Recente texto de Borja (2005) traz alguns pontos que contribuem para esta reflexão, ainda que se referindo a um espaço tão diferente dos analisados neste trabalho, já que ele se refere a um certo "mal-estar urbano" em Barcelona, na Espanha, que ele se propõe a desvendar. Para tanto, ele começa citando Baudelaire: "A cidade muda mais depressa que o coração de seus habitantes". Essa mudança rápida gera nos habitantes um sentimento de nostalgia de um tempo que já não existe. Contudo, afirma o autor, a cidade só existe na medida em que é apropriada por seus habitantes. No caso mencionado, projetos recentes desenvolvidos na cidade não são elaborados para eles, criando um sentimento de não posse. Os habitantes sentem-se despossuídos da cidade, pois parte dela se faz de e para fora. Para ele, também nesse caso, trata-se de desenvolver conceitos, como o direito à cidade, ao lugar e a permanecer onde se decidiu viver (idem, p.5). Como se vê, a despeito das diferenças socioespaciais,[10] constata-se em comum que a não apropriação é determinada por essa produção de e para fora, ou seja, como já se mencionou antes, alheia e contra o interesse dos habitantes de determinados espaços.

As escalas que afetam determinado espaço, num momento de economia mundializada, correspondem a articulações bem mais amplas, ou seja, a apropriação do espaço não exige apenas ativa política local, mas nexos geograficamente alargados. Portanto, nos dias de hoje já não basta mais a mera recuperação da autonomia local, embora ela seja indispensável. A apropriação da escala local cria condições para agir nas demais escalas. Por isso, no caso das pequenas cidades, o quadro se agrava pela peculiar condição política e social em que significativa parte de seus habitantes se encontra.

Nesses termos, a trilha de um vir a ser utópico inclui a apropriação do espaço. Tal como existe, o espaço figura como condição não de mudança, mas de reprodução social. Só habitar é diferente de apropriar-se. Os habitantes não decidem, pois frequentemente são apenas usuários do espaço. Por meio das manifestações dos moradores dos municípios estudados, foi possível verificar como os elementos e laços afetivos, uma lógica paralela à econômica, imprimem ao espaço vínculos e usos que o tornam de alguma maneira especial, mas não efetivamente apropriado.

Negar o urbano historicamente construído indica resignação, justificada pelas mazelas e contradições encontradas pela sociedade na trilha para a sociedade urbana. É certo que o urbano existente está marcado pela precariedade, mas o desafio é a conquista da sociedade urbana que deve ser mantida enquanto perspectiva, como vir a ser, ou seja, como referência utópica, mais do que necessária, vital.

---

10   Os interesses que comandam a produção do espaço são tanto mais alheios em países como os latino-americanos, tendo em vista toda sua história de subordinação e as recentes privatizações econômicas, comandadas, na maioria, por interesses diretos ou indiretos, exteriores não apenas ao local imediato, mas ao País. É assim que prosseguimos cada vez mais *desterrados* em nossa própria terra (Holanda, 1987). Por isso, a questão da apropriação do espaço é uma questão pertinente, não só na escala local, mas também nas demais.

O alcance da sociedade urbana depende de mudanças econômicas e políticas, além do controle democrático do aparelho estatal e da autogestão generalizada, além de uma revolução cultural permanente, de acordo com a perspectiva teórica já assinalada. No Brasil, como no restante do mundo, a sociedade urbana, com a qualidade que Lefebvre projetou, ainda não se concretizou, consiste numa perspectiva positiva de avanço social e político em vários sentidos. A conquista da urbanidade e da sociedade urbana deverá ser mantida no cenário dos possíveis avanços sociais.

A condição urbana possui amplos alcances espaciais e produz novos parâmetros. Esses parâmetros deverão apontar para uma nova qualidade de vida, incluindo melhoras nas relações humanas. Um avanço político da sociedade poderá garantir que as conquistas socialmente produzidas possam ser apropriadas por todos, mantendo uma perspectiva positiva do urbano, com conquistas políticas advindas da vida urbana, bem como o acesso e intercâmbio de manifestações culturais diversas.

A perspectiva utópica da sociedade urbana está compreendida na expansão do direito efetivo à cidade. Nos termos de Lefebvre (2001a, p.98), essa perspectiva está em estado virtual, de presença-ausência, compartilhada por aqueles que permanecem à margem da cidade corporativa:

> O urbano é a obsessão daqueles que vivem na carência, na pobreza, na frustração dos possíveis que permanecem como sendo apenas possíveis. Assim, a integração e a participação são a obsessão dos não-participantes, dos não-integrados, daqueles que sobrevivem entre os fragmentos da sociedade possível e das ruínas do passado.

Ele vê, nessa, uma nova expectativa humanista, que implicará a construção da cidade sobre novas bases, reiterando o urbano como o lugar do encontro, onde a prioridade é do valor de uso.

A perspectiva da sociedade urbana incorpora vozes otimistas sobre as cidades, nos dizeres de Capel (2001, p.143-7), que destaca, mesmo no âmbito da urbanização contraditória vivenciada até agora, a cidade como espaço promissor, lugar da criatividade, da inovação, da vida intelectual intensa, maior capacidade de interação, enfim de possibilidades diversas.

Talvez seja hora de retomar desafios já há muito apontados por Mumford (1965, p.11), no sentido de superar a cidade existente e as potencialidades colocadas a partir dela, encontrando funções urbanas ainda não concretas e exaurindo possibilidades urbanas ainda não realizadas.

Pensar o devir parece um desafio maior quando a área analisada é negligenciada, como é o caso da maioria das pequenas cidades. Mas elas podem figurar como parte dessas novas possibilidades e das novas experiências da sociedade urbana. Entendimento semelhante encontra-se em Vachon (2001, p.8-13), pois o desejo crescente da sociedade de viver em pequenas cidades, constatado por ele no Canadá, somado à capacidade tecnológica já materializada e que permite a desconcentração, são elementos que compõem as condições para uma redinamização dessas áreas. Portanto, assegura o mesmo autor, elas inevitavelmente terão de ser consideradas para a edificação da sociedade do século XXI.

Há muito o que aprender com Lefebvre sobre a sociedade urbana. Mas esse desenho de vir a ser é capaz de reunir as reflexões aqui propostas: entender as pequenas cidades e seu declínio demográfico como realidade que se oferece à crítica da centralização e da concentração, compreendê-las como parte concreta do urbano e a superação das contradições como parte da utopia urbana. Por aí, não é possível compartilhar da nostalgia ou deixar-se iluminar pelo passado, mas trazer de volta os seres humanos enquanto sujeitos atuantes na sociedade urbana.

Atribuir a importância devida ao espaço, no âmbito da Geografia, enquanto parte das Ciências Sociais, passa, conforme indicaram os caminhos desta pesquisa, por desvendar os processos econômicos e políticos que fazem que o espaço se produza de forma alheia aos interesses da sociedade que vive nesse determinado espaço e que a privam do comando sobre seu presente e futuro. Esse entendimento da Geografia está afinado ao que diz Santos: "[...] cabe à geografia perscrutar e expor como o uso consciente do espaço pode ser um veículo para a restauração do homem na sua dignidade" (1996a, p.219). Para ele, a Geografia, como ciência do homem, deve cuidar do futuro não apenas como mero exercício acadêmico, mas com o objetivo de dominá-lo para todos os homens, e não para um pequeno número deles, tendo em vista a produção de um espaço mais humano (idem, p.213).

Tal como já se assinalou na introdução, tomando por referência o mesmo autor, deve-se partir do espaço e a ele voltar, sendo este parte de uma teoria menor, inserido numa teoria maior, a teoria social. Pensar as pequenas cidades inseridas em meio a áreas em declínio demográfico permitiu sublinhar a relevância da apropriação do espaço como possível contribuição à emancipação humana. A apropriação do espaço faz parte da recuperação da autonomia. Ela foi significativa tanto na interpretação da realidade analisada, que se explica pela ausência da apropriação, quanto por sua conotação utópica na sociedade urbana, onde ela figura como possível conquista, juntamente com a apropriação do tempo.

PALAVRAS FINAIS

Se a noite não morasse na linguagem,
alguém de nós diria a última palavra.
Veríamos o brilho da luz sem mácula.
A luz nos silenciaria.

Heráclito

O texto aqui apresentado resume o caminho percorrido, resultante da formulação e reformulação de questões à realidade que se nos apresentou. O percurso esteve orientado pela busca de respostas, porém, com muita frequência foi preciso refazer as perguntas, procurando chegar tanto aos questionamentos mais adequados quanto à forma mais pertinente de expressá-los. Esse trajeto foi marcado por acertos e erros. Contudo, é preciso considerar que, por mais que se tenha querido acertar, o aprendizado também se construiu com os equívocos.

Uma temática nas Ciências Sociais e Humanas pode ser desenvolvida de várias maneiras, dependendo do momento em que é constituída, no qual seu desenvolvimento ocorre, de quem a formula e em que circunstâncias ela é formulada. A maneira como ela se apresenta faz parte do histórico da pesquisa e da relevância atribuída aos diversos pontos do trabalho em determinados momentos. A forma aqui apresentada não é a única possível, contudo foi considerada a mais adequada no contexto de realização da pesquisa. O desenvolvimento do tema promoveu crescimento intelectual, porém o texto foi produzido numa cronologia que expressa diferentes fases do aprendizado.

Simultaneamente ao cumprimento do que se havia proposto na pesquisa, outras possibilidades foram despontando. A satisfação e a alegria pelos resultados alcançados e pelas respostas encontradas misturam-se, assim, à angústia de finalizar o infindável. Por isso, se por um lado pode-se dizer que o trabalho está encerrado, por outro persiste o sentimento de que se trata de algo inconcluso. Desse modo, o uso do verbo pensar no gerúndio, no título deste livro, parece adequado, pois indica uma ação contínua, não terminada.

Deve-se observar, também, que um trabalho com dimensões geográficas mais amplas faz os enfoques parecerem sempre incompletos ou insuficientes, tendo em vista a multiplicidade de relações que pressupõe, tornando frequentes as lacunas. Em trabalhos assim, torna-se ainda mais vital lembrar que o labor acadêmico deve ser compreendido coletiva e interdisciplinarmente, uma vez que, só assim, as lacunas podem ser preenchidas e as análises completadas.

Apresentam-se, a seguir, considerações mais específicas sobre o desenvolvimento do tema. Como se procurou, ao longo do trabalho, ir somando os resultados a cada capítulo, reapresentá-los agora produziria uma síntese empobrecida e repetitiva. Por isso, acrescentam-se apenas algumas reflexões, tomando o desenvolvimento do trabalho em seu conjunto.

O questionamento acerca do declínio demográfico em áreas onde predominam municípios com pequenos núcleos urbanos, que se constatou como uma tendência mais ou menos comum, conduziu as indagações sobre o significado econômico e social das pequenas cidades. Na procura de respostas a essas questões é que se tornou evidente o que se designou como a não apropriação efetiva do espaço por parte da sociedade.

A maior parte da sociedade local apenas está no espaço, mas pouco interfere sobre os processos que definem sua reprodução contínua. E esse fato está relacionado à produção do espaço, deliberada em grande parte por relações econômicas e políticas hegemônicas. Assim, os significados encontrados para os referidos espaços foram respostas imediatas aos questionamentos. A não apropriação do espaço apareceu, de maneira indireta, como uma expressiva explicação de tal dinâmica como processo social e político.

Outro aspecto que se tornou muito perceptível, por meio deste estudo, foi a efemeridade do espaço, o que está intimamente relacionado à dificuldade da sociedade em interferir nas determinações das condições locais e ao modo como se tem definido o funcionamento da economia mundializada.

A questão do declínio demográfico em municípios com pequenos núcleos urbanos foi compreendida não só como êxodo rural, mas como uma questão da Geografia Urbana. Esse processo decorre da incorporação de uma lógica industrial ampla e que afetou a vida de praticamente toda a sociedade brasileira.

Os fatos destacados em relação à região estudada foram fortemente definidos por interferências estatais, tanto no período de sua formação socioespacial quanto naquele referente às transformações econômicas mais recentes. No primeiro capítulo, já se observava que a formação da região estava assentada sobre bases econômicas instáveis. Esse fato está relacionado, ainda, ao papel econômico dos países em desenvolvimento e à transitoriedade e insegurança com que transcorrem suas dinâmicas.

O ritmo das transformações dificultou a consolidação das numerosas pequenas cidades. Verificou-se, entretanto, que a despeito da diminuição demográfica nos municípios com pequenas cidades, elas mantêm papéis e significados expressivos na estruturação econômica e social da região.

As experiências comunitárias positivas e independentes da política formal, o significado político da instituição do município, visto pelo prisma de sua história, as experiências de autogestão que se difundem e a valorização da sociabilidade nas pequenas cidades (na qual a análise econômica assinalaria a importância dos seres humanos apenas enquanto mão-de-obra) convergem com a perspectiva anarquista, reunindo alguns pontos esparsos neste trabalho. Em respeito aos caminhos percorridos e aos resultados encontrados, é preciso fazer justiça a essas contribuições. Talvez isso seja possível no momento em que se esboçam novas utopias. Na concepção anarquista de Kropotkin, a reflexão sobre o social está vinculada à reflexão sobre o espacial e, no comunismo por ele proposto, a ampla descentralização é seu método socioespacial, como parte de uma Geografia da liberação humana (Peet, 1989, p. 366). Como mencionado na introdução, inicialmente poucos interlocutores foram identificados, já que são restritos os estudos sobre as pequenas cidades. Significativa parte do tempo dedicado à pesquisa foi consumida em uma ampla busca de referências. Nessa busca, passaram a ser considerados estudos que, embora não tratassem diretamente de pequenas cidades, tinham afinidades com o tema, abrangendo a discussão sobre os municípios e a questão da escala e do poder local, entre outras. A restrita produção sobre o tema exigiu, ainda, a busca de enfoques afins em outras áreas acadêmicas, como se pode verificar ao longo do texto. Desse modo, a dificuldade inicial acabou por provocar uma ampliação do referencial e, consequentemente, um prolongamento do trabalho.

O texto inclui algumas referências internacionais de autores sobre os quais não se conhece a postura política e detalhes da vida acadêmica, que suas obras nem sempre deixam transparentar. A tentativa de fazer uma leitura crítica dos mesmos foi, então, considerada em relação ao conteúdo, mantendo a prioridade de compreender a realidade problematizada.

Entre os autores que estudam mais especificamente as pequenas cidades, encontraram-se como enfoque mais comum questões atinentes à dinâmica demográfica e econômica, mais corriqueiras que as suposições iniciais da pesquisa. Alguns autores apresentam sem maiores reflexões as pequenas cidades como solução para problemas ambientais e demográficos, enfim, que consideram a descentralização como solução indiscutível, independentemente dos termos em que ela se apresenta. Há, também, trabalhos que se voltam mais à dinâmica intraurbana das pequenas localidades, mostrando o precário urbanismo, além de contribuir para os debates conceituais.

Foi preciso tentar outras formas de ver a rede urbana, costumeiramente tratada pela identificação de fluxos e topologias do capital, que não problematizam a dimensão social e humana. Há necessidade de ampliar o enfoque para alcançar os processos do capital e a morfologia urbana que se desenha no atual contexto. Para Santos (1996c, p.80-

1), a rede urbana deveria ser considerada como unidade de estudo da Geografia e não o estudo isolado de uma cidade. Recentemente, Sposito (2004) expôs a necessidade de articulação entre as dimensões intra e interurbana para alcançar uma compreensão mais ampla do espaço no período atual. No caso mais específico de pequenas cidades, não há como estudar seus papéis e significados sem seu entorno, pois tais papéis só podem ser compreendidos mediante a composição desse cenário.

Para finalizar sem encerrar, apresentam-se, ligeiramente, algumas perspectivas possíveis para novas pesquisas. Elas pareceram relevantes no decorrer deste trabalho e algumas foram rapidamente assinaladas, mas merecem aprofundamento.

É preciso reconhecer a necessidade de um debate conceitual mais completo e coletivo a respeito das pequenas cidades, incluindo paralelamente a questão do rural e do urbano, municípios e escala local, numa perspectiva histórica no Brasil. Deve-se considerar esses temas simultaneamente visto que, embora estejam mutuamente relacionados, devem ter suas diferenças esclarecidas.

Observou-se no percurso da pesquisa que há, no Brasil, pouca reflexão sobre sua espacialidade político-administrativa. Essa insuficiência faz com que a centralização política seja menos questionada do que deveria. No Brasil, as questões sociais preenchem a pauta acadêmica no âmbito das Ciências Sociais e Humanas, tal como exige sua realidade. Entretanto, elementos territoriais e, de modo mais geral, do espaço geográfico, não são suficientemente contemplados, dificultando um olhar mais crítico sobre as circunscrições territoriais, sua institucionalização, seus alcances e significados.

A preocupação com as pequenas cidades conduz ao tema da desconcentração e da descentralização. Por isso, foi preciso identificar de modo mais completo em que circunstâncias se apresenta tal discussão e que interesses a conduzem. Aos poucos, cresce o interesse acadêmico pelas pequenas cidades. Até agora, tem sido mais comum a elaboração de monografias sobre esses espaços, o que não favorece muito os avanços teóricos. Talvez repassar esses estudos de casos e sistematizá-los possa trazer alguma contribuição, já que isolados são esforços que se perdem.

Entre as pequenas cidades, em virtude da multiplicidade de contextos, estão cidades novas, como também algumas antigas, em número proporcionalmente menor no Brasil. Seria relevante esclarecer as diferenças entre as pequenas cidades antigas e as novas. As antigas representam outros tempos e assinalam a mudança na rede urbana, como decorrência dos fluxos e da economia, elementos que um estudo dessa natureza teria de necessariamente incluir. Em cada período são projetadas diferentes cidades, ou são impostos papéis diferentes a cidades já existentes.

Enfim, são várias possibilidades de pesquisa, que poderiam contribuir para um melhor conhecimento da realidade das pequenas cidades e, desse modo, ampliar a compreensão da rede urbana: as implicações econômicas, políticas e sociais de atividades monoindustriais em pequenas cidades; municípios com pequenas cidades e as implicações do absenteísmo; diferenças de papéis, dinâmicas e significados entre as muitas pequenas cidades, tendo em vista as diversas situações geográficas, como aquelas localizadas em áreas metropolitanas e as pertencentes a áreas não metropolitanas, cidades litorâneas, isoladas, aquelas situadas em eixos viários dinâmicos etc.; avaliação de dinâmicas recentes e possíveis alterações quanto a atributos característicos das pequenas cidades, como o ritmo, a sociabilidade, a segurança e a condição política, entre outras possibilidades.

Ao traçar esses novos panoramas de estudo, deixam estas de ser considerações finais. São considerações para continuar pensando as pequenas cidades, como parte significativa e concreta da espacialidade social.

REFERÊNCIAS BIBLIOGRÁFICAS

ADORNO, T.W.; HORKHEIMER, M. *Dialética do esclarecimento*: fragmentos filosóficos. Rio de Janeiro: J. Zahar, 1985. 254p.

ALEGRE, M.; MORO, D. A. A mobilidade da população nas antigas áreas cafeeiras do norte do Paraná. *Boletim de Geografia*, Maringá, v.4, n.1, p.28-71, jan.1986.

ANDALUCÍA. Junta de Andalucía. Dirección General de Ordenación del Territorio y Urbanismo. *Análisis urbanístico de centros históricos de Andalucía*: ciudades medias y pequeñas. Sevilla: Consejería de Obras Públicas y Transportes, 2001. 384p.

ANDRADE, M.C. de. A região como unidade dinâmica. Posição dos geógrafos e dos economistas ante o problema regional. In: _____. Espaço, polarização e desenvolvimento. São Paulo: Brasiliense, 1973. p.35-50.

_____. *A questão do território no Brasil*. São Paulo: Hucitec, 1995. 135p.

ANTUNES, R. Os sentidos do trabalho: ensaio sobre a afirmação e a negação do trabalho. 2.ed. São Paulo: Boitempo, 2000. 259p.

ARISTÓTELES. Política. Brasília: Editora da UnB, 1986, 317p.

ASCHER, F. Métropolisation et métapoles, In: _____. *Métapolis*: o l'avenir des villes. Paris: Odile Jacob, 1995. p.15-40.

ASSUMPÇÃO, A. G. et al. Mudanças no padrão de desenvolvimento agroindustrial: o caso do Norte do Paraná. *A economia em revista*. Maringá, 1993. n.2, p.93-101.

BACELAR, W. K. de A. *Os mitos do sertão e do Triângulo Mineiro*: as cidades de Estrela do Sul e de Uberlândia nas teias da modernidade. Uberlândia,

2003. 241p. Dissertação (Mestrado em Geografia) – Instituto de Geografia, Universidade Federal de Uberlândia.

BAKER, J. What role do small and intermediate urban settlements play in the development of Sub-Saharan Africa? In: BELLET, C.; & LOOP, J. (Ed) *Ciudades intermedias:* urbanización y sostenibilidad. Lleida: Editorial Milenio, 1998. p.47-60.

BARREAU et al. *Le dynamisme dês petites villes françaises.* Toulouse: Association pour le developpement de la recherche geographique economique et sociale – Centre interdisciplinaire d'etudes urbaines, 1973. 98p.

BARREIRA, I. A. F. *O reverso das vitrines:* conflitos urbanos e cultura política. Rio de Janeiro: Rio Fundo, 1992. 180p.

BEAUJEU-GARNIER, J. *Geografia de população.* São Paulo: Companhia Editora Nacional, 1971. 438p.

_____. *Geografia Urbana.* 2.ed. Lisboa: Fundação Calouste Gulbenkian, 1997. 525p.

BECKER, B. A fronteira em fins do século XX: proposições para um debate sobre a Amazônia. *Espaço e debates,* São Paulo, 1984. v.4, n.13, p.59-73.

BECKER, B & EGLER, C. Brasil – uma nova potência regional na economia mundo. Rio de Janeiro: Bertrand Brasil, 1998. 3.ed., 272 p.

BELLET, C & LLOP, J.M. Ciutats intermédies: entre territories concrets i espais globals. Transversal. Lleida, n. 20, p.17-26, abr.2003.

BENEVOLO, L. *História da cidade.* 3.ed. São Paulo: Perspectiva, 1999. 728p.

BENKO, G & LIPIETZ, A. (Org.) *As regiões ganhadoras:* distritos e redes: os novos paradigmas da geografia econômica. Oeiras, Portugal: Celta, 1994. 275p.

BERMAN, M. *Tudo o que é sólido desmancha no ar:* a aventura da modernidade. São Paulo: Companhia das Letras, 1986. 360p.

BERNADELLI, M. L. F. H. *Pequenas cidades na região de Catanduva-SP:* papéis urbanos, reprodução social e produção de moradias. Presidente Prudente, 2004. 348p. Tese (Doutorado em Geografia) – Faculdade de Ciências e Tecnologia de Presidente Prudente, Universidade Estadual Paulista.

BERRY, B. *Geografía de los centros de mercado y distribución al por menor.* Barcelona, Espanha: Vicens-Vives, 1971. 185p.

BERTELLI, L. G. *A reabilitação do Proálcool:* Paraná, açúcar e álcool. Maringá, jun.2002. n.72, p.8.

BIELZA DE ORY, V. La calidad ambiental de las pequeñas ciudades aragonesas como factor de desarrollo. In: FERRER REGALES, M. *Ecologia social y ambiente:* las ciudades medias y pequeñas. Pamplona: Ediciones Universidad de Navarra, 1991. p.61-76.

BOBBIO, N. Dicionário de política. 2.ed. Brasília: Editora UnB, 1986. p.299, 329-335.

BONNENFANT, P. Villes moyennes et petites villes en Arabie Saoudite. In: CENTRE D'ETUDES ET DE RECHERCHES URBAMA, Petites Villes et Villes Moyennes dans le Monde Árabe, Tours, 1986. 2t.(Urbanisation du Monde Árabe, n. 17) p.573-84.

BORJA, J. Un futuro urbano con un corazón antiguo. Biblio 3w: Revista bibliográfica de geografia y ciências sociales. Barcelona, v.10, n.584, maio.2005. Disponível em <www.ub.es.geocrit/b3w-584.htm>. Acesso: em 21.set.2005.

BORJA, J & CASTELLS, M. Local y global: la gestión de las ciudades en la era de la información. 4.ed. Madrid: Santilhana, 1999. 418p.

BOTTOMORE, T. et.al. Dicionário do pensamento marxista. Rio de Janeiro: J. Zahar, 2001. 454p.

BOURGEY, A. Reflexions sur les petites villes dans les Emirats du Golfe (Koweit, Bahrein, Qatar, Emirats Árabes Unis, Oman). In: CENTRE D'ETUDES ET DE RECHERCHES URBAMA, Petites Villes et Villes Moyennes dans le Monde Árabe, Tours, 1986. 2t. (Urbanisation du Monde Árabe, n. 17) p.637-52.

BRANDÃO,C.A. Os caipiras de São Paulo. São Paulo: Brasiliense, 1983. 94p. (Tudo é História, 75).

BRENNER, N & THEODORE, N. Cities and the geographies of "actually existing neoliberalism". Antipode, Worcester. v.34, n.3. p.349-379, jun. 2002.

BRUM, A.J. Modernização da agricultura: trigo e soja. Petrópolis: Vozes, 1987. 200p.

BRUNHES, J. El carácter propio y el carácter complejo de los hechos de geografía humana. In: GÓMEZ MENDOZA, J. G. et al. El pensamiento geográfico. 2.ed. Madrid: Alianza Editorial, 1988. p.252-265.

BUNGE, W. Geografía teórica: una metodología geográfica. In: GÓMEZ MENDOZA, J. G. et al. El pensamiento geográfico. 2.ed. Madrid: Alianza Editorial, 1988. p.402-11.

CAMAGNI, R. Organisation économique et réseux de villes. In: SALLEZ, A. (Org.) Les villes, lieux d'Europe. Paris: Datar/Éditours de l'Aube, 1993. p.107-28.

_____. Papel económico y contradicciones espaciales de las ciudades globales: el contexto funcional, cognitivo y evolutivo. In: BECATTINI, G. et al. (Coord.) Desarrollo local: teorias y estrategias. Barcelona: Diputació y xarxa de municipios, 2002. p.215-44.

CANCIAN, N. A. Cafeicultura paranaense: 1900-1970. Curitiba: Graficar, 1981. 154p.

CANDIDO, A. *Os parceiros do Rio Bonito*: estudo sobre o caipira paulista e a transformação dos seus meios de vida. 2.ed. São Paulo: Duas Cidades, 1971. 284p.

CANIELLO, M. O ethos sanjoanense: tradição e mudança em uma "cidade pequena". *Mana*. Rio de Janeiro, v.9, n.1, p.31-56, abr. 2003.

CANO, Wilson. *Raízes da concentração industrial em São Paulo*. 4.ed. Campinas: Unicamp, 1998. (Trinta Anos de Economia Unicamp, 1).

CAPEL, H. *La red urbana española – 1950-1960*. Barcelona, 1971. 605p. Tese (Doutorado em Geografia) – Departamento de Geografia, Universitat de Barcelona.

_____. Gritos amargos sobre la ciudad. In: _____. *Dibujar el mundo*: Borges, la ciudad y la geografía del siglo XXI. Serbal: Barcelona, 2001. p.115-50.

_____. La definición de lo urbano. *Scripta Vetera*, n.33. Barcelona. Disponível em < http://www.ub.es/geocrit/sv-33.htm>. Acesso em: 13 dez.2003a.

_____. La cosmópolis y la ciudad. Barcelona: Serbal, 2003b, 249p. (A estrela polar, 41).

CARLOS, A. F. A. *A (re)produção do espaço urbano*. São Paulo: Edusp. 1994. 270p.

CARVALHO, A. W. B. de. *A participação popular no processo de descentralização governamental*: uma avaliação do papel dos conselhos gestores de políticas públicas em municípios de pequeno porte demográfico. In: Encontro Nacional da Anpur, 10, 2003, Belo Horizonte. *Anais*: Encruzilhadas do planejamento. Belo Horizonte: Ufmg/Anpur, 2003. 1 CD.

CARVALHO, L. D. M. *O posicionamento e o traçado de algumas cidades implantadas pela Companhia de Terras Norte do Paraná e sucessora, Companhia Melhoramentos Norte do Paraná*. Maringá, 2000. 181p. Dissertação (Mestrado em Geografia) – Departamento de Geografia, Universidade Estadual de Maringá.

CASTORIADIS, C. *A instituição imaginária da sociedade*. Rio de Janeiro: Paz e Terra, 1982. 418p. (Rumos da cultura moderna, 52).

_____. *Feito e a ser feito*: as encruzilhadas do labirinto V. Rio de Janeiro: DP&A, 1999. 302p.

CASTRO, C. M. Itabirito não tem fome zero. *Veja*, São Paulo, 10.set.2003. n.1818. Ponto de vista.

CHARRIE, J. P.; GENTY, M.; LABORDE, P. *Les petites villes en Aquitaine, 1962-1990*: de la croissance à la crise: la place des petites villes dans l'armature urbaine régionale. Aquitaine: Editions de la Maison dês sciences de l'homme d'Aquitaine. 1992. 105p.

CHESHIRE, P. & HAY, D. *Problemas de declive y crecimiento en las ciudades de Europa*: estudios territoriales, Madrid. n.19, p.31-56, set-dez. 1985.

CHESNAIS, F. *A mundialização do capital*. São Paulo: Xamã, 1996. 336p.

_____. Um programa de ruptura com o neoliberalismo. In: HELLER, A. et al. *A crise dos paradigmas em ciências sociais e os desafios para o século XXI*. Rio de Janeiro: Contraponto, 1999. 268p.

CHRISTALLER, W. Os lugares centrais do sul da Alemanha: Introdução. In: GÓMEZ MENDOZA, J. G. et al. *El pensamiento geográfico*. 2.ed. Madrid: Alianza Editorial, 1988. p.395-401.

CLARK, D. *Introdução à Geografia Urbana*. São Paulo: Difel, 1985. 286p.

CLAVAL, P. Orientar-se e reconhecer-se. Marcar, recortar, institucionalizar e apropriar-se do espaço In: _____. *A Geografia cultural*. Florianópolis: Editora UFSC, 1999. p.189-218.

COMPANHIA MELHORAMENTOS NORTE DO PARANÁ. *Colonização e desenvolvimento do norte do Paraná*. 2.ed.São Paulo: Ave Maria, 1977. 295p.

CORRÊA, R. L. Globalização e reestruturação da rede urbana – uma nota sobre as pequenas cidades. *Território*, Rio de Janeiro. v.4, n.6, p.43-53, jan-jun. 1999.

_____. Reflexões sobre a dinâmica recente da rede urbana brasileira. In: Encontro Nacional da Anpur, 9, 2001, Rio de Janeiro. *Anais:* Ética, planejamento e construção democrática do espaço. v.1. Rio de Janeiro: Anpur, 2001. p.424-30.

_____. Metrópoles, corporações e espaço: uma introdução ao caso brasileiro. In: CASTRO, I. E.; GOMES, P. C. C.; CORRÊA, R .L. (Org.) *Brasil*: questões atuais da reorganização do território. Rio de Janeiro: Bertrand Brasil, 2002. p.67-114.

_____. Posição geográfica de cidades: discutindo conceitos. *Cidades*, Presidente Prudente. v.1, n.2, p.317-23, jul-dez. 2004.

COSTA, E. P. V. da S. M. da. *Cidades médias e ordenamento do território*: o caso da beira interior. Lisboa, 2000. 498p. Tese (Doutorado em Geografia) – Faculdade de Letras, Universidade de Lisboa.

COTE, M. La petite ville et sa place dans le developpement algerien. In: CENTRE D'ETUDES ET DE RECHERCHES URBAMA, *Petites Villes et Villes Moyennes dans le Monde Árabe*, Tours, 1986. 2t.(Urbanisation du Monde Árabe, n. 17) p.699-716.

DEAN, W. *As multinacionais:* do mercantilismo ao capital internacional. São Paulo: Brasiliense, 1983. 105p. (Primeiros voos).

DEFFONTAINES, P. Como se constituiu no Brasil a rede das cidades. *Cidades*, Presidente Prudente. v.1, n.1, p.119-46, jan-jun. 2004.

DELFIM NETTO, A. *O problema do café no Brasil.* São Paulo: IPE/USP. 1981. 359p. (Ensaios econômicos, 16).

DELLE DONNE, M. *Teorias sobre a cidade.* Lisboa: Edições 70, 1990. 255p.

DESMARAIS, R. Considération sur les notions de petite ville et de ville moyenne. *Cahiers de Geógraphie du Québec,* Saint-Foy (Quebec). v.28, n.75, p.355-64, dez. 1984.

DI MÉO, G. Bourgs et petites villes, nouvelles activités, nouvelles functions. In: LABORIE, J.P. & RENARD, J. *Bourgs et petites villes.* Toulouse: Presses Universitaires du Mirail, 1997. p.275-81.

DIAS, L. C. Redes: emergência e organização. In: CASTRO, I.E; GOMES, P.C. da C; CORRÊA, R.L. *Geografia:* conceitos e temas. Rio de Janeiro: Bertrand do Brasil, 2000. p.141-59.

DIRY, J. P. & RIEUTORT, L. Bourgs-centres et espaces fragiles. In: LABORIE, J.P & RENARD, J. *Bourgs et petites villes.* Toulouse: Presses Universitaires du Mirail, 1997. p.199-208.

DODIER, R. Place des bourgs et des petites villes dans la division spatiale du travail et le maillage territorial. In: LABORIE, J.P & RENARD, J. *Bourgs et petites villes.*Toulouse: Presses Universitaires du Mirail, 1997. p.299-312.

DUBUC, S. Dynamisme rural: l'effet dês petites villes. *L'Espace Géographique, Montpellier.* v.33, n.1, p.69-85, jan-mar. 2004.

ELIAS, D. Meio técnico-científico-informacional e urbanização na região de Ribeirão Preto (SP). São Paulo, 1996. 294p. Tese (Doutorado em geografia humana) – Departamento de Geografia, Universidade de São Paulo.

ENDLICH, A. M. *Maringá e o tecer da rede urbana regional.* Presidente Prudente, 1998. 221p. Dissertação (Mestrado em Geografia) – Faculdade de Ciências e Tecnologia, Universidade Estadual Paulista.

FEDERAÇÃO DAS INDÚSTRIAS DO PARANÁ. *Cadastro industrial do Paraná.* Curitiba, 2002. 1CD.

FELDMAN, S. Política urbana e regional em cidades não-metropolitanas. In: GONÇALVES, M. F. et al. *Regiões e cidades, cidades nas regiões:* o desafio urbano-regional. São Paulo: Editora da Unesp, 2003. p.105-12.

FELIPE, J. L. O território municipal: novos atores, novas formas de gestão. *Sociedade e território,* Natal. v.12, n.1, p.11-9. 1998.

FERREIRA, J. P. *Enciclopédia dos municípios brasileiros,* v.31, Paraná. Rio de Janeiro: IBGE, 1959. 532p.

FERREIRA, L. F. Acepções recentes do conceito de lugar e sua importância para o mundo contemporâneo. *Território,* Rio de Janeiro. v.5, n.9, p.65-83, jul-dez. 2000.

FERRER REGALES, M. et al. Microurbanizacion e industrialización local el eje Navarro-Riojano del Ebro. In: _____. *Ecología social y ambiente:* las ciudades medias y pequeñas. Pamplona: Ediciones Universidad de Navarra, 1991. p.75-160.

FIRKOWSKI, O. O processo recente de localização industrial na área metropolitana de Curitiba: concentração ou desconcentração? In: SPOSITO, E. S. *Dinâmica econômica, poder e novas territorialidades.* Presidente Prudente: Gasperr, 1999. p.137-51.

_____. A inserção do estado do Paraná no processo de desconcentração da indústria automobilística brasileira. *Polígonos*, Leon. n.11-12, p.75-111. 2001-2002.

_____. A nova lógica de localização industrial no aglomerado metropolitano de Curitiba. *Revista paranaense de desenvolvimento*, Curitiba. n. 103, 2002, p.79-100.

FREITAG, B. & ROUANET, P. S. (Org). *Habermas.* São Paulo: Ática, 1980. 216p. (Grandes cientistas sociais, 15).

FREITAS, M.T.A. A abordagem sócio-histórica como orientadora da pesquisa qualitativa. *Cadernos de pesquisa*, São Paulo, n.116, p.21-39, jul.2002.

FRESCA,T.M. *Transformações na rede urbana do norte do Paraná:* Estudo comparativo de três centros. São Paulo, 2000, 436p. Tese (Doutorado em Geografia Humana) – Faculdade de Filosofia, Letras e Ciências Humanas, Universidade de São Paulo.

GAIDON, A. Role et place des petites villes dans la dynamique du systeme urbain algerien. In: CENTRE D'ETUDES ET DE RECHERCHES URBAMA, *Petites Villes et Villes Moyennes dans le Monde Árabe,* Tours, 1986. 2t. (Urbanisation du Monde Árabe, n.17) p.717-36.

GANAU CASAS, J; VILAGRASA IBARZ, J. Ciudades medias en España: posición en la red urbana y procesos urbanos recientes. In: CAPEL, H. (Org.) *Ciudades, arquitectura y espacio urbano.* 2ed. Barcelona: Instituto Cajamar, 2003. p.37-73.

GASPAR, J. et al. *Cidades médias:* imagem, quotidiano e novas urbanidades (relatório final). Lisboa: Centro de Estudos Geográficos, 1998. 418p.

GEIGER, P. P. *Evolução da rede urbana brasileira.* Rio de Janeiro: Instituto Nacional de Estudos Pedagógicos, 1963. 462p.

_____. A urbanização brasileira nos novos contextos contemporâneos. In: GONÇALVES, M. F. (Org) *O novo Brasil urbano* – impasses, dilemas, perspectivas. Porto Alegre: Mercado Aberto, 1995. p.23-40.

GEORGE, P. *Geografia Urbana.* São Paulo: Difel, 1983. 236p.

348 ÂNGELA MARIA ENDLICH

GEUSS, R. *Teoria crítica:* Habermas e a Escola de Frankfurt. Campinas: Papirus, 1988. 160p.

GIDDENS, A. *As consequências da modernidade.* São Paulo: Editora Unesp, 1991. 177p.

GIRAUT, F. Les petites villes françaises, entre métropolisation et France profonde. In: LABORIE, J. P. & RENARD, J. *Bourgs et petites villes.* Toulouse: Presses Universitaires du Mirail, 1997. p.97-107.

GOMES, P. C. da C. *A condição urbana:* ensaios de geopolítica da cidade. Rio de Janeiro: Bertrand Brasil, 2002. 304p.

GONÇALVES, J. H. R. Quando a imagem publicitária vira evidência factual: versões e reversões do norte (novo) do Paraná: 1930/1970. In: DIAS, R.B.; GONÇALVES, J. H. R.(Org.) *Maringá e o norte do Paraná:* estudos de história regional. Maringá: Eduem, 1999. p.87-121.

GONÇALVES, M. F. Uma de muitas facetas da paradoxal urbanização brasileira. In: SCARLATO, F. C. et al. (Org.) *Globalização e espaço latino-americano.* 2.ed., São Paulo: Hucitec, 1994. p.199-210. (O novo mapa do mundo).

GONÇALVES, S. *O MST em Querência do Norte-PR:* da luta pela terra à luta na terra. Maringá, 2004. 338p. Dissertação (Mestrado em Geografia) – Departamento de Geografia, Universidade Estadual de Maringá.

GOTTDIENER, M. *A produção social do espaço urbano.* São Paulo: Edusp, 1993.

GUSSO, D. A. Perspectivas do desenvolvimento regional. *Revista paranaense de desenvolvimento.* Curitiba. n.87, p.7-29, 1996.

HABERMAS, J. *A nova intransparência.* Novos estudos Cebrap, n.18, p.103-25, set. 1987.

HALL, P. Capitales nacionales, ciudades internacionales y la nueva división del trabajo. *Estudios territoriales.* Madrid. n.19, p.21-30, 1985.

HARACENKO, A. A. de S. *Querência do Norte:* uma experiência de colonização e reforma agrária no noroeste Paranaense. Maringá: Massoni, 2002. 218p.

HARVEY, D. *A justiça social e a cidade.* São Paulo: Hucitec, 1980. 291p.

_____. *Crises in the space economy of capitalism:* the dialetic of imperialism. In: _____. *The limits to capital.* Oxford: Basil Blackwell, 1982. p.413-30.

_____. *Condição pós-moderna.* 5.ed. São Paulo: Loyola, 1992. 349p.

HOBSBAWM, E. *Era dos extremos:* o breve século XX – 1914-1991. São Paulo: Companhia das Letras, 1995. 598p.

HOLANDA, S. B. de. *Raízes do Brasil.* 19.ed. Rio de Janeiro: José Olympio, 1987. 158p.

HONORÉ, C. *Devagar:* como um movimento mundial está desafiando o culto da velocidade. Rio de Janeiro/São Paulo: Record, 2005. 350p.

HOWARD, E. *Cidades-jardins de amanhã.* 2.ed. São Paulo: Hucitec, 2002. 211p.

HUGON, P. La dialectique du local et du global dans le développement. In: AB-DELMALKI, L & COURLET,C, *Les nouvelles logiques du développement*: globalization versus localization. Paris: L'Harmattan, 1996. p.29-40.

IANNI, O. *Teorias da globalização.* 4.ed. Rio de Janeiro: Civilização Brasileira, 1997. 224p.

IAPAR. *Arenito Nova Fronteira*: sistemas de arrendamento de terra para recuperação de áreas de pastagens degradadas. Londrina: Iapar, 2001. 30p.

IBGE. *Sinopse preliminar do censo demográfico 1960.* Estado do Paraná. Rio de Janeiro: IBGE, 1962. 60p.

_____. *Censo agrícola de 1960*: Paraná – Santa Catarina. VII Recenseamento geral do Brasil. Série Regional. Rio de Janeiro: IBGE. v.2, t.12.

_____. *Cadastro industrial 1965*: Estado do Paraná. Rio de Janeiro: IBGE. v.8, p.124-5; 432-3; 462-5; 526-9. 1968.

_____. *Sinopse preliminar do censo demográfico do Paraná.* VIII Recenseamento Geral 1970, Rio de Janeiro: IBGE. v.1, t.19, p.137 e 141. 1971.

_____. *Censo agropecuário* – Paraná, VIII Recenseamento Geral – 1970. Rio de Janeiro: IBGE. v.3, t.19, p.164-87. 1975.

_____. *Censo demográfico* – Paraná. IX Recenseamento Geral do Brasil, 1980. Rio de Janeiro: IBGE. v.1, t.3, n.18, p.2-39. 1982.

_____. *Censo agropecuário* – Paraná, IX Recenseamento Geral do Brasil – 1980. Rio de Janeiro: IBGE. v.2, t.3, n.20, 1ª parte, p.284-307. 1983.

_____. *Censo agropecuário 1985* – Paraná. Rio de Janeiro: IBGE. n.22, p.336-61. 1991.

_____. *Normas de apresentação tabular.* Rio de Janeiro: IBGE, 1993. 63p.

_____. *Censo demográfico* – Paraná 1991. Rio de Janeiro: IBGE. n.22. 1994.

_____. *Censo agropecuário 1995/1996* – Paraná. Rio de Janeiro: IBGE. n.20. 1998. 1CD.

_____. *Sinopse preliminar do censo demográfico 2000* – Paraná. Rio de Janeiro: IBGE, 2001. 20p.

INNERARITY, D. Trás las utopías: sobre la posibilidad de un futuro alternativo. In: FERNANDEZ DE ARROYABE, M. L. & CUENCA CABEZA, M. *Humanismo y valores.* Bilbao: Universidad de Deusto, 2003. p.37-250.

IPARDES. *Nova configuração espacial do Paraná*, Curitiba: Ipardes, 1983. 140p.

_____. *Crescimento, reestruturação e competitividade industrial no Paraná* – 1985-2000. Curitiba: Ipardes, 2002. 84p.

ISNARD, H. *O espaço geográfico.* Coimbra: Livraria Almedina, 1982. 257p.

KEZEIRI, S. K. L'explosion urbaine em Libye: la contribution des petites villes. In: CENTRE D'ETUDES ET DE RECHERCHES URBAMA, *Petites Villes et Villes Moyennes dans le Monde Árabe*, Tours, 1986. 2t. (Urbanisation du Monde Árabe, n.17) p.653-74.

KOHLHEPP, G. Mudanças estruturais na agropecuária e mobilidade da população rural no norte do Paraná (Brasil). *Revista brasileira de Geografia*, Rio de Janeiro, v.53, n.2, p.79-94, abr-jun. 1991.

KUNDERA, M. *A lentidão.* Rio de Janeiro: Nova Fronteira, 1995. 158p.

LABORIE, J.P & RENARD, J. Cabeceras y pequeñas ciudades del macizo pirenaico. *Estudios territoriales.* Madrid, n.29, p.175-179, 1989.

_____. *Bourgs et petites villes.* Toulouse: Presses Universitaires du Mirail, 1997. 471p.

LARA, F. Admirável urbanismo novo, *Arquitextos*, São Paulo, n.56 (texto especial), fev.2001. Disponível em <www.vitruvius.com.br/arquitextos/arq000/bases/texto056.asp>. Acesso em: 4 jun.2005.

LASTRA Perez, E. Taramundi, una apuesta por el futuro. In: RODRÍGUEZ ALVAREZ, J. M. *Experiências prácticas de desarrollo local.* Barcelona: Bayer Hnos, 2001. p.621-34.

LEAL, V. N. *Coronelismo, enxada e voto:* o município e o regime representativo no Brasil. 4.ed. São Paulo: Alfa-Omega, 1978. 276p.

LEÃO, I. Z. C. C. *O Paraná nos anos setenta.* Curitiba: Ipardes, 1989. 98p. (Teses 1)

LEBORGNE, D. & LIPIETZ, A. Flexibilidade ofensiva, flexibilidade defensiva: duas estratégias sociais na produção dos novos espaços econômicos. In: BENKO, G. & LIPIETZ, A.(Org.) *As regiões ganhadoras*: distritos e redes: os novos paradigmas da geografia econômica. Oeiras, Portugal: Celta, 1994. p.223-43.

LEFEBVRE, H. *De lo rural a lo urbano.* Barcelona, Espanha: Ediciones Península, 3.ed. 1975.

_____. *O marxismo.* São Paulo: Difel, 1979. 111p.

_____. *Lógica formal, lógica dialética.* Rio de Janeiro: Civilização Brasileira, 1983. 301p. (Coleção perspectivas do homem, 100).

_____. *A vida cotidiana no mundo moderno.* São Paulo: Ática, 1991. 217p.

_____. *The production of space.* Oxford: Blackwell, 1992. 454p.

_____. *O direito à cidade.* São Paulo: Centauro, 2001a. 145p.

_____. *A cidade do capital.* 2.ed. Rio de Janeiro: DP&A, 2001b. 180p.

_____. *A revolução urbana.* Belo Horizonte: Editora da UFMG, 2002. 178p.

LENCIONI, S. Reestruturação urbano-industrial no Estado de São Paulo. In: SANTOS, M.; SOUZA, M. A.; SILVEIRA, M.L. (Org.) *Território – globalização e fragmentação.* São Paulo: Hucitec, 1996. p.198-210.

LOBATO, M. *Cidades mortas.* São Paulo: Brasiliense, 1995. 243 p.

LOWI, M. *As aventuras de Karl Marx contra o Barão de Münchhausen:* marxismo e positivismo na sociologia do conhecimento. 5.ed. São Paulo: Cortez, 1994. 219p.

LUGAN, J. C. Sociabilité et integration dans les petites villes: hypothèses sur une évolution. In: LABORIE, J.P & RENARD, J. *Bourgs et petites villes.* Toulouse: Presses Universitaires du Mirail, 1997. p.399-406.

MAACK, R. *Geografia Física do estado do Paraná.* Curitiba: Badep/Universidade Federal do Paraná, 1968. 450p.

MARTINE, G. O significado demográfico da fronteira agrícola. *Espaço e debates,* São Paulo. v.4, n.13, p.74-83. 1984.

MARTINS, J. S. *A imigração e a crise do Brasil agrário.* São Paulo: Pioneira, 1973. 222p. (Biblioteca pioneira de Ciências Sociais).

_____. *O cativeiro da terra.* São Paulo: Ciências Humanas, 1979. 157p. (Brasil ontem e hoje, 6).

_____. *Expropriação e violência:* a questão política no campo. 25.ed. São Paulo: Hucitec, 1982. 181p.

_____. *Exclusão social e a nova desigualdade.* São Paulo: Paulus, 1997. 140p. (Temas e atualidade).

MONBEIG, P. *Pioneiros e fazendeiros de São Paulo.* São Paulo: Hucitec, 1984. 392p. (Teoria e realidade).

MONTENEGRO GÓMEZ, J. R. *Políticas públicas de desenvolvimento rural e o projeto de reforma agrária do MST no Noroeste do Paraná:* uma contribuição ao entendimento do conflito capital x trabalho, da gestão territorial do Estado e do controle social do capital. Maringá, 2002. 230p. Dissertação (Mestrado em Geografia) – Departamento de Geografia, Universidade Estadual de Maringá.

MOREIRA, R. Os períodos técnicos e os paradigmas do espaço do trabalho. *Ciência geográfica.* Bauru. n.16, p.4-8, maio-ago. 2000.

MORENO JIMENEZ, A. Problemas urbanísticos en pequeños municipios: un estudio de casos. *Estudios geográficos.* Madrid, v.46, n.181, p.417-46. 1985.

MORO, D. A. *Substituição de culturas, modernização agrícola e organização do espaço rural no norte do Paraná.* Rio Claro, 1991. 353p. Tese (Doutorado em Geografia) – Instituto de Geociências e Ciências Exatas, Universidade Estadual Paulista.

MORUS, T. *A utopia.* 3.ed. Brasília: Edunb, 1992. 87p.

MOSSÉ, C. *O cidadão na Grécia Antiga.* Lisboa: Edições 70, 1999. 135p.

MOTA, L. T. *As guerras dos índios Kaingang.* Maringá: Eduem. 1994. 275p.

352 ÂNGELA MARIA ENDLICH

MOTIM, B. M. L. et al. Desconcentração da indústria brasileira e seus efeitos sobre os trabalhadores: a indústria automobilística no Paraná. *Scripta Nova*, Barcelona, v.6, n.119, ago. 2002. Disponível em <www.ub.es/geocrit/sn/sn119-88.htm>. Acesso em: 25.abr.2004.

MOTTA, D. M.; MUELLER, C. C.; TORRES, M. O. A dimensão urbana do desenvolvimento econômico-espacial brasileiro. *Texto para discussão*. Brasília: Ipea. n.530, 45p. 1997.

MOURA, R. Notas sobre a rede urbana da Região Sul. In: GONÇALVES, M.F. et al. *Regiões e cidades, cidades nas regiões*: o desafio urbano-regional. São Paulo: Editora Unesp. 2003b, p.573-4.

MOURA, R. & ULTRAMARI, C. Retrospectiva demográfica e simulação de tendências: RMC 1950/2010. In: ULTRAMARI, C. & MOURA, R. Metrópole: Grande Curitiba: teoria e prática. Curitiba: Ipardes, 1994. p.5-19.

MOURA, R.; ULTRAMARI, C.; CARDOSO, N. A. RMC: O censo confirma a metropolização. In: ULTRAMARI, C. & MOURA, R. *Metrópole, Grande Curitiba*: teoria e prática. Curitiba: Ipardes, 1994. p.23-31.

MOURA, R. et al. *A realidade das áreas metropolitanas e seus desafios na federação brasileira*: diagnóstico socioeconômico e da estrutura de gestão. Curitiba: Ipardes, 2004. 31p.

MÜLLER, G. *Complexo agroindustrial e modernização agrária*. São Paulo: Hucitec, 1989. 149p. (Estudos rurais, 10).

MULLER, N. L. Contribuição ao estudo do norte do Paraná. *Boletim paulista de Geografia*. São Paulo. n.22, p.55-96, mar.1956.

MUMFORD, L. *A condição de homem*: uma análise dos propósitos e fins do desenvolvimento humano. 2.ed. Rio de Janeiro: Globo, 1958. 503p.

_____. *A cidade na história*. v.1. Belo Horizonte: Itatiaia, 1965. 408p

NADAL, F. Poder Municipal y espacio urbano en la configuración territorial del Estado liberal Espanõl (1812-1975). *Scripta Vetera*, Barcelona, n.24. Disponível em <www.ub.es/geocrit/sv-24.htm>. Acesso em: 26.abr.2005.

NÉGRO, Y. Quelle répartition des activités non agricoles entre bourgs et villages? In: LABORIE, J. P. & RENARD, J. *Bourgs et petites villes* Toulouse: Presses Universitaires du Mirail, 1997. p.361-9.

NICHOLLS, W. H. A fronteira agrícola na história recente do Brasil: o estado do Paraná, 1920-65. *Revista Paranaense de Desenvolvimento*, Curitiba. n.26, p.19-53. 1971.

NOELLI, F. S & MOTA, L. T. A pré-história da região onde se encontra Maringá, Paraná. In: DIAS, R. B. ; GONÇALVES, J. H. R. (Org.). *Maringá e o norte do Paraná*: estudos de história regional. Maringá: Eduem, 1999. p.5-19.

OLIVEIRA, F. *Elegia para uma re(li)gião*: Sudene, Nordeste, planejamento e conflito de classes. Rio de Janeiro: Paz e Terra, 1977. 132p.

OLIVEIRA, J. A. de. *Cidades na selva*. Manaus: Valer, 2000. 224p.

OLIVERAS I SAMITIER, J. *Indústria i desenvolupament urbá en una ciutat catalana de tipus mitjá:* Manresa en el segle XIX. Barcelona: Universidat de Barcelona, 1985. 49p.

OTTONI, D. A. B. Cidade-jardim: formação e percurso de uma ideia (Introdução). In: HOWARD, E. *Cidades-jardins de amanhã*. 2.ed. São Paulo: Hucitec, 2002. p.10-101.

PADIS, A. C. *Formação de uma economia periférica:* o caso do Paraná. São Paulo: Hucitec, 1981. 235p.

PARANÁ (Estado). Instituto de Terras, Cartografia e Florestas. *Atlas do estado do Paraná.* Curitiba, 1987. 73p.

————. Secretaria de Indústria e Comércio et al. *Catálogo industrial do Paraná.* Curitiba: FIEP, 1996. p.135-6, 516, 532, 589-90.

PARK, R. E. A cidade: sugestões para a investigação do comportamento humano no meio urbano. In: VELHO, O. G. *O fenômeno urbano.* 4.ed. Rio de Janeiro: J. Zahar, 1979. p.26-77.

PEET, R. O desenvolvimento da geografia radical nos Estados Unidos. In: CHRISTOFOLETTI, A. *Perspectivas da Geografia*. São Paulo: Difel, 1982. p.225-46.

————. La geografía de la liberación humana. In: BREITBART, M. M. (Ed.) Anarquismo y Geografía. Barcelona: Oikos-tau, 1989. p.329-71.

PENTEADO, M.A.G. *Trabalhadores da cana*: protesto social em Guariba – maio de 1984. Maringá: Eduem, 2000. 236p.

PESSÔA, V. L. S. & SILVA, P. J. da. O café e a soja na (re)organização do espaço do Triângulo Mineiro/Alta Paranaíba. In: ASARI, A. Y. et al. Relatório final apresentado ao Conselho Nacional de Desenvolvimento Científico e Tecnológico/Cnpq. Uberlândia: Universidade Federal de Uberlândia, datilografado, 1999. p.206-317.

PINTAUDI, S. M. Participação cidadã e gestão urbana. In: *Cidades*, Presidente Prudente. v.1, n.2, p.169-80, jul-dez. 2004.

PLATÃO. *Diálogos III:* a República. Rio de Janeiro: Globo, 1964. 317p.

PRADO JÚNIOR, C. *História econômica do Brasil.* 43.ed. São Paulo: Brasiliense, 1998, 364p.

PRENANT, A. Reduction de l'exode rural et noveaus modes de fixation des migrants par les petites villes et les villes moyennes algeriennes. In: CENTRE D'ETUDES ET DE RECHERCHES URBAMA. *Petites Villes et Villes*

Moyennes dans le Monde Árabe, Tours, 1986. 2t. (Urbanisation du Monde Árabe, n. 17) p.471-558.

PUTNAM, R. D. *Comunidade e democracia*: a experiência da Itália moderna. 4.ed. Rio de Janeiro: Fundação Getúlio Vargas, 2005. 260p.

QUAINI, M. *A construção da Geografia humana*. Rio de Janeiro: Paz e Terra, 1983. 158p. (Geografia e Sociedade, 3).

RENARD, J. Les bourgs ruraux. In: LABORIE, J. P. & RENARD, J. *Bourgs et petites villes*. Toulouse: Presses Universitaires du Mirail, 1997. p.13-20.

RIBEIRO, A.C.T. *Urbanidade e vida metropolitana*. Rio de Janeiro: Jobran, 1996. 117p.

ROCHEFORT, M. Métodos de Estudo das Redes Urbanas. *Boletim Geográfico*, Rio de Janeiro. v.19, n.160, p.3-18, jan-fev. 1961.

_____. *Redes e sistemas: ensinando sobre o urbano e a região*. São Paulo: Hucitec, 1998. 174p.

RODRIGUES, J. A. (Org.) *Durkheim*. 3.ed. São Paulo: Ática,1984. 208p. (Os grandes cientistas sociais, 1).

RONDON. Prefeitura Municipal. *Rondon – 1955 – 1978: 23 anos de progresso*. Rondon, 1978. 22p.

ROUSSEAU, J. J. *Carta a D'Alembert*. Campinas: Editora da Unicamp, 1993. 191p. (Coleção Repertórios).

RYBCZYNSKI, W. *Vida nas cidades:* expectativas urbanas no novo mundo. São Paulo: Record, 1996. 235p.

SAMPAIO, P. *Capital estrangeiro e agricultura no Brasil*. Petrópolis: Vozes, 1980. 140p.

SÁNCHEZ, J. E. *La geografía y el espacio social del poder*. Barcelona: Amelia Romero, 1981. 248p. (Realidad geográfica, 3).

SÁNCHEZ MORAL, S. La geografía de las nuevas industrias en España: principales aportaciones teóricas, fuentes estadísticas y primeros resultados. *Estudios geográficos*, Madrid. n.252, p.487-507, jul-set. 2003.

SANDRONI, P. *Novo dicionário de economia*. 5.ed.São Paulo: BestSeller,1994. 375p.

SANSOT, P. *Del buen uso de la lentitud*. 2.ed. Barcelona: Tusquets, 2001. 193p.

SANTOS, J. F. & ALMEIDA, B. L. *Mudanças ocorridas no município de Querência do Norte após implantação da reforma agrária*. Guarapuava: Unicentro, 2003. 13p. (datilografado).

SANTOS, M. Sociedade e espaço: a formação social como teoria e como método. *Boletim paulista de Geografia*, São Paulo. n.54, p.81-99, jun. 1977.

_____. *O espaço dividido: os dois circuitos da economia urbana dos países desenvolvidos*. Rio de Janeiro: Francisco Alves, 1979a. 345p. (Coleção Ciências Sociais).

_____. *Espaço e sociedade*. Petrópolis: Vozes, 1979b. 152p.

_____. Para que a Geografia mude sem ficar a mesma coisa. *Boletim paulista de Geografia*, São Paulo. n.59, p.5-22, out. 1982.

_____. *O espaço do cidadão*. São Paulo: Nobel, 1987. 142p.

_____. *Por uma economia política da cidade*. São Paulo: Hucitec, 1994. 145p.

_____. *A natureza do espaço*: técnica e tempo. Razão e emoção. São Paulo: Hucitec, 1996a. 308p.

_____. *A urbanização brasileira*. 3.ed. São Paulo: Hucitec, 1996b. 157p.

_____. *O trabalho do geógrafo no terceiro mundo*. 4.ed. São Paulo: Hucitec, 1996c. 113p.

_____. *Por uma outra globalização*: do pensamento único à consciência universal. 6.ed. Rio de Janeiro: Record, 2001. 174p.

SANTOS, M. & SILVEIRA, M. L. *O Brasil:* território e sociedade no início do século XXI. Rio de Janeiro: Record, 2001. 471p.

SANTOS, W. dos. *Cidades locais, contexto regional e urbanização no período técnico-científico:* o exemplo da região de Campinas-SP. São Paulo, 1989. 192p. Tese (Doutorado em Geografia Humana) – Faculdade de Filosofia, Letras e Ciências Humanas, Universidade de São Paulo.

SASSEN, S. O impacto urbano da globalização econômica. In: _____. *As cidades na economia mundial*. São Paulo: Nobel, 1998. p.23-45.

_____. *Los espectros de la globalizacion*. Buenos Aires: Fondo de Cultura Econômica, 2003. 276p.

SEGRE, R. Megalópolis y utopias del bienestar. *Ciudad y territorio estudios territoriales*, Madrid. v.33, n.129, p.576-580, jan-mar. 2001.

SENNET, R. *O declínio do homem público:* as tiranias da intimidade. São Paulo: Companhia das Letras, 1998. 447p.

SERRA, E. *Cocamar, sua história, sua gente*. Maringá: Cocamar, 1989. 141p.

SIGNOLES, P. Quelques reflexions sur les petites villes et les villes moyennes dans le monde arabe. In: CENTRE D'ETUDES ET DE RECHERCHES URBAMA, *Petites Villes et Villes Moyennes dans le Monde Árabe*, Tours, 1986. 2t. (Urbanisation du Monde Árabe, n.17) p.812-38.

SILVA, J. B. da. *A agroindústria em Maringá*. São Paulo, 1978. 122p. Dissertação (Mestrado em Geografia) – Faculdade de Filosofia, Letras e Ciências Humanas, Universidade de São Paulo.

SILVA, S. *A economia regional paranaense sob a perspectiva do desenvolvimento tecnológico e do emprego*. Curitiba: Dieese, 2002. 127p. (Estudos Dieese/Cesit, 10).

356 ÂNGELA MARIA ENDLICH

SILVEIRA, M. L. *Um País, uma região*: fim de século e modernidades na Argentina. São Paulo, 1996. 379p. Tese (Doutorado em Geografia Humana) – Faculdade de Filosofia, Letras e Ciências Humanas, Universidade de São Paulo.

SINGER, P. *Economia política da urbanização*. São Paulo: Contexto, 1998. 155p.

SMITH, N. Geography, difference and the politics of scale. In: DOHERTY, J. G. E. & MALEK, M. (Eds.) *Postmodernism and the social science*. Londres: Macmillan, 1992. p.57-79.

SOARES, B. R. Urbanização no cerrado mineiro: o caso do Triângulo Mineiro. In: SILVA, J. B. et al. *A cidade e o urbano – temas para debates*. Fortaleza: UFC, 1997. p.105-22.

SOARES, P. R. R. Reestruturação urbana y producción de la ciudad: el Brasil urbano a princípios del siglo XXI. In: CAPEL, H. *Ciudades, arquitectura y espacio urbano*. 2.ed. Barcelona: Cajamar, 2003. p.74-94. (Estudios Socioeconomicos).

SOJA, E. *Geografias pós-modernas*. Rio de Janeiro: J. Zahar, 1993. 324p.

SOUZA, M. L. de. *Mudar a cidade*: uma introdução crítica ao planejamento e à gestão urbanos. Rio de Janeiro: Bertrand do Brasil, 2002. 556p.

SPOSITO, E. S. Território, Logística e Mundialização do Capital. In: _____. (Org.) *Dinâmica econômica, poder e novas territorialidades*. Presidente Prudente: Unesp/Gasperr, 1999. p.99-114.

SPOSITO, M. E. B. O chão em pedaços: urbanização, economia e cidades no Estado de São Paulo. Presidente Prudente, 2004. 508p. Tese (Livre-docência). Faculdade de Ciências e Tecnologia, Universidade Estadual Paulista.

STIGLITZ, J. E. *El mal estar en la globalización*. Madrid: Taurus, 2002. 314p.

TAN, K.C. Revitalized small towns in China. *The Geographical Review*, Nova Iorque. v.76, n.2, p.138-148, abr. 1986.

TEIXEIRA, W. A. O processo de desenvolvimento geoeconômico do complexo agroindustrial cooperativista na mesorregião norte-central paranaense. Presidente Prudente, 2002, 343p. Tese (Doutorado em Geografia) – Faculdade de Ciências e Tecnologia, Universidade Estadual Paulista.

THOMAZ JÚNIOR, A. *Por trás dos canaviais, os "nós" da cana*: a relação capital x trabalho e o movimento sindical dos trabalhadores na agroindústria canavieira paulista. São Paulo, 1996. 439p. Tese (Doutorado em Geografia) – Faculdade de Filosofia, Letras e Ciências Humanas, Universidade de São Paulo.

TOMAZI, N. D. Construções e silêncios sobre a (re)ocupação da região norte do estado do Paraná. In: DIAS, R. B. & GONÇALVES, J. H. R. *Maringá e o norte do Paraná*. Maringá: Eduem, 1999. p.51-85.

TOPALOV, C. Fazer a história da pesquisa urbana e a experiência francesa desde 1965. *Espaço e debates*, São Paulo. n.23, p.5-30. 1988.

TRINTIN, J. G. Desenvolvimento regional: o caso paranaense. *A economia em revista*, Maringá. n.2, p.73-91. 1993.

VACHON, B. *Pour que vivent les régions: passer de mesures d'assistance à une véritable politique de développement*. Montreal: Univérsité Rurale Québécoise, 2001, 14p. Disponível em <www.uqar.qc.ca/chrural/urq/URQ2001/urq2001. org/actes/Actes%20en%20adobe/Bernard%20%Vachon%20%Pour%2>. Acesso em: 2 jul.2005.

VÁZQUEZ BARQUERO, A. V. (Dir.) *Proceso de formulación de las políticas de desarrollo local:* la experiencia española. Madrid: Ministerio de obras públicas y urbanismo, 1987. 123p.

VELTZ, P. *Mondialisation, villes et territoires* – l' economie d' archipel. 2.ed. Paris: Presses Universitaries de France, 1998. 262p.

_____. Tempos da economia, tempos da cidade: as dinâmicas. In: ACSERLRAD, H. (Org.) *A duração das cidades*: sustentabilidade e risco nas políticas urbanas. Rio de Janeiro: DP&A, 2001. p.139-54.

VENINGA, C. Spatial prescriptions and social realities: new urbanism and the production of Northwest landing. *Urban Geography*, Winston. v.25, n.5, p.458-82, jul-ago. 2004.

VILAGRASA IBARZ, J. Las ciudades pequeñas y medias en España. In: DOMÍNGUEZ RODRÍGUEZ, R. (Coord.) *La ciudad. Tamaño y crecimiento*: III Colóquio de Geografia Urbana. Málaga: Universidad de Málaga, 1996. p.17-49.

WESTPHALEN, C. M.; MACHADO, P. M.; BALHANA, A. P. Nota prévia ao estudo da ocupação da terra no Paraná moderno. *Boletim da Universidade Federal do Paraná*. Curitiba, n.7, p.25-52, 1968.

WIRTH, L. O urbanismo como modo de vida. In: VELHO, G. O. *O fenômeno urbano*. 4.ed. Rio de Janeiro: J. Zahar, 1979. p.90-113.

ZAFALON, M. Álcool deverá ser a salvação de usineiros. *Folha de S. Paulo*. São Paulo, 30 mar. 2004. Dinheiro (B12).

SOBRE O LIVRO

Formato: 14 x 21 cm
Mancha: 23,7 x 42,5 paicas
Tipologia: Horley Old Style 10,5/14
Papel: Offset 75 g/m² (miolo)
Cartão Supremo 250 g/m² (capa)
1ª edição: 2009

EQUIPE DE REALIZAÇÃO

Coordenação Geral
Marcos Keith Takahashi